本研究受到国家社会科学基金项目
"大国经济增长的需求动力机制研究——国际比较及中国的选择"
（11CJY020）的资助

大国发展经济学系列 | 欧阳峣 主编

Development Economics Series of Large Countries

Country Size, Demand Driven and Engine of Economic Development

国家规模、需求驱动和经济发展动力

杜焱 / 著

图书在版编目(CIP)数据

国家规模、需求驱动和经济发展动力/杜焱著. —北京:北京大学出版社,2018.12
(大国发展经济学系列)
ISBN 978-7-301-30040-4

Ⅰ. ①国… Ⅱ. ①杜… Ⅲ. ①世界经济—经济发展—研究 Ⅳ. ①F113.4

中国版本图书馆 CIP 数据核字(2018)第 250842 号

书　　　名	国家规模、需求驱动和经济发展动力 GUOJIA GUIMO、XUQIU QUDONG HE JINGJI FAZHAN DONGLI
著作责任者	杜　焱　著
责任编辑	杨丽明　吕　正
标准书号	ISBN 978-7-301-30040-4
出版发行	北京大学出版社
地　　　址	北京市海淀区成府路 205 号　100871
网　　　址	http://www.pup.cn　新浪微博　@北京大学出版社
电子信箱	sdyy_2005@126.com
电　　　话	邮购部 010-62752015　发行部 010-62750672　编辑部 021-62071998
印　刷　者	涿州市星河印刷有限公司
经　销　者	新华书店
	730 毫米×1020 毫米　16 开本　20.75 印张　329 千字 2018 年 12 月第 1 版　2018 年 12 月第 1 次印刷
定　　　价	76.00 元

未经许可,不得以任何方式复制或抄袭本书之部分或全部内容。
版权所有,侵权必究
举报电话:010-62752024　电子信箱:fd@pup.pku.edu.cn
图书如有印装质量问题,请与出版部联系,电话:010-62756370

总　　序

　　20世纪90年代初期，发展经济学的奠基人张培刚先生提出，发展中大国应该成为发展经济学的重要研究对象，这就为发展经济学的完善指明了新的路径。当历史的年轮进入21世纪的时候，"金砖国家"的崛起使大国经济现象格外引人瞩目，基于这个事实，我们追寻张培刚先生的命题，开始在大国经济发展理论这块沃土辛勤"耕作"。

　　科学发展不仅需要探索规律，而且需要构建知识体系。我们试图以发展中大国为研究对象，从人口数量和国土面积这两个初始条件出发，以规模和结构为逻辑起点，系统分析大国经济发展的典型特征、特殊机制和战略选择，致力于构建一个逻辑自洽的理论体系。摆在读者面前的"大国发展经济学系列"，将从逻辑体系、大国效应、人力资源、自然资源、需求动力、对外贸易、技术创新和结构转型的视角，在专题性研究基础上形成系统性成果，进而演绎成大国发展经济学的理论雏形。

　　建设中国风格的经济学话语体系，这是当代中国经济学家的梦想。我们以撰写可以传承的著作为目标，秉承创新精神和精品意识，将这套"大国发展经济学系列"呈现给中国乃至全世界，并期望能够形成国际影响力，在学术追梦的道路上留下新的印迹。

2018年3月于岳麓山

摘　　要

消费、投资和出口三者的合理配置以及运行构成了一个国家经济增长的需求驱动机制。现实经济增长中，需求驱动机制能否合理构建，通常影响着一个国家的长期经济增长目标和短期经济增长目标的实现。中国自20世纪70年代末实施改革开放以来，经济高速增长，年均达到9.48%的增速，2016年，GDP总和已突破74.41万亿元，成为仅次于美国的世界第二大经济体。然而，中国经济高速增长的同时，尤其是在2007年金融危机以后，资源环境约束加剧、经济下行风险加大、外需日趋萎靡，与西方发达国家相比，国民生活福利还没有得到明显改善等，这一系列问题却日益桎梏着经济增长的潜力。2008年，中央经济工作会议首提"扩内需、保增长"，此后，2009年、2010年、2011年连续三年的中央经济工作会议都着重强调"调整优化需求结构，坚持扩大内需和稳定外需协调发展"的方针。2012年11月，党的十八大报告明确指出："必须以改善需求结构、优化产业结构、促进区域协调发展、推进城镇化为重点，着力解决制约经济持续健康发展的重大结构性问题"。由此，调整和优化包含需求驱动机制内部结构等一系列经济结构，促进经济发展方式转变已经成为中国经济改革的顶层战略。然而，改革不是一蹴而就的，任何改革均需要探索相关规律和借鉴国内外相关经验，以减少经济改革的成本和代价。中国是一个人口众多、国土广袤、区域经济发展差异极大的发展中大国，而与此同时，世界也存在与我国类似的经济体国家，但其经济发展的进程有的已超越中国，有的与中国处于同样的发展阶段，在经济实践中，科学总结和借鉴它们的发展经验，必然有益于中国的经济改革。本研究从探讨需求驱动机制与长期经济增长以及若干短期经济增长目标的理论关系出发，揭示需求驱动机制在长期经济增长过程中的演化规律，以及在短期经济增长过程中，受若干短期增长目标约束应呈现的理论最优状态。进一步地，本研究以美国、巴西、俄罗斯、印度等和中国国情相似的大国以及葡萄牙、希腊、摩洛哥、玻利维亚、印度尼西亚、尼泊尔等国情相似的小国为经验分析对象国，对长期经济增长过程中大国与小国的需求驱动机制的演变规律分别予以检验；同时，又以巴西、俄罗斯、印度和中国等国情相似的大国为经验分析对象国，对工业化短期阶段受若干短期增长目标约束的需求驱动机制理论最优状态进行验证。在此基础上，本研究提出发展中大国应对长期经济增长和当前短期经济增长目标调整而调整需求驱动机制的思路、手段和对策。总之，本研究就长期经济增长过程中的需求驱动机制演化规律，以及短期经济增长过程中受短期经济增长目标约束的需求驱动机制的调整问题进行了深入的理论分析和经验研究，为促进大国经济健康持续稳定增长而调整需求驱动机制提供了重要的理论指导和现实参照，具有十分重要的理论意义和现实价值。

本书共分七章，主要研究内容可以概括为五个方面：

一是背景与文献综述。对中国当前经济增长及需求驱动机制的现状进行描述，引出本研究的背景及主要问题。对国内外相关文献进行述评，为本研究确立理论基础和分析框架。

二是概念与机理。通过对国家规模划分依据的梳理，提出本研究的大、中、小国概念，在此基础上，建立指标体系对当前全世界所有国家进行大、中、小国遴选。同时，在界定经济增长以及需求驱动机制等概念内涵的基础上，着重阐述经济增长与需求驱动机制的内在机理关系。

三是理论假设。以钱纳里的工业化阶段理论和罗斯托的经济成长阶段理论为基础，着重分析需求驱动机制在长期经济增长进程不同阶段的内在决定性，由此提出一般国家需求驱动机制演变规律的假设。进一步地，以国家规模作为影响经济增长的需求驱动机制演变的介入变量，着重阐述经济增长过程中因为国家规模的差异而导致需求驱动机制在不同经济增长阶段的变异发展，由此提出大国和小国需求驱动机制演变规律的假设。与此同时，在进一步假定国家规模相同的前提下，着重阐述短期经济增长目标与长期经济增长的内在关系，指出在不违背长期经济增长需求驱动机制演变规律的前提下，各国的需求驱动机制可以根据当前阶段经济形势的变化，即各种短期经济增长目标的调整需要适当调整，并且提出各种短期经济增长目标约束下的需求驱动机制最优状态理论假设。

四是实证分析。利用大国和小国的分组数据，对长期经济增长过程的需求驱动机制演变分别进行检验，比较因国家规模不同出现的需求驱动机制演变差异，从而验证前述提出的大国和小国长期经济增长的需求驱动机制演变规律假设。与此同时，以工业化短期阶段为例，着重对比分析大国在工业化短期阶段各种短期经济增长目标实现的差异、各种短期增长目标约束需求驱动机制的差异，以及二者的相互关联和映射关系，从而进一步检验前述提出的各种短期增长目标约束下的需求驱动机制最优状态理论假设。

五是启示与对策。根据前述大国长期经济增长的需求驱动机制演变规律的启示，以及当前工业化短期阶段经济增长目标调整以及实现的需要，提出中国经济增长的需求驱动机制调整和转换的思路。同时，针对新时期中国需求驱动机制调整的思路以及现实经济发展的基础，分别从扩大居民消费需求、合理调控固定资产投资需求和稳定产品出口需求的视阈，合理提出实现中国需求驱动机制调整的对策及建议。

Abstract

The rational allocation and operation of consumption, investment and export constitute the demand-driven mechanism for the economic growth of a country. In real economic growth, whether the demand-driven mechanism can be constructed reasonably usually affects the realization of a country's long-term and short-term economic growth goals. Since the implementation of reform and opening-up in the late 1970s, China had experienced the rapid economic growth, with an average annual growth rate of 9.8 percent, and its GDP in 2016 exceeded 74.41 trillion yuan, and become the world's second largest economy after the United States. However, along with China's rapid economic growth, especially after the 2007 financial crisis, Constraints of the resources and environment intensified, the economic downside risk increases, and the external demand is getting wanning, comparing with the western developed countries, a series of issues, for example, the national living welfare has not been significantly improved, have increasingly shackled the potential of economic growth. In 2008, China's Central Economic work Conference first proposed 'expanding domestic demand and maintaining economic growth'. since then, the three consecutive Central Economic work Conferences in 2009, 2010 and 2011 had emphasized the policy of 'adjusting and optimizing the structure of demand, persisting in coordinated development of expanding domestic demand and stabilizing external demond'. In November 2012, the report of the 18th National Congress of the CPC clearly pointed out: 'We must focus on improving the structure of demand, optimizing the industrial structure, promoting regional coordinated development, and promoting urbanization, and spare no effort to solve the major structural problems that restrict the sustained and healthy development of the economy'. Therefore, adjusting and optimizing a series of economic structures, including the internal demand-driven mechanism structure, and promoting the transformation of the mode of economic development have become the top-level strategy for China's economic reform. However, reform is not an overnight event. Any reform needs exploration of relevant laws to guide and learn from relevant experience about domestic and abroad in order to reduce the costs and expenses of economic reforms.

China is a big developing country with a large population, vast territory and great differences in regional economic development. However, China is not the only country with the special national conditions in the world. Some of countries are the same as China. In these countries, economic development of some are in the same development phase as China, and some have transcended China. In economic practice, summing up and using their development experience must benefit Chinese reform. This study explores the theoretical relationship between demand-driven mechanism, long-term economic growth and some short-term economic growth target, reveals the evolutionary law of demand-driven mechanism in the process of long-term economic growth and the theoretical optimal state under the constraints of several short-term growth goals in the process of short-term economic growth. Furthermore, this study is based on some big countries with similiar national conditions such as the United States, Brazil, Russia, India, China and some small countries with similar national conditions such as Portugal, Greece, Morocco, Bolivia, Indonesia, Nepal which are used as empirical analysis countries to respectively test the evolution laws of demand-driven mechanism of large and small countries in the process of long-term economic growth. Meanwhile, this study lbased on similiar national conditions such as Brazil, Russia, India and China which act as the object of empirical analysis to verify the optimal state of the demand-driven mechanism theory which is constrained by some short-term growth goals in the short-term phase of industrialization. On this basis, the paper brings forward to some thinking, means and countermeasures of adjustment the demand-driven mechanism in line with long-term economic growth and current short-term growth goals to China and other large developing countries. In short, the evolution laws of demand-driven mechanism in the process of long-term economic growth and the adjustment of demand-driven mechanism constrained by short-term economic growth goals in the process of short-term economic growth are deeply analyzed theoretically and empirically in this study, and it provides important theoretical guidance and practical reference to the adjustment of the demand-driven mechanism to promote the healthy and steady economic growth of China and other large countries, and it has very important theoretical significance and practical values.

This study is divided into seven chapters, and its main contents can be summarized in five aspects:

The first part is about background information and literature review. Describing the current situation of economic growth and demand-driven mechanism of China which is large developing countries draws out the background and main problems of this study, and the review of relevant literature at domestic and aboroad establishes the theoretical basis and anaiyticai framework for this study.

The second part is about concepts and mechanisms. Through sorting out the basis for the division of national scale, this study proposes concepts of large, medium and small country and build an index system to select large, medium and small countries in the world. Meanwhile, base on defining the concept connotations of economic growth and demand-driven mechannism, the relationship between economic growth and demand-driven mechanism is explained.

The third part is theoretical hypothesis. Based on Chenery's theory of industrialization stage and Rostow's theory of economic growth stage, the paper emphatically analyzes the inherent determinant of the demand-driven mechanism in different stages of long-term economic growth process, and puts forward the hypothesis of the general evolution law of demand-driven mechanism. Furthermore, taking the national scale as the intervention variable of affecting the evolution of demand-driven mechanism of economic growth, this paper emphasizes to expound the variation of demand-driven mechanism in different stages of economic growth due to the differences of national scale, and puts forward the hypothesis of the evolution laws of the large and small countries. Moreover, based on the assumption of the same size of the country, this paper elaborates the internal relationship between the short-term economic growth goals and the long-term economic growth, and points out that the demand-driven mechanism of various country should be adapted to the changes of economic situation at the current stage without violating the evolution laws of the demand-driven mechanism of long-term of economic growth, and propose the optimal state hypothesis of demand-driven mechanism based on various short-term growth goals.

The fourth part is empirical analysis. Based on the two group data of large and small countries, the paper validates the hypothesis of the evolution of demand-driven mechanisms of large and small countries in the long-term economic growth through respectively testing the evolution of demand-driven mechanism in the long-term economic growth, and comparing the evolutionary differences of demand-driven mechanism with different national scales. Meanwhite, taking the short-term phase of industrialization as an example, this paper further tests the hypothesis of optimal state of demand-driven mechanism under the constraints of the various short-term growth goals through focusing on the comparison and analysis of the differences in the realization of various short-term economic growth goals of large countries in the short-term stage of industrialization, and the differences in the demand-driven mechanism under the constraints of various short-term growth goals, and the correlation and mapping relationship of the two.

The last part is enlightenment and countermeasures. According to the inspiration of the evolutionary rule of demand-driven mechanism for the long-term economic growth of the large countries mentioned before, as well as the adjustment and realization of Chinese economic growth goals in the current short-term industrialization stage, this paper puts forward the ideas of adjusting and transforming the demand-driven mechanism of China's economic growth. Meanwhite, aiming at the ideas of adjusting the demand-driven mechanism of China in the new period and the basis of the real economy development, the countermeasures and suggestions to realize the adjustment of China's demand-driven mechanism are put forward from the three aspects: expanding the consumption demand of the residents, controlling the fixed assets investment demand and stabilizing the product export demand reasonably.

目 录

第一章 绪论 ……………………………………………………………（1）
    第一节 问题的提出 …………………………………………………（1）
    第二节 国内外研究综述 ……………………………………………（5）
    第三节 研究思路与理论贡献 ………………………………………（28）

第二章 经济增长与需求驱动机制的理论关系及经验表现 ………（32）
    第一节 经济增长与需求驱动机制的理论关系 ……………………（32）
    第二节 经济增长与需求驱动机制相互作用的经验分析 …………（42）

第三章 国家规模、经济增长与需求驱动机制匹配 ………………（61）
    第一节 国家规模的界定及分类 ……………………………………（61）
    第二节 国家不同规模、长期经济增长与需求驱动机制演变 ……（66）
    第三节 国家相同规模、短期增长目标与需求驱动机制设定 ……（83）

第四章 长期经济增长中大国与小国需求驱动机制的差异 ………（103）
    第一节 大国长期经济增长的需求驱动机制 ………………………（103）
    第二节 小国经济增长的需求驱动机制 ……………………………（141）
    第三节 大国与小国长期经济增长中需求驱动机制的差异 ………（177）

第五章 大国短期经济增长目标实现与需求驱动机制差异
        ——以工业化阶段为例 ………………………………………（184）
    第一节 工业化阶段大国短期经济增长目标实现的差异 …………（184）
    第二节 工业化阶段短期增长目标约束下的大国需求驱动机制
           差异 ……………………………………………………………（206）

第三节 大国短期增长目标实现差异与短期增长目标约束下需求
　　　驱动机制差异的映射 ………………………………………（218）

第六章 中国经济增长的需求驱动机制的调整启示与策略 …………（225）
　第一节 大国经济增长的需求驱动机制演变对中国的启示 ………（225）
　第二节 中国经济增长的需求驱动机制的调整策略 ………………（227）

第七章 结论与展望 ……………………………………………………（268）
　第一节 研究结论 ……………………………………………………（268）
　第二节 展望 …………………………………………………………（272）

参考文献 ………………………………………………………………（274）

附录 ……………………………………………………………………（288）

Contents

Chapter I Introduction (1)
  Section I   Questions Raised (1)
  Section II Literature Review (5)
  Section III Research Ideas and Theoretical Contributions (28)

Chapter II The Theoretical Relationship between Economic Growth and Demand-driven Mechanism and Its Empirical Performance (32)
  Section I   The Theoretical Relationship between Economic Growth and Demand-driven Mechanism (32)
  Section II Empirical Analysis of the Interaction between Economic Growth and Demand-driven Mechanism (42)

Chapter III Country Size, Economic Growth and Demand-driven Mechnism Matching (61)
  Section I   Definition and Classification of Country Size (61)
  Section II Countries in Different Sizes, Long-term Economic Growth and Evolution of Demand-driven Mechanisms (66)
  Section III Countries in the Same Sizes, Growth Goals in Short-Term and the Setting of Demand-driven Mechanism (83)

Chapter IV Differences of Demand-driven Mechanisms between Large and Small Countries in Long-term Economic Growth (103)
  Section I   Demand-driven Mechanisms for Long-term Economic Growth in Large Countries (103)

Section II　Demand-driven Mechanisms for Long-term Economic Growth in Small Countries ……………………………（141）
Section III　Differences in Demand-driven Mechanisms in Long-term Economic Growth between Large and Small Countries ……………………………………………………（177）

Chapter V　The Realization of Short-term Economic Growth Goals and Differences of Demand-driven Mechanisms in Large Countries: Take Industrialization Stage as an Example ……………（184）
Section I　Differences in the achievement of Short-term Economic Growth Goals of Large Countries in the Industrialization Stage ………………………………………………………（184）
Section II　Differences in the Demand-driven Mechanisms of Large Countries under the Constraints of Short-term Growth Goals in the Industrialization stage …………………………（206）
Section III　Mapping between the Difference in the Realization of Short-term Growth Target and the Difference in Demand-driven Mechanism under the Constraint of Short-term Growth Target in Large Countries …………（218）

Chapter VI　Adjustment implications and strategies of demand-driven Mechanism of China's economic growth …………………（225）
Section I　Implications of the Evolution of Demand-driven Mechanisms of Large Countries Economic Growth for China ……………………………………………………（225）
Section II　Adjustment Strategy of Demand-driven Mechanism of China's Economic growth ……………………………………（227）

Chapter VII　Conclusions and Prospects ………………………………（268）
Section I　Conclusions ………………………………………………（268）
Section II　Prospects …………………………………………………（272）

References …………………………………………………………………（274）

Appendix …………………………………………………………………（288）

第一章

绪　　论

第一节　问题的提出

一个国家的经济总量通常以国内生产总值（GDP）表示。在国民收入核算体系中，通常以支出法核算一个国家的经济总量（GDP），即整个社会主体（包括消费者、企业、政府和外国居民）对本国一定时期生产的最终产品的购买总支出。从整个社会主体购买最终产品的用途或最终产品满足社会主体的需求来看，最终产品主要用来满足国内消费者、企业和政府部门的消费和投资欲望，以及国外居民的消费和投资欲望（即产品出口），因此，以支出法核算一国一定时期的 GDP，可以用一国一定时期的消费产品总卖价（即消费求总额）、投资产品总卖价（即投资需求总额）以及出口产品总卖价（即出口需求总额）之和来表示。当一国 GDP 增加即一国经济增长时，从社会总需求的角度可以理解为消费、投资和出口某种单一类型的增加，或其中的两者增加，或三者同时增加。因此，一个国家一定时期相对于上一时期无论是增加消费需求、投资需求还是出口需求，必然表现出一国的经济增长，从这个角度理解，消费、投资和出口是一个国家在一定时期内经济增长的需求动力，而一定时期内的消费、投资和出口需求相互的比例及其对经济运行的作用则表现为一国经济增长过程中的需求驱动机制。

在经济增长过程中，如果消费、投资和出口之间的相互比例相对于上期发生改变，则意味着经济增长的需求驱动机制将发生变化。自改革开放以来，中国的需求驱动机制一直处于调整和变化之中，从私人消费、投资和出口占GDP的比重来看，私人消费占GDP的比重从1978年的50.8%下降至2013年的36.2%，投资占GDP的比重从1978年的38.2%上升至2012年的47.8%，出口占GDP的比重从1978年的4.6%上升至2012年的23.4%；从私人消费、投资和出口三者之间相互形成的比例来看，投资与私人消费比从1978年的0.753:1上升至2013年的1.320:1，投资与出口比从1978年的8.221:1下降至2013年的2.043:1，投资与私人消费和出口比从1978年的0.690:1上升至2013年的0.802:1①（具体如图1-1所示），这意味着在1978年至2013年期间，投资和出口需求相对上年基本保持以递增的速度增长，而私人消费需求相对上年绝对数量虽然增长，但增加的幅度却在下降。正是在这样一种私人消费需求趋降、投资和出口需求趋升变化的需求驱动机制下，中国的经济在速度和总量方面取得举世瞩目的成就。改革开放40年，中国经济平均每年以9.8%的速度增长，2013年经济总量GDP总和已突破56.88万亿元，成为仅次于美国的世界第二大经济体。然而，这样一种变化趋势的需求驱动机制在引领经济高速增长的同时，2007年及以后却引起了中国学术界和实践部门的高度关注。2007年，全球金融危机爆发以后，外部需求萎缩，贸易摩擦加剧，国内产品出口受阻，大批出口型企业破产关闭；与此同时，国内经济增长与物质资源能源消耗、环境保护的矛盾日益尖锐，国内居民消费福利水平低下，与经济增长水平没有同步提升，这一系列现实经济发展问题不得不引起学术界和政府对拉动经济增长的需求驱动机制的反思。在学术界，一部分学者提出我国经济增长长期依赖投资拉动，国内消费需求贡献偏低，如果不调整投资消费结构的失衡状况，则不利于当前转变经济发展方式和保持经济平稳增长（柳思维等，2009；晁钢令和王丽娟，2009；杨晓龙和葛飞秀，2012）[1][2][3]；一部分学者认为中国经济增长过度依赖出口需求拉动，容易受到外部因素影响，需要将经济增长的需求动力转向国内，使内需外需协调拉动经济增长（韩永文，2007；江小涓，2010；欧阳峣，2013）[4][5][6]；一部分学者认为依赖投资和出口驱动经济增长的方式不利于提高国民福利水平，需求动力方式

---

① 根据中华人民共和国国家统计局编的《中国统计年鉴·2014》（中国统计出版社2014年版）相关数据计算得出。

需向消费需求驱动经济增长为主导的方式转变（王小鲁，2010）[7]。总而言之，国内学术界的基本观点是中国的投资与消费、内需与外需结构已经失衡，经济增长的需求驱动机制亟待调整。与此同时，2008年，政府也首次在中央经济工作会议上明确提出转变和调整经济增长方式，提出经济增长要以扩大国内需求特别是消费需求为方针，促进经济增长由主要依靠投资、出口拉动向依靠消费、投资、出口协调拉动转变。随后，2009年、2010年和2011年连续三年的中央经济工作会议都再次强调转变拉动经济增长的需求动力方式，增强经济增长的内生性。2012年11月，党的十八大报告也明确指出："必须以改善需求结构……着力解决制约经济持续健康发展的重大结构性问题。要牢牢把握扩大内需这一战略基点，加快建立扩大消费需求长效机制，释放居民消费潜力，保持投资合理增长"。2014年，中央经济工作会议也强调"协调拓展内外需"对经济增长的作用。

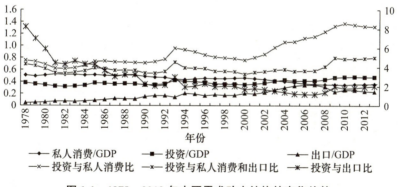

图1-1　1978—2013年中国需求动力结构的变化趋势

针对理论界和中国政府要求对需求驱动机制进行调整日趋高涨的呼声，我们不由反思：中国的需求驱动机制是否需要调整？如果需要调整，是在遭遇金融危机时进行临时调整，还是为适应未来较长时期经济增长需要进行本质性调整？其调整的理论依据是什么？进一步地，面对当前中国需求驱动机制的构造现状，又该如何调整才能确保中国经济持续健康稳定增长？毫无疑问，要解决这一系列问题必须借助相关需求动力理论的指导。在人类的经济发展史上，基于一般国家对需求动力与经济增长的作用关系，以及需求动力随经济增长阶段变化而发生结构性变化的规律性考察，早已被众多学者所实践，并且形成了许多有效的研究结论。然而，这些结论对中国却不具有完全指导性。众所周知，中国是一个具有13亿以上人口规模和960万平方公里以上国土面积的国家，是一个比较典型的发展中大国，国情特点使得经济增长的需求动力规律与其他国家存在显著差异。因此，探索人口规模较大、国土面积较大的国家（大国）在经济增长过程中需求动力的演变与发展，对于解决当今中国经济增长过程中需求驱动机制调整的问题具有重要的现实意义。

中国无论是从人口还是国土面积衡量，均是一个典型的发展中大国。21世纪初期，中国作出调整经济增长的需求动力部署，这成为未来中国经济"转方式、调结构"重要战略任务之一。但要实现这种战略任务，需要解决三个方面的基础问题：一是需要在理论方面找到适合中国经济增长实践中需求驱动机制演变或发展的规律；二是需要对照相应的需求驱动机制演变或变化规律，提出中国需求驱动机制的调整思路；三是需要针对消费、投资和出口需求的主要影响因素，提出消费、投资和出口需求改变的有效对策，以期合理调整需求驱动机制，使之按照预期的调整思路运行。本研究紧扣中国的实际国情，从国家规模的视角探讨各国经济增长过程中需求驱动机制的演变规律，以期实现对现阶段中国经济增长的需求驱动机制的合理性进行判断，进而予以调整，从而提升中国经济增长的运行质量，使中国经济能够实现可持续增长。本研究具有以下意义：

（1）在理论上有助于丰富和完善可持续经济增长理论。现有研究需求动力与经济增长关系的理论文献已相当丰富，但这仅仅是从短期的视角来考察需求增加与经济增长的关系。保持一个国家的经济长期稳定增长，属于可持续经济增长理论的范畴。本研究所探讨的经济增长需求驱动机制演变规律，是从经济发展史即经济长期发展的角度来探讨投资、消费和出口三大需求的配置以及相互作用对经济增长的影响，对促进经济的可持续增长至关重要，但现有对此类主题的研究却并不多见。因此，从理论上探讨、归纳和总结经济增长过程中需求驱动机制的演变，及其对经济增长的影响规律是对可持续经济增长理论的一个重要补充和完善。

（2）在实践中有助于大国推进经济需求驱动力结构的战略性调整。经济需求驱动力结构调整是各国经济结构调整的一项重要内容。对于中国而言，党的十八大报告明确提出："必须以改善需求结构……着力解决制约经济持续健康发展的重大结构性问题"。这一论断充分表明,在中国经济增长的现实中,经济需求驱动力结构已经严重影响了经济的运行质量。因此,通过探讨大国经济增长过程中需求驱动机制的演变规律,为处于特定经济增长阶段的中国或其他大国经济增长调整需求驱动机制提供参照,进而为各国提出合适的需求驱动机制调整思路,这对于处于不同时期的中国或其他大国完成"转方式、调结构"的经济战略任务具有重要的现实指导意义。

第二节 国内外研究综述

一、国外研究现状

国外较早关注经济增长的需求动力问题。18 世纪以来,以弗朗斯瓦·魁奈(1758)[8]、亚当·斯密(1776)[9]、大卫·李嘉图(1817)[10]、西蒙·德·西斯蒙第(1819)[11]、约翰·穆勒(1848)[12]、约翰·梅纳德·凯恩斯(1936)[13]、西蒙·史密斯·库兹涅茨(1971)[14]、埃尔赫南·赫尔普曼和基恩·M. 格罗斯曼(1990)[15]等为代表的一批国外著名学者研究了消费、投资和出口需求与经济增长的作用机理。而与此同时,国外也有大量学者如 Müller-Krumholz K. (1985)[16]、Cornwall J. 和 Cornwall W. (2002)[17]、Poon J. (2002)[18]、Yoshikawa H. (2003)[19]、Chandra R. 和 Sandilands R. J. (2003)[20]、Sicat G. P. 和 Hooley R. (2007)[21]、Crespi F. 和 Pianta M. (2008)[22]、Tsen W. H. (2010)[23]、Ciarli T., Savona M. 和 Valente M. (2012)[24]、Cheung Y. W., Dooley M. P. 和 Sushko V. (2012)[25]分别以不同国家作为经验分析对象,实证研究了消费、投资和出口需求对经济增长的重要影响。国外学者虽然重视对拉动经济增长的单个需求动力的作用研究,但对经济增长的需求驱动机制问题却较少关注,尤其是在需求驱动机制与经济增长表现的耦合性研究方面更是欠缺。搜索国外近年来的有关文献,对需求驱动机制的研究主要集中在以下几个方面:

(一)对各国拉动经济增长的需求动力及结构现状的研究

Andreassen (1978) 指出,美国劳动统计规划局结合美国当时的低税收、失业以及通货膨胀情况对1990 年之前的美国经济需求进行了预测,认为美国的私人消费支出占GDP的比重将持续增加至67.6%左右，且私人消费更加倾向于购买耐用消费品；私人国内总投资占GNP的比重稍微增加，主要是由于设备投资和战后成人育婴家庭产业投资的刺激；对外贸易将进一步平衡发展，资本商品出口将补偿能源产品进口，非发达国家将更多地进口美国的产品；政府购买占GNP的比重将持续下降到15.5%的水平，联邦政府购买放缓，而州和地方政府将持续降低在教育和高速公路建设方面的支出。据此得出美国一段时期的经济增长主要依赖私人消费需求拉动的结论。[26] De Gregorio（1992）认为巴西等拉美国家在1950年到1985年间的经济增长主要依靠生产效率的提升，其次依赖物质和人力资本的投资，出口贸易对经济增长没有显著影响。[27] Shiue和Keller（2004）研究认为，基于市场完备性引发的投资需求差异导致中国与欧洲各国在18世纪工业化和经济增长过程中绩效的显著差异。[28] Lardy（2007）认为中国的经济增长模式需要从投资驱动型向消费驱动型转变，提出以削减个人收入所得税、增加政府消费性支出、改革汇率制度和企业税收制度以及增加利率弹性等政策手段来实现。[29] Kalyanaram（2009）分析了中国和印度的经济增长模式，指出中国的经济增长主要依靠投资驱动。[30] Tabata（2009）认为俄罗斯经济主要依靠能源出口带动，进而推动了国内投资和消费的增长，从而带来近十年的繁荣。[31] Tsen（2010）指出国内需求和出口是保持中国经济长期增长的重要动力。[23] Basu（2009）和Robertson（2010）认为印度自20世纪90年代初期后，国内消费、国内外投资、出口较为均衡地拉动了经济增长。[32][33] Trinh、Kobayashi和Phong（2012）分析了越南经济增长过程中2000年与2007年间的需求、最终需求以及最终需求中的消费需求、投资需求和出口需求的变化趋势，指出中间需求由2000年占全部商品和服务价值比重的42.99%增加至2007年的45.32%；最终需求由2000年占全部商品和服务价值比重的57.01%下降至2007年的54.68%。在最终需求中，消费需求由2000年占全部商品和服务价值比重的26.42%下降至2007年的21.28%；投资需求由2000年占全部商品和服务价值比重的10.75%上升至2007年的12.25%；出口需求由2000年占全部商品和服务价值比重的19.85%上升至2007年的21.15%。在经济增长的贡献中，消费和出口仍占据主导地位。[34] Popescu（2013）指出中国经济在取得高速增长绩效的同时，过度依赖投资和出口需求，国内消费需求严重不足。[35] Hamilton-Hart（2014）分析了部分东南亚国家目前正在根据外部不平衡和面临的国内货币政策等政治变化不断调整单一的出口需求驱动经济增长模式，并且这些国家国内政治的变化可能导致越来越多的民主国家选择亚太地区中经济较为发达的国家如澳大利亚和新西兰等以消费需求驱动经济增长的模式。[36]

（二）对需求动力及结构变化与经济社会发展关系的研究

需求不但是经济增长的重要拉动力，而且需求及需求结构本身的变动对经济社会发展也会带来各种效应和影响。国外学者围绕需求动力及结构变化与收入分配、劳动就业、银行业发展、经济周期、经济增长等问题开展了一系列探讨。

一是与收入分配关系问题的探讨。Batisse、Rong 和 Renard（2004）以中国为例，运用标准分解技术对总需求结构影响省际收入不平等的关系进行了分析和研究，指出固定资本形成总额是造成省际收入差距不断上升的一个关键因素，悬殊的家庭消费支出在造成省际收入差距中也变得越来越重要。[37]

二是与就业关系问题的探讨。Figueroa（1975）以秘鲁为例，研究了由于收入分配的变动而引发的消费需求结构变化，进而影响产业就业率。[38]贝里以印度为例，研究了私人消费支出在富人以及穷人、城镇居民和农村居民之间的再分配的影响，即私人消费需求结构的变动不会对增进就业造成影响，但对减少资本和进口必需品具有显著影响。Schindler 和 Huss（2004）比较分析了法国、德国、挪威、西班牙、英国和美国的消费和服务需求结构对就业的影响，他认为欧洲国家的需求结构变化相对于需求水平而言，对就业的影响较小；美国的高就业率、高收入与高人均消费需求紧密相关。[39]Kurose（2013）通过理论模型推导，认为较快的消费需求增长会使就业率增加，但也会造成实际工资下降；有效消费需求水平的高低将影响失业率的大小。[40]

三是与经济周期关系的探讨。Benhabib 和 Wen（2004）研究了不确定性、总需求变化与真实经济周期的关系，他们认为在不确定性条件下，总需求变化能够解释标准经济周期波动模型预测的实际波动情形，也能解释标准经济周期波动模型不能预测的实际波动情形。[41]Gomes（2008）认为长期经济最优增长取决于各种要素的有效配置，当企业对未来需求要素预测发生最优偏离时，内生经济周期的产生不可避免。[42]

四是经济增长关系的探讨。Cesaratto、Serrano 和 Stirati（2003）认为经济

增长的最终动力在于出口、政府支出和自发性消费，但技术可以影响消费需求结构和物质必需品，它在经济增长过程中扮演了重要角色。[43]Cashell（2009）认为美国过低的储蓄率导致投资需求不足，影响了美国经济的长期增长。[44]Akyüz（2011）研究认为，中国过度依赖出口需求不可能保持未来经济的持续增长。[45]Feltenstein、Rochon和Shamloo（2010）以中国为例，分析了东亚国家低消费、高投资驱动的经济增长模式容易导致国内银行业危机和福利减少。[46]Zhu和Kotz（2011）分析了中国1978年以来投资和出口需求对经济高速增长的作用，并指出随着时间的推移，中国必须转换经济增长的模式，长期依赖投资和出口拉动经济增长的模式不可持续。[47]Bibow（2012）认为中国在后金融危机时期，通过启动内需成功平衡了由出口萎缩给经济增长所带来的负面影响，下一步将通过加强私人消费继续保持中国经济增长。[48]Paderanga Jr.（2012）分析了美国等发达国家消费需求的不合理导致了全球经济危机，指出全球各国走出危机的有效途径是政府投资。[49]Kurose（2013）认为如果需求增长不能与因技术进步而得到提升的生产能力保持一致，较强的经济增长就不可能实现。只有当需求结构合理变动时，生产率的增长才有可能引起真正的经济增长。[40]

（三）对需求动力的合理性结构进行理论与经验探讨

对需求动力合理性结构的理论研究，国外大多通过研究人均最优资本量（最优积累率）的问题来间接探讨最优投资率和最优消费率等需求动力结构问题。由于经典的理论研究假定社会产出＝消费＋投资、储蓄（资本积累）＝投资，如果在研究过程中能够确定一个国家某一时期人均最优资本积累规模，也就确定了一个国家某一时期的人均最优投资规模，进而也就确定了一个国家某一时期的人均最优消费规模。Phelps（1961）在稳态经济增长的基础上，提出了著名的人均资本黄金律法则。该法则认为，不同的储蓄率（假定储蓄率为外生，且储蓄能够全部转化为投资，即储蓄率等于投资率）导致经济增长的不同稳态，在经济福利最大化的前提下，经济增长最好的稳态就是能使消费最大化。因此，人均资本基金律法则就是经济稳态增长时人均消费最大化的资本存量。[50]Ramsey（1928）、Koopmans（1963）和Cass（1965）通过构建描述消费者（家庭）选择的CRRA消费效用函数，引入消费者（家庭）行为的最优化理论，即在跨期预算约束条件下，使消费者（家庭）整体消费长期效用最大化，进而分析如何选择人均最优消费量（或积累率）。他们认为，当人均消费增长率为零时的资本存量水平为均衡的人均资本存量水平（即最优人均资本存量水平），同时均衡的人均资本存量的获得必须满足：人均资本的边际产出 = 消费心理评价贴现率 + 相对风险回避系数 × 技术进步率。[51][52][53] Diamond（1965）运用代际迭代模型，假定产品生产由资本和劳动两种要素共同决定，产品可用于消费和投资两种用途；社会的任何时期都只包括两种类型的人，即具有生产能力的青年人和没有生产能力的老年人；社会人口按一定的增长率增长，考察社会福利最大化条件下整个社会的资本积累路径以及青年人和老年人的消费路径。该研究认为，社会资本积累的最优水平应该是资本的边际生产力，即社会的利率与人口增长率相等的水平。与此同时，认为社会的最优状态不是自由市场经济的均衡状态，自由市场均衡状态下的资本存量既可能高于也可能低于黄金律下的资本存量，特别是当自由市场均衡状态下的利率低于黄金律下的利率时，资本会过多地积累，整个社会不会处于帕累托最优状态。[54] 总之，Phelps 黄金分割律模型、Ramsey-Cass-Koopmans 模型和 Diamond 模型虽然没有明确提出投资和消费的合理结构，但对于人均最优资本和人均最优消费的推导，实质上隐含了对投资和消费最优比例结构的确定。

对需求动力合理性结构的经验探讨，国外主要是通过对某些国家加以统计和实证分析来进行。Horvat（1958）认为产出最大化原则对于决定和实践性地解决最优投资率问题提供了一个关键原则，同时也对有理性、有计划的经济体应肩负的福利最大化问题提供了一个基准原则。当经济扩张、基本投资被缩减、人力资本投资用于发明和创新时，经济增长的极限也就达到了。同时，这也将可能使投资的份额达到一个相对稳定的状态。根据目前的经验，他认为生产性投资占社会总产出的比例大体维持在30%左右，可以维持10%甚至更高的年均经济增长率。[55] Rostow（1961）指出，在经济成长的过程中，由于主导产业发展的次序不同，投资和消费占国民收入的比重在不同的经济成长阶段呈现不同的演化规律。在高额群众消费阶段以前，社会消费被压缩，投资不断提升，尤其是在开始阶段，资本积累至少达到国民收入的10%及以上；在高额群众消费及以后阶段，工业社会生产体系已经完成，增加消费成为工业社会发展的最终目标并应加以重点考虑，消费应逐渐成为社会经济增长的主要动力。[56]Kuznets（1966）在考察英国、德国、意大利、丹麦、挪威、瑞典、美国、加拿大、澳大利亚、日本和苏联等国家在19世纪中叶至20世纪中叶近百年的经济增长时，对这些国家的国民生产总值中的私人消费、政府消费、国内资本形成进行了分解分析，并通过统计数据反映了这些需求的长期变化趋势。[57]Chenery等人（1989）在考察国家在工业化进程中的发展型式时，利用100多个国家（或地区）1950—1983年的相关数据，运用经济计量方法对1950—1983年间包括私人消费、政府消费、食品消费、非食品消费、国内投资总额、贸易进口以及贸易出口占GDP比重等需求结构与人均收入的关系进行了预估，并利用预估的参数结果对不同人均收入水平下的私人消费、政府消费、食品消费、非食品消费、国内投资总额、贸易进口以及贸易出口占GDP的比重结构变化进行了趋势预测和实践检验。[58]

二、国内研究现状

20世纪80年代以来，国内学者主要就中国的经济增长实践需要，对经济增长的需求驱动机制问题予以关注，尤其对需求驱动机制中消费投资和出口三大需求内部结构的调整进行了大量的研究。按研究的内容和取得的进展，国内学者对中国经济增长的需求驱动机制研究大致经历了三个阶段：第一阶段是关注问题阶段（1978—1995年）。改革开放以前，中国经济发展处于外部封闭且物资商品极度匮乏的计划经济时代，受经济赶超战略的影响，人们的消费需求被政府人为地抑制，商品的生产则完全接受政府的安排。因此，"重积累、重投资、轻消费"是这一时期中国需求驱动机制的典型特征。由于经济实践中不存在对拉动经济增长的需求动力结构进行调整的要求，因而理论界对需求驱动机制以及内部结构调整的研究非常少。进入20世纪70年代末期，中国开始实行市场经济体制改革和对外开放，人们的收入极大提高，对满足基本生活需要的商品需求日趋旺盛，但受原有生产体系和结构的影响，产品供不应求，结果导致在此时期发生了两次（1985年、1988—1989年）较为严重的通货膨胀，并且引发了1988年的商品抢购风潮。现实问题的出现，开始引发学者对经济增长的需求驱动机制问题的关注。这一时期关注的焦点主要集中在总需求大于总供给的宏观背景下，如何根据消费需求结构变化调整现有产业结构，以期保持供求结构平衡，促进经济平稳增长。这一时期的代表性学者有魏杰、刘迎秋、刘方棫、彭焕杰、卢鹏等。第二阶段是探索研究阶段（1996—2006年）。进入20世纪90年代中期，中国商品供求基本格局开始发生翻转性改变，由之前的"供给约束"进入"需求约束"时代，消费需求成为经济增长的重要影响因素。与此同时，受1992年邓小平同志南方讲话鼓舞及中央政府放权让利影响，民间投资主体和地方政府投资热情高涨，投资需求在总需求中的比例开始迅速上升，各地区产业结构趋同趋势明显，产能出现过剩。在商品贸易方面，由于受1994年外汇体制改革及人口红利因素影响，中国商品一直处于出超状态，外需对国民经济的促进作用越来越重要。基于中国经济实践层面的变化，学者对经济增长的需求驱动机制的研究视域进一步拓展，其研究主要集中在：第一，拉动经济增长的消费需求、投资需求和净出口需求的贡献及其结构的演变；第二，消费需求、投资需求和出口需求自身内部结构的变化及其效应；第三，需求结构调整与产业结构转换关系。这一时期的代表性学者有董辅礽、刘伟、范剑平、郑京平、程建林、汪同三、蔡跃洲、胡春力、傅家荣等。第三阶段是形成热点阶段（2007—2013年）。2007年金融危机爆发以后，中国商品出口急剧下滑，外需极度萎缩，产能过剩的矛盾进一步激化。与此同时，依靠物质资源要素投入的粗放式经济增长受到资源和环境的双重约束，经济增长方式转变迫在眉睫。在此背景下，中央多次强调必须以改善需求结构、扩大国内需求特别是消费需求为方针，要求促进经济增长由主要依靠投资、出口拉动向依靠消费、投资、出口协调拉动转变，着力解决制约经济持续健康发展的结构性问题。为响应国家方针，学者围绕经济增长的需求驱动机制问题，尤其是内部动力结构调整问题进行了更为深入和全面的研究。除了对第二阶段的主要内容继续深化研究之外，主要还对以下内容进行了深入研究：一是需求动力结构的失衡度量及其调整理论与经验依据；二是需求动力结构的失衡原因及影响需求结构变动的因素；三是需求动力结构与经济发展的内在影响关系；四是需求动力结构的调整思路与对策。这一时期的代表性学者有贺铿、江小涓、韩永文、柳欣、郭玥、李永友、马晓河、吴忠群、吕冰洋、晁钢令、方竹正、段先盛等。具体而言，国内研究主要围绕以下问题展开经济增长的需求驱动机制研究：

（一）关于需求驱动机制的现状及其演变分析

揭示需求驱动机制的现状及其历史变化是研究需求驱动机制调整的逻辑

起点。国内学者对中国需求驱动机制现状及演变主要从三个视角予以分析。

1. 对拉动经济增长的消费投资出口需求及其变动趋势进行分析

刘迎秋（1991）通过人均消费需求差额模型测定 1953 年以来中国消费需求呈低水平波动上升趋势，到 20 世纪 80 年代末期，开始向高水平持续上升转化。[59]郑京平等（1997）分析了 1985—1995 年需求结构的变化趋势，指出 1985—1988 年是以消费需求迅速扩张为先导，进而带动投资需求快速增长的阶段；1989—1991 年，消费和投资需求增幅减缓，外需作用开始增强；1992—1995 年，投资需求迅速扩张，外需对经济增长的作用继续加大。[60]程建林（1998）研究了 1990—1997 年中国最终消费需求、资本形成、国外需求对经济增长的贡献率和贡献度，指出在经济启动和回升阶段内需主导经济增长，但在收缩调整阶段外需趋于缓降且经济增长稳定。[61]刘妍等（2000）运用统计描述方法对中国 1978—1999 年消费、投资和国外需求的变动趋势进行了分析，指出消费需求增长呈倒"W"形变化；投资需求增长呈"N"形变化，投资需求中固定资产与存货结构不合理，存货所占比例较高；国外需求增长与经济不景气反向变动。[62]刘起运等（2000）研究了中华人民共和国成立以来的需求结构演变趋势，指出改革开放以前中国需求结构是基本稳定的；改革开放以后需求结构发生较大变化：20 世纪 80 年代前期，基本消费品需求扩张迅速；20 世纪 80 年代中后期，消费和投资需求双向驱动经济增长；20 世纪 90 年代前期，投资需求急剧膨胀，出口需求对经济增长的拉动作用逐渐增强；20 世纪 90 年代中后期，投资和消费需求陷入低谷难以启动，净出口作用趋弱。[63]吴忠群（2002）分析了 1979—1999 年中国的投资率和消费率等需求结构的变化趋势，指出中国最终消费率基本上呈稳定下降趋势，投资率呈波动上升趋势。[64]范剑平（2003）测算了中国 1997—2001 年投资、消费和国外净出口需求占总需求比例的变化以及三大需求对经济增长的贡献率，指出该期间经济增长明显由投资需求主导。[65]林哲等（2005）分析了中国 1991—2003 年总需求结构的变化，指出在此期间消费占 GDP 的比重始终维持在 57%以上，呈倒"N"形变化；投资占 GDP 的比重基本稳定在 40%左右，呈"N"形变化；净出口占 GDP 的比重较小，基本也呈倒"N"形变化。[66]"近期美国宏观经济政策研究"课题组（2007）通过测算拉动美国 2005—2006 年季度经济增长总需求各组成部分的增长率、贡献率和贡献度，分析了私人消费、私人国内投资、净出口、政府投资与消费在季度经济增长中的变化趋势。[67]江小涓（2010）分析了1978—2008年中国经济增长的内外需结构现状，指出内需占总需求比重超过90%，对经济增长的贡献超过80%，外需对经济增长的贡献虽然增加但仍然为辅。[5]张生玲等（2010）分析了2000—2009年中国经济增长的需求结构，指出内需是拉动中国经济增长的主体，内需中投资需求增长率高于消费需求增长率，外需的增长贡献大约为两成。[68]史晋川和黄良浩（2011）对1978—2008年中国经济增长的需求动力结构的总体特征进行分阶段分析后发现，投资率提高迅速，回调缓慢，但阶段式循环；消费率稳步下降，偶有回升；净出口率稳步提升，鲜有下降。[69]李春顶和夏枫林（2013）通过对中美需求结构的对比研究发现：中国的消费占GDP比重过低；投资占GDP比重过大，投资主要集中在制造业、房地产业；出口中货物贸易附加值较低、服务贸易滞后。[70]

2. 对拉动经济增长的消费、投资和出口需求内部结构及其变动趋势进行分析

刘菊（1994）分析了1993—1995年中国城镇和农村居民食品、衣着、住房、燃料水电、家庭用品、医疗、文教、交通通信、修理服务和其他共10项消费需求支出结构的变化。[71]张东刚（2001）分析了1917—1936年国民消费需求中食品、衣物、房租、燃料灯火和杂项等支出的长期变动趋势，指出从20世纪初期至20世纪30年代中叶，国民消费结构变化符合恩格尔定律。[72]范剑平（2003）分析了中国1997—2001年消费需求的部门结构，指出对经济增长起支撑作用的居民消费需求呈下降趋势，政府消费需求呈上升趋势；同时，他测算了投资需求的资金来源结构，指出政府投资对经济增长的贡献率远远大于自主性社会投资对经济增长的贡献率。[65]李曙光（2012）分析了改革开放以来消费需求中各类消费支出的结构变化和投资需求中第一、第二、第三产业投资结构的变化。[73]谭兴民（1991）指出，中华人民共和国成立以来投资结构与世界演变的一般趋势存在较大差异，主要表现在对基础设施与基本建设的投入偏基本建设、对工农业的投入偏向工业、对基础产业与加工业的投入偏向加工业。[74]焦智利（1997）分析了1949年以来中国投资的产业结构发展情况，指出由于投资结构长期偏第二产业中的重工业，导致了中国第一、第二、第三产业发展的畸形。[75]文彬和马翔（2007）分析了20世纪

80年代中期到2005年期间中国投资的主体、来源、使用、部门和行业、所有制和区域结构，指出主体结构呈多元化、资金来源结构呈多样化、使用结构更注重效率化、部门和行业结构偏重工业、所有制结构偏国有性质、区域结构偏东部区域。[76]穆智蕊和杨翠红（2009）分析了中国1987—2005年各产业部门的出口结构变化趋势，指出通信设备、计算机等资本技术密集型产品出口和服务业出口总体呈上升趋势；纺织、服装等劳动密集型产品和煤炭、金属等资源型产品的出口逐年回落。[77]王晓红和王海（2012）对中国1978—2008年出口需求的商品结构、贸易方式结构、市场结构进行了分析，指出出口初级产品呈逐年下降趋势，机电产品和高技术产品呈逐年上升趋势；一般贸易呈上升趋势，加工贸易呈下降趋势；传统出口区域美国、欧盟、日本三大市场萎缩明显，东盟市场逐步上升。[78]

3. 对拉动区域经济增长的需求驱动机制及其结构演变进行分析

张道根等（1998）对"八五"和"九五"期间国内及上海市经济增长的需求动力结构进行了分析，并对"十五"期间国内及上海市经济增长的需求动力结构变动趋势进行了预测。[79]袁炎清（1999）分析了广东省1989—1996年间总需求结构的变化趋势，指出经济趋冷年份，固定资产投资对经济增长的贡献率较低，净出口对经济增长的贡献率较高，且大于固定资产投资需求的贡献；经济趋热年份，固定资产投资的贡献率很高，净出口贡献率为负数。存货投资对经济增长的贡献率呈上升趋势，消费需求对经济增长的贡献率相对平滑。[80]王家新等（2000）分析了南京市1992—1998年经济增长的总需求结构，指出南京市消费额占GDP比重一般都在45%左右，贡献率却能达到60%左右。存货投资占GDP比重从20%左右下降为10%左右，固定资产投资占GDP比重从30%左右上升到45%左右，投资高增长是南京市经济高速增长的主要动力。净出口占GDP比重呈下降趋势，对经济增长的贡献波动性较大。[81]骆惠宁（2001）运用投入产出现价序列表，对安徽省1987—1997年间需求结构的变动特征以及投资和消费需求自身内部结构的变化进行了分析。[82]邓利娟（2003）探讨了20世纪80年代中期以来中国台湾地区经济需求结构的变化趋势，指出20世纪80年代中期以前中国台湾地区外需是经济增长的主要动力来源，80年代中期以后民间消费与固定资本形成带动的内部需求成为经济增长的主导因素。[83]李红和阿依努尔（2005）运用投入产出表，以2002年数据为基础测算了新疆维吾尔自治区最终需求中消费与投资的比例结构关系。[84]许春慧（2013）通过分析1978—2010年期间广西的消费需求、投资需求和净出口需求对经济增长的贡献率，认为消费需求是广西经济增长的主导驱动力，其次为投资需求和净出口需求。[85]张伟等（2013）认为黑龙江省需求动力结构最基本的特点是高投资和低消费。[86]

（二）关于需求驱动机制对经济发展的影响关系探讨

研究需求驱动机制，其目的是为了更好地促进经济发展。20世纪80年代以来，国内学者从多个角度探求了中国需求驱动机制与经济发展的关系，其中与经济增长平稳性、与提升国民经济福利、与产业结构调整、与经济产出效率等关系问题的讨论成为热点。

1. 需求驱动机制与经济增长平稳性的关系

彭焕杰（1988）认为在生产结构不能立即改变的情况下，通过对投资、消费和进出口需求的结构调节，可以解决短期内资源闲置和商品短缺并存的状态，调整经济趋向平衡发展。[87]卢鹏（1990）认为面对消费需求下降、供给相对过剩导致经济增长增速下滑的困境，不应盲目扩大总需求，而应通过财政和货币政策适时调整消费和投资需求的内部结构，实现经济供求平衡。[88]刘妍等（2000）[62]运用统计相关关系分析法分析了1978—1999年中国消费波动、投资波动与经济波动的关系。关浩杰（2011）研究了需求动力结构变动与经济波动之间的关系，发现短期内需求结构变动不是经济波动的格兰杰原因，中长期某时点需求结构变动是经济波动的格兰杰原因。但与此同时，不论短期和长期，经济波动总是经济结构变动的格兰杰原因。[89]龚海林和梅国平（2012）运用分位数回归法分析了消费和投资需求对经济波动的影响。他们的研究结论表明，消费率对经济波动具有抑制作用，投资率对经济波动存在加剧作用。[90]纪明和刘志彪（2014）认为需求动力结构合理化和高级化水平的适度降低可以提升经济的增长速度，需求动力结构合理化和高级化水平的推进可以有效抑制经济的波动。[91]

2. 需求驱动机制与提升国民经济福利的关系

张建秋（2009）认为中国经济的高速增长主要依赖低效率的高投资推动，但这种高投资并未带来相应国民福利的提高，影响投资转换为福利的因素在经济运行中大多都起到了反作用。[92]王小鲁（2010）认为中国需要由过去过于依赖投资和出口驱动经济增长的方式向消费驱动经济增长方式转变。在实行以消费驱动为主的增长模式下,不仅全民福利能够得到大幅提高,环境和生态等也能得到极大改善。[7]丁志帆和刘嘉(2013)认为20世纪90年代以来,中国拉动经济增长的"三驾马车"的步伐开始不协调,投资和出口需求增长强劲,消费需求持续萎靡。在现有的需求驱动机制下,对于提升消费率、促进消费增长,无论是对低收入群体还是中高收入群体消费者的福利水平提升效果都相当显著。[93]

3. 需求驱动机制与产业结构的关系

刘方棫(1983)认为产业结构与消费需求结构之间具有循环相互决定作用。[94]魏杰(1990)论述了消费需求结构背离供给结构的三种表现及危害,并提出适应供给结构的消费需求结构调整政策。[95]张中华(2000)认为需求结构不合理是中国产业结构和投资结构失衡的主要原因,并提出为促进产业结构与投资结构的合理化,必须消除城乡市场分割、提高农民人均收入、改革城市消费品供给制度、扩大私人消费范围、推进科技进步和实施基础设施供给市场化。[96]陈磊等(2012)认为居民消费需求结构会影响一国产业升级的方向和速度。[97]马晓河(2010)认为调整需求结构以推动产业结构升级是中国迈过"中等收入陷阱"的必要条件。[98]申忠义(2001)、邬滋(2005)分析了需求结构对投资、产业结构的影响,认为投资、产业结构要随消费结构的变化而变化,中国需求结构不合理是导致产业、投资结构失衡的重要原因。[99][100]郑栋才(2006)运用马克思劳动价值论和边际效用理论,分析了劳动效率提升使得社会需求总量和结构调整,进而引起社会劳动分配结构和产业结构调整,从而使社会经济结构的优化与均衡不断向前发展的逻辑路径。[101]任太增(2002)阐述了需求结构与区域产业结构同质化趋势发展的内在关联,他认为区域间收入水平相近,导致各区域的需求结构趋同,进而导致区域产业结构具有趋同的可能性,而地方政府的非市场化行为则强化了这种可能性。[102]沈利生(2011)利用投入产出模型推导了消费、投资和出口需求与三次产业增加值之间的关系,进而定量探讨需求结构的变动对三次产业结构变动的影响。[103]闫芳芳和平瑛(2013)分析了消费结构变化与产业结构的相关性,认为在渔业消费结构的引导下,中国渔业产业结构有了合理的调整,但相对于渔业消费结构的变化,渔业产业结构仍然存在第三产业比例较低等问题，渔业产业结构需要根据需求结构不断进行优化。[104]

4. 需求驱动机制与经济产出效率的关系

刘迎秋（1991）指出改革前，中国由于在需求动力结构上形成"逆霍夫曼比例"，导致消费品和投资品供给短缺，经济增长水平低下。改革后，双重体制形成带来总需求结构变动与总供给间的关系变化，形成消费诱发投资需求结构变动，进而牵动供给结构变动和供给增长的产出效应。[105]刘伟（2006）指出中国投资需求增长过快，消费需求增长乏力，总需求结构性矛盾突出，致使经济增长的有效性下降、失业率攀升和产能过剩，加剧了宏观经济政策的两难选择。[106]谭小芳等（2006）利用相关模型推导了人均消费（C）和人均资本（K）的动态模型，同时刻画了不同的投资和消费结构在K和C的动态模型下对于经济发展的影响，认为如果投资和消费比例失衡，经济系统就很有可能处在动态无效率状态。[107]张昱（2012）以英法两国同期数据为参照，对美国大萧条前10年总需求结构变动的相关指标进行统计分析后，认为美国的经济大萧条可以利用内需和外需结构变化的指标进行预警。[108]吴振宇（2013）认为金融危机后，我国经济持续低迷，调整时间较长，主要是由于需求结构与生产体系不匹配所致。[109]

此外，国内学者对需求驱动机制与区域经济增长差异、通货膨胀、服务业发展、转变经济发展方式也进行过专门研究。

周民良（1999）通过计算投资、消费和出口在沿海与内地、南方与北方区域经济中的占比，认为投资、消费和出口的区域结构变化是造成中国沿海与内地之间经济差距缩小、南方与北方经济差距扩大的主要原因。[110]任志军（2013）认为中国以"高投资、低消费"为特征的需求驱动机制为西部民族地区的经济发展创造了有利的供需条件，有效地推进了地区经济发展，但如果从整体上考察，中国"高消费、低投资"型的需求驱动机制是不利于西部民族地区经济可持续发展的。[111]

胡春力（1995）阐述了1988年以来中国的生产和投资需求结构均偏向能源、原材料产品领域，而机电类和重加工产品领域相对萎缩，从而引起中间需求结构偏斜，导致1993年部分生产资料产品价格急剧上涨，引发结构性的通货膨胀。[112]江春等（2009）研究发现中国高投资和高净出口的需求动力结构，是导致M_2货币供应与GDP高比率的重要原因。[113]

曾艳（2009）认为中国服务业发展滞后，原因在于收入分配差距过大导致需求结构层次低，进而制约目前中国产业结构升级和服务业增长。[114]鲍尖（2011）研究中国总需求结构失衡与国际收支失衡的关系时指出，总需求结构失衡是国际收支失衡的主要原因。[115]方竹正（2011）分析了中国需求驱动机制主要存在结构失衡与经济发展方式不合理的内在关系，并从需求动力结构调整的视角提出了转变发展方式的着力点及政策措施。[116]林裕宏（2012）指出中国经济增长面临资源、环境严重约束和劳动力成本快速上升，现有的经济增长方式不可持续等问题，三大需求的协调均衡是实现中国经济增长方式成功转型的关键。[117]

（三）关于需求驱动机制的合理性评估分析

对需求驱动机制的合理性进行评估和判定，是科学调整国内需求驱动机制的前提。目前，国内学者基于不同的判断标准，对国内需求驱动机制的合理性大致有三种不同的认识：一是认为目前的消费需求偏低，投资需求偏高。孙烽和寿伟光（2001）通过理论模型推导和数值模拟以及对中国经济现实的观察，认为1996—2000年间中国的实际消费率大大偏离了最优路径。[118]董辅礽（2004）认为近年来中国消费率偏低对国民经济的发展带来了不良影响，制约了经济的长期增长。[119]国家发展改革委综合司（2004）分析并指出中国消费率与投资率的变化趋势符合工业化阶段消费率和投资率的一般演变规律，即在工业化过程中，投资率会持续上升，消费率会不断下降。但通过与一些处于相似发展阶段国家的历史比较，目前中国的消费率都明显偏低，投资率明显偏高。[120]顾六宝和肖红叶（2005）利用拉姆齐模型的动态分析框架，得出最优人均消费额和消费增长率的理论算式，并利用中国的数据合理估算出参数的估值范围，通过模拟得出中国1992—2003年间最优人均消费额和消费增长率的动态路径。通过实际值与最优理论测算值比较，认为中国人均消费额和消费增长率的确偏离了最优路径。[121]杨圣明（2005）通过国内纵向和国际横向比较认为，中国的投资与消费关系已经失衡，相对于投资而言，消费一直呈下降趋势，因此需要对消费进行及时调整。[122]林哲等（2005）通过运用2003年中国的消费、投资和净出口需求数据与世界不同组类的国家同期数据进行比较，认为中国的居民和政府消费率明显偏低，投资率明显偏高，净出口与中等收入国家平均水平相当、比东亚和太平洋国家要低、比成熟的发达高收入国家要高。[66]王子先（2006）通过与世界各国以及国际平均水平横向比较认为，中国消费率处于世界较低水平，明显偏离了国际消费率变化的经验规律。[123]晃钢令和王丽娟（2009）利用修正后的钱纳里模型得出的消费率标准值，与中国近年来的消费率进行对比分析，认为中国消费率确实偏低。[2]李永友（2012）遵循钱纳里和赛尔奎因的研究思路，通过跨国数据比较总结出需求机制变化的一般规律，并依据这一规律对中国需求驱动机制失衡与否及其程度作出判断，指出中国需求驱动机制演变一定程度上偏离了一般规律，但偏离程度并不严重。[124]杨晓龙和葛飞秀（2012）通过构建需求驱动机制内部结构失衡指数，对中国内外需结构、投资和消费结构、居民消费和政府消费结构进行了度量，指出中国消费与投资失衡是需求驱动机制失衡的主体，并且认为1993年前后是中国消费与投资第一次失衡高峰期，2000年以来是中国消费与投资第二次失衡高峰期。同时，他也不认可对当前消费需求偏低、投资需求偏高的判断。[3]罗云毅（2000，2006）分别就中国消费率偏低和固定资产投资规模偏高的问题进行了阐述，认为仅以国际横向比较认定中国消费率偏低并不科学，政府的宏观调控不必将消费率高低作为目标。同时，他也认为如果从固定资本形成与储蓄平衡角度分析，中国固定资产形成率也不算太高，宏观调控不宜对投资规模总量采取抑制政策。[125][126]张军（2010）认为中国居民的消费支出在住房、教育、医疗等众多领域被低估，政府的财政支出难以精确统计，固定资产形成被政府高估等因素造成学者普遍认为消费率偏低、投资率偏高的判断。[127]朱天和张军（2012）认为将经济增长的投资和出口拉动转变为国内消费拉动是由于误解经济学理论和盲信失真的统计数字造成的。三是认为目前的需求驱动机制的合理性无法判断。[128]杨春学和朱立（2004）认为从纯理论角度可以找到一个特定的积累（投资）率实现经济增长最大化，但是从现实角度力图寻找一种具体的最优积累（投资）率去指导实践，却是不切实际的。[129]贺铿（2006）认为在经济发展过程中，投资规模取决于经济剩余能力，并与财政收支状况、资源状况和国际收支状况有关，发展中国家在工业化过程中，投资率和消费率没有固定的最佳比率。[130]罗云毅（2006）从经济发展事实现状以及理论批判的角度，否认存在最优消费投资比例问题。[131]

（四）关于需求驱动机制变动的影响因素及失衡原因探讨

1. 影响需求驱动机制变动的因素

刘迎秋（1991）认为，经济管理体制、即期需求的资金来源和经济发展阶段是需求驱动机制中内部结构变动的主要因素。[105]邓利娟（2003）在探讨20世纪80年代中期以来我国台湾地区需求驱动机制的变化趋势时，指出台币汇率变化、收入、经济自由化政策、鼓励民间资本投资政策是引起需求驱动机制中内部结构变动的因素。[83]吴忠群（2009）研究认为，消费率的变动与生产结构和消费观念可能存在较强的直接影响关系，与就业、经济增长速度、通货膨胀、国际收支、收入分配、预期改变、资产价格波动的关系无法精确确定。[132]蔡跃洲和王玉霞（2010）通过跨国面板数据实证检验，发现经济发展阶段、城镇化水平、经济外向型程度、地域及文化传统、经济体制等因素对投资消费结构有显著影响。[133]段先盛（2011）运用协整检验和误差修正模型方法，实证了收入分配变动对中国的居民消费与投资、居民消费与政府消费、居民消费与出口、城镇居民消费与农村居民消费等需求动力结构变动具有显著影响。[134]史晋川和黄良浩（2011）运用计量模型对中国1978—2008年居民消费率的影响因素进行了检验，发现居民收入、工业化和国际化因素对消费率具有显著影响，城镇居民收入提高、城乡收入差距缩小、工业化和国际化程度提高均可以提高居民消费率水平。[69]文洋（2011）通过FGLS方法检验收入分配对出口需求的影响，发现中国与贸易对象国收入分配重叠程度越高，从总量看出口就越多，从结构看差异产品比同质产品出口更多。[135]李永友（2012）通过跨国比较分析，在总结需求驱动机制演变的一般规律时指出，需求驱动机制中内部结构的变动受到收入、规模和经济结构的影响。[124]张黎娜和夏海勇（2012）认为中国人口结构变迁对需求驱动机制中的内部结构具有动态冲击效应。人口自然增长率下降、人口老龄化及城镇化加速均会造成消费投资比下降，这些是消费投资结构失衡的重要影响因素。[136]

2. 需求驱动机制改变或失衡的原因

景慧芬（2002）认为中国加入WTO在短期内会对总需求结构形成重组效应。[137]国家计委宏观经济研究院经济形势分析课题组（2003）认为导致投资和消费良性循环机制失调主要是由于居民消费倾向下降、收入差距扩大和就业困难降低投资带动消费的乘数作用等原因。[138]国家统计局综合司（2005）认为投资回报率虚高、高储蓄率和外资流入量大是造成中国当前投资率过高的三个主要原因。[139]乔为国（2005）认为中国投资偏高、消费偏低的主要原因是政府与居民收入分配格局失衡、居民部门可支配收入支出结构不合理、企业部门的高投资动机和较多资金来源、政府部门支出不合理、金融系统的储蓄转化功能异化等。[140]桁林（2008）认为投资率的高低取决于市场需求、垄断以及行政控制等供给因素。如果市场导致资源价格扭曲，就会鼓励投资而挤占消费，从而导致投资和消费比例失衡。[141]尹碧波和郭金兴（2008）认为功能性收入分配比例失衡是有效需求驱动机制中内部结构失衡的重要原因。[142]刘伟和蔡志洲（2010）通过对国民资金流量表进行核算，认为近年来国民收入分配格局失衡是当前投资与消费结构性矛盾的主要原因。[143]张军超（2011）通过中国省级面板数据的计量分析，验证了中国经济发展战略导致要素收入分配结构失衡，进而导致消费投资结构失衡的逻辑关系。[144]柳欣等（2012）运用资产存量—收入流量分析法，从理论上论证了存量—流量比例失衡、收入分配差距拉大和需求驱动机制中内部结构失衡三者之间存在循环累积机制。[145]

（五）关于需求驱动机制调整的目标方向探讨

高天鹏（1990）根据经济形势，认为增加社会需求规模以及调整社会供给结构并不能改变市场疲软状态，压缩城镇居民需求和增加农民需求才是启动市场的关键。[146]范剑平（2003）通过对中国1997—2001年期间的总需求结构分析，认为中国经济增长的需求驱动机制应由投资主导型向居民消费、社会投资双拉动型转变。[65]刘方棫和李振明（2003）认为在市场经济条件下，要通过投资和消费的良性互动和循环来扩大内需，一起发力拉动经济增长。[147]王秀芳（2006）从内需与外需、城乡需求、投资与消费等需求动力结构不均衡的视角提出扩大国内需求、农村需求和消费需求的调整目标。[148]韩永文（2007）指出中国当前要适当降低投资率，提高消费率，拉动经济增长的需求驱动机制应由依靠投资和出口拉动向依靠消费、投资、出口协调拉动转变。[4]

(六) 关于需求驱动机制调整的理论与经验依据探讨

1. 从现实描述主义视角提出的调整理论与经验依据

曾令华 (1997) 认为理论最优消费率的判断标准，一是能否实现资源最优配置；二是能否实现商品供求结构平衡；三是能否实现社会总供求平衡的消费率。[149] 杨圣明 (2005) 通过总结我国 50 多年需求与投资变动的实践经验，给出了中国消费与投资比例关系下限，即至少达到 58∶42，随着经济的进一步发展，比例关系至少要达到 60∶40。[122] 贺铿 (2006) 认为判断一国投资率和消费率的合理性要遵循两条基本判断标准：一是供需总量和供需结构均衡，经济增长速度比较高；二是居民收入与经济同步增长，居民消费不断增长。同时，他参照历史和国际比较，并结合对中国投资效率分析认为，中国的投资率控制在 30%—35% 之间、消费率控制在 60%—65% 之间比较合适。[130] 韩永文 (2007) 从经济发展实际情况出发，认为中国投资率保持在 35%—38% 之间、消费率恢复到 60% 及以上是比较合适的。[4] 郭兴方 (2007) 认为消费率的大小有其内在规律，消费率高低的判断和调整只能依靠经济运行中的通胀和紧缩情况、社会再生产能否顺利实现、微观主体企业的盈利情况等微观和宏观经济运行的状况来判定。[150] 蔡跃洲和王玉霞 (2010) 根据中国所处发展阶段、受计划经济体制影响程度、经济外向度和消费文化习惯，初步匡算出中国合意投资率区间为 40%—45%，合意消费率为 55%—60%。[133]

2. 从新古典经济学视角提出的调整理论与经验依据

王志涛 (2004) 根据杨再平 (1997) 关于经济总体效率在特定条件下一定程度表现为政府行为的函数假定，从理论上推导出政府消费是经济增长的凹函数，即政府消费规模存在最优值。[151] 孙烽和寿伟光 (2001)、顾六宝和肖红叶 (2005) 基于固定相对风险规避效用函数，求得消费者效用最大化条件解，从理论上推导出最优人均消费值和消费增长率。[118][121] 乔为国和潘必胜 (2005) 通过建立一个实现充分就业目标的投资率理论模型，估算出当时中国合理的投资率不应超过 32.4%，消费率不应低于 67.6%。[152] 吕冰洋 (2011) 利用 Barro (1990) 的经典假设，将生产函数设为 C—D 形式，同时利用代表性行为者的效用函数模型，构造汉密尔顿函数求解最优化问题，从而得到消费和资本的增长方程。根据传统增长分析模型的基本假定，如果经济增长处于稳定路径，那么资本和消费的增长率将保持一致，消费与资本的比是稳定的。如果消费增长率与资本增长率不一致，也即消费与资本的比是不稳定的，那么经济增长则偏离了稳定增长路径，也即意味着需要对经济增长的投资消费结构进行调整。[153]吴忠群（2009，2011）认为最优消费率是存在的，但利用各种宏观经济指标衡量最优消费率存在缺陷。根据生产和消费的目的，建立无限期产出最优化模型，得出最优消费率表达式，可以为判断和调整一国消费率提供理论上的数量标准。与此同时，利用中国的数据，估测出中国的最优消费率为0.806。[132][154]

3. 从结构主义国际比较视角提出的调整理论与经验依据

李建伟（2003）研究提出需求结构演变的共同规律，即在各国工业化过程中，消费率会相对下降，投资率会不断提高，但在工业化进程结束后，消费率和投资率将保持基本稳定。[155]谭小芳等（2006）通过分析历史数据和对比国际数据，提出中国投资率的合理比例区间为31%—32.9%，消费率的合理比例区间为66.2%—67.4%，投资和消费的合理结构应该处于1∶2.01至1∶2.17之间。[107]金三林（2009）认为改革开放以来中国投资和消费失衡日趋严重，根据国内外的发展经验和中国所处发展阶段，投资率一般不应高于40%，消费率不应低于60%。[156]史晋川和黄良浩（2011）对世界各国1970—2008年的需求结构演变规律，从世界各国平均水平、分经济发展阶段和分地区三个视角进行了考察，得出随着人均收入增长，投资率呈倒"勺子"形演变，消费率呈"勺子"形演变，净出口率最终趋向零的演化规律，为研判一国需求驱动机制演变的合理性提供了参照。[69]

4. 从计量经济学视角提出的调整理论与经验依据

周泳宏和唐志军（2009）利用1995—2007年中国省区面板数据进行门限非线性回归，考察了在不同的投资率水平下，消费促进对经济增长绩效的影响。结果显示，中国投资率存在44%和36%两个门限值，位于这两个门限值以下，消费率的提高会加速经济增长。[157]杨华和陈迅（2011）运用面板门限模型，对地方政府消费支出的最优规模进行了测算，指出地方政府消费最优支出的门限值为19.93%。政府消费支出低于门限值时能显著促进经济增长；政府消费支出高于门限值时能显著阻碍经济增长。[158]

（七）关于需求驱动机制调整对策的思考

针对经济增长过程中需求驱动机制的不合理，国内学者结合当时宏观经济运行背景，从运用不同政策手段的角度，提出调整需求驱动机制的有效对策。如从综合运用收入、财税、货币、价格和行政等政策手段提出调整对策，彭焕杰（1988）认为，可以采用对需求进行间接调整和直接调整两种方式对需求驱动机制进行调整，间接调整主要是实行结构性的财政、金融和税收政策，直接调整主要是实行价格、工资、需求配额、行政审批、结构性关税政策。[87]戴景春（1990）提出要以产业政策、财政政策、货币信贷政策、社会政策、收入政策、价格政策和行政手段共同调整失衡的货币与实物需求、货币需求中的最终和中间需求、最终需求中的现实与潜在需求以应对1989年的市场疲软态势。[159]刘向农（2002）认为消费需求与投资需求协调增长的途径主要从两个方面着手：一是改善投资，投资增加需要与供给结构、技术进步、重点领域等方面结合；二是改善消费，要从调整政策、转变方式、拓宽领域、改善环境等方面入手改善。[160]乔为国（2005）提出为改变中国投资高、消费低的格局需要从调整收入分配关系、转变政府职能、构建并完善金融体系三个方面入手。[140]梁媛和冯昊（2010）认为中国投资消费出口结构存在问题，应通过采取完善收入分配机制、改善居民支出结构、合理引导和发挥金融市场作用、推动服务业发展等政策手段加以改善。[161]彭新和屈国柱（2011）提出政府调整需求驱动机制中消费、投资、出口的比例需要通过综合实施转移支付、改革税制结构等财政政策和货币政策来实现。[162]范洁（2012）认为当前中国需求驱动机制中内部结构的失衡主要是消费结构的失衡，主要应从调整国民收入分配结构、改善消费环境、完善社会保障体系等方面促进消费，改善消费结构失衡状况。[163]卞靖（2012）认为调整中国需求驱动机制中的内部结构需要从三个方面综合考虑政策选择：一是从调整贸易、外资和对外投资政策，有序适度扩大进口，加快加工贸易转型等方面入手促进内外需协调；二是通过转变政府职能、优化政府投资结构、鼓励促进民间投资、调整中央地方关系等方面入手优化投资，提高投资效率和质量；三是通过完善收入分配制、健全社会保障制度、扩大中等收入群体、稳妥推进城镇化、推动产业结构调整、合理引导消费行为等方面入手扩大消费。[164]卞靖和张柄哲（2013）分析了我国在1997年和2007年两次金融危机背景下需求驱动机制调整的政策效果后指出，要真正扭转当前需求驱动机制中内部结构失衡的状态，必须切实有效推进市场化及相关制度改革，转变经济发展方式和改革收入分配制度，真正实现我国经济从投资和出口驱动型向技术进步和消费驱动型转变。[165]

例如，通过运用财税政策手段提出调整对策，李海莲（2008）认为中国可以通过财税政策来调整消费与投资、内需与外需的结构性矛盾。财税政策的具体运用包括调整政府支出结构、利用转移支付手段、利用收入调节功能的税收调整消费需求；改革中央与地方政府的财事权关系、改革政府绩效考评体系、完善政府投资体制、改革增值税和企业所得税调整投资需求；利用出口退税、征收出口税调整净出口需求。[166]黄杰华（2011）认为可以通过降低流转税税率、对不同收入实行差别税率、对提供公共服务的民间组织实行税收优惠等方面发挥税收政策对调整国内需求的功效。[167]王春雷（2012）认为可以运用税收总量政策和结构政策，扭转收入分配失衡和调节收入差距，进而改善中国投资、消费和出口非均衡状态。[168]

再如，通过运用金融政策手段提出调整对策，杨子强（2008）认为金融可以在优化需求驱动机制中内部结构问题上发挥重要作用。一是可以通过直接信贷、产业信贷、差别定价政策对投资总量和结构进行控制和优化；二是可以利用信贷杠杆、财富效应、和谐金融政策促进消费；三是可以利用汇率和金融服务对外部需求进行调整；四是可以通过征信体系建设、完善支付体系以及动产抵押服务，综合平衡需求结构。[169]黄飞鸣（2011）认为可以通过构建贷款准备金政策框架来对投资和消费进行有效调控，从而可以实现中国需求驱动机制调整的目标。[170]

三、简要评述

经济增长的需求驱动机制研究正在成为国内外学术界研究的热点。综观上述研究成果，国内外学者已在五个方面形成基本共识：一是对经济增长的需求驱动机制演变有比较深入的研究和了解，尤其是对中国经济增长的需求驱动机制变化趋势有比较准确的了解，众多学者对中国经济增长的需求动力进行了分阶段统计描述研究，研究的基本结论均表明消费需求对经济增长的拉动作用呈现下降趋势，投资需求对经济增长的拉动作用呈现持续上升趋势，出口需求对经济增长的拉动作用日益增强。二是对影响需求驱动机制变化的因素和原因有比较全面的认识。影响需求驱动机制变化的因素或原因是正确提出实现需求驱动机制调整对策的基本依据，国内外学者从理论上分析了经济发展战略、经济结构、收入分配、技术进步、城镇化、工业化、国际化、地域文化等因素对需求驱动机制的影响，这有利于制定政策以实施需求驱动机制调整的有效性。三是对需求驱动机制失衡影响宏观经济健康运行有比较清醒的认识。需求驱动机制失衡将导致供给和产业结构失衡，进而引发总供求失衡，其结果必然是经济波动加剧、国际收支失衡、通货膨胀和失业率上升，这是他们对此问题形成的基本共识。四是对需求驱动机制的调整方向尤其是中国的需求驱动机制调整有比较一致的看法。国内外学者均主张通过内需与外需协调拉动经济增长，尤其是在内需方面均主张以扩大消费需求、调整投资需求作为需求驱动机制调整的重心。五是对需求驱动机制调整对策有比较系统的考虑。需求驱动机制调整涉及国民经济发展的方方面面，因此需要综合运用各种政策手段，国内外学者提出以收入政策、财税政策和金融政策为核心，结合价格、外贸、对外投资、行政等政策手段，系统应对需求驱动机制的调整。

  总之，现有的研究为后续开展深入研究提供了很好的借鉴，但也存在一些需要进一步完善的地方。首先，对需求驱动机制与经济增长关系的理论研究需要进一步深化。需求驱动机制是影响经济运行的内在重要机制，其机制设定是否合理关系经济增长的速度和质量问题，因此，弄清楚每一种不同需求驱动机制下的不同经济增长影响，是一个国家基于现实需要合理选择需求驱动机制的关键。现有的研究忽视了两者理论关系的深入考究，较为机械地根据某种理论或经验依据对现存的需求驱动机制一味地进行批判或否定，这反映了学者对两者理论关系研究的不足。其次，对需求驱动机制的长期演变与短期调整研究还需要进一步强化。研究需求驱动机制的长期演变是指从经济发展史的观点对经济增长的需求驱动机制的发展演变进行研究，是从经济的一般发展规律来研究需求驱动机制的变化，因而一个国家可以从更长远的角度判断和把握本国经济增长的需求驱动机制的设定和调整。研究需求驱动机制的短期调整问题是指在根据一个国家长期经济增长的需要设定基本需求驱动机制的基础上，在经济增长的某一具体阶段对需求驱动机制进行具体优化。现有的研究基本上忽视了需求驱动机制的长期与短期研究，因而不能对某一增长阶段的需求驱动机制的合理性作出准确判断，从而引起了对需求驱动机制合理性判断的争议。最后，结合国情特点研究对经济增长的需求驱动机制的影响还需要进一步补充。各国国情对本国的经济增长具有重要影响，对拉动经济增长的需求驱动机制设定同样不能避免。在充分考虑本国国情基础上对需求驱动机制进行合理选择，可以促使本国经济更持续、更健康地增长。现有的研究基本上没有结合本国的实际情况来对需求驱动机制的形成、演变进行合理解释，尤其是对中国的研究更是缺乏立足于人口大国的现实研究需求驱动机制的合理选择。

为尽量弥补上述不完善之处，本研究将从以下四个方面加强对需求驱动机制的研究：第一，深入探讨经济增长与需求驱动机制的内在机理关系，重点研究需求驱动机制的变化对经济增长所带来的各种实质影响。弄清不同需求驱动机制对经济增长带来的不同影响是研究各国经济增长中调整需求驱动机制问题的基本前提，如果这一基本问题得不到解决，各国调整经济增长的需求驱动机制就会没有目标。第二，深入探讨在长期经济增长过程中，即在长期不同经济增长阶段需求驱动机制演变的一般规律。各国的经济一般都遵循从低级阶段到高级阶段增长的普遍规律，在每一个增长阶段如果能够选择最合适的需求驱动机制拉动经济增长，将有效加速各国经济增长。然而，这首先需要以能够正确认知需求驱动机制在不同经济增长阶段的演变规律为前提。第三，深入探讨在经济增长过程中需求驱动机制演变规律在特定国情影响下的变异发展。由于各国国情不同，某种特定因素的出现，如庞大的人口、富有的资源等可能改变需求驱动机制的一般演变趋势。本研究基于大国的实情，重点以人口和地域作为影响需求驱动机制演变的因素，对一般经济增长过程中需求驱动机制演变规律的变异发展加以考察，为中国等大国合理调整和转换需求驱动机制奠定理论基础。第四，深入探讨短期经济增长目标约束下的需求驱动机制调整理论。短期经济增长目标是各国为适应短期经济形势的发展需要暂时提出的，根据经济增长目标与需求驱动机制的内在关联分析，合适的需求驱动机制设定是可以满足经济增长的短期目标的，但如何通过需求驱动机制的调整实现经济增长的短期目标，则需要相关理论来指导。

第三节 研究思路与理论贡献

一、研究思路

本研究主要遵循"提出问题→分析问题→解决问题"的思路进行。提出问题，即针对中国这样一个人口和地域大国，当前经济增长的需求驱动机制该如何调整或转换才能更好地保持未来经济持续健康增长？分析问题，即根据人类经济从低级向高级增长的一般规律，并结合人口和地域规模大小因素，总结和归纳需求驱动机制发展和演变的一般规律和特殊规律。同时，利用按人口规模和国土面积分组国家的经济数据，实证检验动力机制在经济增长过程中演变的一般和特定运行规律。解决问题，即利用实证检验的大国经济增长的需求驱动机制运行规律，结合中国经济所处增长阶段，合理提出需求驱动机制调整思路，同时为实现这一需求驱动机制的调整思路提出有效对策和建议。本研究逻辑框架如下图所示：

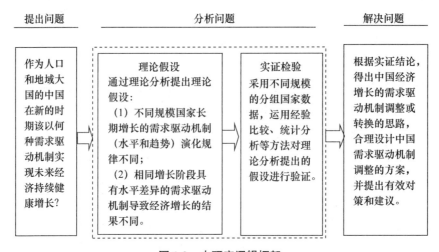

图1-2 本研究逻辑框架

二、主要内容

本研究采用理论与实证相结合的研究方法，对经济增长与需求驱动机制的内在关系、经济增长过程中需求驱动机制的演变趋势以及当国家规模因素介入时需求驱动机制的演变趋势进行研究，试图为中国等大国在不同经济增长阶段转型或调整需求驱动机制提供理论指导和对策分析。

第一章为绪论。本章通过对新时期中国政府和学术界对经济增长的需求驱动机制调整呼声和要求的引述，提出本研究的主要问题；通过对国内外学者对经济增长的需求驱动机制相关问题的综述，简要评价国内外学者对这一问题的研究贡献和不足，为本研究提供相关的理论基础。

第二章主要讨论经济增长与需求驱动机制的理论关系及经验表现。在界定经济增长以及需求驱动机制等概念的基础上，着重阐述经济增长与需求驱动机制的内在机理关系。同时，以国民收入为标准，通过对世界各国的分组，分析高收入国家、中等收入国家和低收入国家的需求驱动机制差异与经济增长效应差异的匹配。

第三章主要讨论国家规模、经济增长阶段与需求驱动机制演变。本章通过对国家规模划分标准的梳理，提出本研究的大、中、小国概念，在此基础上，建立指标体系对所有国家进行规模遴选。同时，以钱纳里的工业化阶段理论和罗斯托的经济成长阶段理论为基础，着重分析了需求驱动机制在长期经济增长不同阶段的内在决定性，由此提出一般国家需求驱动机制演变规律的假设。进一步地，笔者以国家规模作为影响经济增长的需求驱动机制演变的介入变量，着重阐述经济增长过程中因为国家规模的差异导致需求驱动机制在不同经济增长阶段的变异发展，由此提出大国和小国需求驱动机制演变规律的假设。与此同时，笔者在进一步假定国家相同规模的前提下，着重阐述了短期经济增长目标与长期经济增长的内在关系，指出在不违背长期经济增长需求驱动机制演变规律的前提下，各国的需求驱动机制可以根据当前阶段经济形势的变化即各种短期经济增长目标的调整适当调整，并提出基于各种短期增长目标约束下的需求驱动机制最优状态理论假设。

第四章主要讨论长期经济增长中大国与小国需求驱动机制的差异。笔者基于大国和小国长期经济增长的需求驱动机制发展规律假设，利用大国和小国分组数据，对长期经济增长的需求驱动机制演变进行分别检验，比较因国家规模不同出现的需求驱动机制演变差异，从而验证第三章所提出的大国和小国长期经济增长的需求驱动机制演变规律。

第五章以工业化阶段为例,讨论大国短期经济增长目标的实现与需求驱动机制的差异。笔者基于工业化短期阶段,着重对比分析了大国在工业化阶段各种短期经济增长目标的实现以及基于各种短期增长目标约束下的需求驱动机制差异,以及二者的映射关系,从而进一步检验了第三章提出的各种短期增长目标约束下的需求驱动机制最优状态理论假设。

第六章主要讨论中国经济增长的需求驱动机制的调整启示与对策。笔者根据前述的大国长期经济增长的需求驱动机制演变规律启示,以及当前工业化阶段短期经济增长目标实现的需要,提出中国经济增长的需求驱动机制调整或转换思路。同时,针对新时期中国需求驱动机制调整思路,以及现实经济发展基础,分别从扩大居民消费需求、合理调控投资需求以及稳定出口需求视阈,合理提出实现中国需求驱动机制调整的对策和建议。

第七章为结论与展望。笔者在总结全文的基础上,提出本研究的结论和希望以后继续深入拓展研究的领域。

三、理论贡献

本研究的理论贡献主要表现在以下四个方面:

(1)笔者在诠释经济增长和需求驱动机制概念的基础上,着重阐述经济增长与需求驱动机制的内在逻辑关系。需求驱动机制中消费、投资和出口的比例构成了需求驱动机制的基本结构,不同结构安排的需求驱动机制在拉动一国经济增长时会导致一国经济增长呈现不同的表现。深刻揭示需求驱动机制对经济增长的影响,以及经济增长目标对需求驱动机制的内在要求,为各国谋划经济增长战略、合理构建需求驱动机制奠定基本的理论基础。

(2)以钱纳里的工业化阶段理论和罗斯托的经济成长阶段理论为基础,着重分析需求驱动机制在长期经济增长过程中的一般演变规律。经济从低级阶段向高级阶段增长是社会发展的一个普遍规律,每一个国家的经济增长过程均不例外。笔者根据各国在每一个经济增长阶段经济增长的普遍需求,合理推演需求驱动机制在每一个经济增长阶段的内生构建,从而形成需求驱动机制在经济由低级向高级阶段增长过程中的演变规律,为各国谋划长期经济增长战略、合理构建需求驱动机制提供基本理论指导。

(3)笔者以国家规模作为介入变量,着重论述国家规模对经济增长过程中需求驱动机制演变的影响。人口和地域（资源）是衡量和区分一个国家与其他国家差异的基本特征属性，也是各国经济增长的要素禀赋，对一个国家经济增长的需求驱动机制构建影响巨大。因此，从人口和地域（资源）的视角考察对经济增长过程中需求驱动机制演变的影响，提出基于人口和地域（资源）规模大小不同的需求驱动机制演变规律，为各国谋划长期经济增长战略、合理构建需求驱动机制提供特定理论。

（4）笔者根据短期经济增长目标的设定要求，合理推演了短期经济增长目标约束下的最优需求驱动机制状态理论。在经济增长的短期阶段，各国为适应经济形势的发展需要，经常会设定各种短期增长目标，但如何通过需求驱动机制的调整实现经济增长的短期目标，则需要相关理论进行指导。因此，笔者在归纳、总结和借鉴前人相关理论的基础上，提出基于短期经济增长目标约束下的最优需求驱动机制状态理论，从而有助于各国在短期内合理指导和调整需求动力，以使本国经济增长满足短期阶段经济社会发展的需要。

第二章

经济增长与需求驱动机制的理论关系及经验表现

第一节 经济增长与需求驱动机制的理论关系

一、经济增长

一般而言,国内外学者对经济增长的理解大体有两种:一种是将经济增长理解为国民财富、经济总价值、总产量或人均产量的增加。如《大英百科全书》对经济增长的定义为"国民财富跨时期增长的过程";《帕尔格雷夫经济学大辞典》对经济增长的定义是"以固定价格计算的人均国民收入的某种度量的变化率,最广泛采用的指标是人均国内生产总值的增长率";库兹涅茨(1966)认为"经济增长是指人均或每个劳动者平均产量的持续增长"[171];刘易斯(1994)强调经济增长是指"人均产量的增长""得到更多的物品和劳务的过程"[172];张景晨(1998)将经济增长定义为"某经济系统在某经济周期所产出的经济价值相对于其前生产周期所产出的经济价值有所增长的现象"[173];高鸿业(1999)定义经济增长为"总产量或人均产量的增加"[174]。另一种则认为经济增长有狭义和广义的区别,如郑友敬和方汉中(1992)认为狭义的经济增长就是指各种实际经济产出的总量和人均量的完全增长,而广义的经济增长除了上述内容外,还包括由此而引起的经济结构、技术结构、产业结构、就业结构、收入分配结构等的变化,广义的经济增长概念已近似于经济发展概念。[175]钞小静和惠康(2009)认为,经济增长既有量的要求,又有质的规定,是数量和质量的统一。一个完整的经济增长的定义应该是外在表现为总数量的扩张,内在表现为质量的提高,经济增长质量的提高主要是指与经济增长紧密相关的经济方面的内容,如结构、稳定性、收入分配、福利水平、资源利用和生态环境等。[176]因此,比较上述国内外学者的观点,本研究认为经济增长的科学内涵应该包括数量的增长即表现为国民生产总值的连续增加过程,同时也应包含质量的提升即伴随经济增长数量的增加,经济结构、社会福利、生态环境也在持续地优化和改善,经济增长是质与量的统一体。

二、需求驱动机制

(一)需求的概念及分类

经济学中的需求,指购买商品或劳务的愿望和货币支付能力,如高鸿业主编的《西方经济学》对需求的解释为:"消费者在一定的时期内在各种可能的价格水平愿意而且能够购买的商品的数量。"[174] N. 格里高利·曼昆所著《经济学原理》中对需求的解释为:"买者愿意而且能购买的一种物品量。"[177]

用支出法核算 GDP 时,一个国家一定时期的 GDP 总额可以表示为整个社会对本国最终产品的购买总支出,即整个社会因购买本国最终产品形成的总需求。如果按照购买最终产品的主体所属地域不同,可以将购买总支出(总需求)分为国内需求和国外需求;如果按照购买最终产品的对象不同,可以将购买总支出(总需求)分为消费需求和投资需求;如果按照购买最终产品的使用目的不同,可以将购买总支出(总需求)分为中间需求和最终需求(具体分类见图 2-1)。本研究报告所指的消费需求、投资需求和出口需求,即指图 2-1 第二级中所表述的消费需求、投资需求和出口需求。

(二)需求驱动力的概念及作用衡量

需求驱动力亦称消费、投资和(净)出口需求动力,是指从支出法角度衡量一个国家的当期消费和投资性购买支出以及国外的(净)购买支出分别对经济增长的驱动作用。消费、投资和(净)出口对经济增长的驱动作用可

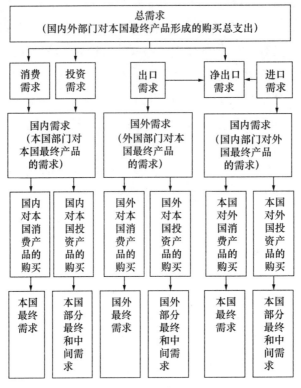

图 2-1 需求分类

以用消费、投资和（净）出口对经济增长的贡献率指标来衡量。贡献率指标即指用当期消费、投资和（净）出口的增量［如果分别以 C 代表消费，I 代表投资，N 代表净出口，则消费增量 $\Delta C = C_t - C_{t-1}$，投资增量 $\Delta I = I_t - I_{t-1}$，（净）出口增量 $\Delta N = N_t - N_{t-1}$］除以 GDP 增量（$\Delta \mathrm{GDP} = \mathrm{GDP}_t - \mathrm{GDP}_{t-1}$）来表示当年的消费、投资和（净）出口对经济增长的贡献。

(三) 需求驱动机制的概念与类型

1. 需求驱动机制的概念

所谓机制，是指有机体的构造、构造部分的相互关系及其功能。[1] 根据"机制"一词定义的引申，需求驱动机制则主要是指一个国家某一时期对经济增长起到驱动作用的消费需求、投资需求和（净）出口需求之间的结构配置、

---

[1] 来源于"百度百科"对"机制"一词的解释。

相互作用以及消费、投资和（净）出口需求在这一时期分别对经济增长的驱动作用大小。在研究经济增长的需求驱动机制这一概念的内涵时，通常可以以支出法核算的当期 GDP 中的最终消费总额、固定资本形成总额和（净）出口总额分别占当期 GDP 比重或三者之间相互之比来表示消费、投资和（净）出口需求之间的结构配置，以消费、投资和（净）出口需求的相互影响系数表示互相作用关系，以支出法核算的当期 GDP 增量中最终消费增量、固定资本形成总额增量和（净）出口增量分别占当期 GDP 增量比重来表示消费、投资和（净）出口需求在这一时期分别对经济增长的驱动作用。通过比较需求驱动机制概念内涵三个方面的指标差异，可以判断一个国家某一时期内经济增长的需求驱动机制类型。一个国家一定时期的需求驱动机制既反映了该国对当期经济增长需求驱动力的配置，同时也间接反映了该国在该时期对经济增长方式的选择。

2. 需求驱动机制的分类

对需求驱动机制进行分类研究，有助于更为深刻地了解需求驱动机制概念的内涵。如果从静态的角度，按照需求驱动机制中需求驱动力对经济增长驱动的主导地位，需求驱动机制可以分为：消费主导型需求驱动机制、投资主导型需求驱动机制、出口主导型需求驱动机制。消费主导型需求驱动机制是指一个国家在某一时期经济增长主要由消费需求拉动，投资和出口需求居于次要地位。与此同时，根据投资和出口需求对经济增长驱动的相对地位，其内部又可以分为鱼贯型和平衡型。鱼贯型包括消费主导，投资次之，出口再次之，以及消费主导，出口次之，投资再次之两种驱动经济增长的驱动机制，平衡型则是指消费主导、投资和出口均衡驱动经济增长的驱动机制。投资主导型需求驱动机制是指一个国家在某一时期经济增长主要由投资需求驱动，消费和出口需求居于次要地位。同理，投资主导型需求驱动机制其内部也可再分为鱼贯型和平衡型。出口主导型需求驱动机制是指一个国家在某一时期经济增长主要由出口需求驱动，消费和投资需求居于次要地位。同理，出口主导型需求驱动机制内部也可再分为鱼贯型和平衡型两种（具体分类见图 2-2）。

如果从动态的角度，按照需求驱动机制中消费、投资、出口需求驱动力的变动趋势来分类，需求驱动机制可以按消费趋升、趋降、趋稳，投资趋升、趋降、趋稳以及出口趋升、趋降、趋稳分为 12 种不同类型的组合（具体见图 2-3）。

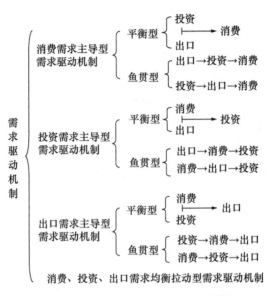

需求驱动机制
消费需求主导型需求驱动机制
平衡型
投资
消费
出口
鱼贯型
出口→投资→消费
投资→出口→消费
投资需求主导型需求驱动机制
平衡型
消费
投资
出口
鱼贯型
出口→消费→投资
消费→出口→投资
出口需求主导型需求驱动机制
平衡型
消费
出口
投资
鱼贯型
投资→消费→出口
消费→投资→出口
消费、投资、出口需求均衡拉动型需求驱动机制

图 2-2　静态角度需求驱动机制分类

需求驱动机制
消费趋升、投资趋升、出口趋降组合型
消费趋升、投资趋降、出口趋降组合型
消费趋升、投资趋降、出口趋升组合型
消费趋升、投资趋降、出口趋稳组合型
消费趋升、投资趋稳、出口趋降组合型
消费趋降、投资趋升、出口趋降组合型
消费趋降、投资趋升、出口趋升组合型
消费趋降、投资趋降、出口趋升组合型
消费趋降、投资趋稳、出口趋升组合型
消费趋稳、投资趋升、出口趋降组合型
消费趋稳、投资趋降、出口趋升组合型
消费、投资、出口均衡趋稳组合型

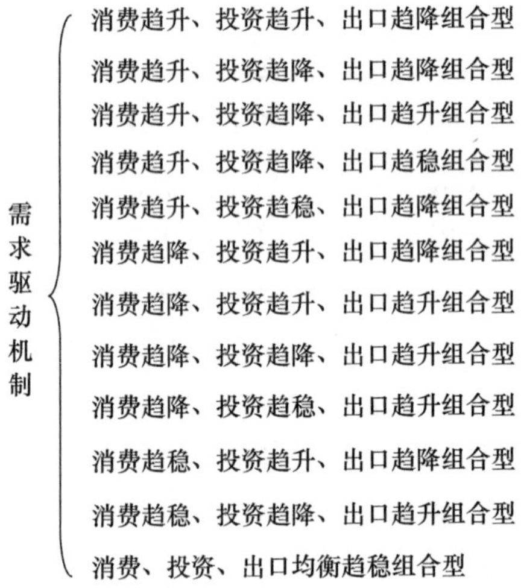

图 2-3　动态角度需求驱动机制分类

三、经济增长与需求驱动机制的内在逻辑

(一) 不同需求驱动机制的经济增长效应

1. 消费主导型需求驱动机制的经济增长效应

消费是人类社会经济增长不可或缺的一环。马克思（1859）在论述社会生产四个环节的关系时就曾指出，生产是起点，消费是终点。[178]由此可见，消费是促进社会再生产的基本条件，同时也是社会经济增长的基础。经济增长的消费主导型需求驱动机制是指主要以提升消费需求促进经济增长。在经济增长过程中，如果消费需求旺盛，就经济增长的数量方面而言，一方面，消费本身促使更多的社会产品价值的实现，这会直接体现为增加一国的GDP；另一方面，消费需求的扩大必然引致更大的投资需求，这种引致的当期或下期实现的投资需求本身增加了当期或下期的GDP，同时又通过"乘数效应"为滞后一期的经济社会提升更多的消费和投资产品。就经济增长的质量方面而言，第一，消费需求规模的扩大必然伴随着消费需求结构的转型，由于人的消费需求是一种理性的需要，其消费需求结构转型必然是从物质型向服务型、从温饱型向精神享受型转变，这必然推动产业结构调整以适应需求结构的变化，从而优化经济增长结构。第二，消费需求规模的扩大可能引发技术创新。消费需求规模的扩大使得规模生产得以实现，生产利润得以保障，为保障市场的持续占有率，厂商必然投入部分研发资金开发新技术、试验新产品，由此不断推动产业和社会的技术进步。第三，消费需求规模的扩大有可能引起宏观经济内外均衡效应。当一国生产力较为发达时，产品的供给能力会大幅提升，这必然要求有相应的需求化解产品积滞的风险。如果以投资需求化解，虽然解决了当期之危，但必然为下期埋藏更大的供需失衡的风险。如果以出口需求化解，这必然扩大海外市场，加剧本国与外国产品之间的竞争，激发外部贸易摩擦。当国内生产产品过剩的压力能够以本国的消费需求化解时，一方面使得国内生产与消费相得益彰，相互促进；另一方面也不会对世界市场造成过大的冲击，使内外部经济均衡得以保持。

2. 投资主导型需求驱动机制的经济增长效应

投资是社会生产或经济增长的直接推动力量。斯密（1776）指出，预蓄资财是提高劳动生产力、促进社会生产发展的必要条件。[9]经济增长的投资主

导型需求驱动机制就是指主要以拉升投资需求来促进经济增长。一个国家的经济增长主要依靠投资需求拉动会有什么影响呢？毫无疑问，影响是两方面的：一方面，经济增长主要以投资需求拉动，会为社会创造更多的产品。Harrod（1939）和Domar（1946）强调了在社会再生产过程中资本投入的作用，认为一个国家的资本积累率保持一个较高的水平，经济就会以一个较快的速度增长。[179][180]投资需求是一种中间需求，也可以说是一种生产性需求，其规模的扩大必然会使下一个生产周期社会产品供给扩大，从而使经济以较快的速度增长。另一方面，经济增长主要依靠投资需求拉动，也会对经济增长质量造成负面影响。首先，投资降低了人们的生活福利水平。社会总产品被生产出来，除去弥补生产资料和劳动消耗，积累部分最终用途只有两个：一是用于非生产性的生活水平改善性消费，二是用于生产性投资。当积累部分绝大多数转化为投资时，用于生活水平改善性消费的积累部分必然减少，人们的生活福利水平必然提升缓慢。其次，投资加剧物质资源消耗和造成环境污染。资本投入是以物质资源为载体的，当生产技术处于落后状态时，资本投入的回报率必然也较低，依赖资本投入拉动经济增长必然造成物质资源消耗的加剧。与此同时，对大量矿产、森林物质资本的消耗，势必也会对自然环境造成破坏，尤其是在人们追求物质需要的时代，更加注重经济增长数量而漠视环境的治理。最后，消耗容易造成内外经济关系失衡。持续的资本投入必然带来产品供给的增加，但如果国内消费没有匹配增长，势必导致供大于求，引起国内市场供需失衡。如果依赖外部市场强势推销国内大量生产过剩的产品，必然引起外部经济关系调整，容易引起贸易摩擦和保护。

3. 出口主导型需求驱动机制的经济增长效应

出口是将产品输送到国外，通过国外人口对产品的消费来实现对产品价值的回收，进而帮助本国实现再生产规模的维持或扩大。因此，出口也是实现经济增长的重要途径。出口主导型需求驱动机制是指经济增长主要依赖出口需求来拉动，但这种模式也会给一个国家的经济增长造成两方面的影响：一方面是出口需求主导为解决国内产能过剩开辟了新的渠道，为潜在产出转化为实际增长提供了可能。斯密（1776）在论述对外贸易的作用时指出，对外贸易的发展为国内生产的超过本国需求的产品开辟了市场，通过对外贸易增加了国民财富。[9]李嘉图（1817）论述了一个国家在资本和人口要素受到限制时,可以通过对外贸易无限地增加财富,推动经济增长。[10]另一方面,经济增长依赖出口需求容易导致产生以下影响:一是导致本国对外经贸关系紧张。经济增长长期依赖出口拉动,容易加剧本国与出口国或与其他国家争夺目的地市场的竞争,从而引发贸易争端,改变对外关系平衡。二是容易导致国民经济结构畸形。经济增长的长期出口导向,势必引起国内资源和生产要素向出口部门集聚,从而引起出口偏向型产业结构的形成,这不利于抵御国际产业风险的冲击,容易形成本国经济增长的大起大落。三是经济处于不发达阶段时容易导致本国国民福利水平降低。社会剩余价值除去用于扩大再生产,剩余的便用于当期本国居民和外国居民消费,当生产的产品长期被出口到国外,特别是在物质产品并非很丰富时,国内居民的消费必然减少,国内居民的福利水平不能得到有效提升。

(二) 经济增长需求驱动机制的决定因素

1. 经济增长阶段是决定拉动经济增长需求驱动机制类型的前提

经济增长(发展)阶段是指一个国家或地区经济发展历史或过程的阶段划分,它主要揭示各个时期的社会经济特征,为落后经济指明先进经济发展历程中所显示的一般发展规律和发展方式,也为先进经济指明前进的方向、途径、方法(周学,1994)。[181]西方许多学者根据不同的标准,对社会经济的增长过程作出过不同的阶段划分,如斯密根据人类社会历史产业的进程,将经济增长(发展)阶段划分为狩猎、游牧和农耕三个阶段;[9]李斯特继承这一思想,将经济增长(发展)阶段划分为狩猎状态、游牧状态、农耕状态、农工状态、农工商状态五个阶段;马克思则提出历史唯物主义的经济发展阶段论,认为亚细亚的、古代的、封建的,以及现代资本主义生产方式是社会的经济构成体演进的五个时代;[178]钱纳里按照人均GDP的标准,将经济社会划分为传统社会、工业化初期阶段、工业化中期阶段、工业化后期阶段、后工业化社会、现代化社会六个阶段;[183]罗斯托结合对作为经济社会发展基础的生产力和生产方式的结构分析,提出了经济增长(发展)的六个阶段,即:(1)"传统社会"阶段;(2)为"起飞"创造前提的阶段;(3)"起飞"阶段;(4)向"成熟"发展阶段;(5)"高额群众消费"阶段;(6)"追求生活质量"阶段。[56]总之,西方学者的这些经济增长(发展)阶段划分方法充分说明了社会经济是由低级向高级渐进增长(发展)的过程,同时在客观上也为经济发展提供了一种所处阶段的理论判断标准。

需求驱动机制是由消费、投资和出口三大需求以不同比例相互组合而成，是对经济增长产生不同拉动效果的一种外在安排，是调整宏观经济增长的一种有效手段和工具，在不同的需求驱动机制安排下或状态下具有不同的经济增长效果。如某一时期一个国家的经济增长在消费主导型需求驱动机制牵引下，消费需求在需求驱动机制中占主导地位，投资和出口占次要地位，这意味着该国该时期所生产的全社会总产品中，绝大多数产品用于本国消费，少量用于投资和出口，这必然带来该国这一时期经济增长速度放缓或保持原有增速不变，但国内和国外消费不断提升，国民福利水平将得到有利改善。如果一个国家某一时期的经济增长以投资主导型需求驱动机制牵引，这意味着该国该时期所生产的社会总产品中，绝大多数产品用于投资，少量用于消费和出口，这必然带来该国这一时期生产规模的扩大、经济增长速度的不断提升，但与此同时，国内外居民消费必然增长缓慢，消费福利水平难以快速改善。如果一个国家某一时期的经济增长以出口主导型需求驱动机制牵引，这意味着该国该时期所生产的社会总产品中，绝大多数产品用于出口，国内消费和投资的比例较低，在这种情况下，经济增长同样会趋于缓慢或保持原有的增长速度不变，但国外居民获得的消费福利水平会始终高于国内居民消费福利水平。如果一个国家某一时期的经济增长以消费、投资和出口均衡型需求驱动机制牵引，则意味着该国该时期所生产的社会总产品中，用于国内消费、投资和出口三部分的比例相当，意味着在此阶段该国的经济增长基本趋于高度发达阶段，国家只需要维持社会再生产的简单循环即可，国内外居民的消费福利水平均能得到有效维持。

以上四种不同的需求驱动机制引致国家经济增长所出现的效应具有必然性，而人类社会经济增长的过程从低级向高级发展也具有必然性，只不过不同的国家和地区由于生产力水平的制约会使其处在经济增长（发展）的不同阶段。当一个国家对照经济增长（发展）阶段的理论判断标准，判断其经济增长（发展）处于初级阶段时，该国政府必然会动用一切可以调控的手段包括选择合适的需求驱动机制以发挥其固有的经济效应，从而加速本国的经济增长。因此，需求驱动机制的设计必须服从本国各阶段经济增长（发展）的需要，这既是各国政府发展本国经济的主观需要，同时也是人类社会经济发展历史必然的选择,因此它具有客观性。

2. 国家特殊因素会影响特定经济增长阶段需求驱动机制的一般抉择

一般而言,每个经济体会根据本国经济增长所处阶段选择适合经济增长阶段的需求驱动机制以牵引本国经济不断向前发展。如果以动态视角看待经济增长的需求驱动机制选择,则处于经济增长由低级向中级阶段转换的一般国家①,通常会选择消费趋降、投资趋升、出口趋升组合的需求驱动机制牵引本国经济增长;处于经济增长由中级向高级阶段转换的一般国家,会选择消费趋升、投资趋升、出口趋降组合的需求驱动机制牵引本国经济增长;而处于经济增长高级阶段的一般国家,则会选择消费、投资和出口趋于均衡稳定组合的需求驱动机制牵引本国经济增长。如果以静态视角看待经济增长的需求驱动机制选择,在经济增长的初级阶段,一般国家的需求驱动机制通常会处于消费主导、投资和出口依次拉动的状态;在经济增长由中级向高级转换阶段,需求驱动机制会转换为投资主导、消费和出口依次拉动的状态;在经济增长的高级阶段,需求驱动机制再次转换为消费、投资和出口均衡拉动的状态。

然而,以上分析,仅仅是针对一般国家的选择。如果所分析的对象因为人口规模、资源禀赋、技术水平等因素的强化而成为国家的典型特征时,对该国经济增长的需求驱动机制分析就不能因循一般国家的思路。例如,人口规模因素的影响,当一个国家人口规模特别庞大时,以动态的视角看,在经济增长初级阶段,国家会选择消费趋降、投资趋升、出口趋升组合的需求驱动机制来牵引本国经济增长,但消费趋降的起点会处于较高状态、投资和出口趋升的起点会处于较低状态;在经济增长由中级向高级转换阶段,则会选择消费趋升、投资趋升、出口趋降组合的需求驱动机制牵引本国经济增长;在经济增长的高级阶段,则会选择消费、投资和出口趋于稳定组合的需求驱动机制牵引本国经济增长,但由于人口规模较大,消费需求趋于稳定的水平位较高,而出口趋于稳定的水平位较低。以静态视角看,人口规模庞大的国家在经济增长的初级阶段,需求驱动机制通常会处于消费主导、投资和出口依次拉动的状态;在经济增长由中级向高级转换阶段,需求驱动机制会处于

---

① 一般国家,即在人口、资源、技术等方面均处于中等程度的国家。

投资主导、消费和出口依次拉动的状态；在经济增长的高级阶段，需求驱动机制会处于消费主导、投资和出口依次拉动或消费主导、出口和投资依次拉动，或消费主导、投资与出口均衡拉动的状态。又如，物质资源禀赋因素的影响，物质资源禀赋特别丰富的国家，以动态的视角看，在经济增长的初级阶段会选择消费趋降、投资趋升、出口趋升组合的需求驱动机制来牵引本国经济增长，在经济增长由中级向高级转换阶段会选择消费趋升、投资趋升、出口趋降组合的需求驱动机制牵引本国经济增长，但在这两个阶段，由于其物质资源特别丰富的影响，投资趋升的趋势将会更加明显于一般国家。以静态视角看，在经济增长的初级阶段以及在经济增长由中级向高级转换阶段，投资辅助拉动和投资主导拉动经济增长的力度均要高于一般国家的水平。再如，技术水平因素的影响，当一个国家的技术水平无论在任何经济增长阶段相对其他国家均存在绝对优势时，以动态的视角看，在经济增长的初级阶段会选择消费趋降、投资趋升、出口趋升组合的需求驱动机制来牵引本国经济增长，在经济增长由中级向高级转换阶段会选择消费趋升、投资趋升、出口趋降组合的需求驱动机制牵引本国经济增长，但在这两个阶段，由于其技术水平发达的影响，规模投资将会在一定程度上被技术生产所替代，投资趋升的趋势将会缓于一般国家；在经济增长的高级阶段，会选择消费、投资和出口趋于稳定组合的需求驱动机制牵引本国经济增长，但由于技术水平发达的影响，投资趋于稳定的水平位将会较低。以静态视角看，在经济增长的初级阶段、由中级向高级转换阶段以及高级阶段，投资辅助驱动、投资主导驱动以及投资均衡驱动经济增长的力度均要低于一般国家的水平。

因此，根据以上分析，国家特殊因素是影响特定经济增长阶段选择需求驱动机制的中介变量，在一定程度上会左右一个国家对需求驱动机制的选择。

第二节 经济增长与需求驱动机制相互作用的经验分析

为进一步论证前述经济增长与需求驱动机制的机理关系，本研究选取了三组不同收入类型的国家自20世纪90年代以来的需求驱动表现以及对于本国经济增长的作用，进行分组对应分析，从经验上印证需求与增长相关，特别是需求变动会影响经济增长。

一、高收入国家需求驱动机制与经济增长效应

(一) 高收入国家的需求驱动机制经验表现①

20 世纪 90 年代至 21 世纪初期，高收入国家的最终消费、投资、出口和进口均呈现上升趋势，但从驱动的力度看，最终消费的驱动力度最大，其次为投资，最后为出口；21 世纪初期之后，出口超过投资，并快速增长；出口始终略大于进口，两者之差呈缓慢扩大趋势（如图 2-4 所示）。

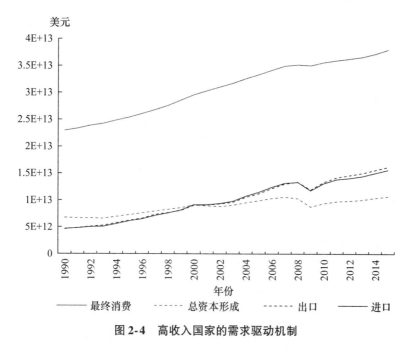

图 2-4 高收入国家的需求驱动机制

(二) 高收入国家需求驱动机制引致的经济增长效应

经济增长效应既包括经济增长的速度表现，同时也包括经济增长的质量表现。本研究拟采用 GDP 增长率、化石能源消费、温室气体总排放、PM2.5 空气污染排放、贫困人口率、一般关税率等指标来综合衡量一国经济增长总

---

① 本研究所指的高收入国家、中等收入国家和低收入国家是根据世界银行 GNI 标准所确定的。需求驱动机制中消费、投资、出口和进口需求的数据均来源于世界银行数据库。

体效应。①

1. 经济增长率

20世纪90年代以来，高收入国家群体经济增长率整体保持正增长，但从长期看，增长率呈现波动下降趋势，大致由2.5%下滑至1%左右（如图2-5所示）。

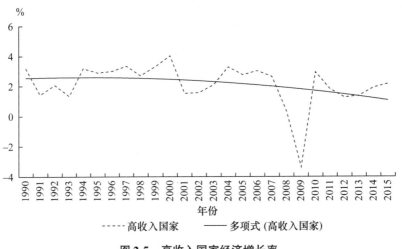

图2-5 高收入国家经济增长率

2. 化石能源消费占比

20世纪90年代以来，高收入国家群体化石能源消费占比整体维持在高位水平，化石能源消费在全部能源消费中占比由84%左右下降至81%左右，总体呈现下降趋势（如图2-6所示）。

3. 温室气体总排放

20世纪90年代以来，高收入国家群体温室气体排放整体维持在1400万公吨/年至1800万公吨/年之间，从排放的总量看，呈现小幅上升后缓慢下降趋势（如图2-7所示）。

4. PM2.5空气污染值

20世纪90年代以来，高收入国家群体PM2.5空气污染指数维持在15.5

---

① 本研究衡量经济增长总体效应的GDP增长率、化石能源消费占比、温室气体总排放、P2.5空气污然排放、贫困人口率、一般关税率等指标的数据均来源于世界银行数据库。

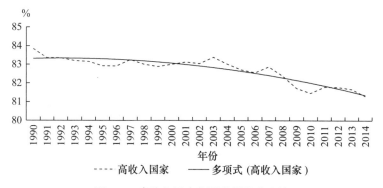

图 2-6　高收入国家化石能源消费占比

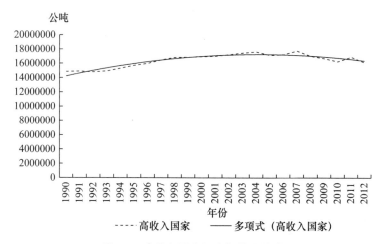

图 2-7　高收入国家温室气体总排放

至 17.5 之间，从总体趋势看，PM2.5 空气污染指标呈现先降后升的小波动，但波动幅度相对不大（如图 2-8 所示）。

5. 一般关税率

20 世纪 90 年代以来，高收入国家群体一般关税率维持在 2.5% 至 6% 之间，从总体趋势看，一般关税率呈现波动式小幅下降态势，下降幅度约为 2% 左右（如图 2-9 所示）。

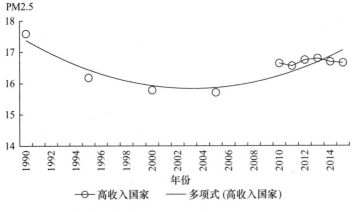

图 2-8 高收入国家 PM2.5 空气污然值

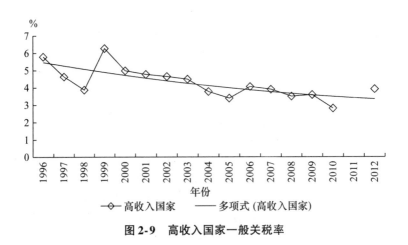

图 2-9 高收入国家一般关税率

二、中等收入国家需求驱动机制与经济增长效应

(一) 中等收入国家的需求驱动机制经验表现

20 世纪 90 年代至 21 世纪初,中等或中低收入国家的最终消费、投资、出口和进口均呈现上升趋势,但从驱动力度看,最终消费的驱动力度最大,其次为出口,最后为投资;21 世纪初,投资超过出口,并且呈快速上升趋势;出口始终大于进口,两者之差呈缓慢缩小趋势(如图 2-10 所示)。

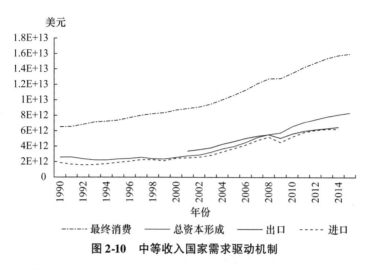

图 2-10　中等收入国家需求驱动机制

(二) 中等收入国家需求驱动机制引致的经济增长效应

1. 经济增长率

20 世纪 90 年代以来，中等收入国家群体经济增长率整体保持正增长，但从长期看，增长率呈现先上升后下降趋势，由 1% 逐渐上升至 6% 左右，而后逐渐回落至 4.5% 左右（如图 2-11 所示）。

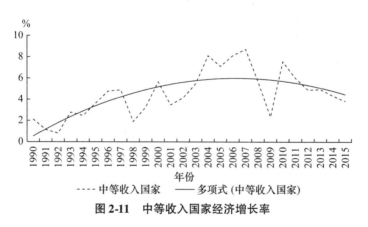

图 2-11　中等收入国家经济增长率

2. 化石能源消费占比

20 世纪 90 年代以来，中等收入国家群体化石能源消费占比整体维持在较高水平，化石能源消费在全部能源消费中由 77% 左右上升至 83% 左右，总体呈现上升趋势（如图 2-12 所示）。

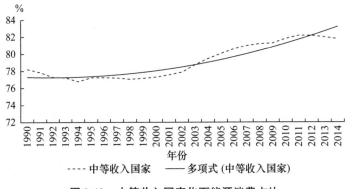

图 2-12 中等收入国家化石能源消费占比

3. 温室气体总排放

20世纪90年代以来,中等收入国家群体温室气体排放整体维持在2000万公吨/年至3200万公吨/年之间,从排放的总量看,呈现持续上升趋势(见图2-13)。

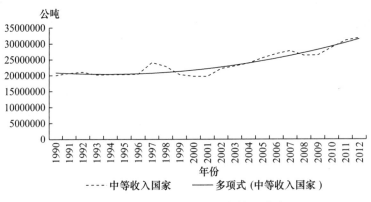

图 2-13 中等收入国家温室气体总排放

4. PM2.5 空气污染值

20世纪90年代以来,中等收入国家群体PM2.5空气污染指数维持在44.5至50.5之间,从总体趋势看,PM2.5空气污染指标呈现出持续上升态势,且上升幅度较大(如图2-14所示)。

5. 一般关税率

20世纪90年代以来,中等收入国家群体一般关税率维持在7%至17%之

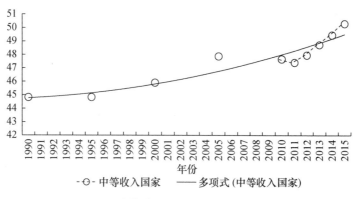

图 2-14 中等收入国家 PM2.5 空气污染值

间，从总体趋势看，一般关税率呈现持续较大幅度下降态势，下降幅度达到 6% 左右（如图 2-15 所示）。

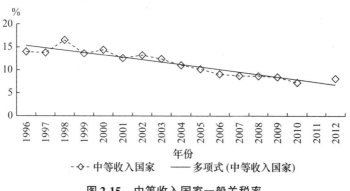

图 2-15 中等收入国家一般关税率

三、低收入国家需求驱动机制与经济增长效应

（一）低收入国家的需求驱动机制经验表现

20 世纪 90 年代至 21 世纪初，低收入国家的最终消费、投资、出口和进口均呈现上升趋势，但从驱动力度看，最终消费的驱动力度最大，其次为出口，最后为投资；21 世纪初，投资超过出口，但两者均以缓慢态势增长；进口始终略大于出口，两者之差略呈缓慢扩大趋势（如图 2-16 所示）。

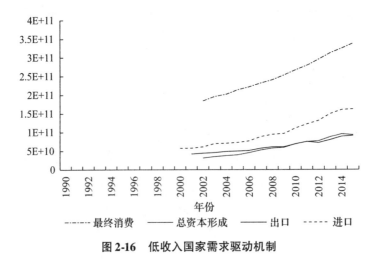

图 2-16　低收入国家需求驱动机制

(二) 低收入国家需求驱动机制引致的经济增长效应

1. 经济增长率

20 世纪 90 年代以来，低收入国家群体经济由负增长转变为正增长，从长期看，增长率呈现持续上升趋势，即由 -1% 逐渐上升至 4.5% 左右（如图 2-17 所示）。

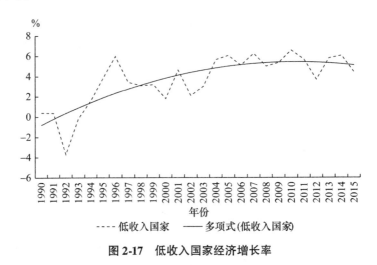

图 2-17　低收入国家经济增长率

2. 化石能源消费占比

20 世纪 90 年代以来，低收入国家群体化石能源消费占比整体维持在低位水平，化石能源消费在全部能源消费中占比由 38% 左右下降至 17% 左右，总体呈现下降趋势（如图 2-18 所示）。

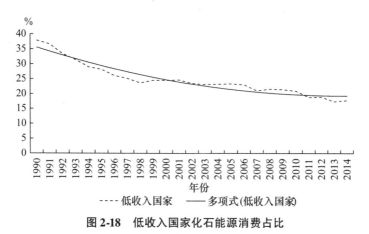

图 2-18　低收入国家化石能源消费占比

3. 温室气体总排放

20 世纪 90 年代以来，中等收入国家群体温室气体排放整体维持在 180 万公吨/年至 350 万公吨/年之间，从排放的总量看，呈现波动式上升趋势（如图 2-19 所示）。

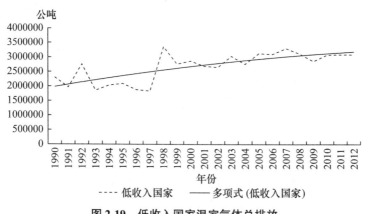

图 2-19　低收入国家温室气体总排放

4. PM2.5 空气污染值

20 世纪 90 年代以来，低收入国家群体 PM2.5 空气污染指数维持在 38.5 至 43.5 之间，从总体趋势看，PM2.5 空气污染指标呈现波动式下降态势（如图 2-20 所示）。

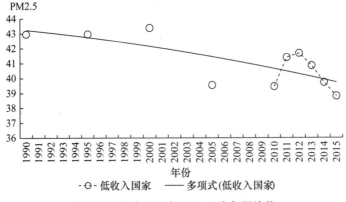

图 2-20　低收入国家 PM2.5 空气污染值

5. 一般关税率

20 世纪 90 年代以来，低收入国家群体一般关税率维持在 11% 至 37% 之间，从总体趋势看，一般关税率呈现持续大幅下降态势，下降幅度达到 26 个百分点左右（如图 2-21 所示）。

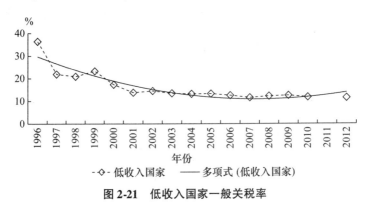

图 2-21　低收入国家一般关税率

四、不同收入国家需求驱动机制差异与经济增长效应差异的经验匹配

（一）高中低不同收入国家需求驱动机制的差异比较

1. 消费驱动力机制比较

20 世纪 90 年代以来，高收入国家、中等收入国家和低收入国家的消费需求均始终呈现增加趋势，但就增加的速度而言，高收入国家的消费需求增长明显快于中等收入国家和低收入国家，中等收入国家增长明显快于低收入国

家（如图 2-22 所示）。

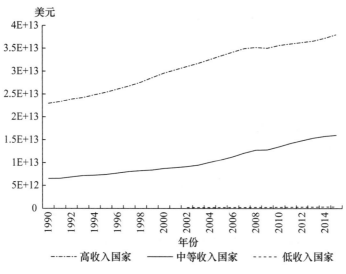

图 2-22 不同收入国家消费需求驱动机制比较

2. 投资驱动力机制比较

20 世纪 90 年代以来，高收入国家、中等收入国家和低收入国家的投资需求均始终呈现增加趋势，但就增加的速度而言，21 世纪前，高收入国家的投资需求增长快于中等收入国家投资需求增长，21 世纪后，中等收入国家的投资需求增长明显快于高收入国家；高收入国家和中等收入国家的投资需求增长始终快于低收入国家（如图 2-23 所示）。

3. 出口驱动力机制的比较

20 世纪 90 年代以来，高收入国家、中等收入国家和低收入国家的出口需求均始终呈现增长趋势，但就增长的速度而言，高收入国家的出口需求增长明显快于中等收入国家和低收入国家，中等收入国家出口需求的增长明显快于低收入国家（如图 2-24 所示）。

4. 净出口驱动力机制比较

20 世纪 90 年代以来，高收入国家净出口需求始终围绕 0 值线呈现上下波动趋势，中等收入国家的出口需求则呈现波动式下降趋势，低收入国家则呈现波动式上升趋势（如图 2-25 所示）。

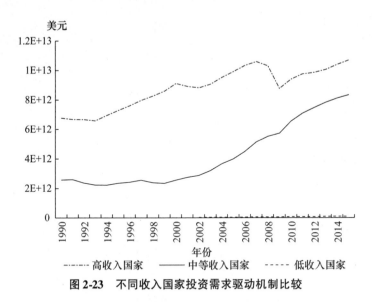

图 2-23 不同收入国家投资需求驱动机制比较

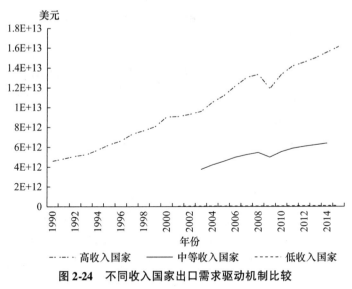

图 2-24 不同收入国家出口需求驱动机制比较

(二) 高中低不同收入国家经济增长效应差异的比较

1. 经济增长速度比较

20 世纪 90 年代以来，高收入国家经济增长率呈现下降波动趋势，中等收入国家经济增长率呈现较为平缓的倒"U"形发展趋势，低收入国家则呈现波动式上升趋势，但在大部分时间里，中等收入国家的经济增长率高于低收

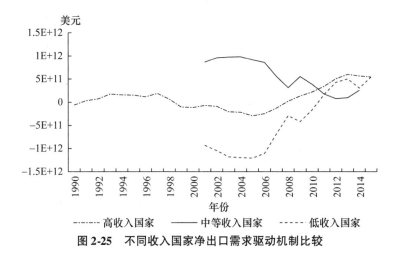

图 2-25　不同收入国家净出口需求驱动机制比较

入和高收入国家的经济增长率，低收入国家的经济增长率高于高收入国家的经济增长率（如图 2-26 所示）。

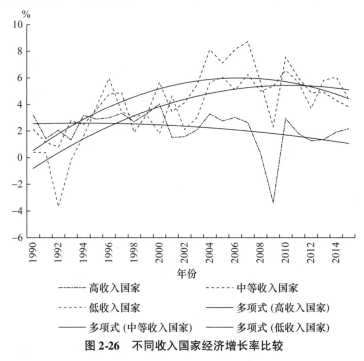

图 2-26　不同收入国家经济增长率比较

2. 能源消费占比比较

20 世纪 90 年代以来，高收入国家化石能源消费占比呈现缓慢下降趋势，中等收入国家化石能源消费占比呈现较为缓慢上升趋势，低收入国家化石能源消费占比则呈现较快下降趋势，但就总体水平而言，在大部分时间里，高收入国家的化石能源消费占比高于中等和低收入国家，中等收入国家的化石能源消费占比高于低收入国家（如图2-27所示）。

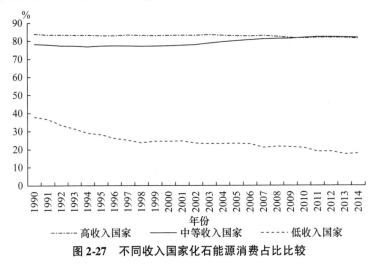

图 2-27　不同收入国家化石能源消费占比比较

3. 温室气体总排放比较

20世纪90年代以来，高收入国家温室气体排放呈现缓慢下降趋势，中等收入国家温室气体排放呈现较快上升趋势，低收入国家温室气体排放则呈现较缓慢上升趋势；在绝对排放水平上，中等收入国家的温室气体排放高于高收入和低收入国家，而高收入国家高于低收入国家（见图2-28）。

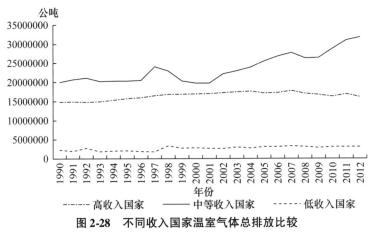

图 2-28　不同收入国家温室气体总排放比较

4. PM2.5 空气污染值比较

20世纪90年代以来,高收入国家PM2.5空气污染值基本保持稳定,中等收入国家PM2.5空气污染值呈现缓慢上升趋势,低收入国家温室气体排放则呈现较缓慢下降趋势;在绝对水平上,中等收入国家的PM2.5空气污染值高于低收入和高收入国家,而低收入国家PM2.5空气污染值又高于高收入国家(如图2-29所示)。

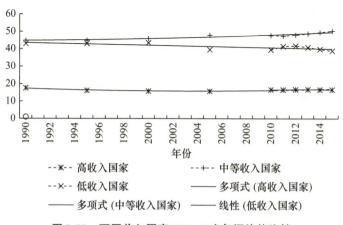

图2-29 不同收入国家PM2.5空气污染值比较

5. 一般关税率比较

20世纪90年代以来,高收入国家一般关税率呈现缓慢下降趋势,中等收入国家一般关税率呈现一般下降趋势,而低收入国家一般关税率则呈现较快下降趋势,但在绝对水平上,低收入国家的一般关税率高于中等和高收入国家,而中等收入国家一般关税率又高于高收入国家(如图2-30所示)。

(三)不同收入国家需求驱动力差异与经济增长效应差异的经验匹配

1. 国民低收入阶段

当一个国家的经济发展处于国民低收入阶段时,消费需求成为主导驱动力,其次为出口和投资需求。在这一时期,经济增长率呈上升趋势,化石能源消费呈现下降态势,温室气体排放呈现波动式上升趋势,PM2.5空气污染值呈现波动式下降趋势,一般关税率开始大幅下降(如表2-1所示)。

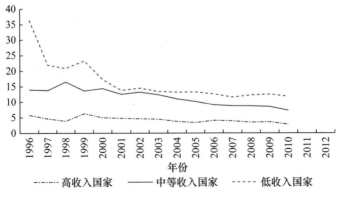

图 2-30 不同收入国家一般关税率比较

表 2-1 低收入阶段的需求驱动力和经济增长效应匹配

需求驱动力	需求驱动力表现		经济增长效应		
	趋势及力度表现	数值表现	经济增长内涵指标	趋势表现	数值表现
消费需求	上升,第一驱动力	均值:254.4亿元 变化幅度:83.6%	经济增长率	上升	均值:3.66% 变化幅度:1004.5%
投资需求	上升,第三驱动力	均值:61.1亿元 变化幅度:196.9%	化石能源消费占比	下降	均值:24.76% 变化幅度:-53.1%
出口需求	上升,第二驱动力	均值:62.4亿元 变化幅度:118.1%	温室气体总排放	波动式上升	均值:267.8万吨 变化幅度:33.92%
净出口需求	波动式上升	均值:-39.3亿元 变化幅度:353.3%	PM2.5空气污染值	波动式下降	均值:41.08 变化幅度:-9.66%
驱动力变化	无		一般关税率	大幅度下降	均值:16.27% 变化幅度:-68.4%

2. 国民中等收入阶段

当一个国家的经济发展处于国民中等收入阶段时,消费需求仍主导驱动力,出口需求在这一期间由第二驱动力转换为第三驱动力,投资需求在这一期间由第三驱动力转换为第二驱动力。在这一时期,经济增长率呈现持续上升后缓慢下降趋势,化石能源消费呈现上升态势,温室气体排放呈现持续上升趋势,PM2.5 空气污染值呈现持续上升趋势,一般关税率出现较大幅度下降趋势(如表 2-2 所示)。

表 2-2　中等收入阶段的需求驱动力和经济增长效应匹配

需求驱动力表现			经济增长效应		
需求驱动力	趋势及力度表现	数值表现	经济增长内涵指标	趋势表现	数值表现
消费需求	上升，第一驱动力	均值：10362 亿元 变化幅度：144.8%	经济增长率	先升后降	均值：4.54% 变化幅度：80.6%
投资需求	上升，由第三驱动力变为第二驱动力	均值：4208.2 亿元 变化幅度：224.1%	化石能源消费占比	上升	均值：79.13% 变化幅度：4.6%
出口需求	上升，由第二驱动力变为第三驱动力	均值：5075 亿元 变化幅度：92.6%	温室气体总排放	持续上升	均值：2362.1 万吨 变化幅度：58.89%
净出口需求	波动式下降	均值：569.4 亿元 变化幅度：70%	PM2.5 空气污染值	持续上升	均值：47.49 变化幅度：12.26%
驱动力变化	期间，投资需求快速超过出口需求		一般关税率	较大幅度下降	均值：11.39% 变化幅度：-41.7%

3. 国民高收入阶段

当一个国家的经济发展处于国民高收入阶段时，消费需求仍是主导驱动力，出口需求在这一期间由第三驱动力转换为第二驱动力，投资需求在这一期间由第二驱动力转换为第三驱动力。在这一时期，经济增长率呈现波动式下降趋势，化石能源消费处于下降态势，温室气体排放呈现先升后降趋势，PM2.5 空气污染值呈现基本稳定趋势，一般关税率呈现波动式小幅度下降趋势（如表 2-3 所示）。

表 2-3　高收入阶段的需求驱动力和经济增长效应匹配

需求驱动力表现			经济增长效应		
需求驱动力	趋势及力度表现	数值表现	经济增长内涵指标	趋势表现	数值表现
消费需求	上升，第一驱动力	均值：308099 亿元 变化幅度：65.5%	经济增长率	波动式下降	均值：2.14% 变化幅度：-32.2%

（续表）

需求驱动力	需求驱动力表现		经济增长效应		
	趋势及力度表现	数值表现	经济增长内涵指标	趋势表现	数值表现
投资需求	上升，由第二驱动力变为第三驱动力	均值：88041亿元 变化幅度：58%	化石能源消费占比	下降	均值：87.7% 变化幅度：-3%
出口需求	上升，由第三驱动力变为第二驱动力	均值：99836亿元 变化幅度：250.8%	温室气体总排放	先升后降	均值：1644.8万吨 变化幅度：8.83%
净出口需求	围绕0值波动	均值：98924亿元 变化幅度：987%	PM2.5空气污染值	小幅波动，基本稳定	均值：16.53 变化幅度：-5.35%
驱动力变化	期间，出口需求快速超过投资需求		一般关税率	波动式小幅度下降	均值：4.27% 变化幅度：-32.5%

第三章

国家规模、经济增长与需求驱动机制匹配

国内消费、国内投资和对外出口三大需求是驱动经济增长的"三驾马车",这一定律无论对于长期经济增长过程还是短期经济增长过程都是适用的。但由于各个国家经济长期增长与短期增长的目标设定以及各个国家的国情具有异质性,长期经济增长所要求匹配的需求驱动机制与短期经济增长所要求匹配的需求驱动机制具有差异性。总而言之,同质性国家长期经济增长的需求驱动机制可以具有相似性,短期经济增长的需求驱动机制也可以根据各国短期增长目标灵活调整,但受到长期经济增长的需求驱动机制的约束。异质性国家长期经济增长的需求驱动机制可以有所不同,但各国根据短期目标要求以及特有国情所设定的短期经济增长的需求驱动机制也应适应本国长期经济增长的需求驱动机制。

第一节 国家规模的界定及分类

一、大、中、小国的界定

大国、中等国家和小国的概念是国家规模大小的现实称谓。在经济和社会实践活动中,人们往往根据自身的需要,按照某一单一总量指标或复合总量指标体系将一个国家划归为某一类型的大国、中等国家或小国,如"人口大国、中等国家或小国""资源大国、中等国家或小国""农业大国、中等国

家或小国""军事大国、中等国家或小国""经济大国、中等国家或小国""科技大国、中等国家或小国"等。由于本研究限于经济学研究领域,因此对国家大小的界定仅限定于经济学研究视角。纵观国内外学者研究不同规模国家经济所用到的大、中、小国界定标准,其主要标准:一是根据国家的自然特征,如人口规模、国土面积、资源储量等大小对国家的规模进行界定,如西蒙·库兹涅茨(1971)在《各国的经济增长》中研究一个国家的大小对本国生产结构的影响时,就采用了人口标准衡量国家的大小,指出1000万人口以上为大国,1000万人口以下为小国。[14]霍利斯·钱纳里等(1975)在《发展的型式:1950—1970》中研究各国经济增长过程中结构转换的一般过程时,对大国与小国的划分采用了2000万人口的标准。[184]童友好(2001)认为大国是地域辽阔、人口众多、资源丰富、工业体系齐全、国内市场大,总经济规模较大且对世界经济有相当影响力的国家。[185]张李节(2007)定义国土面积超过100万平方公里、人口超过1亿的国家为大国。[186]欧阳峣(2010)定义大国为世界范围内人口4000万以上、国土面积100万平方公里以上、GDP总量在世界前20位以上,以及具有比较突出的条件以至于能够成为国际市场上某些产品价格制定者的享有主权利益的国家。[187]二是根据经济学原理来界定国家规模,如郑捷(2007)认为一个国家是否是"大国"的标准是:如果一个国家能够成为某种"国际市场"中"价格"的制定者,而不是"价格"的被动接受者,则这个国家可被称为"大国"或者某方面的"大国"。[188]相对于第一类界定标准,郑捷界定国家规模的概念采用了更为抽象的标准,即是否能够对世界或世界某个方面产生重要影响作为衡量大国与小国的依据,这种界定虽然能够从一般意义上涵盖第一类采用单一指标或复合指标界定的国家规模大小的概念,但在实际理论研究中难以操作,难以界定公认的世界大国、中等国家和小国。因此,本研究为了避免研究的抽象化,遵从国内外大多数学者在研究不同规模国家经济问题时所采用的总量指标来界定大、中、小国。由于本研究的主要论题是经济增长过程中的消费、投资和出口等需求问题,消费和出口需求与人口因素密切相关,投资需求与物质资源丰富程度密切相关,因此,本研究拟以人口规模和国土面积①指标来综合界定本研究中

---

① 一般而言,一个国家的综合物质资源丰富程度与国土面积成正比关系,即国土面积越大,综合物质资源丰富程度越高,因此,本研究以国土面积指标来替代物质资源丰富程度指标。

的大、中、小国概念，同时综合国内外学者关于大、中、小国的人口规模标准和国土面积标准，提出人口规模在1亿以上、国土面积在200万平方公里以上的国家称为综合性指标大国，如有国家符合人口规模或国土面积指标的其中一条，称之为单一性指标大国；人口规模在4000万至1亿之间、国土面积在100万至200万平方公里之间的国家称为中等规模国家，如有国家符合人口规模或国土面积指标的其中一条，称之为单一性指标中等规模国家；人口规模在4000万以下和国土面积在100万平方公里以下的国家称为小国。

二、大、中、小国的遴选

根据世界银行数据库统计，人口规模超过1亿的国家，有中国、印度、美国、印度尼西亚、巴西、巴基斯坦、尼日利亚、孟加拉国、俄罗斯、日本、墨西哥11个国家；人口规模在4000万至1亿之间的国家，有菲律宾、埃塞俄比亚、越南、埃及、德国、伊朗、土耳其、刚果（金）、泰国、法国、英国、意大利、缅甸、南非、韩国、坦桑尼亚、哥伦比亚、西班牙、乌克兰、肯尼亚、阿根廷21个国家（如表3-1所示）；其余国家的人口均少于4000万。

表3-1 2013年世界主要国家人口数量

国家	人口（万人）	国家	人口（万人）
中国	135738	伊朗	7745
印度	125214	土耳其	7493
美国	31613	刚果（金）	6751
印度尼西亚	24987	泰国	6701
巴西	20036	法国	6603
巴基斯坦	18214	英国	6410
尼日利亚	17362	意大利	5983
孟加拉国	15659	缅甸	5326
俄罗斯	14350	南非	5298
日本	12734	韩国	5022
墨西哥	12233	坦桑尼亚	4925
菲律宾	9839	哥伦比亚	4832
埃塞俄比亚	9410	西班牙	4665
越南	8971	乌克兰	4549
埃及	8206	肯尼亚	4435
德国	8062	阿根廷	4145

数据来源：世界银行WDI数据库。

如果按照国土面积标准，国土面积在 200 万平方公里以上的国家有俄罗斯、中国、美国、加拿大、巴西、澳大利亚、印度、阿根廷、哈萨克斯坦、阿尔及利亚、苏丹、刚果（金）、沙特阿拉伯 13 个国家；国土面积在 100 万至 200 万平方公里之间的国家有墨西哥、印度尼西亚、利比亚、伊朗、蒙古、秘鲁、尼日尔、乍得、安哥拉、马里、南非、哥伦比亚、玻利维亚、毛里塔尼亚、埃塞俄比亚、埃及 16 个国家（如表 3-2 所示）；其余国家的面积均小于 100 万平方公里。

表 3-2 2013 年世界主要国家国土面积

国家	面积（万平方公里）	国家	面积（万平方公里）
俄罗斯	1637.7	利比亚	175.9
中国	960.0①	伊朗	162.9
美国	914.7	蒙古	155.4
加拿大	909.4	秘鲁	128.0
巴西	845.9	尼日尔	126.7
澳大利亚	768.2	乍得	125.9
印度	297.3	安哥拉	124.7
阿根廷	273.7	马里	122.0
哈萨克斯坦	269.9	南非	121.0
阿尔及利亚	238.2	哥伦比亚	110.9
苏丹	237.6	玻利维亚	108.0
刚果（金）	226.7	毛里塔尼亚	103.1
沙特阿拉伯	214.9	埃塞俄比亚	100.0
墨西哥	194.4	埃及	100.0
印度尼西亚	181.2		

数据来源：世界银行 WBI 数据库。

按照本研究对大国的界定标准，综合性大国必须同时满足人口规模在 1 亿以上和国土面积在 200 万平方公里以上，符合这一条件的国家有中国、美国、印度、巴西、俄罗斯 5 个国家；满足人口规模在 1 亿以上的单一性大国有印度尼西亚、巴基斯坦、尼日利亚、孟加拉国、日本、墨西哥 6 个国家，

---

① 中国国家的面积数据来源于 2013 年《中国统计年鉴》。

满足国土面积在 200 万平方公里以上的单一性大国有加拿大、澳大利亚、阿根廷、哈萨克斯坦、阿尔及利亚、苏丹、刚果（金）、沙特阿拉伯 8 个国家。同理，按照本研究的界定标准，同时符合人口规模在 4000 万至 1 亿之间和国土面积在 100 万至 200 万平方公里之间的综合性中等规模国家有埃塞俄比亚、伊朗 2 个国家；人口规模在 4000 万至 1 亿之间的单一性中等规模国家有菲律宾、越南、德国、土耳其、刚果（金）、泰国、法国、英国、意大利、缅甸、南非、韩国、坦桑尼亚、哥伦比亚、西班牙、乌克兰、肯尼亚 17 个国家，国土面积在 100 万至 200 万平方公里之间的单一性中等规模国家有墨西哥、印度尼西亚、利比亚、蒙古、秘鲁、尼日尔、乍得、安哥拉、马里、南非、哥伦比亚、玻利维亚、毛里塔尼亚、埃及 14 个国家。世界其他国家均为人口不足 4000 万和国土面积不足 100 万平方公里的小国（具体分类如表 3-3 所示）。

表 3-3 世界各国的分类

序号	国家类别	符合指标的国家	界定指标
1	综合性大国	中国、美国、印度、巴西、俄罗斯 5 个国家	人口规模在 1 亿以上和国土面积在 200 万平方公里以上
2	人口单一性大国	印度尼西亚、巴基斯坦、尼日利亚、孟加拉国、日本、墨西哥	人口规模在 1 亿以上
3	地域单一性大国	加拿大、澳大利亚、阿根廷、哈萨克斯坦、阿尔及利亚、苏丹、刚果（金）、沙特阿拉伯	国土面积在 200 万平方公里以上
4	综合性中等规模国家	埃塞俄比亚、伊朗	人口规模在 4000 万至 1 亿之间和国土面积在 100 万至 200 万平方公里之间
5	人口单一性中等规模国家	菲律宾、越南、德国、土耳其、刚果（金）、泰国、法国、英国、意大利、缅甸、南非、韩国、坦桑尼亚、哥伦比亚、西班牙、乌克兰、肯尼亚	人口规模在 4000 万至 1 亿之间
6	地域单一性中等规模国家	利比亚、蒙古、秘鲁、尼日尔、乍得、安哥拉、马里、南非、哥伦比亚、玻利维亚、毛里塔尼亚、埃及	国土面积在 100 万至 200 万平方公里之间
7	小国	除以上的其他国家	人口规模在 4000 万以下和国土面积在 100 万平方公里以下

第二节　国家不同规模、长期经济增长与需求驱动机制演变

国家不同规模是指以人口数量和国土面积等指标所衡量的国家大小差异，是本研究探讨国家长期经济增长过程中需求驱动机制演变理论的一个基本自变量。

一、长期经济增长过程中需求驱动机制的演变

长期经济增长是指自人类诞生以来人们为谋求生存和发展而从事的物质和服务产品的生产活动，这种活动持续贯穿于人类原始社会、奴隶社会、封建社会、资本主义社会以及社会主义社会，并伴随着人类社会的存在而长期存在。消费、投资和出口是人类在从事经济生产活动过程中为维持这种生产活动的持续进行所自然发生的三种经济行为，这三种经济行为在人类社会发展初期具有自发性，随着人类社会文明的进步，这三种经济行为具有一定的自主性。长期经济增长的需求驱动机制演变研究即揭示人类社会长期经济发展过程中消费、投资和出口三种经济行为为自发性与自主性相结合的规律体现。

（一）基于钱纳里工业化阶段理论的需求驱动机制演变

工业化阶段理论是霍利斯·钱纳里和莫伊思·赛尔昆（也译为"莫伊思·赛尔奎因"）在1975年和1989年所著的《发展的型式：1950—1970》和《发展的型式：1950—1983》中提出的一种需求驱动机制随人均国民收入的变化而变化的理论假说。[185][58]钱纳里和赛尔奎因将经济增长的长期过程视为初级产品生产、工业化和发达经济三个阶段，他们认为人均国民收入在200至400美元以下、200美元至400美元—800美元至1500美元、800美元至1500美元以上时期可以分别对应于以上三个时期或阶段。① 他们在分析和考察国家工业化发展模式时，把国家工业化进程中的经济结构随人均国民收入变化的考察分成十个方面分别加以分析，其中就包括对国内经济需求动力结构的分析。他们采用分析的一般均衡模型的简化形式是：

---

① 这里所指的人均国民收入美元标准是指以1964年的美元作为基准收入水平的标准。

$$X = \alpha + \beta_1 lnY + \beta_2 (lnY)^2 + \gamma_1 lnN + \gamma_2 (lnN)^2 + \sum \delta_i T_l \quad (3.1)$$

$$X = \alpha + \beta_1 lnY + \beta_2 (lnY)^2 + \gamma_1 lnN + \gamma_2 (lnN)^2 + \sum \delta_i T_l + eF \quad (3.2)$$

其中，X 为因变量，即代表经济结构变量，如需求结构、贸易结构等；Y 为1964年以美元计算的人均国民生产总值；N 为人口；F 为国内生产总值一部分的净资源流入；T_j 为时期，在考察期内以每增加5年为一个时期单位来度量 T。通过对101个国家不同时期的横截面分析，得到国家经济需求结构变化的横截面估计值。进一步地，钱纳里和赛尔奎因为了说明一般国家的经济需求结构变化，使用中等规模国家（人口 N 为1000万）的数值对方程（3.1）和（3.2）进行估计，得到待估参数，然后再利用估计得到的参数对人均国民收入在100美元至1000美元之间变化时私人消费占GDP的比重变化、政府消费占GDP的比重变化、投资占GDP的比重变化、出口占GDP的比重变化、投资与私人消费比的变化、投资与出口比的变化、私人消费与出口比的变化进行预测，预测结果如表3-4所示：

表3-4 1000万人口规模国家工业化进程中的需求动力结构变化

	100美元以下	100美元	200美元	300美元	400美元	500美元	800美元	1000美元	1000美元以上
私人消费占GDP比重（%）	77.9	72.0	68.6	66.7	65.4	64.5	62.5	61.7	62.4
政府消费占GDP比重（%）	11.9	13.7	13.4	13.5	13.6	13.8	14.4	14.8	14.1
投资占GDP比重（%）	13.6	15.8	18.8	20.3	21.3	22.0	23.4	24.0	23.4
出口占GDP比重（%）	17.2	19.5	21.8	23.0	23.8	24.4	25.5	26.0	24.9
投资与私人消费比值	0.175	0.219	0.274	0.304	0.326	0.341	0.374	0.389	0.375
投资与出口比值	0.791	0.810	0.862	0.883	0.895	0.902	0.918	0.923	0.940
出口与私人消费比值	0.221	0.271	0.318	0.345	0.364	0.378	0.408	0.421	0.399

如果将人均国民收入的变化与需求结构的变化用图解方式表示，两者的变化趋势如图3-1所示：

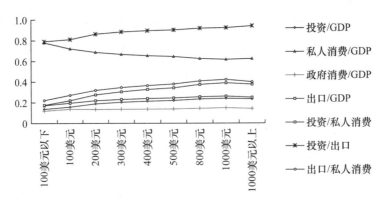

图3-1 需求结构随人均国民收入（以1964年美元为基准测算）变化的趋势

数据来源：〔美〕霍利斯·钱纳里、〔以〕莫伊思·赛尔昆：《发展的型式：1950—1970》，李新华、徐公理、迟建平译，经济科学出版社1988年版。

1989年，钱纳里和赛尔奎因继续沿用1975年的研究思路和方法，对1973年以后人口规模为2000万的国家在工业化进程中各种需求结构随人均国民收入变化而变化的情况进行再次考察，得到与1975年研究类似的结果（如表3-5所示）。

表3-5 2000万人口规模国家工业化进程中的需求动力结构变化

	300美元以下	300美元	500美元	1000美元	2000美元	4000美元	5000美元以上
私人消费占GDP比重（%）	79.0	73.3	70.2	66.4	63.1	60.3	60.0
政府消费占GDP比重（%）	12.0	13.6	13.5	13.7	14.4	15.4	14.0
投资占GDP比重（%）	14.0	18.4	20.8	23.3	25.0	25.9	26.0
出口占GDP比重（%）	16.0	19.3	20.7	22.6	24.5	26.4	23.0
投资与私人消费比值	0.177	0.251	0.296	0.351	0.396	0.430	0.433
投资与出口比值	0.875	0.953	1.005	1.031	1.020	0.981	1.130
出口与私人消费比值	0.203	0.263	0.295	0.340	0.388	0.438	0.383

如果用图解方式表示，需求结构随人均国民收入变化的发展趋势如图 3-2 所示：

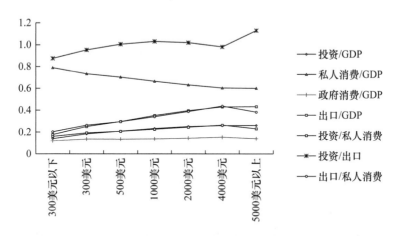

图 3-2　需求结构随人均国民收入（以 1980 年美元为基准测算）变化的趋势
数据来源：〔美〕霍利斯·钱纳里、〔以〕莫伊思·赛尔昆：《发展的型式：1950—1970》，李新华、徐公理、迟建平译，经济科学出版社 1988 年版。

总之，钱纳里和赛尔奎因基于中等规模国家的实践经验提出的工业化阶段需求驱动机制的演变可以概括为：在初级产品生产阶段即工业化前期阶段［人均国民收入低于 200 美元至 400 美元（或 280 美元至 560 美元）］时，私人消费占 GDP 的比重处于最高水平，政府消费占 GDP 的比重、投资占 GDP 的比重、出口占 GDP 的比重、投资与私人消费比值、投资与出口比值、出口与私人消费比值均处于最低水平。在工业化阶段，即当人均国民收入超过 200 美元至 400 美元（或 280 美元至 560 美元）向 800 美元至 1500 美元（或 1120 美元至 2100 美元）迈进时，私人消费占 GDP 的比重开始呈下降趋势，政府消费占 GDP 的比重、投资占 GDP 的比重、出口占 GDP 的比重、投资与私人消费比值、投资与出口比值、出口与私人消费比值均呈现上升趋势。在发达经济阶段即工业化后期阶段（人均国民收入超过 800 美元至 1500 美元［或 1120 美元至 2100 美元］门槛时］，私人消费占 GDP 的比重呈现回升趋势，投资占 GDP 的比重呈现企稳趋势，政府消费占 GDP 的比重、出口占 GDP 的比重呈现下降趋势，投资与私人消费比值呈现下降趋势，投资与出口比值继续保持上升趋势，出口与私人消费比值呈现下降趋势。

（二）基于罗斯托长期经济增长（成长）阶段理论的需求驱动机制演变

W. W. 罗斯托认为人类漫长的经济增长（成长）过程大致可以划分为六个阶段，即：一为传统社会阶段，这个阶段不存在现代科学技术，主要依靠手工劳动，农业居于首位；二为"发动"创造前提阶段，即从传统社会向"起飞"阶段过渡时期，近代科学知识开始在工、农业中发生作用，投资率可能占国民收入的5%或超过5%；三为"发动"阶段，即产业革命的早期，即工业化开始阶段，新的技术在工、农业中得到推广和应用，投资率显著上升，从占国民收入5%上升到10%或10%以上，工业中主导部门迅速增长，农业劳动生产率空前提高；四为走向"成熟"发展阶段，现代科学技术得到普遍推广和应用，经济持续增长，投资扩大，国民收入的10%到20%经常被用作投资，新工业部门迅速发展，国际贸易迅速增加；五为"高额群众消费"阶段，产业主导部门转到耐用消费品和服务业方面，人们除了基本的衣、食、住消费以外还可有其他消费，城市居民占总人口的比率增加，在办公室工作或从事工厂熟练工作的人占总人口的比率也增加；六为"追求生活质量"阶段，主导部门是服务业与环境改造事业。[56] 根据 W. W. 罗斯托所提出的六个经济增长（成长）阶段的生产力及经济产业结构发展水平，第一至第四阶段属于提升生产力水平和建立健全国民经济产业阶段，在这一时期，国家需要积累大量资本进行投资并发展生产，因此对消费大多采取抑制政策，因而消费需求不太可能作为驱动一国经济增长的主要动力。然而，在这一时期，社会生产力水平相对低下，而人们的日常刚性消费需求较大，投资需求只能缓慢增长。因此，在 W. W. 罗斯托的经济增长（成长）第一和第二阶段，一国的经济增长依然会由消费需求主导；在第三阶段中后期，投资需求可能会超过消费需求并主导经济增长；在第四阶段，投资需求主导驱动一国经济增长；在第五阶段，国家生产力水平已得到极大提高，产业结构基本完善，人们收入水平迅速提升，消费能力和消费水平显著改善，用于基本建设和生产的投资已趋于饱和状态，同时，一国的消费基础已基本形成，因而在这一时期，一国经济增长开始由投资需求驱动向消费需求驱动转变；在第六阶段，生产力已达到很高水平，产业结构已完全成熟，人们收入达到较高水平，因而在这一时期，一国经济增长主要由消费需求主导。

然而，在长期经济增长的若干阶段，由于经济内生的短期供需失衡，阶段性经济增长仍然存在若干周期波动。根据经济周期理论，一个经济周期一般要经历繁荣、衰退、萧条和复苏四个时段，从繁荣到衰退，再到萧条是一个经济收缩阶段，从萧条到复苏，再到繁荣是一个经济扩张阶段。因此，一个经济周期可以视为长期经济增长若干阶段内两个较短时期的经济增长时段，一个经济收缩时段，一个经济扩张时段。若长期经济增长的某一阶段有 n 个经济周期，则在这个长期经济增长（成长）阶段具有 2n 个短期时段。在短期收缩时段，经济由高峰向低谷发展，由于前期市场的繁荣持续刺激产出增长，产品供给开始超过产品需求，与此同时，前期投资和消费需求的不断扩张已刺激价格上涨到较高水平，高价格导致需求萎缩，产品因此大量过剩，经济滑坡，价格处于下跌趋势。在此之后，供给减少，供给和需求均处于较低水平，价格停止下跌，经济增长处于低水平。这一时段最明显的特点是供给明显大于需求，需要增加需求刺激。在短期扩张时段，经济由低谷向高峰发展，由于经济处于周期的谷底，供给和需求均处于较低水平。随着经济的复苏，生产开始恢复，需求开始增长，价格也开始逐步回升。在此之后，投资和消费需求不断增加，产出开始增长，但需求的增长超过实际产出的增长，价格开始持续上升，经济开始进入繁荣发展时期。在这一时段最明显的特点是需求大于供给，需要合理控制需求，尤其是在经济增长开始出现大量泡沫时期。因此，根据经济周期两个短期时段增长的特点，需求驱动机制需要在短期时段由刺激运用到合理引导控制这样一个发展过程。

综上所述，作为一般规模国家，基于罗斯托经济增长（成长）阶段的长期经济增长的需求驱动机制结构演变可以用图 3-3 和图 3-4 表示：

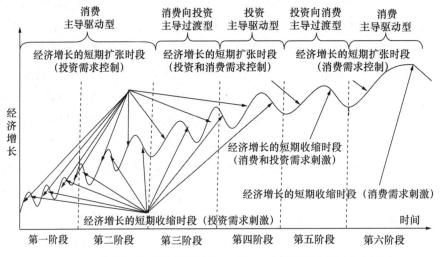

图 3-3 一般国家罗斯托经济增长（成长）阶段的需求驱动机制演化

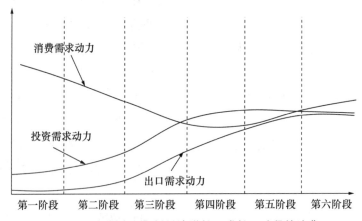

图 3-4 一般国家罗斯托经济增长（成长）阶段的消费、投资和出口需求对经济贡献趋势

二、国家规模对长期经济增长需求驱动机制演变的影响

综上所述，无论是钱纳里工业化阶段理论的需求驱动机制演变分析，还是罗斯托经济增长（成长）阶段理论的需求驱动机制演变分析，都是基于假定一般国家一般情况的分析，即对分析的国家对象具有一般或适中条件的严格限定，但基于这些严格限定条件的理论分析对国情复杂的现实世界实践的

指导具有相当的局限性。新制度经济学认为，各国经济增长的表现与其各自特殊的初始条件有着密切联系。初始条件不同，会从多方面制约、影响经济增长路径的选择，同时也会影响一国在具体的经济增长实践中需求驱动机制结构的客观决定。因此，对现实具有指导意义的经济增长的需求驱动机制演变规律的探索必须结合现实国情，放松如国家人口、国土面积等某些条件的严格假定，将国家规模因素视为调节变量，考虑其对长期经济增长的需求驱动机制配置的影响。

国家规模是一个抽象概念，在实践中无法准确和清楚界定一国是否为"小国"或"大国"，但可以通过设计一些量化指标以代替国家规模这一抽象概念来衡量一国大小。由于制度、文化等指标难以进行国际化量化比较，现有研究大多是根据一些显性的、可以量化的指标来对国家规模大小的界定，本研究在借鉴国内外学者研究"大国"和"小国"概念的基础上，提出人口规模在1亿以上，国土面积在200万平方公里以上的国家称为综合性指标大国，如有国家符合人口规模或国土面积指标中的一条，称之为单一性指标大国；人口规模在4000万和国土面积在100万平方公里以下的国家称为小国。通过这一标准，本研究将世界各国从规模上进行区分，下面分别考察"大国"和"小国"在经济增长过程中需求驱动机制配置的变化规律：

（一）大国经济增长的需求驱动机制演变

一般而言，世界大国普遍具有以下特征：一是人口众多，国内市场潜力巨大，具有经济发展的自循环机制优势；二是幅员辽阔，地理多元，区域经济呈现非均衡发展；三是人力和自然资源丰富，组建了相对完整和独立的国民经济体系；四是经济总量巨大，抵御世界经济波动冲击及引领世界经济发展的能力较强。由于大国具有与小国完全不同的经济增长的客观条件，因此大国经济增长的需求驱动机制演变路径不同于小国经济增长的需求驱动机制演变路径。

1. 基于钱纳里工业化阶段理论的演变

霍利斯·钱纳里和莫伊思·赛尔昆在《发展的型式：1950—1970》中不但提出了基于中等规模人口国家的需求驱动机制随以人均国民收入划分的工业化阶段演变的理论，同时也对根据自己定义的人口规模标准所界定的大国和小国（人口规模在4000万左右为大国，人口规模在500万左右为小国）的需求驱动机制进行了比较。通过重新整理霍利斯·钱纳里和莫伊思·赛尔奎因在《发展的型式：1950—1970》中关于人口超过 4000 万的对象国在 1965 年前后的截面数据资料（如表 3-6 所示），可以看出，在人均国民收入的增长路径上，人口大国的私人消费占 GDP 的比重呈现下降趋势，政府消费占 GDP 的比重呈现上升趋势，投资占 GDP 的比重呈现先升后降趋势，出口占 GDP 的比重呈现先升后降趋势，投资与私人消费比值呈现上升趋势，投资与出口比值和出口与私人消费比值呈现先升后降趋势。

表 3-6 千万以上人口规模国家工业化进程中的需求动力演变

	100美元左右	200美元	400美元	800美元	1000美元	1500美元以上
私人消费占 GDP 比重（%）	80.82	67.59	73.47	56.23	63.54	60.91
政府消费占 GDP 比重（%）	6.83	11.48	7.01	9.25	14.14	15.79
投资占 GDP 比重（%）	14.3	18.37	17.55	33.07	19.71	22.96
出口占 GDP 比重（%）	8.04	8.82	7.92	10.83	16.85	14.07
投资与私人消费比值	0.18	0.27	0.24	0.59	0.31	0.38
投资与出口比值	1.78	2.08	2.22	3.05	1.17	1.63
出口与私人消费比值	0.10	0.13	0.11	0.19	0.27	0.23

与人口规模 1000 万左右的中等国家相比较，人口规模 4000 万以上的大国人均国民收入增长路径上的各种需求动力的变化呈现以下不同：

一是对于私人消费占 GDP 比重而言，人口大国和中等规模国家具有基本相同的发展趋势，但在人均国民收入达到 800 美元之前，4000 万以上人口规模的大国的私人消费占 GDP 比重的趋势线位于 1000 万左右人口规模的中等国家的私人消费占 GDP 比重趋势线之上；人均国民收入达到 800 美元之后，4000 万以上人口规模的大国的私人消费占 GDP 比重的趋势线位于 1000 万左右人口规模的中等国家的私人消费占 GDP 比重趋势线之下，这意味着在人均国民收入达到 800 美元之前，人口大国私人消费占 GDP 比重高于中等规模国家，在人均国民收入达到 800 美元之后，人口大国私人消费占 GDP 比重低于中等规模国家（两者趋势如图 3-5 所示）。

二是对于政府消费占 GDP 比重而言，人口大国和中等规模国家具有基本相同的发展趋势，但在人均国民收入增长路径上，4000 万以上人口规模的大

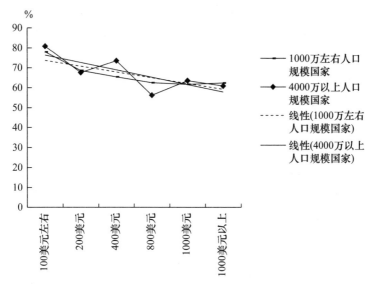

图 3-5 大国与中等规模国家的私人消费占 GDP 比重趋势的比较

国的政府消费占 GDP 比重的趋势线始终位于 1000 万左右人口规模的中等国家的政府消费占 GDP 比重趋势线之下，且斜率大于 1000 万左右人口规模的中等国家的投资占 GDP 比重趋势线斜率，这意味着在人均国民收入增长路径上，大国的政府消费占 GDP 比重始终低于中等规模国家，但政府消费占 GDP 比重的增长速度却快于中等规模国家（两者趋势如图 3-6 所示）。

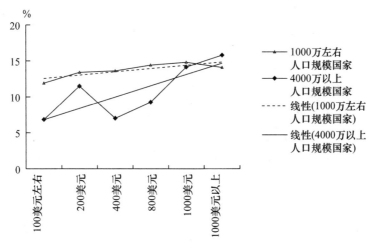

图 3-6 大国与中等规模国家的政府消费占 GDP 比重趋势的比较

三是对于投资占 GDP 比重而言，人口大国和中等规模国家具有基本相同的发展趋势，但在人均国民收入达到 1000 美元之前，4000 万以上人口规模的大国的投资占 GDP 比重的趋势线位于 1000 万左右人口规模的中等国家的投资占 GDP 比重趋势线之上；人均国民收入达到 1000 美元之后，4000 万以上人口规模的大国的投资占 GDP 比重的趋势线与 1000 万左右人口规模的中等国家的投资占 GDP 比重趋势线基本重合，这意味着在人均国民收入达到 1000 美元之前，人口大国的投资占 GDP 比重高于中等规模国家，在人均国民收入达到 1000 美元之后，人口大国的投资占 GDP 比重与中等规模国家的投资占 GDP 比重基本相当（两者趋势如图 3-7 所示）。

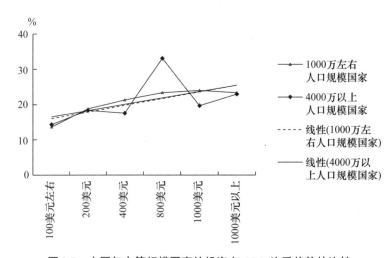

图 3-7　大国与中等规模国家的投资占 GDP 比重趋势的比较

四是对于出口占 GDP 比重而言，人口大国和中等规模国家具有基本相同的发展趋势，但在整个人均国民收入增长路径上，4000 万以上人口规模的大国的出口占 GDP 比重的趋势线以基本相同的斜率位于 1000 万左右人口规模的中等国家的出口占 GDP 比重趋势线之下，这意味着在整个人均国民收入增长路径上，大国的出口占 GDP 比重始终低于中等规模国家的出口占 GDP 比重，但两者出口占 GDP 比重的增速基本保持一致（两者趋势如图 3-8 所示）。

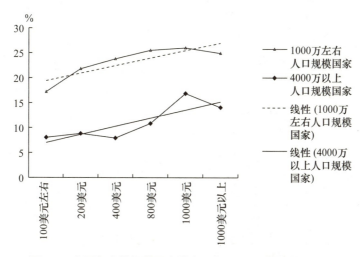

图 3-8　大国与中等规模国家的出口占 GDP 比重趋势的比较

2. 基于罗斯托长期经济增长（成长）阶段理论的演变

在 W·W. 罗斯托的经济增长（成长）阶段的前四个阶段，大国与小国经济增长的目标并无差异，必须通过投资需求快速引导本国建立健全产业结构，增强经济发展的能力，为本国经济"起飞"积累条件。在这一段时间内，经济增长若出现短期的扩张和收缩期，则仍然运用投资需求控制和刺激手段，合理引导经济增长。在 W·W. 罗斯托的经济增长（成长）阶段第五阶段，大国与小国驱动经济增长的主导需求动力发生改变，小国在此阶段主要以投资向出口需求转变驱动本国的经济增长，而大国在此阶段由于国内人口多，消费能力提升，国内市场潜力巨大，驱动经济增长的主导需求动力会向国内消费需求转变，而不是依赖外部出口需求。在这一阶段的短期扩张时期，大国将以合理控制投资需求和国内消费需求引导经济增长；在短期收缩时期，以刺激投资需求和国内消费需求为主，促使经济回升增长。在 W·W. 罗斯托的经济增长（成长）阶段第六阶段，大国将以国内消费需求为主导、投资需求和出口需求辅助驱动本国经济增长。在此阶段的短期扩张期，大国将合理控制国内消费需求引导经济增长；在短期收缩期，以恢复国内消费需求来刺激经济回升。

综上所述，基于罗斯托经济增长（成长）阶段理论，大国的长期经济增长的需求驱动机制结构演变可以用图 3-9 和图 3-10 表示：

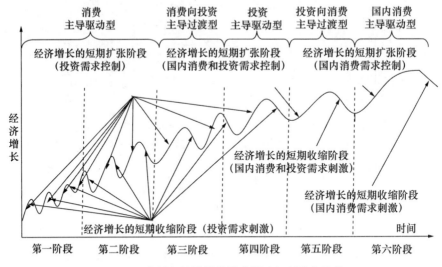

图 3-9 大国经济增长的需求驱动机制演化趋势

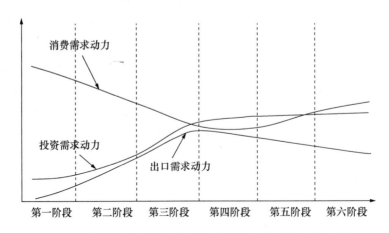

图 3-10 基于罗斯托经济增长（成长）理论的大国消费、投资和出口需求对经济贡献的趋势

（二）小国经济增长的需求驱动机制演变

小国是与大国相对的概念，在本研究报告中，除符合本研究报告定义的大国和中等规模国家外，其余均为小国。小国在经济增长过程中，由于人口、面积、市场、资源等条件有限，产业结构、国民经济体系等方面存在若干缺陷或不足，这必然导致小国驱动经济增长的需求驱动机制有别于一般国家驱

动经济增长的需求驱动机制。

1. 基于钱纳里工业化阶段理论的演变

霍利斯·钱纳里和莫伊思·赛尔奎因在《发展的型式：1950—1970》中对人口规模在500万左右的小国的需求驱动机制也进行了研究。通过重新整理《发展的型式：1950—1970》中关于人口小于或等于500万的对象国在1965年前后年份的截面数据资料（如表3-7所示），可以看出在人均国民收入的增长路径上，人口小国的私人消费占GDP的比重呈现下降趋势，政府消费占GDP的比重、投资占GDP的比重、出口占GDP的比重呈现先升后降趋势，投资与私人消费比值呈现上升趋势，投资与出口比值基本保持稳定，出口与私人消费比值呈现上升趋势。

表3-7　500万以下及500万左右人口规模国家工业化进程中的需求动力演变

	100美元左右	200美元	400美元	500美元	800美元	1000美元	1500美元以上
私人消费占GDP比重（%）	77.33	73.99	76.08	71.53	72.55	71.45	58.84
政府消费占GDP比重（%）	13.65	13.69	11.35	12.79	13.26	16.79	14.89
投资占GDP比重（%）	16.86	17.18	23.55	13.66	23.11	28.85	27.56
出口占GDP比重（%）	18.31	24.25	25.81	27.28	31.37	31.3	28.19
投资与私人消费比值	0.22	0.23	0.31	0.19	0.32	0.40	0.47
投资与出口比值	0.92	0.71	0.91	0.50	0.74	0.92	0.98
出口与私人消费比值	0.24	0.33	0.34	0.38	0.43	0.44	0.48

与人口规模4000万左右的大国相比较，人口规模500万以下小国人均国民收入增长路径上的各种需求动力的变化呈现出以下不同：

一是对于私人消费占GDP比重而言，人口规模500万以下小国与人口规模4000万以上的大国具有基本相同的下降的发展趋势，但在人均国民收入增长路径上，500万以下人口规模的小国的私人消费占GDP比重趋势线始终处于4000万以上人口规模国家的私人消费占GDP比重趋势线之上，且斜率绝对值小于4000万以上人口规模的大国的投资占GDP比重趋势线斜率,这意味着500万以下人口小国的私人消费占GDP比重高于4000万以上人口大国的私人消费占GDP比重,但私人消费占GDP比重的下降速度却要慢于大国(两者趋势如图3-11所示)。

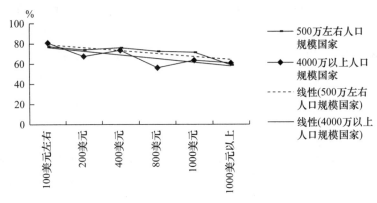

图3-11　大国与小国的私人消费占GDP比重趋势的比较

二是对于政府消费占GDP比重而言,人口规模500万以下小国与人口规模4000万以上的大国均具有缓慢爬升的基本发展趋势,但在人均国民收入增长路径上,500万以下人口规模小国的政府消费占GDP比重趋势线始终处于4000万以上人口规模国家的政府消费占GDP比重趋势线之上,且斜率小于4000万以上人口规模的大国的投资占GDP比重趋势线斜率,这意味着500万以下人口小国的政府消费占GDP比重高于4000万以上人口大国的政府消费占GDP比重,但增速却要慢于大国(两者趋势如图3-12所示)。

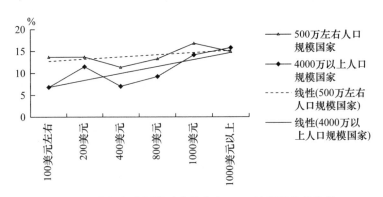

图3-12　大国与小国的政府消费占GDP比重趋势的比较

三是对于投资占 GDP 比重而言，大国和小国具有基本相同的上升的发展趋势，但在人均国民收入增长路径上，小国的投资占 GDP 比重的趋势线始终位于大国的投资占 GDP 比重趋势线之上，且斜率大于大国的投资占 GDP 比重趋势线斜率，这意味着在人均国民收入增长路径上，小国的投资占 GDP 比重始终高于大国，且投资占 GDP 比重的增速也要快于大国（两者趋势如图 3-13 所示）。

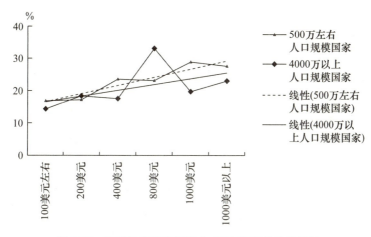

图 3-13　大国与小国的投资占 GDP 比重趋势的比较

四是对于出口占 GDP 比重而言，小国和大国具有基本相同的发展趋势，但在整个人均国民收入增长路径上，小国的出口占 GDP 比重的趋势线以基本相同的斜率位于大国的出口占 GDP 比重趋势线之上，这意味着在整个人均国民收入增长路径上，小国的出口占 GDP 比重始终高于大国的出口占 GDP 比重，但两者出口占 GDP 比重的增速基本保持一致（两者趋势如图 3-14 所示）。

2. 基于罗斯托长期经济增长（成长）阶段理论的演变

具体而言，在 W. W. 罗斯托的经济增长（成长）阶段的前四个阶段，即经济增长在走向"高额群众消费"阶段之前，需求驱动机制的演变与前述相同。在这四个阶段，经济增长若出现若干短期扩张和收缩时期，则仍需要运用投资需求引导和控制手段，调控四个阶段内的经济短期波动，合理引导经济向上增长。

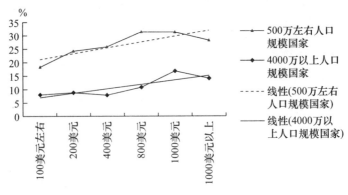

图 3-14 大国与小国的出口占 GDP 比重趋势的比较

在 W. W. 罗斯托的经济增长（成长）阶段第五阶段，即"高额群众消费"阶段，生产力已达到较高水平，物质产品极为丰富，工业高度发达，经济的主导部门转向耐用消费品的生产部门（如汽车工业部门综合生产体系），投资率趋于平稳，人们收入水平极大提升，社会对高额耐用消费品的使用普遍化，人们生活方式发生了较大变化，毫无疑问，国家的经济增长此时要依赖于消费需求，但由于小国国内人口、市场和资源有限，国内生产在一定程度上要依赖于进口，消费上则更依赖于国外消费即出口需求来驱动本国经济增长。短期而言，即"高额群众消费"阶段的经济增长扩张期，小国在发挥本国投资需求引导经济增长的同时，重点要以出口导向战略引导经济增长；在经济增长的收缩期，则需要进一步开拓国外市场需求，缓解国内生产供大于求的局面，促进经济持续增长。

在 W. W. 罗斯托的经济增长（成长）阶段第六阶段，即"追求生活质量"阶段，生产力水平进一步提升，产品极大丰富，人们已较为富裕，国内边际消费倾向趋向最大临界值，产业重心已转向服务业和环境改造事业，社会投资率下降，在此阶段，小国则重点以出口需求为主导，国内消费和投资需求辅助驱动本国经济增长。在这一阶段的短期扩张时期，小国仍以实施"出口导向战略"带动经济增长；在收缩时期，则以积极扩大出口需求，带动经济复苏并向上增长。

综上所述，基于罗斯托经济增长（成长）阶段理论，小国的长期经济增长的需求驱动机制结构演变可以用图 3-15 和图 3-16 表示：

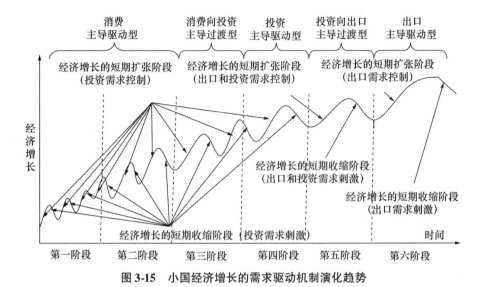

图 3-15　小国经济增长的需求驱动机制演化趋势

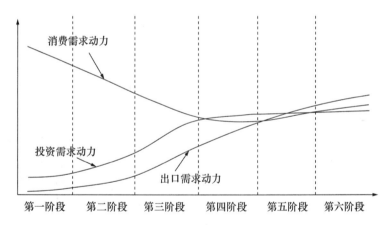

图 3-16　基于罗斯托经济增长（成长）阶段理论的小国的消费、投资和出口对经济贡献的趋势

第三节　国家相同规模、短期增长目标与需求驱动机制设定

国家相同规模是指以人口数量和国土面积等指标所衡量的国家大小基本相同，它是本节探讨国家短期经济增长过程中需求驱动机制演变理论的一个

基本控制变量。

一、短期经济增长目标与长期经济增长过程

一个国家在长期经济增长过程中，必然存在若干短期增长阶段，如W. W. 罗斯托根据生产力和产业结构的转换将长期经济增长过程划分为六个短期增长阶段，霍利斯·钱纳里根据工业化进程将长期经济增长过程划分为三个短期增长阶段等。由于世界各国的经济增长起点和基础不同，不同国家分别处在不同短期增长阶段，这些国家会根据本国的国情和施政理念在其所处阶段合理制定短期增长目标，以更好地实现本国利益最大化。因此，短期经济增长目标是一个国家在长期增长过程中为实现阶段性利益最大化所提出的一种短期或暂时性愿景或计划，这种短期或暂时性愿景和计划具有强烈的国家调控意图。

二、短期经济增长目标约束下需求驱动机制设定与调整的原则

（一）短期增长目标实现原则

由前述经济增长与需求驱动机制的理论关系可知，不同的需求驱动机制设定具有不同的经济增长效应。因此，为实现阶段性经济增长目标所达到的经济效应，就可以有目的性地调整消费、投资和出口三大需求动力的组合，暂时改变经济增长的需求驱动机制，从而实现国家设定的短期经济目标。由此，在短期性经济增长目标约束下，需求驱动机制设定和调整的首要基本原则是能够实现短期目标。

（二）受长期经济增长的内生约束原则

经济由低级向高级发展、由不发达向高度发达发展，这是人类社会经济发展的客观规律，是任何一个国家在发展本国经济时所必须认识的基本前提。短期经济增长目标是国家政府在本国经济长期的增长过程中根据某一时期特殊的阶段性任务所提出的一种暂时愿景或计划，这种愿景和计划不能与长期经济增长目标，即人民生活幸福、资源环境友好、经济高度发达、人类社会和谐愿景相抵触。因此，为实现短期经济增长目标所设定或调整的短期需求驱动机制不能与长期经济增长目标或愿景相抵触，即为实现短期的经济增长

目标所设定的需求驱动机制所产生的经济增长效应必须与长期经济增长目标保持基本一致。

(三) 需求关联与制衡调整原则

需求驱动机制调整不仅涉及消费、投资和出口三者数量的调整，同时也涉及三者内在运行机理关系的调整。实际上，消费、投资和出口是从需求角度对社会总产品的一种统计划分。从短期静态看，在一定时期内，一个国家所生产的社会总产品总是由社会用于消费、投资和出口等方面，三者的实际支出之和一定等于当期社会总产品的价值。因此，消费、投资和出口在一定时期内，由于总量限定，三者支出结构之间总是存在此消彼长的关系。如果从长期静态来看，在某一时期内，消费的当期支出总是高于上期支出，即消费支出持续提升，那么投资支出必然持续减少，出口支出则可减少、增加或不变，或者出口支出必然持续减少，投资支出则可减少、增加或不变；如果在某一时期内，投资的当期支出总是高于上期支出，即当投资支出持续提升，那么消费支出必然持续减少，出口支出则可减少、增加或不变，或者是出口支出必然持续提升，消费支出则可减少、增加或不变；如果在每一时期内，出口的当期支出总是高于上期支出，即当出口支出持续提升，那么消费支出必然持续减少，投资支出则可减少、增加或不变，或者投资支出持续提升，消费支出则可减少、增加或不变。但如果从长期动态看，投资需求是一种中间需求，是一种具有生产性质的需求，其需求的大小决定了下一期的社会总产出大小以及部分决定本期的社会总消费，而消费和出口需求是一种最终需求，其需求的大小决定了本期的社会总消费大小，因此，投资、消费和出口对经济增长的作用和方向完全不同。与此同时，从社会供需均衡要求的角度看，社会的总产出与社会总供给必须保持基本平衡，否则会引起"供过于求"或"供不应求"的经济波动，因此，这又必然要求投资需求与消费和出口需求之和之间具有某种相互的制衡关系。因此，对消费、投资和出口需求的调整，不能简单地以其数量关系去看待，而是要从消费、投资和出口三者内在运行的机理以及相互制衡关系的角度去看待。

三、短期经济增长目标约束下国家需求驱动机制的设定与调整

（一）短期经济增长目标对需求驱动机制设定的内在要求

1. 经济加速增长目标对需求驱动机制设定的要求

经济加速增长是指经济增长的总量或人均量每期以递增的比率保持增加的态势。这是处于经济增长初期或中期阶段的国家为加快本国经济增长进程而提出的一种短期阶段性目标，其最终目的是尽快提高人们的收入水平，改善生活福利待遇。由于国内消费、投资和出口三大需求不同比例的组合具有不同经济效应，当国内经济在加速增长目标约束下，必然要求每期投资以较大幅度逐渐增加，国内消费以较大幅度逐渐减少，出口仍然保持较大增幅。其主要原因是：经济增长主要依赖物质资本、劳动力和技术等要素投入，而这些生产性要素投入的增加均需要资金投入，从而形成用于生产的机器设备、人力资本以及先进技术。一个国家生产所需的资金，一方面来源于社会再生产过程中消费资金的缩减，另一方面来源于社会生产过程中的消费产品和中间产品的出口，通过出口换回本国购置国外先进资本设备和先进技术的外汇资金。因此，在推进经济加速增长过程中，投资需求逐步扩大、国内消费逐步缩减、国外出口保持合理增长是必然的要求。

2. 短期国民福利提升目标对需求驱动机制设定的要求

主观的国民福利是指国民对客观的事物或因素的一种主观感受，如幸福感。客观的国民福利是指国民通过消费产品和服务所带来的对物质和精神生活需要欲望的满足。① 本研究涉及的国民福利是一种客观福利，国民通过消费使需求得到满足的程度越高，国民福利水平也就越高。国民福利提升目标是指在经济增长过程中政府为谋求国民幸福而有意识地增加国民生活待遇的计划，这是处于经济增长中高级阶段的国家为谋求国民幸福延缓经济增长进程的一种阶段性目标，其最终目的是在已取得一定经济发展的基础上，一边致力于发展经济，一边逐步让国民提高生活水平。然而，国家要让国民的生活水平提升，其基本前提条件是国民生活所需要的物质和服务能够得到充分保障和消费，如果一个国家的整体消费水平较低，必然导致整个国家的国民福

---

① 参见杨缅昆：《论国民福利核算框架下的福利概念》，载《统计研究》2008年第6期。

利水平低下。因此，在经济增长过程中，提高国民福利水平、扩大国内居民消费是必然要求，由此引致社会再生产资金中，国民收入的分配将更多地倾向于消费基金，积累基金将减少；产品出口将更多满足于互换商品消费，出口将出现停滞不前甚至由于产品竞争力不强而导致出口处于入超状态。因此，在提升国民福利目标约束下，经济增长过程中的投资需求必将逐步缩小，国内消费需求必将逐步扩大，而国外出口需求则将保持基本稳定或略有缩小。

3. 短期平稳增长目标对需求驱动机制设定的要求

经济平稳增长是国家在推进经济增长的过程中为避免经济过度波动而设立的一种短期宏观经济目标，其形式可以表现为总产出或单位产出以不变的水平或匀速递增的水平增长。在经济增长的初、中级阶段，国家可能追求总产出或单位产出以匀速递增的水平保持增长，在经济增长的高级阶段，国家更有可能追求总产出或单位产出以不变的水平保持增长，但经济能否实现这种形式的平稳增长，则依赖于供给与需求的基本均衡与协调。在投资、消费和出口三大需求中，投资形成的资本数量是决定产出的重要因素，当投资形成资本所决定的产出能力大大超出同期需求能力时，必然导致经济运行中出现供过于求的局面，而当投资形成资本所决定的产出能力大大低于同期需求能力时，必然导致经济运行中出现供不应求的局面。在经济运行中，无论是供过于求，还是供不应求都会造成宏观经济运行的波动，不利于经济平稳增长。只有当投资形成资本所决定的生产能力与同期需求基本相适应时，经济才处于平稳增长状态。这一现象如果以经济增长的需求动力结构配置所反映，必然要求投资与当期消费和出口的比例安排能使产出与需求处于基本均衡状态，即投资与其他要素配置所决定的产出量能够被同期的消费和出口需求基本吸收，当投资与同期消费和出口的比例不能满足这一要求时，宏观经济增长必然失衡。因此，在追求经济平稳增长目标约束下，经济增长过程中在保持国内消费和出口需求总和不变的前提下，投资需求必然要求保持匀速增长或相对不变。

4. 短期集约增长目标对需求驱动机制设定的要求

集约增长是相对粗放增长的一种科学的经济增长方式，其本质是通过提高生产要素的使用质量和效率来实现经济增长。在经济增长的初、中级阶段，由于技术的落后以及对物质财富的渴望,一个国家的经济增长通常依赖高投入、资源能源高消耗的传统经济增长方式来推动,但这种经济增长方式推动经济进入高级发展阶段后,可能导致严重的资源环境危机,经济的可持续增长面临挑战,国家不得不调整经济运行的机制,转而利用集约方式来推进经济增长。需求驱动机制是宏观经济运行的重要机制之一,调整宏观经济的运行机制就包括优化和调整需求驱动机制,从而提高社会生产函数中生产投入要素的使用效率,尤其是资本(投资)要素的使用效率,以达到降低物质资源消耗,促进经济集约增长。因此,在促进经济集约增长目标约束下,消费、投资和出口需求数量应保持使社会生产函数中资本(投资)和劳动力要素在不同的需求动力结构状态下对经济增长的贡献最大化。

(二) 短期经济增长目标约束下需求驱动机制调整的理论

1. 经济加速增长目标约束下需求驱动机制调整的理论诠释

根据 1936 年 J. M. 凯恩斯提出的投资乘数理论即"当总投资量增加时,所得之增量将 k 倍于投资增量"①,在拉动经济增长的三大需求动力中,当投资需求增加时,必然带动国民收入的快速增长。西方的宏观经济理论认为,在短期价格不变的前提下,经济社会总产出或国民总收入取决于社会总需求,而在社会三部门经济中,社会总需求主要是由居民消费 C、企业投资 I 和净出口需求 NX 构成,即:

$$Y = C + I + NX \tag{3.3}$$

由于净出口需求 NX 为出口 X 与进口 M 之差,则:

$$Y = C + I + X - M \tag{3.4}$$

进一步,假定:

居民消费 C 为国民收入 Y 的一个函数,则:

$$C = \alpha + \beta Y \tag{3.5}$$

其中,α 为自发性居民消费,β 为边际居民消费倾向。

进口 M 为国民收入 Y 的一个函数,则:

$$M = m_0 + \delta Y \tag{3.6}$$

---

① 参见〔英〕约翰·梅纳德·凯恩斯:《就业、利息和货币通论》,徐毓枬译,译林出版社 2011 年版,第 98 页。

其中，m_0 为自发性进口，δ 为边际进口倾向。

I，X 分别为外生变量，即：

$$I = \bar{i} \tag{3.7}$$

$$X = \bar{x} \tag{3.8}$$

将（3.5）式、（3.6）式、（3.7）式、（3.8）式代入（3.4）式，得到国民总收入决定模型：

$$Y = 1/(1 - \beta + \delta)(\alpha + \bar{i} + \bar{x} - m_0) \tag{3.9}$$

在此模型中，意味着自发性消费 α、投资 $\bar{i}$、出口 $\bar{x}$ 每增加 1 单位，会使国民收入增加 $(1-\beta+\delta)$ 倍，自发性进口 m_0 每减少 1 单位，会使国民收入增加 $(1-\beta+\delta)$ 倍。

在经济加速增长目标约束下，政府可供选择的调整参数理论上存在自发性消费 α、投资 $\bar{i}$、出口 $\bar{x}$ 以及自发性进口 m_0，但由于自发性消费 α 和自发性进口 m_0 基本上保持常量，难以调整。与此同时，出口需求 $\bar{x}$ 由外部购买力和购买要求决定，本国难以左右。因此，在加速本国经济增长目标约束下，调整投资 $\bar{i}$ 是可行之策。

假定第一期经济增长中，投资为 i_1，自发性消费为 α，出口为 x_1，自发性进口为 m_0，则在第一期经济增长中，国民总收入 $Y_1 = 1/(1-\beta_1+\delta)(\alpha + i_1 + x_1 - m_0)$。

在第二期经济增长中，国家为加速经济增长，必然调整投资数量。如将 i_1 增加 A 数量，达到 i_2，即 $i_2 = i_1 + A$。由于在第二期经济增长中，自发性消费 α、出口 $\bar{x}$、自发性进口 m_0 仍要求保持不变，那么第二期投资的增量 A 必然来源于第一期居民非自发性消费的缩减。因此，为满足第二期投资的增加需要，第一期国民总收入 Y_1 必须重新对投资和居民消费进行分配，即增加投资，投资 $I = i_1 + A$；压缩居民消费，居民消费 $C = Y_1 - i_1 - A - \bar{x} + m_0 + \delta Y_1 = \alpha + \beta_2 Y_1$。由于居民消费被压缩，那么居民消费边际倾向 β 将变小，即由 β_1 变为 β_2，$\beta_2 = (Y_1 - i_1 - A - \bar{x} + m_0 + \delta Y_1 - \alpha)/Y_1$。如果在第二期经济增长过程中，投资的增加所产生的国民收入的增加如果是以 $1/(1-\beta_1+\delta)$ 倍获得的，那么在第二期经济增长中，由于居民边际消费倾向的下降会抵消由于投资增加所产生的国民收入的增加，从而使得第二期国民收入维持在第一期的水平，使通过投资调整达到加速经济增长的目标难以实现。

但庆幸的是，在现实生活中，由于居民消费习惯具有一定惯性，短期内居民边际消费倾向难以改变，居民边际消费倾向具有粘性，即在第二期的经济增长过程中，投资增加所产生的国民收入增加仍会按第一期的居民边际消费倾向所决定的倍数使得国民收入加速增加。国民总收入 $Y_2 = 1/((1-\beta_1+\delta))(\alpha+i_2+x_1-m_0)$，第二期国民总收入相对第一期国民总收入增加了 $Y_2 = 1/(1-\beta_1+\delta)A$。以此类推，在以后的每期经济增长过程中，假定每期投资增加 A，国民总收入相对前一期，均会增加 $\Delta Y_n = 1/(1-\beta_{n-1}+\delta)A$。

由此，在第一期经济增长过程中，投资占国民总收入的比重为 $i_1/[1/(1-\beta_1+\delta)(\alpha+i_1+x_1-m_0)]$，消费占国民总收入的比重为 $(Y_1-i_1-A-\bar{x}+m_0+\delta Y_1)/[1/(1-\beta_1+\delta)(\alpha+i_1+x_1-m_0)]$。在第二期经济增长过程中，投资占国民总收入的比重为 $(i_1+A)/[1/(1-\beta_1+\delta)(\alpha+i_1+A+x_1-m_0)]$，消费占国民总收入的比重为 $(Y_2-i_1-A-\bar{x}+m_0+\delta Y_2)/[1/(1-\beta_1+\delta)(\alpha+i_1+A+x_1-m_0)]$。第一期与第二期相比较，由于 $(i_1+A)/i_1 > (\alpha+i_1+A+x_1-m_0)/[1/(1-\beta_1+\delta)]/(\alpha+i_1+x_1-m_0)/[1/(1-\beta_1+\delta)]$①，第一期的投资占国民总收入的比重 $i_1/[1/(1-\beta_1+\delta)(\alpha+i_1+x_1-m_0)]$ 小于第二期的投资占国民总收入的比重 $(i_1+A)/[1/(1-\beta_1+\delta)(\alpha+i_1+A+x_1-m_0)]$；同理，第一期的消费占国民总收入的比重 $(Y_1-i_1-A-\bar{x}+m_0+\delta Y_1)/[1/(1-\beta_1+\delta)(\alpha+i_1+x_1-m_0)]$ 大于第二期的消费占国民总收入的比重 $(Y_2-i_1-A-\bar{x}+m_0+\delta Y_2)/[1/(1-\beta_1+\delta)(\alpha+i_1+A+x_1-m_0)]$，即后一期的投资占 GDP 比重大于前一期的投资占 GDP 比重，而后一期的居民消费占 GDP 比重小于前一期的居民消费占 GDP 比重。

以此类推，在经济不断加速增长的过程中，投资占 GDP 的比重逐渐上升，居民消费占 GDP 的比重不断下降。

---

① $(i_1+A)/i_1 > (\alpha+i_1+A+x_1-m_0)/[1/(1-\beta_1+\delta)]/(\alpha+i_1+x_1-m_0)/[1/(1-\beta_1+\delta)]$ 证明过程如下：$(i_1+A)/i_1 = 1+A/i_1$，而 $(\alpha+i_1+A+x_1-m_0)/[1/(1-\beta_1+\delta)]/(\alpha+i_1+x_1-m_0)/[1/(1-\beta_1+\delta)] = 1+A/(\alpha+i_1+x_1-m_0)$。一个国家在经济增长过程中，为了保持内外部经济均衡，一般情况下进出口大体保持平衡。由此，$x_1-m_0 > 0$，那么，$i_1+x_1-m_0+\alpha > i_1$。由以上可以推出：$A/(\alpha+i_1+x_1-m_0) < A/i_1$，那么可以得出：$1+A/(\alpha+i_1+x_1-m_0) < 1+A/i_1$。

2. 提升国民福利目标约束下需求驱动机制调整的理论诠释

处于经济增长中高级阶段的国家为了更大程度地增进和提高人们的物质生活水平,通常需要在适当提高消费的前提下保持国民经济稳定增长。如前所述,在三部门经济中,国民总收入仍由居民消费 C、企业投资 I 和净出口需求 NX 决定,即:

$$Y = C + I + NX$$

在其他假定条件不变的前提下,国民总收入的决定模型仍然如下:

$$Y = 1/(1 - \beta + \delta)(\alpha + \bar{i} + \bar{x} - m_0)$$

假定当经济发展到一定程度,国家提出以提升国民福利水平作为经济增长的短期目标。

在第一期经济增长中,投资为 i_1,自发性消费为 α,出口为 x_1,自发性进口为 m_0,则国民总收入 $Y_1 = 1/(1 - \beta_1 + \delta)(\alpha + i_1 + x_1 - m_0)$。

国家为在第二期经济增长中提高国民福利水平,必然在第一期出台相关政策刺激居民增加消费。由于居民自发性消费 α 在每一期均保持常量,国家为提高国民福利而增加居民消费必然要通过相关政策刺激人们改变边际消费倾向,从而使得居民边际消费倾向 β 提高,进而提高居民的消费数量。由此,第一期的居民边际消费倾向由 β_1 改变为 β_2,且 $\beta_2 > \beta_1$。由于第一期居民消费增加,假定居民消费增加量为 A,那么用于第二期经济增长的投资数量(第二期的投资数量来源于第一期国民收入与居民消费和出口之差)必然减少。在第二期经济增长中,出口 $\bar{x}$、自发性进口 m_0 仍要求保持不变,第二期投资变少,即 $i_2 = i_1 - A$,必然带来国民收入的倍减,但由于第一期中居民的非自主性消费增加,居民的边际消费倾向 β 已变大,即 β_1 变为 β_2,$\beta_2 = (Y_1 - i_1 + A - \bar{x} + m_0 + \delta Y_1 - \alpha)/Y_1$,这将使得在第二期经济增长中,自发性消费、投资以及出口与自发性进口之差,即 $(\alpha + i_1 + x_1 - m_0)$ 使国民收入以 $1/(1 - \beta_2 + \delta)$ 倍增加,从而抵消由于投资减少所导致的国民收入的减少,使得第二期国民收入能够维持在第一期的水平,实现经济的稳定增长。

由此,在第一期经济增长过程中,在其他条件不变的前提下,初始投资的数量决定了国民总收入的数量,即国民总收入 $Y_1 = [1/(1 - \beta_1 + \delta)(\alpha + i_1 + x_1 - m_0)]$,投资占国民总收入的比重为 $i_1/[1/(1 - \beta_1 + \delta)(\alpha + i_1 + x_1 - m_0)]$,消费占国民总收入的比重为 $(Y_1 - i_1 - \bar{x} + m_0 + \delta Y_1)/[1/(1 - \beta_1 + \delta)(\alpha + i_1 + x_1$

$-m_0)]$。在第二期经济增长过程中,投资占国民总收入的比重为$(i_1-A)/[1/(1-\beta_2+\delta)(\alpha+i_1-A+x_1-m_0)]$,消费占国民总收入的比重为$(Y_2-i_1+A-\bar{x}+m_0+\delta Y_2)/[1/(1-\beta_2+\delta)(\alpha+i_1-A+x_1-m_0)]$。第一期与第二期相比较,由于$(i_1-A)/i_1<(\alpha+i_1-A+x_1-m_0)/[1/(1-\beta_2+\delta)]/(\alpha+i_1+x_1-m_0))/[1/(1-\beta_1+\delta)]$①,第一期的投资占国民总收入的比重$i_1/[1/(1-\beta_1+\delta)(\alpha+i_1+x_1-m_0)]$大于第二期的投资占国民总收入的比重$(i_1-A)/[1/(1-\beta_2+\delta)(\alpha+i_1-A+x_1-m_0)]$;同理,第一期的消费占国民总收入的比重$(Y_1-i_1-\bar{x}+m_0+\delta Y_1)/[1/(1-\beta_1+\delta)(\alpha+i_1+x_1-m_0)]$小于第二期的消费占国民总收入的比重$(Y_2-i_1+A-\bar{x}+m_0+\delta Y_2)/[1/(1-\beta_2+\delta)(\alpha+i_1-A+x_1-m_0)]$,即后一期的投资占GDP比重小于前一期的投资占GDP比重,而后一期的居民消费占GDP比重大于前一期的居民消费占GDP比重。以此类推,在经济稳定增长的过程中,投资占GDP的比重不断下降,居民消费占GDP的比重逐渐上升。

3. 经济平稳增长目标约束下需求驱动机制调整的理论诠释

经济平稳增长是国家在经济增长过程中为避免经济波动提出的一种阶段性调控目标。在经济增长的初、中级发展阶段,国家可能追求单位产出匀速递增的平稳增长,在经济增长的高级阶段,国家可能追求保持单位产出水平不变的平稳增长。经典的经济增长理论强调要素投入的重要性。在古典增长、新古典增长以及内生增长理论模型中,劳动力、资本、人力资本和技术均作为影响产出的投入生产要素被加以重点分析。随着对经济增长理论研究的深化,人们对影响经济增长的因素有了更多认识。Conway 和 Denison(1985)认为经济增长由两大类因素所决定,一类是包括劳动、资本和土地生产要素的投入量因素,另一类是影响生产要素生产率的因素。[189] Kuznets(1966,1971)在论述各国经济增长时,不仅强调了劳动、资本投入和技术创新的重要性,同时也强调了包含需求结构变化在内的经济结构变化的重要性。[14][57] Yoshikawa(2003)在考察宏观经济增长时,指出最终需求对于短期和长期总

---

① $(i_1-A)/i_1<(\alpha+i_1-A+x_1-m_0)/[1/(1-\beta_2+\delta)]/(\alpha+i_1+x_1-m_0)/[1/(1-\beta_1+\delta)]$证明过程如下:$(i_1-A)/i_1=1-A/i_1$,而由于$\beta_2=(Y_1-i_1+A-\bar{x}+m_0+\delta Y_1-\alpha)/Y_1$,$Y_1=(\alpha+i_1)/(1-\beta_1-\delta)$,因此可以推出:$(\alpha+i_1-A+x_1-m_0)/[1/(1-\beta_2+\delta)]/(\alpha+i_1+x_1-m_0)/[1/(1-\beta_1+\delta)]=1$,那么可以得出:$1-A/i_1<1$。

产出均具有决定性作用。[19] 总而言之，可以将影响经济增长的因素大体分为五个方面，即资源禀赋（劳动力、土地、自然资源等）、物质资本、人力资本、技术进步和最终需求。在这五个方面的因素中，资源禀赋、物质资本、人力资本、技术进步因素共同决定经济的潜在产出水平，最终需求与潜在产出共同决定经济的实际产出。如果以生产函数式表达，即潜在产出可表示为：

$$Y^* = F(A, L, K, H) \tag{3.10}$$

其中，A 代表一定的生产技术水平，L 代表劳动力等资源禀赋，K 代表物质资本投入，H 代表人力资本水平。实际产出：

$$Y = F(Y^*, D) \tag{3.11}$$

其中，Y^* 为潜在产出，D 代表消费和出口的最终需求。如果将（3.10）式代入（3.11）式，可得：

$$Y = F(A, L, K, H, D) \tag{3.12}$$

即经济的实际产出由资源禀赋、物质资本、人力资本、技术进步和最终需求共同决定。如果进一步假定经济在一定时期内，资源禀赋、人力资本和技术进步要素不变，那么实际产出水平取决于物质资本存量和最终需求水平两个因素，即：

$$Y = F(K, D) \tag{3.13}$$

在开放条件下，实际产出函数中的投入要素需求 D，不但包括国内部门对本国最终产品形成的最终消费需求 C，同时也包括国外部门对本国最终产品形成的出口需求 EX。因此，在实际产出函数中，Y_t 由物质资本存量 K 和最终消费需求与出口需求之和（以 CEX 表示，以下同）决定，即：

$$Y_t = F(K_t, CEX_t) \tag{3.14}$$

其中，Y_t 为 t 期实际产出，CEX_t 为 t 期最终消费需求与出口需求之和，K_t 为 t 期资本存量，$K_t = K_{t-1} + I_t$，I_t 为 t 期投资。

假定实际产出函数 Y_t 为一次齐次式，方程（3.14）式两边同时除以 CEX_t，则：

$$y_t = Y_t / CEX_t = F(K_t / CEX_t, 1) = f(k_t) \tag{3.15}$$

其中

$$y_t = Y_t / CEX_t \tag{3.16}$$

$$k_t = K_t / CEX_t \tag{3.17}$$

假定实际产出函数 y_t 有以下性质：（1）$f'(k)>0$，表示单位（消费+出口）资本的边际实际产出为正。（2）$f''(k>0)$，表示单位（消费+出口）资本的边际实际产出递减。（3）$f'(0)=\infty$，表示单位（消费+出口）资本很小时，单位（消费+出口）资本的边际实际产出无穷大。（4）$f'(\infty)=0$，表示单位（消费+出口）资本很大时，单位（消费+出口）资本的边际实际产出无穷小。

对（3.17）式两边同时取对数，再求时间导数，则 k 的增长率为：

$$\Delta k/k = \Delta K/K - \Delta CEX/CEX = \Delta K/K - n \quad (3.18)$$

其中 $\Delta CEX/CEX = n$，即（消费+出口）需求的增长率为 n。假定在实际经济系统中，国内和国外的消费需求偏好保持不变，则 n 保持不变。

重写（3.18）式，得：

$$\Delta k = k(\Delta K/K - n) = \Delta K/K \cdot k - nk = \Delta K/K \cdot K/CEX \cdot Y/Y - nk \quad (3.19)$$

由于 $y = Y/CEX$，$\Delta K = K_t - K_{t-1} = I_t$，

可以简化（3.19）式，得：

$$\Delta k = \Delta K/Y \cdot Y/CEX - nk = I/Y \cdot y - nk \quad (3.20)$$

假定当期投资全部由当期储蓄转化，即 $I_t = S_t$，则 $I/Y = S/Y = s$，s 为储蓄率。

则（3.20）式可以写成：

$$k' = sy - nk \quad (3.21)$$

（3.21）式表明：存在一个特定的资本存量与（消费+出口）的比例 k^*，即 k^* 处于 $k'=0$ 时，使经济增长处于稳定增长状态。

因此，在经济稳态增长时，资本存量与（消费+出口）的比例 k^* 保持不变，即：

$$k^* = K^*/CEX \quad (3.22)$$

根据实际产出函数的约束条件 $K_t = K_{t-1} + I_t$，我们可以进一步推导在经济稳态增长时当期投资与（消费+出口）的稳定比例，即：

$$I^*/CEX^* = (K_t - K_{t-1})/CEX_t = (K_t/CEX_t - K_{t-1}/CEX_t)/CEX_t/CEX_t$$
$$= k^* - K_{t-1}/CEX_t = k^*[n/(1+n)] \quad (3.23)$$

其中 n 为（消费+出口）需求增长率。

当 $I^*/CEX^* = k^*[n/(1+n)]$ 时，$k^* = I^*/CEX^*[(1+n)/n]$，即可得到稳态增长时资本与（消费+出口）的比例对应的投资与（消费+出口）的比例（如图3-17所示）。

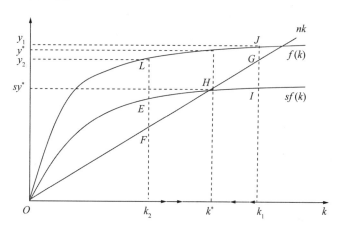

图3-17　稳态增长视角下的投资与（消费+出口）比例的确定

当经济处于稳态增长时，如果保持（消费+出口）需求增长率 n 和储蓄率 s（假定储蓄率等于投资率，以下同）不变，经济的稳态均衡点不会发生移动，稳态的投资与（消费+出口）的比例 k^* 不会移动，经济会以一个不变的单位需求产出水平保持平稳增长。如果决定经济稳态均衡的条件需求增长率（n）与储蓄率（s）发生变动，经济的原有稳态均衡有可能改变，也有可能保持不变，与原有稳态均衡对应的单位需求产出的水平和单位需求资本的水平同样存在变与不变两种可能。（1）当（消费+出口）增长率 n 不变，储蓄率 s 匀速减少，经济的稳态均衡点就会发生向左匀速下降移动，稳态的投资与（消费+出口）比例 k^* 就会匀速向左移动，经济就会以一个匀速减少的单位需求产出水平持续萎缩。（2）当（消费+出口）增长率 n 不变，储蓄率 s 匀速增加，经济的稳态均衡点就会发生向右匀速提升，稳态的投资与（消费+出口）比例 k^* 会匀速向右移动，经济就会以一个匀速增加的单位需求产出水平持续稳定增长。（3）当储蓄率 s 不变，（消费+出口）增长率 n 匀速减少，经济的稳态均衡点就会向右匀速提升，稳态的投资与（消费+出口）比例 k^* 就会匀速向右移动，经济就会以一个匀速增加的单位需求产出水平实现平稳增长。（4）当储蓄率 s 不变，（消费+出口）增长率 n 匀速增加，经济的稳态均衡点就会向左匀速下降移动，稳态的投资与（消费+出口）比例 k^* 会匀速向左移动，经济就会以一个匀速减少的单位需求产出水平持续萎缩。(5) 当（消费+出口）增长率 n 匀速增加，储蓄率 s 匀速减少，经济的稳态均衡点就会向左匀速下降移动，稳态的投资与（消费+出口）比例 k^* 会发生匀速向左移动，经济就会以一个匀速减少的单位需求产出水平持续萎缩。(6) 当（消费+出口）增长率 n 匀速减少，储蓄率 s 匀速增加，经济的稳态均衡点就会向右匀速提升移动，稳态的投资与（消费+出口）比例 k^* 就会匀速向右移动，经济就会以一个匀速增加的单位需求产出水平持续稳定增长。(7) 当（消费+出口）增长率 n 和储蓄率 s 同向匀速变动，经济的稳态均衡点会保持稳定不变，稳态的投资与（消费+出口）比例 k^* 不会发生移动，经济就会以一个稳定的单位需求产出水平保持平稳增长。(8) 当（消费+出口）增长率 n 和储蓄率 s 非匀速同向增加，且每期（消费+出口）增长率 n 的增加是每期储蓄率 s 的增加的固定若干倍数（倍数值小于1），或者每期储蓄率 s 的增加是每期（消费+出口）增长率 n 的增加的固定若干倍数（倍数值大于1），经济的稳态均衡点就会向右匀速提升移动，稳态的投资与（消费+出口）比例 k^* 会发生匀速向右移动，经济就会以一个匀速增加的单位需求产出水平持续稳定增长。(9) 当（消费+出口）增长率 n 和储蓄率 s 同向非匀速增加，且每期（消费+出口）增长率 n 的增加是每期储蓄率 s 的增加的固定若干倍数（倍数值大于1），或者每期储蓄率 s 的增加是每期（消费+出口）增长率 n 的增加的固定若干倍数（倍数值小于1），经济的稳态均衡点就会向左匀速下降移动，稳态的投资与（消费+出口）比例 k^* 就会匀速向左移动，经济就会以一个匀速减少的单位需求产出水平持续萎缩。(10) 当（消费+出口）增长率 n 和储蓄率 s 同向非匀速减少，且每期（消费+出口）增长率 n 的减少是每期储蓄率 s 的减少的固定若干倍数（倍数值小于1），或者每期储蓄率 s 的减少是每期（消费+出口）增长率 n 的减少的固定若干倍数（倍数值大于1），经济的稳态均衡点就会向左匀速下降移动，稳态的投资与（消费+出口）比例 k^* 会匀速向左移动，经济就会以一个匀速减少的单位需求产出水平持续萎缩。(11) 当（消费+出口）增长率 n 和储蓄率 s 非匀速同向减少，且每期（消费+出口）增长率 n 的减少是每期储蓄率 s 的减少的固定若干倍数（倍数值大于1），或者每期储蓄率 s 的减少是每期（消费+出口）增长率 n 的减少的固定若干倍数（倍数值小于1），经济的稳态均衡点就会向右匀速提升，稳态的投资与（消费+出口）比例 k^* 就会匀速向右移动，经济就会以一个匀速增加的单位需求产出水平持续增长。(12) 当（消费+出口）增长率 n 和储蓄率 s 发生其他非匀速变化，经济的稳态均衡点就会向右非匀速提升或向左匀速下降移动，稳态的投资与（消费+出口）比例 k^* 就会非匀速向右或向左移动，经济就会以一个非均衡变化的单位需求产出水平持续增长或萎缩。因此，对于一个国家而言，在经济发达阶段要保持本国经济平稳增长，保持（消费+出口）增长率 n 和储蓄率 s 的不变或匀速同向变化是必要的前提，而在经济发展的初、中级阶段，保持本国经济平稳增长，则需要将（消费+出口）增长率 n 和储蓄率 s 的变化保持在第（2）、第（3）、第（6）、第（8）和第（11）种状态。

4. 经济集约增长目标约束下需求驱动机制调整的理论诠释

经济集约增长目标是一个国家针对本国经济发展的前期依靠资源和能源等要素粗放式投入发展到一定程度，后期面临严重的资源环境约束而不可持续增长，从而不得不提出的一种阶段性经济目标。因此，要实现经济可持续增长，缓解资源环境压力，依靠要素的集约使用从而使经济增长是必然之举。

新古典经济增长理论假定在技术不变的前提下，劳动力和资本是经济增长的两种主要投入要素，即经济产出函数被假定为：

$$Y_t = F(L_t, K_t) \qquad (3.24)$$

若写成 C—D 形成，得：

$$Y_t = AL_t^{\alpha} K_t^{\beta} \qquad (3.25)$$

对（3.25）式两边同时取对数，得：

$$lNY_t = lNA + \alpha lNL_t + \beta lNK_t \qquad (3.26)$$

其中，A 为技术进步因素，为常数；L_t 为当期劳动力；K_t 为当期物质资本存量，即上期资本存量加上当期投资。α、β 分别为劳动力和资本的产出弹性，即资本、劳动力要素每增加1%，产出能够增加的百分比。要素的产出弹性衡量了各投入要素对产出的贡献，要素产出弹性越大，对产出的贡献也就越大。

进一步地，各投入要素的产出弹性虽然反映了各要素对经济产出的贡献，但这种贡献反映的是在特定经济环境和条件下各生产要素受到经济系统综合作用的结果,当特定的经济环境或条件发生改变时,各投入要素对经济产出的影响也将发生改变,从而改变经济的产出机制,即同样的要素投入有可能会在不同的条件下对经济产出的贡献有所差异。在社会生产函数中,具体表现在各投入要素在不同的经济环境或条件下的产出弹性系数会有所不同,通过对同一要素的弹性系数进行比较,可以反映同一生产要素在不同的经济条件下对经济产出的贡献程度的大小。

经济增长的需求驱动机制是内嵌于经济增长过程中的一种必然环境或条件。当前,任何一个国家的经济增长都离不开经济需求,需求动力之间的结构搭配更是经济环境的一种重要表现。当生产要素面临经济需求动力结构改变时,也有可能引起生产要素生产能力的改变,从而导致经济产出机制的改变。在不同的经济产出机制下,这意味着各投入要素对经济产出的贡献是不同的,也即各投入要素的产出弹性不同。当生产要素在需求动力结构的某一状态能够发挥对经济产出的最大贡献,也即当生产要素在经济运行中的某一需求驱动机制构建状态下能够实现边际产出的最大化时,这种需求驱动机制的构建才是最优的。

在现代经济增长过程中,根据新古典增长理论,在假定技术中性的前提下,经济增长主要依靠资本和劳动力的投入来推动,但由于要素存在边际报酬递减效应,经济要持续获得同等增长,必须投入更多的资本和劳动力要素,然而生产要素尤其是资本投入的增加意味着对物质资本的购买和使用增加,这反映了经济增长对物质资源的消耗也在增加。Cheung、Dooley 和 Sushko (2012) 在研究资本与经济增长的关系时指出,随着时间的推移,资本与经济增长的关系会弱化,尤其是在高收入国家,资本增长对经济增长可能有更多的负面性。[25]因此,在现代经济增长过程中,如果过度依赖生产要素投入的增加来推动经济增长,则会加剧经济发展与自然环境的冲突与矛盾,经济增长的可持续性将受到资源稀缺性的严重挑战。使生产要素对经济产出贡献最大化是针对这一问题所提出的解决方法,其实质是要求发挥生产要素的最大效益来推动经济增长,而不是依靠大量生产要素的投入和对资源的过度消耗来推动经济增长,这与经济集约增长的内涵具有高度的一致性。当一个国家通过构建合理的经济运行机制以最大限度地发挥生产要素的产出效率来推动经济增长时,就能够促进经济向集约增长方式转变,进而确保经济集约增长目标的实现。

在集约增长目标约束下考虑对需求动力的调整,其实质是将现实的需求驱动机制的内部结构调整至生产要素对经济产出贡献最大化中的最优需求动力之间的结构搭配状态。因此,集约增长目标约束下的需求动力的调整思路为:首先,必须确定各生产要素在经济增长的时间路径上是否存在依赖需求驱动机制内部结构环境变化的多种增长机制;其次,确定当前各生产要素在何种增长机制下对经济增长发挥作用;再次,比较各生产要素在不同的增长机制下对经济增长的贡献大小;最后,根据各生产要素在不同增长机制下的贡献程度,考虑对需求动力的调整,从而使各生产要素在最有利的需求驱动机制内部结构环境或条件下发挥对经济增长的最大贡献。

在产出函数(3.26)中,劳动力要素(L)和资本要素(K)的产出弹性系数的大小反映了劳动力要素(L)和资本要素(K)对产出的贡献程度。通过比较劳动力要素(L)和资本要素(K)在不同需求驱动机制内部结构环境或条件下的产出弹性系数大小,可推导出劳动力要素(L)和资本要素(K)对经济增长贡献最大化条件下需求动力的调整思路。

在经济增长的时间路径上,由于消费、投资和出口需求数量的相对变动必然会导致投资与消费的比例、投资与出口的比例以及投资与(消费+出口)的比例等需求驱动机制的内部结构发生改变。如果在不同需求驱动机制内部结构下(需求动力结构以 DS 表示,γ_1,γ_2,γ_3,…,γ_n 表示从小到大依次排列的某种需求动力结构指标值,不同的需求动力结构条件以数学形式表示为:$DS < \gamma_1$,$\gamma_1 \leq DS < \gamma_2$,$\gamma_2 \leq DS < \gamma_3$,…,$DS \geq \gamma_n$),假定资本要素对经济产出的效应存在若干机制,则在不同的增长机制下资本的产出弹性不同,即存在 β_1,β_2,β_3,…,β_n,且 β_1,β_2,β_3,…,β_n 分别与 $DS < \gamma_1$,$\gamma_1 \leq DS < \gamma_2$,$\gamma_2 \leq DS < \gamma_3$,…,$DS \geq \gamma_n$ 条件一一对应。当 $\beta_1 > \beta_2 > \beta_3 > \cdots > \beta_n$ 时,即意味着资本要素在需求驱动机制内部结构满足 $DS < \gamma_1$ 时,对经济产出的贡献最大,若当期的资本要素对经济产出的效应 $\beta \in [\beta_2, \beta_3 \cdots \beta_n]$,则需要将需求驱动机制内部结构指标值调整至 γ_1 以下;当 $\beta_2 > \beta_1 > \beta_3 > \cdots > \beta_n$ 时,即意味着资本要素在需求驱动机制内部结构满足 $\gamma_1 \leq DS < \gamma_2$ 时,对经济产出的贡献最大;若当期的资本要素对产出的效应 $\beta \in [\beta_1] \cup [\beta_3 \cdots \beta_n]$ 时,则需要将需求动力结构指标值调整至 γ_2 以下、γ_1 以上;同理,依次可对其他情况进行分

析。对于劳动力要素对经济增长贡献最大化条件下需求动力的调整分析，则与资本要素对经济增长贡献最大化条件下需求动力的调整分析思路基本一致，在此不再赘述。

(三) 短期经济增长目标约束下需求驱动机制调整的手段

1. 增减消费需求

消费需求调整的主要实施对象是国内居民和各级政府。但就国内居民消费而言，除了在经济增长过程中存在物质供给极其困难的时期（如工业化前期需要大量的积累）需要抑制消费需求外，一般而言，在短期经济增长阶段的卖方经济时代，居民的消费需求总存在不足，因此，需要大力提升居民消费需求，而居民消费作为消费需求的调整手段，只能以增加的方式来运用。对于政府消费而言，由于政府消费的是公共资源，人们对政府消费普遍持谨慎态度，期望以最小的消费支出获得最大的公共效用。因此，政府消费作为消费需求的调整手段，一般只能以减少的方式来运用。

(1) 增加居民消费支出

增加居民消费支出作为消费需求调整的手段，其具体方式具有丰富的内涵：一是可以增加居民的基本生活消费，包括在"吃、穿、住、用、行"等方面不断升级，不断扩大和升级居民的基本生活消费需求。二是可以增加居民的发展型消费支出，如家庭教育消费支出、家庭保健医疗支出、家庭旅游保障支出等。

(2) 减少政府消费支出

减少政府消费支出作为消费需求调整的手段，其具体的运用方式也有其内涵：一是减少政府"三公"经费作为减少政府消费的重点。"三公"经费是政府经常性业务支出的一部分，属于国家公职人员的职务消费，但因其在一定程度上难以监督，因此受到人们的广泛关注。二是压缩政府人员支出。建立精简、高效而又廉洁的政府是各国政府普遍追求的目标，同时也是各国人民共同的愿望。三是减少政府办公场馆等具有投资性的消费性支出。政府办公场馆虽然是国家的固定资产，但这些固定资产发挥的却是消费性效用，并不对国家的经济增长起到积极作用，同时也无助于公共服务效能的提升。

2. 增减投资需求

投资需求调整的主要实施对象是国内企业和各级政府。在市场经济中，企业是市场投资的主体，企业会根据经济发展的形势，自主决策，增加或者减少投资。但与此同时，在市场经济时代，政府又是市场有益的补充，政府投资也会根据市场的情况反向操作，弥补市场投资不足或者过度，以使经济保持平稳增长。

(1) 增加（或减少）企业投资支出

在经济增长的短期阶段，企业投资作为投资需求调整的运用手段，其增加或者减少均属正常，其具体的运用方式一般具有以下特点：第一，就企业内部投资内容而言，一般会鼓励企业增加企业的技术研发和先进设备的购置等方面的投资，减少对用地、豪华厂房建设等耗费资源和消费性质的投资。科学技术是第一生产力，增加研发投资、购置先进机器设备不但会提高企业自身的效益，同时对整个国家发展而言具有正的外部性。第二，就企业外部投资方向而言，一般要求企业投资国家战略性新兴产业和先导产业，要求企业减少对产能饱和、夕阳产业的投资。国家未来的产业竞争力和经济增长动力均依赖于战略性新兴产业和先导产业的培育和发展，谁占有产业和行业的发展主导权，谁就占据经济发展的主导权，因此，国家对企业投资的方向具有明确的方向性。第三，就企业投资方式而言，一般要求企业进行集约式投资，减少粗放式投资，即要求讲究资本的使用效益。使用效益既包括经济效益，同时也包括社会效益，不能因为追求一点利润而大量消耗资源、破坏环境。

(2) 增加（或减少）政府投资支出

同理，在经济增长的短期阶段，政府投资作为投资需求调整的手段，其增加或者减少均属正常，但其运用方式也有自身特点：一是要把握好政府投资的时机。一般而言，在市场经济发展的正常时期，要充分发挥企业作为投资主体的积极性，但遇到特殊时期如经济危机或金融危机时期，则要加大政府投资，矫正经济下行的趋势，一旦经济正常增长，则要及时有序地退出或减弱。二是需要把握好政府投资的领域。政府投资是政府作为主体运用财政资源进行投资，其资金具有公共性，因此，政府投资必须投向具有公共服务性质的领域，如基础设施、基础产业以及涉及国家战略安全领域的产业等。

3. 增加企业出口需求

出口需求调整的主要实施对象是国内企业。在经济增长过程中，国内企业向国外出口，一方面是为了增加国内产品的国外销售，以外部的消费需求消化国内的产品积压和产能过剩，另一方面是为了获取外汇以获得国外先进的技术或管理而开展出口贸易。在工业化过程中，一个国家的出口贸易竞争能力在初期阶段比较弱，随着工业化进程的推进，出口贸易能力会逐步提升。因此，企业出口一般以增加的方式作为出口需求调整的主要手段。其主要特点包括：一是出口本国具有优势的产品。一个国家出口本国在世界市场上具有优势的产品才会有竞争优势，出口贸易份额才会逐步增长。二是出口产业链两端具有高附加值的产品。产品设计、研发、品牌运营、售后服务等环节上的产品和服务出口具有低耗费、高附加值等特性，增加这些环节上的出口能体现一个国家真正的出口贸易能力。三是增加本国劳务出口。劳务出口是一种服务出口，对于大国而言，劳动力资源十分丰富，有效增加劳务出口也是增加出口需求的一种重要方式。

4. 增减企业进口需求

进口需求是拉动本国经济增长的一种反向需求动力，是需求驱动机制调整的重要组成部分，其主要实施对象也是国内企业。在经济增长过程中，国内企业从国外进口，一方面丰富了国内的产品市场，另一方面这也是获取国外先进技术或管理经验的渠道。在短期经济增长过程中，一个国家的进口一般会根据本国的需要自由掌控，企业进口作为进口需求调整的手段，增加或者减少均属正常，其运用方式也有如下特点：一是按产品的性质正确把握产品的进口规模。进口产品从使用的属性上一般可以区分为资本品和消费品，资本品进入国内市场会形成国内的投资需求，消费品进入国内市场则会形成国内的消费需求，因此进口的增加会引起需求驱动机制的改变。二是按产品市场的有无把握好进口产品的种类。进口产品必须与国内市场产品形成互补，否则会加剧国内市场产品供求的波动。三是必须结合本国出口规模以相对控制进口的规模。一个国家长期处于出超状态，容易引起内外部经济失衡，更容易引起外部环境恶化。因此恰当运用增加或减少企业进口需求的手段，可以化解国际收支不平衡和外部矛盾等弊端。

第四章

长期经济增长中大国与小国
需求驱动机制的差异

第一节 大国长期经济增长的需求驱动机制

根据前述定义，本研究所指的大国亦指人口规模在1亿以上、国土面积在200万平方公里以上的国家，主要包括中国、美国、印度、巴西、俄罗斯五个国家。由于这五个国家在人口和地域规模上具有相似特征，经济发展又处在不同的增长阶段，因此，集中对比研究这五个国家长期经济增长中的需求驱动机制，对于检验大国经济增长的需求驱动机制和演化规律，为后发大国调整和构建本国长期经济增长的需求驱动机制具有重要意义。

一、大国长期经济增长的需求驱动机制演变

（一）美国长期经济增长的需求驱动机制演变

美国是世界上经济最发达的国家之一，根据美国商务部经济分析局统计资料显示，20世纪40年代中期，美国人均GDP已达到1500美元左右，按照霍利斯·钱纳里等学者依据人均国民生产总值的标准对本国工业化进

程的划分①，美国20世纪40年代中期已初步完成工业化进程，进入后工业化时代。本研究仅能搜集1960—2013年的数据，其人均国内生产总值范围从3160.69美元到9147.02美元，因此，笔者主要侧重于美国后工业化阶段的需求驱动机制演变的研究。

1. 后工业化阶段需求驱动机制的演变趋势

将美国1960—2013年间每年的人均国内生产总值折算成1964年美元值②表示，通过整理人均GDP增长路径上的各种需求动力结构指标值，得到人均国内生产总值3160.69美元到9147.02美元区间的需求动力指标的变化发展趋势（如图4-1所示）。

从图4-1可见，美国经济增长在后工业化阶段，居民最终消费占GDP的比重从58%左右上升到68%左右，总体呈现逐年上升的发展趋势；政府消费占GDP的比重从17%左右下降到15%左右，总体呈现逐年下降的发展趋势；总资本形成（投资）占GDP的比重从24%左右下降到23%左右，总体呈现相对平稳下降的发展趋势；商品和服务出口占GDP的比重从5%左右上升到12%左右，总体呈现逐年上升的趋势；商品和服务出口占GDP的比重从4%上升到16%左右，总体呈现逐年上升的趋势，且缓慢超过出口需求。

2. 后工业化阶段需求驱动机制对经济增长的贡献

需求驱动机制对经济增长的贡献是指在经济增长的过程中，各种需求动力对经济增长各自发挥的作用大小，通常以当期各种需求的增量除以当期GDP的增量表示。美国在人均GDP 3187.43美元到9147.02美元的增长过程中，居民最终消费、政府消费、投资、出口、进口以及净出口需求对经济增长的贡献程度如表4-1所示。

---

① 霍利斯·钱纳里等学者在《工业化和经济增长的比较研究》一书中，按1964年美元标准将一个国家的经济增长过程按照人均国民收入划分为六个阶段，即100—200美元为前工业化时期；200—400美元为工业化初期；400—800美元为工业化中期；800—1500美元为工业化后期；1500—2400美元为成熟经济初级阶段；2400—3600美元为成熟经济高级阶段。

② 本研究之所以将每年人均国内生产总值折算为1964年美元标准，是因为笔者在将研究得到的结论与霍利斯·钱纳里等学者研究得到的结论进行比较时，能够具有一致的比较标准。因为在霍利斯·钱纳里和莫伊思·赛尔奎因所著的《发展的型式：1950—1970》一书中，其理论涉及的人均国民生产总值参数是以1964年美元作为核算标准的。

第四章　长期经济增长中大国与小国需求驱动机制的差异　105

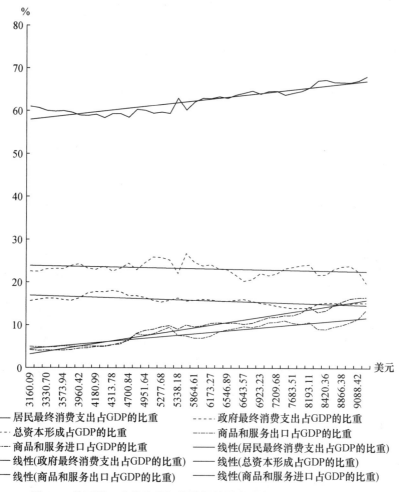

图 4-1　美国后工业化阶段经济增长的需求动力结构值变化趋势

表 4-1　美国后工业化阶段各种需求动力对经济增长的贡献率

年份	人均 GDP（当前美元）（以1964年为基期）	ΔRC/ΔGDP（%）	ΔGC/ΔGDP（%）	ΔI/ΔGDP（%）	ΔEX/ΔGDP（%）	ΔIM/ΔGDP（%）	ΔNE/ΔGDP（%）
1961	3187.43	51.00	24.50	21.00	3.00	-0.50	3.50
1962	3330.70	50.72	20.10	31.10	3.59	5.50	-1.91
1963	3426.26	57.31	15.52	24.48	5.97	3.28	2.69

(续表)

年份	人均GDP（当前美元）（以1964年为基期）	ΔRC/ΔGDP（%）	ΔGC/ΔGDP（%）	ΔI/ΔGDP（%）	ΔEX/ΔGDP（%）	ΔIM/ΔGDP（%）	ΔNE/ΔGDP（%）
1964	3573.94	61.44	11.86	22.67	8.26	4.24	4.03
1965	3758.71	55.79	13.64	32.82	3.63	5.87	-2.25
1966	3960.42	51.75	22.30	28.47	5.33	7.85	-2.52
1967	4025.04	57.60	37.47	5.35	5.57	6.00	-0.43
1968	4180.99	62.00	21.16	19.68	5.45	8.29	-2.85
1969	4270.28	48.84	17.18	33.85	5.17	5.04	0.13
1970	4229.32	90.18	24.29	-18.93	13.93	9.46	4.46
1971	4313.78	51.03	17.85	34.60	3.59	7.07	-3.48
1972	4492.16	58.99	14.66	29.93	6.81	10.38	-3.58
1973	4700.84	51.27	8.97	34.63	16.77	11.64	5.13
1976	4780.62	49.87	9.38	50.08	5.72	15.05	-9.33
1977	4951.64	58.16	12.67	39.44	4.75	15.02	-10.27
1978	5172.04	53.99	10.83	36.07	10.16	11.05	-0.89
1979	5277.68	62.14	12.12	24.72	15.68	14.66	1.02
1981	5293.60	42.21	15.06	42.61	7.00	6.89	0.11
1983	5338.18	69.40	14.16	27.23	-2.12	8.67	-10.78
1984	5676.18	34.90	9.29	68.50	6.31	19.00	-12.69
1985	5864.61	87.68	18.46	-2.45	0.26	3.95	-3.69
1986	6014.19	78.40	19.67	9.28	7.31	14.66	-7.35
1987	6173.27	61.79	14.18	28.64	15.32	19.93	-4.61
1988	6374.36	68.91	11.43	10.41	21.10	11.85	9.26
1989	6546.89	58.41	15.23	20.76	14.74	9.13	5.60
1990	6596.71	76.42	20.66	0.16	14.79	12.02	2.76
1992	6643.57	65.37	12.37	23.93	10.46	12.13	-1.67
1993	6736.32	73.90	7.37	27.73	6.39	15.38	-8.99
1994	6923.23	52.80	8.21	45.34	15.37	21.72	-6.35
1995	7027.13	77.60	9.85	11.79	25.87	25.11	0.76
1996	7209.68	65.17	7.34	29.01	12.57	14.08	-1.51
1997	7442.34	49.71	9.46	41.92	16.96	18.06	-1.10
1998	7683.51	72.71	9.90	30.02	-0.17	12.46	-12.63

(续表)

年份	人均GDP（当前美元）（以1964年为基期）	ΔRC/ΔGDP（%）	ΔGC/ΔGDP（%）	ΔI/ΔGDP（%）	ΔEX/ΔGDP（%）	ΔIM/ΔGDP（%）	ΔNE/ΔGDP（%）
1999	7959.36	71.19	14.93	30.31	6.83	23.26	-16.43
2000	8193.11	78.76	13.89	26.45	16.79	35.89	-19.10
2002	8261.07	63.06	29.86	23.33	-6.80	9.45	-16.25
2003	8420.36	71.38	19.54	23.54	7.09	21.55	-14.46
2004	8658.78	58.85	14.85	41.43	18.48	33.60	-15.13
2005	8866.38	65.78	13.56	33.12	15.56	28.02	-12.46
2006	9015.40	65.93	14.41	26.20	21.96	28.50	-6.53
2007	9088.42	77.01	19.30	-4.75	30.29	21.86	8.43
2013	9147.02	64.80	-0.36	25.62	11.24	1.31	9.94

注：(1) 本表数据由笔者根据附录二"美国1960—2013年经济增长及需求动力数据"计算得出；(2) 本表IM/ΔGDP栏数据中的负值表示进口对经济增长的正贡献，正值表示进口对经济增长的负贡献。

ΔRC/ΔGDP表示当期居民最终消费对当期经济增长的贡献率。由图4-2可见，1961—2013年间，在人均GDP的增长路径上，每期居民最终消费对GDP的贡献率均呈上下波动态势，但总体具有上升趋势，也即随着人均GDP的增长，居民最终消费对GDP的贡献由55%左右缓慢增长至70%左右。

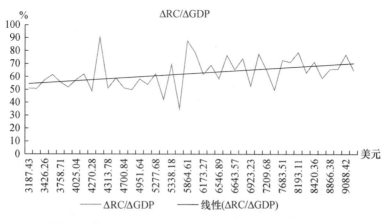

图4-2 美国后工业化阶段居民消费对经济增长的贡献率

ΔGC/ΔGDP 表示当期政府消费对当期经济增长的贡献率。由图 4-3 可见，1961—2013 年间，在人均 GDP 的增长路径上，每期政府消费对 GDP 的贡献率均呈上下波动态势，但总体却呈现下降趋势，也即随着人均 GDP 的增长，政府消费对 GDP 的贡献由 18% 左右缓慢下降至 12% 左右。

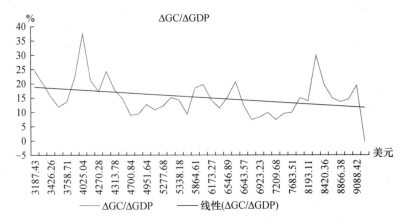

图 4-3　美国后工业化阶段政府消费对经济增长的贡献率

ΔI/ΔGDP 表示当期投资对当期经济增长的贡献率。由图 4-4 可见，1961—2013 年间，在人均 GDP 的增长路径上，每期投资对 GDP 的贡献率均呈上下波动态势，但总体呈现平稳趋势，也即随着人均 GDP 的增长，投资对

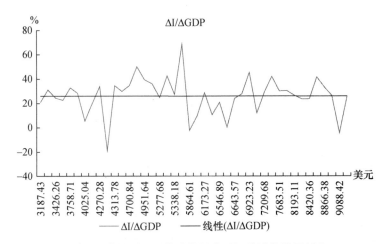

图 4-4　美国后工业化阶段投资对经济增长的贡献率

GDP 的贡献总体上保持在 25% 左右。

ΔEX/ΔGDP 表示当期商品和服务出口对当期经济增长的贡献率。由图 4-5 可见,1961—2013 年间,在人均 GDP 的增长路径上,每期商品和服务出口对 GDP 的贡献率均呈上下波动态势,但总体具有上升趋势,也即随着人均 GDP 的增长,商品和服务的出口对 GDP 的贡献总体上由 4% 左右缓慢上升至 15% 左右。

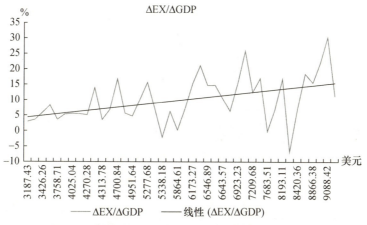

图 4-5 美国后工业化阶段出口对经济增长的贡献率

ΔIM/ΔGDP 表示当期商品和服务进口对当期经济增长的贡献率,其中负值表示商品和服务进口对当期经济增长的正贡献,正值表示商品和服务进口对当期经济增长的负贡献。由图 4-6 可见,1961—2013 年间,在人均 GDP 的

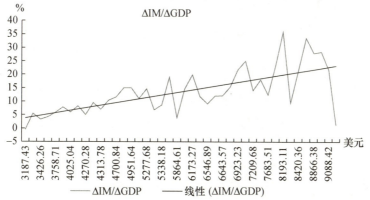

图 4-6 美国工业化后期至后工业化阶段进口对经济增长的贡献率

增长路径上,每期商品和服务进口对 GDP 的贡献率均呈上下波动态势,但总体具有下降的发展趋势,也即随着人均 GDP 的增长,商品和服务进口对 GDP 的贡献总体上由 -4% 左右缓慢下降至 -23% 左右。

ΔNE/ΔGDP 表示当期商品和服务净出口对当期经济增长的贡献率。由图 4-7 可见,1961—2013 年间,在人均 GDP 的增长路径上,每期商品和服务净出口对 GDP 的贡献率均呈上下波动态势,但其总体具有下降的趋势,也即随着人均 GDP 的增长,商品和服务净出口对 GDP 的贡献总体上由 1% 左右缓慢下降至 -8% 左右。

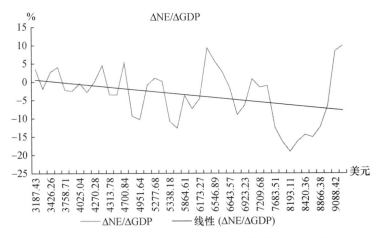

图 4-7　美国后工业化阶段净出口对经济增长的贡献率

(二)巴西长期经济增长的需求驱动机制演变

巴西是南美洲大国,20 世纪 60 年代初期,其人均国内生产总值达到 200 美元(1964 年美元标准)左右,根据霍利斯·钱纳里等学者按照人均国民生产总值标准对本国工业化进程的划分,巴西在 20 世纪 60 年代初开始进入工业化进程。2008 年,巴西人均国民生产总值已达到 1599 美元左右,基本完成工业化过程。笔者研究巴西经济增长的需求驱动机制的时间跨度仍为 1960—2013 年,此期间其人均国内生产总值范围从 211.2 美元到 2240.62 美元,因此,笔者对巴西长期经济增长的需求驱动机制考察主要涵盖工业化阶段到后工业化阶段的需求驱动机制演变。

1. 工业化阶段及后工业化阶段部分时期需求驱动机制的演变趋势

将巴西1960—2013年间的每年人均国内生产总值折算成1964年美元值表示,通过整理人均GDP增长路径上的各种需求动力结构指标值,得到人均国内生产总值211.2美元到2240.62美元区间的各需求动力指标的变化发展趋势(如图4-8所示)。

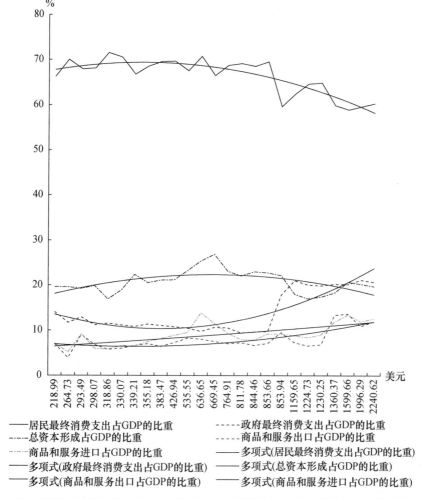

图4-8 巴西工业化时期至后工业化阶段部分时期经济增长的需求动力结构值变化趋势

由图4-8可见,巴西经济在工业化时期,居民最终消费占GDP的比重从69%左右下降到58%左右,总体呈逐年下降的趋势;政府消费占GDP的比重从14%左右下降到10%,然后再上升到22%左右,总体呈先降后升的趋势;总资本形成(投资)占GDP的比重从19%左右上升到21%左右,然后再下降到18%左右,总体呈现先升后降的趋势;商品和服务出口占GDP的比重从7%左右上升到11%左右,总体呈现逐年上升的趋势;商品和服务进口占GDP的比重从6%上升到12%左右,总体呈现逐年上升的趋势。

2. 工业化阶段及后工业化阶段部分时期需求驱动机制对经济增长的贡献

巴西在人均GDP 211.2美元到2240.62美元的增长过程中,居民最终消费、政府消费、投资、出口、进口以及净出口需求对经济增长的贡献程度如表4-2所示:

表4-2 巴西工业化阶段至后工业化阶段部分时期各种需求动力对经济增长的贡献率

年份	人均GDP（当前美元）（以1964年为基期）	ΔRC/ΔGDP（%）	ΔGC/ΔGDP（%）	ΔI/ΔGDP（%）	ΔEX/ΔGDP（%）	ΔIM/ΔGDP（%）	ΔNE/ΔGDP（%）
1962	264.73	89.48	2.02	13.91	-7.21	-1.80	-5.41
1966	298.07	73.08	12.30	19.35	3.06	7.79	-4.73
1967	318.86	97.77	14.51	-5.89	-2.33	4.06	-6.39
1968	330.07	61.39	7.36	37.54	8.16	14.45	-6.29
1970	355.18	82.30	15.25	6.61	10.18	14.34	-4.17
1971	383.47	75.93	9.16	24.66	2.62	12.37	-9.75
1972	426.94	70.07	9.33	21.45	11.72	12.57	-0.85
1973	535.55	61.55	9.58	29.10	11.13	11.36	-0.23
1974	636.65	80.54	7.59	31.96	7.22	27.32	-20.10
1975	669.45	42.44	15.70	35.05	4.85	-1.96	6.81
1976	764.91	78.45	10.02	7.22	4.89	0.58	4.31
1977	811.78	71.77	2.38	15.26	8.66	-1.93	10.59
1978	844.46	64.27	11.23	29.44	2.55	7.48	-4.93
1979	853.66	77.74	10.45	21.03	10.85	20.07	-9.22
1994	853.94	57.82	18.68	27.42	5.49	9.43	-3.93
1995	1159.65	69.37	28.81	7.93	1.72	7.83	-6.10

(续表)

年份	人均 GDP（当前美元）（以1964年为基期）	ΔRC/ΔGDP (%)	ΔGC/ΔGDP (%)	ΔI/ΔGDP (%)	ΔEX/ΔGDP (%)	ΔIM/ΔGDP (%)	ΔNE/ΔGDP (%)
1996	1224.73	88.67	9.88	6.31	−0.94	3.92	−4.86
1997	1230.25	70.57	14.58	27.72	13.59	26.45	−12.87
2007	1360.37	58.30	21.11	24.49	9.43	13.33	−3.90
2008	1599.66	54.31	19.86	31.98	15.09	21.24	−6.15
2011	2240.62	64.74	17.64	16.44	18.43	17.25	1.18

注：(1) 本表数据由笔者根据附录三"巴西1960—2013年经济增长及需求动力数据"计算得出；(2) 本表 ΔIM/ΔGDP 栏数据中的负值表示进口对经济增长的正贡献，正值表示进口对经济增长的负贡献。

ΔRC/ΔGDP 表示当期居民最终消费对当期经济增长的贡献率。由图 4-9 可见，1961—2013 年间，在人均 GDP 的增长路径上，每期居民最终消费对 GDP 的贡献率均呈上下波动态势，但总体呈下降的趋势，也即随着人均 GDP 的增长，居民最终消费对 GDP 的贡献由 80% 缓慢下降至 60% 左右。

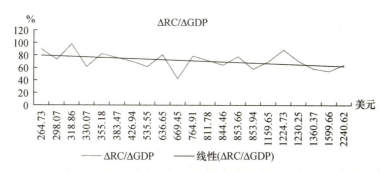

图 4-9 巴西工业化阶段至后工业化阶段部分时期居民消费对经济增长的贡献率

ΔGC/ΔGDP 表示当期政府消费对当期经济增长的贡献率。由图 4-10 可见，1961—2013 年间，在人均 GDP 的增长路径上，每期政府消费对 GDP 的贡献率均呈上下波动态势，但其总体却呈上升的趋势，也即随着人均 GDP 的增长，政府消费对 GDP 的贡献由 8% 左右上升至 18% 左右。

ΔI/ΔGDP 表示当期投资对当期经济增长的贡献率。由图 4-11 可见，1961—2013 年间，在人均 GDP 的增长路径上，每期投资对 GDP 的贡献率均

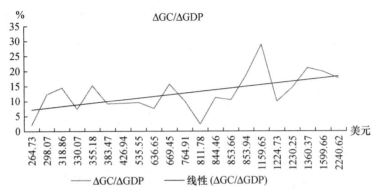

图 4-10　巴西工业化阶段至后工业化阶段部分时期政府消费对经济增长的贡献率

呈上下波动态势，但总体呈缓慢上升的趋势，也即随着人均 GDP 的增长，投资对 GDP 的贡献由 18% 左右缓慢上升至 23% 左右。

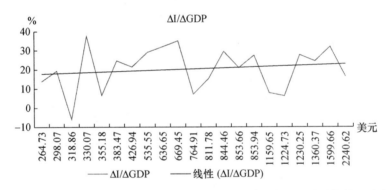

图 4-11　巴西工业化阶段至后工业化阶段部分时期投资对经济增长的贡献率

$\Delta EX/\Delta GDP$ 表示当期商品和服务出口对当期经济增长的贡献率。由图 4-12 可见，1961—2013 年间，在人均 GDP 的增长路径上，每期商品和服务出口对 GDP 的贡献率均呈上下波动态势，但总体呈上升的趋势，也即随着人均 GDP 的增长，商品和服务的出口对 GDP 的贡献由 2% 左右上升至 12% 左右。

$\Delta IM/\Delta GDP$ 表示当期商品和服务进口对当期经济增长的贡献率，其中负值表示商品和服务进口对当期经济增长的正贡献，正值表示商品和服务进口对当期经济增长的负贡献。由图 4-13 可见，1961—2013 年间，在人均 GDP 的增长路径上，每期商品和服务进口对 GDP 的贡献率呈上下波动态势，但总体具有下降的趋势，也即随着人均 GDP 的增长，商品和服务进口对 GDP 的贡献

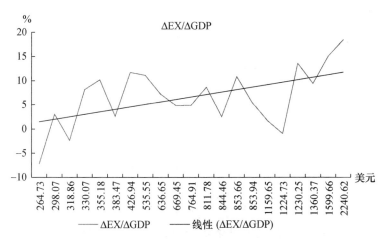

图 4-12　巴西工业化阶段至后工业化阶段部分时期出口对经济增长的贡献率

由 −6% 左右缓慢下降至 −15% 左右。

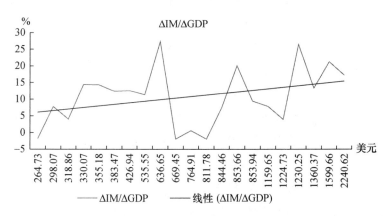

图 4-13　巴西工业化阶段至后工业化阶段部分时期进口对经济增长的贡献率

ΔNE/ΔGDP 表示当期商品和服务净出口对当期经济增长的贡献率。由图 4-14 可见，1961—2013 年间，在人均 GDP 的增长路径上，每期商品和服务净出口对 GDP 的贡献率均呈上下波动态势，但总体具有先升后降的趋势，也即随着人均 GDP 的增长，商品和服务净出口对 GDP 的贡献总体上由 −7% 左右缓慢上升至 −3% 左右，然后再下降至 −6% 左右。

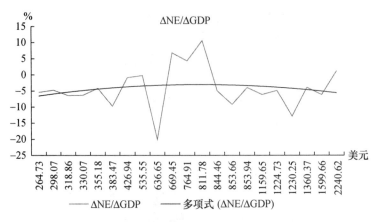

图 4-14　美国后工业化阶段净出口对经济增长的贡献率

(三) 俄罗斯长期经济增长的需求驱动机制演变

俄罗斯自 20 世纪 80 年代末,人均国内生产总值处于相对较高的水平,1989 年人均 GDP 达到 979 美元,按照霍利斯·钱纳里等学者依据人均国民生产总值的标准对工业化进程的划分,俄罗斯处于工业化后期,但由于国内政治急剧变化的影响,工业化进程中断,人均国民生产总值从 1000 美元左右下滑至 300 美元左右,直至 21 世纪初,国内经济才恢复上涨,工业化进程继续推进,人均国民生产总值开始增加,到 2013 年达到 2500 美元(1964 年美元标准)左右。由于数据搜集的原因,笔者研究俄罗斯长期经济增长的需求驱动机制的时间跨度为 1989—2013 年,其人均国内生产总值范围从 305.94 美元到 2519.77 美元,因此,笔者对俄罗斯长期经济增长的需求驱动机制考察,主要涵盖俄罗斯工业化阶段到后工业化阶段部分时期的需求驱动机制演变。

1. 工业化阶段至后工业化阶段部分时期需求驱动机制的演变趋势

将俄罗斯 1989—2013 年期间的每年人均国内生产总值折算成 1964 年美元值表示,通过整理人均 GDP 增长路径上的各种需求动力结构指标值,得到人均国内生产总值 305.94 美元到 2519.77 美元区间的各需求动力指标的变化发展趋势(如图 4-15 所示)。

由图 4-15 可见,俄罗斯经济在工业化至后工业化阶段部分时期,居民最终消费占 GDP 的比重从 51% 左右下降到 48% 左右,然后再回升到 51% 左右,总体呈现先降后升的趋势;政府消费占 GDP 的比重从 15% 左右上升到 19% 左

第四章　长期经济增长中大国与小国需求驱动机制的差异　117

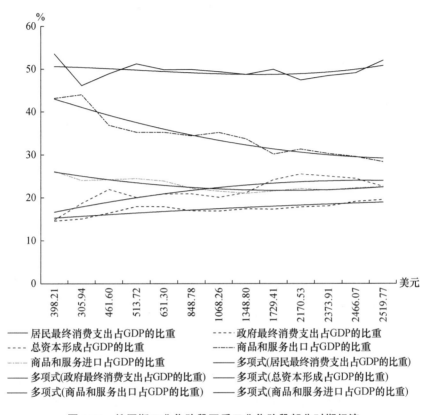

图 4-15　俄罗斯工业化阶段至后工业化阶段部分时期经济
增长的需求动力结构值变化趋势

右,总体呈现持续上升的趋势;总资本形成(投资)占 GDP 的比重从 17% 左右上升到 25% 左右,然后再下降到 23% 左右,总体呈现先升后降趋势;商品和服务出口占 GDP 的比重从 27% 左右下降到 28% 左右,总体呈现下降趋势;商品和服务进口占 GDP 的比重从 25% 下降到 22% 左右,总体呈现逐年下降的趋势。

2. 工业化阶段及后工业化阶段部分时期需求驱动机制对经济增长的贡献

俄罗斯在人均 GDP 305.94 美元到 2519.77 美元的增长过程中,居民最终消费、政府消费、投资、出口、进口以及净出口需求对经济增长的贡献程度如表 4-3 所示:

表 4-3　俄罗斯工业化阶段至后工业化阶段部分时期各种需求动力对经济增长的贡献率

年份	人均 GDP（当前美元）（以 1964 年为基期）	ΔRC/ΔGDP（%）	ΔGC/ΔGDP（%）	ΔI/ΔGDP（%）	ΔEX/ΔGDP（%）	ΔIM/ΔGDP（%）	ΔNE/ΔGDP（%）
2001	461.60	64.17	23.88	39.98	-2.80	25.23	-28.04
2002	513.72	69.25	30.04	4.93	22.16	26.38	-4.22
2003	631.30	44.38	17.76	24.13	35.25	21.53	13.72
2004	848.78	49.93	14.44	21.01	32.19	17.57	14.62
2005	1068.26	47.60	16.53	17.26	37.89	19.28	18.61
2006	1348.80	46.53	19.14	24.87	28.75	19.29	9.46
2007	1729.41	53.76	17.01	33.73	18.77	23.26	-4.50
2008	2170.53	38.49	19.75	30.31	35.43	23.98	11.45
2011	2373.91	39.79	15.35	34.49	34.50	24.12	10.38
2012	2466.07	60.17	36.97	15.76	18.18	31.09	-12.90
2013	2519.77	125.94	30.67	-25.32	-2.85	28.44	-31.29

注：（1）本表数据由笔者根据附录四"俄罗斯 1990—2013 年经济增长及需求动力数据"计算得出；（2）本表 ΔIM/ΔGDP 栏数据中的负值表示进口对经济增长的正贡献，正值表示进口对经济增长的负贡献。

ΔRC/ΔGDP 表示当期居民最终消费对当期经济增长的贡献率。由图 4-16 可见，2001—2013 年期间，在人均 GDP 的增长路径上，每期居民最终消费对 GDP 的贡献率均呈上下波动态势，但总体呈先降后升的趋势，也即随着人均 GDP 的增长，居民最终消费对 GDP 的贡献由 55% 左右缓慢下降至 48% 左右，然后再增长至 100% 左右。

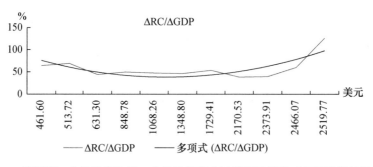

图 4-16　俄罗斯工业化阶段至后工业化阶段部分时期居民消费对经济增长的贡献率

ΔGC/ΔGDP 表示当期政府消费对当期经济增长的贡献率。由图 4-17 可见，2001—2013 年期间，在人均 GDP 的增长路径上，每期政府消费对 GDP 的贡献率均呈上下波动态势，但总体却呈现先降后升的趋势，也即随着人均 GDP 的增长，政府消费对 GDP 的贡献由 28% 左右缓慢下降至 15% 左右，然后缓慢上升至 34% 左右。

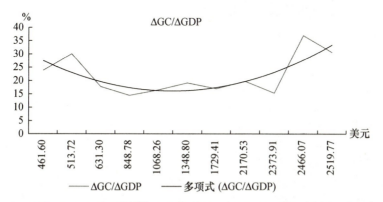

图 4-17 俄罗斯工业化阶段至后工业化阶段部分时期政府消费对经济增长的贡献率

ΔI/ΔGDP 表示当期投资对当期经济增长的贡献率。由图 4-18 可见，2001—2013 年期间，在人均 GDP 的增长路径上，每期投资对 GDP 的贡献率均呈上下波动态势，但总体呈现先升后降的发展趋势，也即随着人均 GDP 的

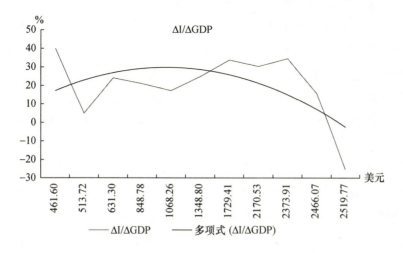

图 4-18 俄罗斯工业化阶段至后工业化阶段部分时期投资对经济增长的贡献率

增长，投资对 GDP 的贡献由 18% 左右缓慢上升至 30% 左右，然后再下降到 −20% 左右。

ΔEX/ΔGDP 表示当期商品和服务出口对当期经济增长的贡献率。由图 4-19 可见，2001—2013 年期间，在人均 GDP 的增长路径上，每期商品和服务出口对 GDP 的贡献率均呈上下波动趋势，但总体呈现先升后降的趋势，也即随着人均 GDP 的增长，商品和服务的出口对 GDP 的贡献由 5% 左右缓慢上升到 37% 左右，然后再下降至 2% 左右。

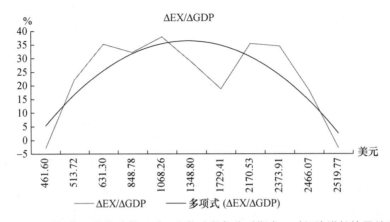

图 4-19　俄罗斯工业化阶段至后工业化阶段部分时期出口对经济增长的贡献率

ΔIM/ΔGDP 表示当期商品和服务进口对当期经济增长的贡献率，其中负值表示商品和服务进口对当期经济增长的正贡献，正值表示商品和服务进口对当期经济增长的负贡献。由图 4-20 可见，2001—2013 年期间，在人均 GDP 的增长路径上，每期商品和服务进口对 GDP 的贡献率均呈现上下波动态势，但总体具有先升后降的趋势，也即随着人均 GDP 的增长，商品和服务进口对 GDP 的贡献由 −25% 左右缓慢上升至 −20% 左右，然后由再缓慢下降至 −32% 左右。

ΔNE/ΔGDP 表示当期商品和服务净出口对当期经济增长的贡献率。由图 4-21 可见，2001—2013 年期间，在人均 GDP 的增长路径上，每期商品和服务净出口对 GDP 的贡献率均呈上下波动态势，但总体具有先升后降的发展趋势，也即随着人均 GDP 的增长，商品和服务净出口对 GDP 的贡献总体上由 −20% 左右缓慢上升至 18% 左右，然后再下降至 −30% 左右。

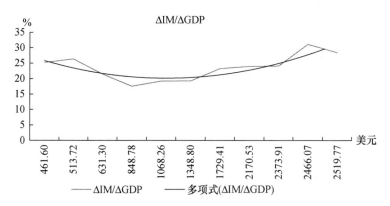

图 4-20　俄罗斯工业化阶段至后工业化阶段部分时期进口对经济增长的贡献率

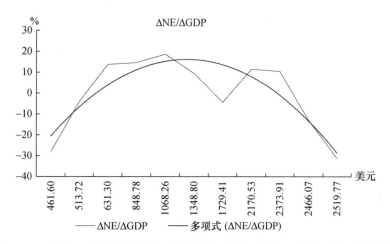

图 4-21　俄罗斯工业化阶段至后工业化阶段部分时期净出口对经济增长的贡献率

(四) 印度长期经济增长的需求驱动机制演变

印度是亚洲大国，按照霍利斯·钱纳里等学者依据人均国民生产总值的标准对工业化进程的划分，印度已开始进入工业化初期阶段，当前人均国民生产总值达到 300 美元（1964 年美元标准）左右。笔者研究时间跨度为 1960—2013 年，其人均国内生产总值范围从 78.53 美元到 274.3 美元，因此，对印度长期经济增长的需求驱动机制考察，主要涵盖印度从前工业化时期到工业化初期阶段的需求驱动机制演变。

1. 前工业化时期及工业化初期阶段需求驱动机制的演变趋势

将印度 1960—2013 年期间的每年人均国内生产总值折算成 1964 年美元值，通过整理人均 GDP 增长路径上的各种需求动力结构指标值，得到印度人均国内生产总值 78.53 美元到 274.3 美元区间的需求动力指标的变化发展趋势（如图 4-22 所示）。

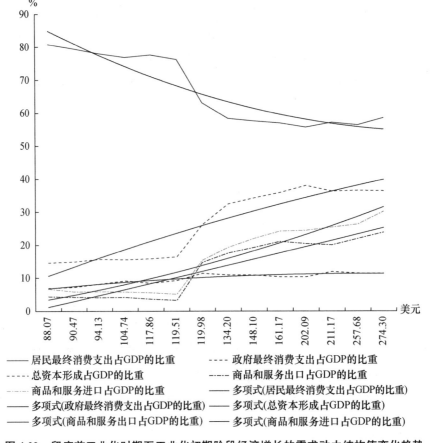

图 4-22　印度前工业化时期至工业化初期阶段经济增长的需求动力结构值变化趋势

由图 4-22 可见，印度经济在前工业化时期及工业化初期阶段，居民最终消费占 GDP 的比重从 80% 左右下降到 57% 左右，总体呈现下降的趋势；政府消费占 GDP 的比重从 8% 左右上升到 11% 左右，总体呈现缓慢上升的趋势；总资本形成（投资）占 GDP 的比重从 15% 左右上升到 39% 左右，总体呈现上升的趋势；商品和服务出口占 GDP 的比重从 5% 左右上升到 23% 左右，总体呈现上升的趋势；商品和服务进口占 GDP 的比重从 7% 左右上升到 30% 左右，总体呈现上升的趋势。

2. 前工业化时期及工业化初期阶段需求驱动机制对经济增长的贡献

印度在人均 GDP 78.53 美元到 274.3 美元的增长过程中，居民最终消费、政府消费、投资、出口、进口以及净出口需求对经济增长的贡献程度如表 4-4 所示：

表 4-4 印度前工业化时期至工业化初期阶段各种需求动力对经济增长的贡献率

年份	人均 GDP（当前美元）（以 1964 年为基期）	$\Delta RC/\Delta GDP$（%）	$\Delta GC/\Delta GDP$（%）	$\Delta I/\Delta GDP$（%）	$\Delta EX/\Delta GDP$（%）	$\Delta IM/\Delta GDP$（%）	$\Delta NE/\Delta GDP$（%）
1961	90.47	57.05	12.84	19.90	1.59	-8.62	10.21
1962	94.13	57.93	20.64	26.00	2.33	6.91	-4.58
1963	104.74	69.52	15.69	14.82	4.94	4.98	-0.03
1964	117.86	82.05	4.28	17.57	0.38	4.28	-3.89
1965	119.51	50.32	23.62	26.92	-4.30	-3.43	-0.87
2003	119.98	57.63	8.88	32.63	18.42	17.56	0.86
2004	134.20	29.91	7.97	70.29	34.69	42.85	-8.17
2005	148.10	52.63	10.49	45.98	30.36	39.44	-9.09
2006	161.17	52.39	6.35	47.43	34.06	40.22	-6.16
2007	202.09	51.54	10.16	45.12	18.34	25.16	-6.82
2009	211.17	44.73	20.35	42.98	-10.72	-2.65	-8.07
2010	257.68	53.33	9.57	37.45	29.61	29.96	-0.35
2011	274.30	80.14	10.90	34.97	42.74	68.76	-26.02

注：(1) 本表数据由笔者根据附录五"印度 1960—2013 年经济增长及需求动力数据"计算得出；(2) 本表 $\Delta IM/\Delta GDP$ 栏数据中的负值表示进口对经济增长的正贡献，正值表示进口对经济增长的负贡献。

$\Delta RC/\Delta GDP$ 表示当期居民最终消费对当期经济增长的贡献率。由图 4-23 可见，1961—2013 年期间，在人均 GDP 的增长路径上，每期居民最终消费对 GDP 的贡献率均呈上下波动态势，但总体呈现缓慢下降的趋势，也即随着人均 GDP 的增长，居民最终消费对 GDP 的贡献由 60% 缓慢下降至 55% 左右。

$\Delta GC/\Delta GDP$ 表示当期政府消费对当期经济增长的贡献率。从图 4-24 中可

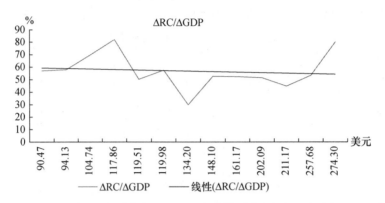

图 4-23　印度前工业化时期至工业化初期阶段居民消费对经济增长的贡献率

见，1961—2013 年期间，在人均 GDP 的增长路径上，每期政府消费对 GDP 的贡献率均呈上下波动态势，但总体却呈现下降的趋势，也即随着人均 GDP 的增长，政府消费对 GDP 的贡献由 14% 左右缓慢下降至 10% 左右。

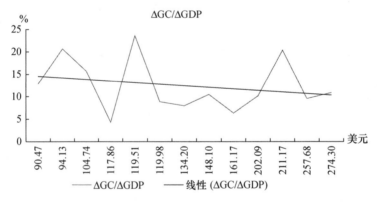

图 4-24　印度前工业化时期至工业化初期阶段政府消费对经济增长的贡献率

$\Delta I/\Delta GDP$ 表示当期投资对当期经济增长的贡献率。由图 4-25 可见，1961—2013 年期间，在人均 GDP 的增长路径上，每期投资对 GDP 的贡献率均呈上下波动态势，但总体呈现上升的趋势，也即随着人均 GDP 的增长，投资对 GDP 的贡献由 21% 左右缓慢上升至 49% 左右。

$\Delta EX/\Delta GDP$ 表示当期商品和服务出口对当期经济增长的贡献率。由图 4-26 可见，1961—2013 年期间，在人均 GDP 的增长路径上，每期商品和服务出口对 GDP 的贡献率均呈上下波动态势，但总体呈现持续上升的趋势，

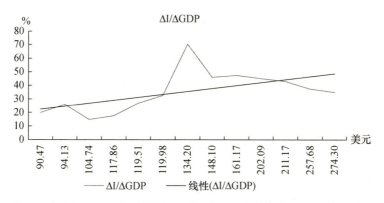

图 4-25　印度前工业化时期至工业化初期阶段投资对经济增长的贡献率

也即随着人均 GDP 的增长，商品和服务的出口对 GDP 的贡献由 0 缓慢上升到 30% 左右。

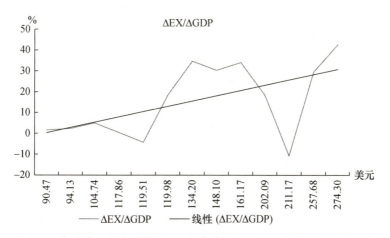

图 4-26　印度前工业化时期至工业化初期阶段出口对经济增长的贡献率

ΔIM/ΔGDP 表示当期商品和服务进口对当期经济增长的贡献率，其中负值表示商品和服务进口对当期经济增长的正贡献，正值表示商品和服务进口对当期经济增长的负贡献。由图 4-27 可见，1961—2013 年期间，在人均 GDP 的增长路径上，每期商品和服务进口对 GDP 的贡献率均呈上下波动态势，但总体具有下降的趋势，也即随着人均 GDP 的增长，商品和服务进口对 GDP 的贡献由 3% 左右下降至 -43% 左右。

ΔNE/ΔGDP 表示当期商品和服务净出口对当期经济增长的贡献率。由图

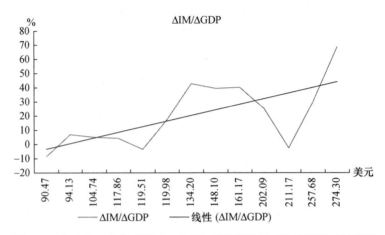

图 4-27　印度前工业化时期至工业化初期阶段进口对经济增长的贡献率

4-28 可见，1961—2013 年期间，在人均 GDP 的增长路径上，每期商品和服务净出口对 GDP 的贡献率均呈上下波动态势，但总体具有下降的趋势，也即随着人均 GDP 的增长，商品和服务净出口对 GDP 的贡献总体上由 5% 左右缓慢下降至 -12% 左右。

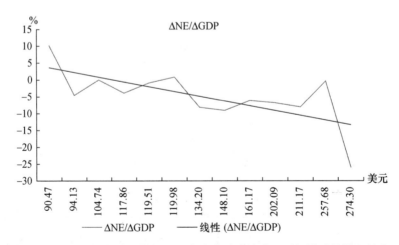

图 4-28　印度前工业化时期至工业化初期阶段净出口对经济增长的贡献率

（五）中国长期经济增长的需求驱动机制演变

中国是亚洲人口最多、面积最广的国家，按照霍利斯·钱纳里等学者依据人均国民生产总值的标准对工业化进程的划分，中国已开始进入工业化后期阶段,当前人均国民生产总值达到 1200 美元(1964 年美元标准)左右。笔者研究的时间跨度为 1982—2013 年,该时间段人均国内生产总值范围从 71.82 美元到 1173.93 美元,因此,笔者对中国长期经济增长的需求驱动机制考察,主要涵盖从前工业化时期到工业化后期阶段的需求驱动机制演变。

1. 前工业化时期及工业化后期阶段需求驱动机制的演变趋势

将我国 1982—2013 年期间的每年人均国内生产总值折算成 1964 年美元值,通过整理人均 GDP 增长路径上的各种需求动力结构指标值,得到我国人均国内生产总值 71.82 美元到 1173.93 美元区间的各需求动力指标的变化发展趋势(如图 4-29 所示)。

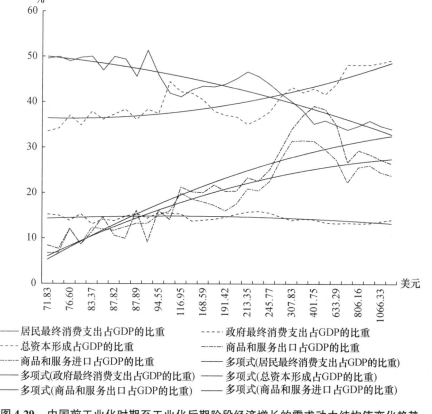

图 4-29 中国前工业化时期至工业化后期阶段经济增长的需求动力结构值变化趋势

由图 4-29 可见,我国经济在前工业化时期及工业化初期阶段,居民最终消费占 GDP 的比重从 50% 左右下降到 37% 左右，总体呈现持续下降趋势；政府消费占 GDP 的比重从 15% 左右下降到 13% 左右，总体呈现持续下降趋势；总资本形成（投资）占 GDP 的比重从 37% 左右下降到 48% 左右，总体呈现持续下降趋势；商品和服务出口占 GDP 的比重从 5% 左右上升到 32% 左右，总体呈现持续上升趋势；商品和服务进口占 GDP 的比重从 6% 左右上升到 28% 左右，总体呈现持续上升趋势。

2. 前工业化时期及工业化初期阶段需求驱动机制对经济增长的贡献

我国在人均 GDP 71.82 美元到 1173.93 美元的增长过程中，居民最终消费、政府消费、投资、出口、进口以及净出口需求对经济增长的贡献程度如表 4-5 所示：

表 4-5　中国前工业化时期至工业化后期阶段各种需求动力对经济增长的贡献率

年份	人均 GDP（当前美元）（以 1964 年为基期）	$\Delta RC/\Delta GDP$（%）	$\Delta GC/\Delta GDP$（%）	$\Delta I/\Delta GDP$（%）	$\Delta EX/\Delta GDP$（%）	$\Delta IM/\Delta GDP$（%）	$\Delta NE/\Delta GDP$（%）
1983	76.58	53.35	13.11	39.66	1.89	8.01	-6.13
1984	82.25	48.44	17.73	40.39	16.05	22.61	-6.56
1985	93.66	59.45	9.63	56.41	12.04	37.53	-25.49
1992	94.55	48.46	17.19	49.24	16.51	31.39	-14.89
1994	116.95	38.25	14.67	33.74	47.80	34.47	13.33
1995	147.52	47.81	8.59	40.88	16.78	14.06	2.73
1996	168.59	48.23	15.23	32.17	19.07	14.70	4.37
1997	182.56	41.95	16.05	15.83	36.83	10.65	26.17
1998	191.42	52.58	20.87	25.04	0.27	-1.24	1.52
1999	198.80	63.91	25.72	31.05	21.22	41.90	-20.68
2000	213.35	61.31	20.39	19.83	50.87	52.40	-1.53
2001	228.92	35.87	17.59	47.17	15.71	16.33	-0.62
2002	245.77	26.70	11.82	54.28	51.14	43.94	7.21
2003	270.29	25.47	8.24	67.13	63.93	64.77	-0.83
2004	307.83	30.27	9.56	54.89	59.61	54.33	5.28

第四章　长期经济增长中大国与小国需求驱动机制的差异　129

（续表）

年份	人均 GDP（当前美元）（以 1964 年为基期）	ΔRC/ΔGDP（%）	ΔGC/ΔGDP（%）	ΔI/ΔGDP（%）	ΔEX/ΔGDP（%）	ΔIM/ΔGDP（%）	ΔNE/ΔGDP（%）
2005	346.41	26.15	16.09	35.19	54.90	32.32	22.58
2006	401.75	20.91	13.31	47.29	49.30	30.81	18.48
2007	501.35	38.46	11.40	37.45	35.91	23.22	12.69
2008	633.29	31.54	12.58	51.89	23.38	19.39	3.99
2010	806.16	38.92	12.68	48.09	43.65	43.34	0.31
2011	970.51	40.89	13.61	48.46	24.88	27.84	-2.96
2012	1066.33	25.70	16.95	51.84	17.47	11.97	5.50
2013	1173.93	28.52	16.61	54.38	19.01	18.51	0.50

注：（1）本表数据由笔者根据附录一"中国 1982—2013 年经济增长及需求动力数据"计算得出；（2）本表 ΔIM/ΔGDP 栏数据中的负值表示进口对经济增长的正贡献，正值表示进口对经济增长的负贡献。

ΔRC/ΔGDP 表示当期居民最终消费对当期经济增长的贡献率。由图 4-30 可见，1983—2013 年期间，在人均 GDP 的增长路径上，每期居民最终消费对 GDP 的贡献率均呈上下波动态势，但总体具有持续下降的趋势，也即随着人均 GDP 的增长，居民最终消费对 GDP 的贡献由 52% 缓慢下降至 28% 左右。

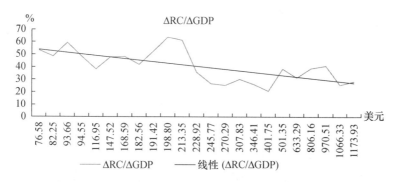

图 4-30　中国前工业化时期至工业化后期阶段居民消费对经济增长的贡献率

ΔGC/ΔGDP 表示当期政府消费对当期经济增长的贡献率。由图 4-31 可见，1983—2013 年期间，在人均 GDP 的增长路径上，每期政府消费对 GDP 的贡献率均呈上下波动态势，但总体却呈现缓慢下降的趋势，也即随着人均

GDP 的增长，政府消费对 GDP 的贡献由 15% 左右缓慢下降至 13% 左右。

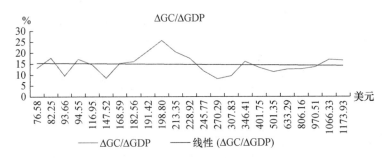

图 4-31　中国前工业化时期至工业化后期阶段政府消费对经济增长的贡献率

$\Delta I/\Delta GDP$ 表示当期投资对当期经济增长的贡献率。由图 4-32 可见，1983—2013 年期间，在人均 GDP 的增长路径上，每期投资对 GDP 的贡献率均呈上下波动态势，但总体呈现缓慢上升的趋势，也即随着人均 GDP 的增长，投资对 GDP 的贡献由 38% 左右上升至 50% 左右。

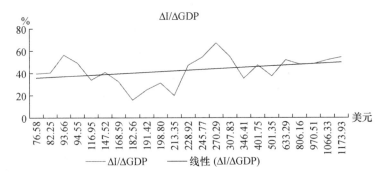

图 4-32　中国前工业化时期至工业化后期阶段投资对经济增长的贡献率

$\Delta EX/\Delta GDP$ 表示当期商品和服务出口对当期经济增长的贡献率。由图 4-33 可见，1983—2013 年期间，在人均 GDP 的增长路径上，每期商品和服务出口对 GDP 的贡献率均呈上下波动态势，但总体呈现上升的趋势，也即随着人均 GDP 的增长，商品和服务的出口对 GDP 的贡献由 20% 左右缓慢上升到 40% 左右。

$\Delta IM/\Delta GDP$ 表示当期商品和服务进口对当期经济增长的贡献率，其中负值表示商品和服务进口对当期经济增长的正贡献，正值表示商品和服务进口对当期经济增长的负贡献。由图 4-34 可见，1983—2013 年期间，在人均 GDP

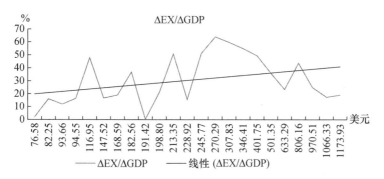

图 4-33　中国前工业化时期至工业化后期阶段出口对经济增长的贡献率

的增长路径上,每期商品和服务进口对 GDP 的贡献率均呈上下波动态势,但总体具有缓慢下降的趋势,也即随着人均 GDP 的增长,商品和服务进口对 GDP 的贡献由 -25% 左右缓慢下降至 -32% 左右。

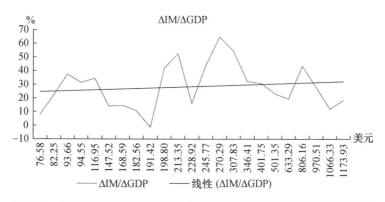

图 4-34　中国前工业化时期至工业化后期阶段进口对经济增长的贡献率

$\Delta NE/\Delta GDP$ 表示当期商品和服务净出口对当期经济增长的贡献率。由图 4-35 可见,1983—2013 年期间,在人均 GDP 的增长路径上,每期商品和服务净出口对 GDP 的贡献率均呈上下波动态势,但总体具有上升的发展趋势,也即随着人均 GDP 的增长,商品和服务净出口对 GDP 的贡献总体上由 -5% 左右缓慢上升至 8% 左右。

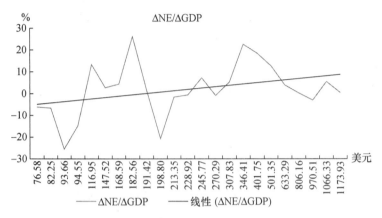

图 4-35　中国前工业化时期至工业化初期阶段净出口对经济增长的贡献率

二、大国长期经济增长的需求驱动机制演变的比较

美国、巴西、俄罗斯、印度和中国五个综合性大国目前虽然分别处于经济增长的不同阶段，但根据现有的统计数据资料，仍可比较这五个国家在不同经济增长阶段的特点。

（一）需求动力在人均 GDP 增长路径上的变化趋势比较

1. 前工业化时期的比较

根据霍利斯·钱纳里等学者对人均国民收入水平的判断依据，当一个国家的人均 GDP 在达到 200 美元之前，该国的经济处于前工业化时期。笔者结合获得的数据资料，对综合性大国中国和印度经济增长的需求动力在前工业化时期的变化趋势进行对比分析。

表 4-6　综合性大国经济增长的需求动力在前工业化时期的变化比较

国家 指标　　　人均 GDP	中国		印度	
	70 美元	200 美元	80 美元	200 美元
居民消费占 GDP 比重	50%	45%	80%	60%
政府消费占 GDP 比重	15%	15%	7%	11%
投资占 GDP 比重	33%	36%	14%	37%
出口占 GDP 比重	8%	20%	4%	22%
进口占 GDP 比重	6%	16%	7%	27%

注：数据来源于世界银行 WDI 数据库。

由表 4-6 可得，中国和印度在前工业化时期经济增长的过程中（人均 GDP 由 70 或 80 美元向 200 美元迈进），需求动力指标居民消费占 GDP 比重均呈现下降趋势，但两个国家下降的起点和幅度不同，中国居民消费占 GDP 比重下降的起点低、幅度小，而印度居民消费占 GDP 比重下降的起点高、幅度大；对于需求动力政府消费占 GDP 比重指标，中国基本保持不动，印度则呈现上升趋势，但上升的水平没有达到中国的高度；对于需求动力投资占 GDP 比重指标，两国均呈现上升趋势，但两个国家上升的起点和幅度不一样，中国投资占 GDP 比重上升的起点高、幅度小，而印度投资占 GDP 比重上升的起点低、幅度大；对于需求动力出口占 GDP 比重指标，两国均呈现上升趋势，但两个国家上升的起点和幅度不一样，中国出口占 GDP 比重上升的起点高、幅度小，而印度投资占 GDP 比重上升的起点低、幅度大；对于需求动力进口占 GDP 比重指标，两国均呈现上升趋势，但两个国家上升的起点和幅度不一样，中国出口占 GDP 比重上升的起点低、幅度小，而印度投资占 GDP 比重上升的起点高、幅度大。

2. 工业化时期的比较

同样，根据霍利斯·钱纳里等学者对人均国民收入水平的判断依据，当一个国家的人均 GDP 处于 200 美元至 1500 美元之间时，该国的经济处于工业化时期。笔者结合获得的数据资料，对综合性大国俄罗斯、巴西、中国和印度经济增长的需求动力在工业化时期的变化趋势进行对比分析。

表 4-7 综合性大国经济增长的需求动力在工业化时期的变化比较

国家 指标 \ 人均GDP	巴西			俄罗斯			中国			印度
	200—400 美元	400—800 美元	800—1500 美元	200—400 美元	400—800 美元	800—1500 美元	200—400 美元	400—800 美元	800—1500 美元	200—400 美元
居民消费占 GDP 比重	69%	68%	64%	50%	50%	49%	42%	35%	35%	57%
政府消费占 GDP 比重	12%	11%	16%	15%	17%	17%	15%	14%	14%	11%
投资占 GDP 比重	20%	23%	20%	19%	21%	21%	40%	45%	49%	37%

(续表)

国家	巴西			俄罗斯			中国			印度
指标＼人均GDP	200—400美元	400—800美元	800—1500美元	200—400美元	400—800美元	800—1500美元	200—400美元	400—800美元	800—1500美元	200—400美元
出口占GDP比重	7%	8%	9%	41%	36%	35%	30%	34%	28%	22%
进口占GDP比重	7%	10%	10%	25%	24%	22%	27%	27%	25%	27%

注：(1) 数据来源于世界银行WDI数据库。(2) 印度当前仍处于人均国民收入（1964年美元标准）200美元阶段。

由表4-7可得，巴西、俄罗斯、中国和印度在工业化时期经济增长过程中（人均GDP由200美元向1500美元迈进），需求动力指标居民消费占GDP比重均呈现下降趋势，但四个国家下降的起点和幅度不一样，其中巴西下降的起点最高、幅度居中；印度起点居第二；俄罗斯下降的起点居第三、幅度最小；中国下降的起点最低、幅度最大。对于需求动力政府消费占GDP比重指标，俄罗斯上升的起点位居第一，但上升的幅度小；中国起点与俄罗斯起点一致，但呈现下降趋势，下降幅度达到1%；巴西上升的起点位居第二，但上升的幅度大；印度起点最低。对于需求动力投资占GDP比重指标，俄罗斯和中国均呈现上升趋势，其中中国上升的起点最高、幅度最大，而俄罗斯上升的起点最低、幅度较小；印度起点位居第二；巴西起点位居第三，在工业化中前期呈上升趋势，中后期则呈下降趋势，但就整个工业化阶段而言，巴西投资占GDP比重基本保持稳定。对于需求动力出口占GDP比重指标，俄罗斯起点最高，呈现下降趋势，下降幅度达到6%；中国起点位居第二，在工业化中前期呈现上升趋势，中后期则呈现下降趋势；印度起点位居第三；巴西起点最低，在整个工业化阶段呈现上升趋势，上升幅度达到2%。对于需求动力进口占GDP比重指标，中国起点最高，在工业化中前期保持基本稳定，中后期则呈现下降趋势；印度起点与中国一致；俄罗斯起点位居第三，呈现下降趋势；巴西起点最低，在工业化中前期呈现上升趋势，中后期则基本保持稳定。

3. 后工业化时期的比较

同样，根据霍利斯·钱纳里等学者关于人均国民收入水平的判断依据，当一个国家的人均GDP高于1500美元后，该国的经济处于后工业化时期。笔者结合获得的数据资料，对综合性大国美国、俄罗斯、巴西经济增长的需求动力在后工业化时期的变化趋势进行对比分析。

表 4-8　综合性大国经济增长的需求动力在后工业化时期的变化比较

国家	美国		巴西		俄罗斯	
指标　　　　人均 GDP	3100 美元	9100 美元	1700 美元	2200 美元	1500 美元	2500 美元
居民消费占 GDP 比重	60%	68%	59%	60%	50%	52%
政府消费占 GDP 比重	16%	15%	20%	21%	17%	20%
投资占 GDP 比重	23%	20%	14%	12%	24%	23%
出口占 GDP 比重	5%	13%	14%	12%	30%	28%
进口占 GDP 比重	4%	16%	13%	12%	22%	22%

注：数据来源于世界银行 WDI 数据库。

由表 4-8 可得，美国、巴西和俄罗斯在后工业化时期经济增长过程中（人均 GDP 由 1500 美元向更高水平迈进），居民消费需求动力占 GDP 比重指标均呈现上升趋势；对于政府消费需求动力占 GDP 比重指标，美国和巴西基本保持稳定，俄罗斯则呈现上升趋势；对于投资需求动力占 GDP 比重指标，美国、巴西和俄罗斯均呈现下降趋势；对于出口需求动力占 GDP 比重指标，美国呈现上升趋势，巴西和俄罗斯则呈现下降趋势；对于进口需求动力占 GDP 比重指标，美国呈现上升趋势，巴西呈现下降趋势，俄罗斯则基本保持稳定。

（二）需求动力对经济增长的贡献在人均 GDP 增长路径上的变化趋势比较

1. 前工业化阶段的比较

各需求动力当年增量与当年 GDP 增量的比值直接反映需求动力对经济增长的作用大小。因此，通过分析经济增长过程中各需求动力对经济增长贡献的变化趋势，可以有效揭示需求驱动机制在人均 GDP 增长过程中的规律特征。笔者结合所获得的数据资料，对综合性大国中国和印度需求动力对经济增长的贡献率在前工业化时期的变化趋势进行对比分析。

表4-9 综合性大国需求动力对经济增长的贡献在前工业化阶段的变化比较

国家 指标 \ 人均GDP	中国		印度	
	70美元	200美元	90美元	200美元
ΔRC/ΔGDP	53%	40%	60%	57%
ΔGC/ΔGDP	15%	15%	15%	12%
ΔI/ΔGDP	36%	41%	22%	42%
ΔEX/ΔGDP	20%	30%	0%	23%
ΔIM/ΔGDP	25%	28%	-3%	30%
ΔNE/ΔGDP	-5%	2%	4%	-8%

注：本表数据由笔者根据中国和印度在人均GDP 200美元阶段以前各需求动力对经济增长的贡献趋势线估测得出。

由表4-9可得，中国和印度在前工业化时期经济增长的过程中（人均GDP由70或90美元向200美元迈进），居民消费需求动力对经济增长的贡献率均呈现下降趋势，中国居民消费需求动力对经济增长的贡献率下降的起点低但幅度大，而印度居民消费需求动力对经济增长的贡献率下降的起点高但幅度小；从政府消费需求动力对经济增长的贡献率看，中国基本保持稳定，而印度则呈现下降趋势，下降幅度达到3%；从投资需求动力对经济增长的贡献率看，中国和印度均呈现上升趋势，中国投资需求动力对经济增长的贡献率上升的起点高但幅度小，而印度投资需求动力对经济增长的贡献率上升的起点低但幅度大；从出口需求动力对经济增长的贡献率看，中国和印度均呈现上升趋势，中国出口需求动力对经济增长的贡献率上升的起点高但幅度小，而印度出口需求动力对经济增长的贡献率上升的起点低但幅度大；从进口需求动力对经济增长的贡献率看，中国和印度均呈现上升趋势，中国需求动力对经济增长的贡献率上升的起点高但幅度小，而印度需求动力对经济增长的贡献率上升的起点低但幅度大；从净出口需求动力对经济增长的贡献率看，中国呈现上升趋势，而印度则呈现下降趋势。

2. 工业化阶段的比较

同样，笔者结合本研究所获得的数据资料，对综合性大国俄罗斯、巴西、中国和印度需求动力对经济增长的贡献率在工业化阶段的变化趋势进行对比分析。

表 4-10 综合性大国需求动力对经济增长的贡献在工业化阶段的变化比较

国家	巴西			俄罗斯			中国			印度
人均 GDP 指标	200— 400 美元	400— 800 美元	800— 1500 美元	200— 400 美元	400— 800 美元	800— 1500 美元	200— 400 美元	400— 800 美元	800— 1500 美元	200— 400 美元
ΔRC/ΔGDP	71%	67%	68%	44%	57%	48%	39%	32%	34%	57%
ΔGC/ΔGDP	11%	11%	15%	20%	22%	17%	16%	12%	15%	13%
ΔI/ΔGDP	21%	24%	21%	35%	23%	21%	44%	47%	51%	40%
ΔEX/ΔGDP	9%	7%	7%	22%	22%	33%	45%	38%	26%	20%
ΔIM/ΔGDP	12%	9%	12%	21%	23%	19%	44%	29%	25%	30%
ΔNE/ΔGDP	-3%	-2%	-5%	1%	-1%	14%	2%	9%	1%	-10%

注：(1) 本表数据由笔者根据巴西、俄罗斯、中国和印度四国在人均 GDP 200—1500 美元阶段各需求动力对经济增长的贡献率计算得出。(2) 印度当前仍处于人均国民收入（1964 年美元标准）200 美元阶段。

由表 4-10 可得，在工业化阶段经济增长过程中（人均 GDP 200 美元向 1500 美元迈进），巴西和中国居民消费需求动力对经济增长的贡献在工业化中前期呈现下降趋势，中后期则呈现上升趋势；俄罗斯居民消费需求动力对经济增长的贡献在工业化中前期呈现上升趋势，中后期则呈现下降趋势。从政府消费需求动力对经济增长的贡献率看，巴西在工业化中前期呈现稳定趋势，中后期则呈现上升趋势；俄罗斯在工业化中前期上升趋势，中后期则呈现下降趋势；中国在工业化中前期呈现下降趋势，中后期则呈现上升趋势。从投资需求动力对经济增长的贡献率看，巴西在工业化中前期呈现上升趋势，中后期则呈现下降趋势；俄罗斯在整个工业化阶段呈现下降趋势；中国在整个工业化阶段呈现上升趋势。从出口需求动力对经济增长的贡献率看，巴西在工业化中前期呈现下降趋势，中后期则保持稳定；俄罗斯在工业化中前期保持稳定，中后期则呈现上升趋势；中国在整个工业化阶段呈现下降趋势。从进口需求动力对经济增长的贡献率看，巴西在工业化中前期呈现下降趋势，中后期则呈现上升趋势；俄罗斯在工业化中前期呈现上升趋势，中后期则呈现下降趋势；中国在整个工业化阶段呈现下降趋势。从净出口需求动力对经济增长的贡献率看，巴西和中国在工业化中前期呈现上升趋势，中后期则呈现下降趋势；俄罗斯在工业化中前期呈现下降趋势，中后期则呈现上升趋势。

3. 后工业化阶段的比较

同样，笔者结合所获得的数据资料，对综合性大国美国、俄罗斯、和巴西需求动力对经济增长的贡献率在后工业化阶段的变化趋势进行对比分析。

表 4-11　综合性大国需求动力对经济增长的贡献在后工业化阶段的变化比较

国家 指标＼人均GDP	美国		巴西		俄罗斯	
	3100美元	9100美元	1500美元	2200美元	1500美元	2500美元
$\Delta RC/\Delta GDP$	55%	70%	54%	64%	30%	95%
$\Delta GC/\Delta GDP$	18%	12%	22%	19%	15%	31%
$\Delta I/\Delta GDP$	20%	20%	30%	14%	42%	-10%
$\Delta EX/\Delta GDP$	5%	15%	10%	13%	32%	10%
$\Delta IM/\Delta GDP$	4%	23%	17%	13%	22%	30%
$\Delta NE/\Delta GDP$	1%	-8%	-7%	0%	10%	-20%

注：本表数据根据美国、巴西和俄罗斯在人均 GDP 1500 美元阶段以后各需求动力对经济增长的贡献趋势线估测得出。

由表 4-11 可得，美国、巴西和俄罗斯在后工业化时期经济增长过程中（人均 GDP 由 1500 美元向更高水平迈进），居民消费需求动力对经济增长的贡献率均呈现上升趋势；从政府消费需求动力对经济增长的贡献率看，美国和巴西基本呈现下降趋势，俄罗斯则呈现上升趋势；从投资需求动力对经济增长的贡献率看，美国、巴西和俄罗斯均呈现下降趋势；从出口需求动力对经济增长的贡献率看，美国和巴西呈现上升趋势，俄罗斯则呈现下降趋势；从进口需求动力对经济增长的贡献率看，美国和俄罗斯呈现上升趋势，巴西则呈现下降趋势；从净出口需求动力对经济增长的贡献率看，美国和俄罗斯呈现下降趋势，巴西则呈现上升趋势。

三、大国长期经济增长的需求驱动机制演变的一般经验

由于美国、巴西、俄罗斯、印度和中国五个综合性大国经济增长的起点和基础不同，各国的经济发展分别处于霍利斯·钱纳里等学者依照人均国民收入标准所界定的前工业化阶段、工业化阶段（工业化阶段又包括工业化前期阶段、工业化中期阶段、工业化后期阶段）和后工业化阶段，笔者根据前文对各国需求驱动机制的对比研究，对五个综合性大国需求驱动机制在不同经济增长阶段所呈现的特点和发展趋势予以归纳，力求得出综合性大国在长期经济增长过程中需求驱动机制演变的一般经验。

(一) 前工业化阶段 (人均 GDP 200 美元以下) 需求驱动机制演变的一般经验

1. 需求动力在人均 GDP 增长路径上的变化

按照霍利斯·钱纳里等学者对工业化阶段的划分,人均国民收入 200 美元以下时期属于前工业化阶段。根据现有资料,本研究以印度和中国为例,对综合性大国居民消费占 GDP 比重、政府消费占 GDP 比重、投资占 GDP 比重、出口占 GDP 比重、进口占 GDP 比重五个需求动力指标在人均国民生产总值 200 美元以下时期的变化规律进行归纳:当综合性大国经济在向人均 GDP 200 美元目标迈进时,居民消费占 GDP 比重呈现下降趋势;政府消费占 GDP 比重基本保持稳定或呈现上升趋势;投资占 GDP 比重、出口占 GDP 比重以及进口占 GDP 比重均呈现上升趋势。

2. 需求动力对经济增长的贡献在人均 GDP 增长路径上的变化

仍以印度和中国为例,对居民消费、政府消费、投资、出口、进口、净出口六个需求动力对经济增长的贡献在人均国民生产总值 200 美元以下时期的变化规律予以归纳:当综合性大国经济在向人均 GDP 200 美元目标迈进时,居民消费对 GDP 的贡献率呈现下降趋势;政府消费对 GDP 的贡献率基本保持稳定或呈现下降趋势;投资对 GDP、出口对 GDP、进口对 GDP 的贡献率呈现上升趋势;净出口对 GDP 的贡献率则因各国外贸能力的差异而呈现不同的发展趋势。

(二) 工业化阶段 (人均 GDP 200 美元至 1500 美元) 需求驱动机制演变的一般经验

1. 需求动力在人均 GDP 增长路径上的变化

上述五个综合性大国中,根据霍利斯·钱纳里等学者划分工业化的人均国民收入判断标准,美国和巴西均已完成了工业化过程,印度和中国则分别处于工业化初期和工业化后期阶段,而俄罗斯由于 20 世纪 90 年代经受巨大的政治体制改革导致本国经济急剧衰退,人均 GDP 由苏联解体前的 3834.73 美元①,下降到 1999 年的 305.94 美元,因此,俄罗斯经济从 20 世纪 90 年代

---

① 根据联合国数据中心数据库对苏联 1990 年人均 GDP 的统计,1990 年,苏联人均 GDP 达到 13925 美元,折合成 1964 年美元值,为 3834.73 美元。

至目前，仍属于复苏阶段。根据现有资料，笔者以巴西、俄罗斯、中国和印度为例，对综合性大国居民消费占 GDP 比重、政府消费占 GDP 比重、投资占 GDP 比重、出口占 GDP 比重、进口占 GDP 比重五个需求动力指标在人均国民生产总值 200 美元至 1500 美元这一时期的变化规律进行归纳：当综合性大国在人均 GDP 200 美元向 1500 美元迈进时，居民消费占 GDP 比重呈现下降趋势；政府消费占 GDP 比重大多呈现上升趋势；投资占 GDP 比重呈现上升趋势；出口占 GDP 比重和进口占 GDP 比重在工业化中前期大多呈现上升趋势，在工业化中后期大多呈现下降趋势。

2. 需求动力对经济增长的贡献在人均 GDP 增长路径上的变化

仍以巴西、俄罗斯、中国和印度为例，对综合性大国居民消费、政府消费、投资、出口、进口、净出口六个需求动力对经济增长的贡献在人均国民生产总值 200 美元至 1500 美元这一时期的变化规律予以归纳：当综合性大国在人均 GDP 200 美元向 1500 美元迈进时，居民消费对 GDP 的贡献率在工业化中前期呈现下降趋势，中后期则大多呈现上升趋势；政府消费对 GDP 的贡献率在工业化中前期呈现下降趋势，中后期则大多呈现上升趋势；投资对 GDP 的贡献率在工业化中前期大多呈现上升趋势，中后期则大多呈现下降趋势；出口对 GDP 的贡献率在整个工业化阶段呈现下降趋势；进口对 GDP 的贡献率在整个工业化阶段呈现下降趋势；净出口对 GDP 的贡献率在工业化中前期呈现上升趋势，中后期呈现下降趋势。

（三）后工业化阶段（人均 GDP 1500 美元以后）需求驱动机制演变的一般经验

1. 需求动力在人均 GDP 增长路径上的变化

根据霍利斯·钱纳里等学者划分工业化的人均国民收入判断标准，当前美国、巴西和俄罗斯均已进入后工业化时期。笔者根据现有资料，以美国、巴西和俄罗斯为例，对综合性大国居民消费占 GDP 比重、政府消费占 GDP 比重、投资占 GDP 比重、出口占 GDP 比重、进口占 GDP 比重五个需求动力指标在人均国民生产总值高于 1500 美元时期的变化规律进行归纳：当综合性大国向人均 GDP 高于 1500 美元水平迈进时，居民消费占 GDP 比重呈现上升趋势；政府消费占 GDP 比重大多数呈现上升趋势；投资占 GDP 比重呈现下降趋势；出口占 GDP 比重和进口占 GDP 比重大多数呈现下降趋势。

2. 需求动力对经济增长的贡献在人均 GDP 增长路径上的变化

仍以美国、巴西和俄罗斯为例，对综合性大国居民消费、政府消费、投资、出口、进口、净出口六个需求动力对经济增长的贡献在人均国民生产总值高于 1500 美元时期的变化规律予以归纳：当综合性大国经济向人均 GDP 高于 1500 美元水平迈进时，居民消费对 GDP 的贡献率呈现上升趋势；政府消费对 GDP 的贡献率大多数呈现下降趋势；投资对 GDP 的贡献率呈现基本稳定或下降趋势；出口对 GDP 的贡献率、进口对 GDP 的贡献率大多数呈现上升趋势；净出口对 GDP 的贡献率大多数呈现下降趋势。

第二节 小国经济增长的需求驱动机制

根据前述定义，小国是指人口规模小于 4000 万和国土面积在 100 万平方公里以下的国家。全世界当前 193 个国家除去 19 个综合和单一性大国以及 31 个综合和单一性中等规模国家，其余国家均属于小国的范畴。由于小国在人口和地域规模上与综合性大国具有相对性，因此，研究长期经济增长过程中代表性小国的需求驱动机制，对于揭示综合性大国需求驱动机制的特点，为后续综合性大国调整和构建本国长期经济增长的需求驱动机制具有重要意义。

一、小国长期经济增长的需求驱动机制演变

（一）葡萄牙长期经济增长的需求驱动机制演变

葡萄牙是欧洲小国，人口 1049.7 万，面积 9.2 万平方公里。按照霍利斯·钱纳里等学者依据人均国民生产总值的标准对工业化进程的划分，葡萄牙已进入后工业化阶段，人均国民生产总值最高达到 4604 美元（1964 年美元标准）左右。笔者对葡萄牙研究的时间跨度为 1970—2013 年，其人均国内生产总值范围从 752.99 美元到 4603.98 美元，因此，笔者对葡萄牙长期经济增长的需求驱动机制考察，主要涵盖从工业化后期到后工业化阶段的需求驱动机制演变。

1. 工业化后期及后工业化阶段需求驱动机制的演变趋势

将葡萄牙 1970—2013 年期间的每年人均国内生产总值折算成 1964 年美元值，通过整理人均 GDP 增长路径上的各种需求动力结构指标值，得到葡萄

牙人均国内生产总值 752.99 美元到 4603.98 美元区间的各需求动力指标的变化发展趋势（如图 4-36 所示）。

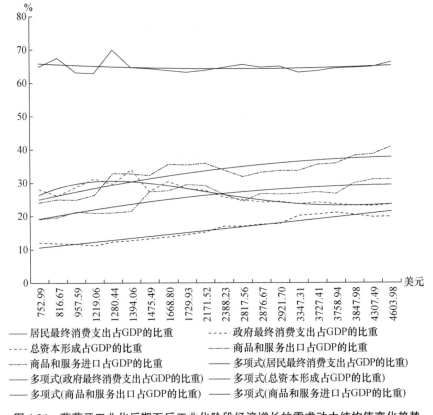

图 4-36 葡萄牙工业化后期至后工业化阶段经济增长的需求动力结构值变化趋势

由图 4-36 可见，葡萄牙经济在工业化后期及后工业化阶段，居民最终消费占 GDP 的比重从 66% 左右下降到 64% 左右，然后再上升至 65% 左右，总体呈现先降后升趋势；政府消费占 GDP 的比重从 11% 左右上升到 22% 左右，总体呈现持续上升趋势；总资本形成（投资）占 GDP 的比重从 27% 左右上升到 32% 左右，然后下降到 24% 左右，总体呈现先升后降趋势；商品和服务出口占 GDP 的比重从 19% 左右上升到 29% 左右，总体呈现持续上升趋势；商品和服务进口占 GDP 的比重从 25% 左右上升到 38% 左右，总体呈现持续上升趋势。

2. 工业化后期及后工业化阶段需求驱动机制对经济增长的贡献

葡萄牙在人均 GDP 752.99 美元到 4603.98 美元的增长过程中，居民最终消费、政府消费、投资、出口、进口以及净出口需求对经济增长的贡献程度如表 4-12 所示：

表 4-12 葡萄牙工业化后期至后工业化阶段各种需求动力对经济增长的贡献率

年份	人均 GDP（当前美元）（以 1964 年为基期）	$\Delta RC/\Delta GDP$（%）	$\Delta GC/\Delta GDP$（%）	$\Delta I/\Delta GDP$（%）	$\Delta EX/\Delta GDP$（%）	$\Delta IM/\Delta GDP$（%）	$\Delta NE/\Delta GDP$（%）
1971	816.67	86.72	9.87	11.60	23.65	31.85	-8.20
1972	957.59	43.65	11.12	40.59	28.95	24.31	4.65
1973	1219.06	62.24	9.75	38.62	19.78	30.39	-10.61
1974	1280.44	113.22	19.43	19.59	21.74	73.97	-52.23
1980	1394.06	60.17	15.28	48.54	22.55	46.54	-23.99
1987	1475.49	59.48	12.57	44.63	32.85	49.53	-16.68
1988	1668.80	60.31	16.79	48.70	29.39	55.18	-25.79
1989	1729.93	56.16	24.01	-0.59	53.72	33.29	20.43
1990	2171.52	65.62	17.91	25.79	28.17	37.50	-9.32
1991	2388.23	70.94	29.58	10.90	6.93	18.35	-11.42
1992	2817.56	69.75	17.14	21.08	14.30	22.27	-7.97
1995	2876.67	55.46	17.13	30.90	35.61	39.09	-3.48
1996	2921.70	73.24	23.64	29.64	20.80	47.32	-26.52
2003	3347.31	65.39	22.43	13.28	25.91	27.01	-1.10
2004	3727.41	66.41	22.91	27.92	30.68	47.91	-17.24
2005	3758.94	83.67	33.80	11.46	14.59	43.52	-28.93
2006	3847.98	67.80	9.48	15.81	85.70	78.79	6.91
2007	4307.49	66.53	15.17	22.00	38.19	41.89	-3.70
2008	4603.98	82.03	21.43	29.00	32.44	64.91	-32.47

注：(1) 本表数据由笔者根据附录六"葡萄牙 1960—2013 年经济增长及需求动力数据"计算得出；(2) 本表 $\Delta IM/\Delta GDP$ 栏数据中的负值表示进口对经济增长的正贡献，正值表示进口对经济增长的负贡献。

ΔRC/ΔGDP 表示当期居民最终消费对当期经济增长的贡献率。由图 4-37 可见，1971—2013 年期间，在人均 GDP 的增长路径上，每期居民最终消费对 GDP 的贡献率均呈上下波动态势，但总体具有先降后升的趋势，也即随着人均 GDP 的增长，居民最终消费对 GDP 的贡献由 75% 缓慢下降至 62% 左右，然后再增长至 78% 左右。

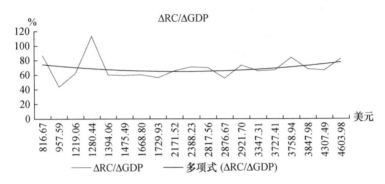

图 4-37　葡萄牙工业化后期至后工业化阶段居民消费对经济增长的贡献率

ΔGC/ΔGDP 表示当期政府消费对当期经济增长的贡献率。由图 4-38 可见，1971—2013 年期间，在人均 GDP 的增长路径上，每期政府消费对 GDP 的贡献率均呈上下波动态势，但总体却呈现先升后降的趋势，也即随着人均 GDP 的增长，政府消费对 GDP 的贡献由 8% 左右缓慢上升至 22% 左右，然后再下降至 18% 左右。

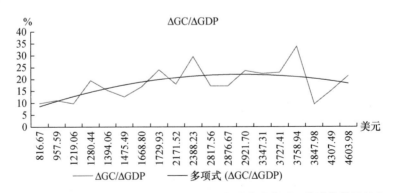

图 4-38　葡萄牙工业化后期至后工业化阶段政府消费对经济增长的贡献率

ΔI/ΔGDP 表示当期投资对当期经济增长的贡献率。从图 4-39 中可见，

1971—2013年期间，在人均GDP的增长路径上，每期投资对GDP的贡献率均呈上下波动态势，但总体呈现先升后降的趋势，也即随着人均GDP的增长，投资对GDP的贡献由19%左右上升至39%左右，然后再下降至20%左右。

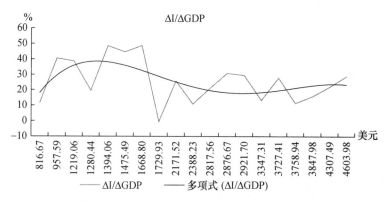

图4-39　葡萄牙工业化后期至后工业化阶段投资对经济增长的贡献率

$\Delta EX/\Delta GDP$表示当期商品和服务出口对当期经济增长的贡献率。由图4-40可见，1971—2013年期间，在人均GDP的增长路径上，每期商品和服务出口对GDP的贡献率均呈上下波动态势，但总体呈现先降后升的趋势，也即随着人均GDP的增长，商品和服务的出口对GDP的贡献由28%左右缓慢下降至23%左右，然后再上升到43%左右。

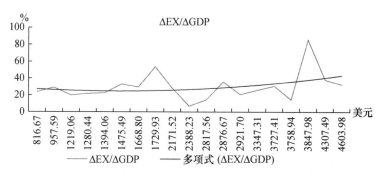

图4-40　葡萄牙工业化后期至后工业化阶段出口对经济增长的贡献率

$\Delta IM/\Delta GDP$表示当期商品和服务进口对当期经济增长的贡献率，其中负值表示商品和服务进口对当期经济增长的正贡献，正值表示商品和服务进口对当期经济增长的负贡献。由图 4-41 可见，1971—2013 年期间，在人均 GDP 的增长路径上，每期商品和服务进口对 GDP 的贡献率均呈现上下波动态势，但总体具有先升后降的趋势，也即随着人均 GDP 的增长，商品和服务进口对 GDP 的贡献由 -42% 左右缓慢上升至 -38% 左右，然后再下降至 -58% 左右。

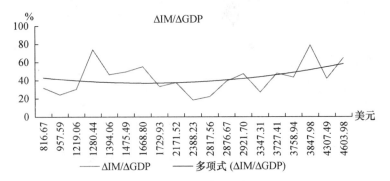

图 4-41　葡萄牙工业化后期至后工业化阶段进口对经济增长的贡献率

$\Delta NE/\Delta GDP$ 表示当期商品和服务净出口对当期经济增长的贡献率。由图 4-42 可见，1971—2013 年期间，在人均 GDP 的增长路径上，每期商品和服务净出口对 GDP 的贡献率均呈上下波动态势，但总体具有先升后降的趋势，也即随着人均 GDP 的增长，商品和服务净出口对 GDP 的贡献总体上由 -16% 左右缓慢上升至 19% 左右，然后再下降至 -16% 左右。

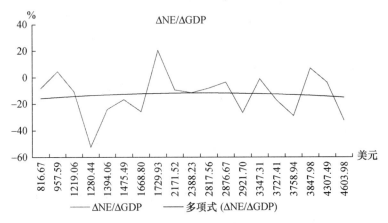

图 4-42　葡萄牙工业化后期至后工业化阶段净出口对经济增长的贡献率

(二) 希腊长期经济增长的需求驱动机制演变

希腊是欧洲小国，人口1079万，面积13.2万平方公里。按照霍利斯·钱纳里等学者依据人均国民生产总值的标准对工业化进程的划分，希腊已进入后工业化阶段，人均国民生产总值最高达到5881美元（1964年美元标准）左右。笔者对葡萄牙研究的时间跨度为1965—2013年，其人均国内生产总值范围从872.94美元到5881.32美元，因此，笔者对希腊长期经济增长的需求驱动机制考察，主要涵盖从工业化后期到后工业化阶段的需求驱动机制演变。

1. 工业化后期及后工业化阶段需求驱动机制的演变趋势

将希腊1965—2013年期间的每年人均国内生产总值折算成1964年美元值，通过整理人均GDP增长路径上的各种需求动力结构指标值，得到希腊人均国内生产总值872.94美元到5881.32美元区间的各需求动力指标的变化发展趋势（如图4-43所示）。

由图4-43可见，希腊经济在工业化后期及后工业化阶段，居民最终消费占GDP的比重从75%左右下降到58%左右，然后再上升至72%左右，总体呈现先降后升趋势；政府消费占GDP的比重从10%左右上升到20%左右，总体呈现持续上升趋势；总资本形成（投资）占GDP的比重从28%左右上升到35%左右，然后下降到20%左右，总体呈现先升后降趋势；商品和服务出口占GDP的比重从9%左右上升到22%左右，总体呈现持续上升趋势；商品和服务进口占GDP的比重从25%左右上升到38%左右，总体呈现持续上升趋势。

2. 工业化后期及后工业化阶段需求驱动机制对经济增长的贡献

希腊在人均GDP 872.94美元到5881.32美元的增长过程中，居民最终消费、政府消费、投资、出口、进口以及净出口需求对经济增长的贡献程度如表4-12所示：

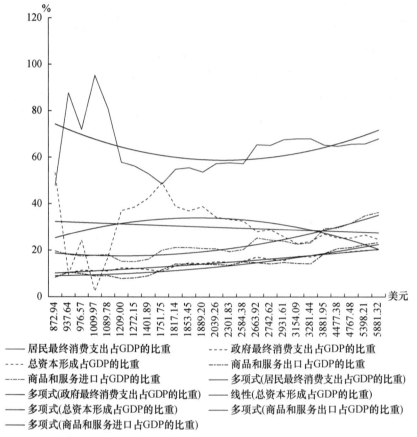

图 4-43 希腊工业化后期至后工业化阶段经济增长的需求动力结构值变化趋势

表 4-13 希腊工业化后期至后工业化阶段各种需求动力对经济增长的贡献率

年份	人均 GDP（当前美元）（以 1964 年为基期）	ΔRC/ΔGDP（%）	ΔGC/ΔGDP（%）	ΔI/ΔGDP（%）	ΔEX/ΔGDP（%）	ΔIM/ΔGDP（%）	ΔNE/ΔGDP（%）
1966	937.64	442.26	10.94	-377.77	29.48	4.90	24.58
1967	976.57	-123.55	24.33	205.18	2.95	8.91	-5.96
1968	1009.97	369.13	9.89	-254.69	-2.70	21.63	-24.33
1969	1089.78	-24.89	9.92	125.31	9.94	20.27	-10.33

(续表)

年份	人均GDP（当前美元）（以1964年为基期）	ΔRC/ΔGDP (%)	ΔGC/ΔGDP (%)	ΔI/ΔGDP (%)	ΔEX/ΔGDP (%)	ΔIM/ΔGDP (%)	ΔNE/ΔGDP (%)
1970	1209.00	-76.52	20.25	154.00	0.70	-1.57	2.27
1971	1272.15	40.59	10.37	53.02	10.59	14.57	-3.98
1972	1401.89	32.00	8.87	66.58	15.25	22.70	-7.45
1973	1751.75	35.09	8.11	69.65	19.30	32.15	-12.85
1974	1817.14	101.63	32.07	-37.00	33.24	29.94	3.30
1975	1853.45	60.78	24.14	22.13	13.49	20.53	-7.05
1976	1889.20	34.09	11.29	58.66	12.98	17.01	-4.03
1977	2039.26	79.75	20.36	6.15	13.49	19.75	-6.26
1978	2301.83	59.01	14.01	28.97	12.13	14.12	-1.99
1979	2584.38	55.76	17.12	29.60	21.66	24.14	-2.47
1990	2663.92	69.17	17.51	31.03	9.80	27.50	-17.70
1991	2742.62	61.56	3.03	40.53	6.35	11.48	-5.12
1992	2931.61	90.91	10.60	-3.06	21.22	19.67	1.55
1995	3154.09	65.34	27.64	21.00	14.24	28.22	-13.98
1996	3281.44	68.28	12.93	38.76	12.06	32.02	-19.97
2003	3881.95	59.63	17.34	35.31	13.33	25.61	-12.28
2004	4477.38	62.27	20.08	16.72	32.42	31.49	0.93
2006	4767.48	47.82	16.90	68.32	19.82	52.86	-33.03
2007	5398.21	66.55	22.78	34.36	30.51	54.21	-23.70
2008	5881.32	86.93	23.02	7.99	30.91	48.84	-17.94

注：(1) 本表数据由笔者根据附录七"希腊1960—2013年经济增长及需求动力数据"计算得出；(2) 本表 ΔIM/ΔGDP 栏数据中的负值表示进口对经济增长的正贡献，正值表示进口对经济增长的负贡献。

ΔRC/ΔGDP 表示当期居民最终消费对当期经济增长的贡献率。由图4-44可见，1966—2013年期间，在人均GDP的增长路径上，每期居民最终消费对GDP的贡献率均呈上下波动态势，但总体具有先降后升的趋势，也即随着人均 GDP 的增长，居民最终消费对 GDP 的贡献由 150% 缓慢下降至 40% 左右，然后再增长至 100% 左右。

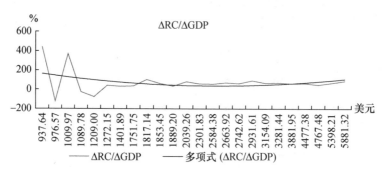

图 4-44　希腊工业化后期至后工业化阶段居民消费对经济增长的贡献率

ΔGC/ΔGDP 表示当期政府消费对当期经济增长的贡献率。由图 4-45 可见，1966—2013 年期间，在人均 GDP 的增长路径上，每期政府消费对 GDP 的贡献率均呈上下波动态势，但总体却呈现上升的趋势，也即随着人均 GDP 的增长，政府消费对 GDP 的贡献由 15% 左右缓慢上升至 22% 左右。

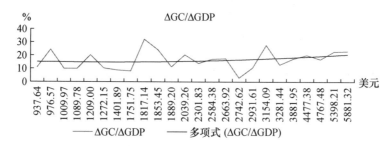

图 4-45　希腊工业化后期至后工业化阶段政府消费对经济增长的贡献率

Δ*I*/ΔGDP 表示当期投资对当期经济增长的贡献率。由图 4-46 可见，1966—2013 年期间，在人均 GDP 的增长路径上，每期投资对 GDP 的贡献率均呈上下波动态势，但总体呈现先升后降的趋势，也即随着人均 GDP 的增长，投资对 GDP 的贡献由 -100% 左右上升至 60% 左右，然后再下降至 0。

ΔEX/ΔGDP 表示当期商品和服务出口对当期经济增长的贡献率。由图 4-47 可见，1966—2013 年期间，在人均 GDP 的增长路径上，每期商品和服务出口对 GDP 的贡献率均呈上下波动态势，但总体呈现先降后升的趋势，也即

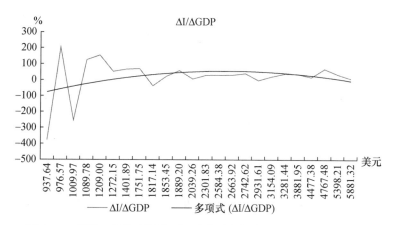

图4-46　希腊工业化后期至后工业化阶段投资对经济增长的贡献率

随着人均GDP的增长，商品和服务的出口对GDP的贡献由13%左右缓慢下降到12%，然后再上升到28%左右。

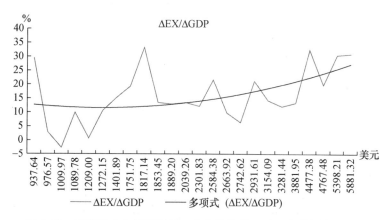

图4-47　希腊工业化后期至后工业化阶段出口对经济增长的贡献率

ΔIM/ΔGDP表示当期商品和服务进口对当期经济增长的贡献率，其中负值表示商品和服务进口对当期经济增长的正贡献，正值表示商品和服务进口对当期经济增长的负贡献。由图4-48可见，1966—2013年期间，在人均GDP的增长路径上，每期商品和服务进口对GDP的贡献率均呈上下波动态势，但总体具有先升后降的趋势，也即随着人均GDP的增长，商品和服务进口对GDP的贡献由-13%左右缓慢上升至-12%左右，然后再下降至-48%左右。

ΔNE/ΔGDP表示当期商品和服务净出口对当期经济增长的贡献率。由图

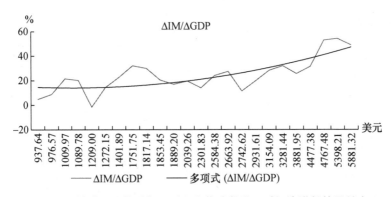

图 4-48　希腊工业化后期至后工业化阶段进口对经济增长的贡献率

4-49 可见，1966—2013 年期间，在人均 GDP 的增长路径上，每期商品和服务净出口对 GDP 的贡献率均呈上下波动态势，但总体具有下降的趋势，也即随着人均 GDP 的增长，商品和服务净出口对 GDP 的贡献总体上由 -2% 左右缓慢下降至 -20% 左右。

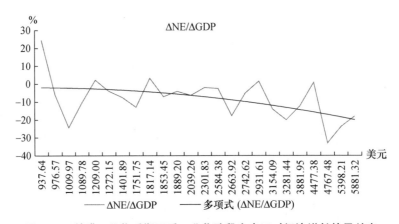

图 4-49　希腊工业化后期至后工业化阶段净出口对经济增长的贡献率

（三）马来西亚长期经济增长的需求驱动机制演变

马来西亚是亚洲小国，人口 2995 万，面积 3.3 万平方公里。按照霍利斯·钱纳里等学者依据人均国民生产总值的标准对工业化进程的划分，马来西亚已进入后工业化阶段，人均国民生产总值最高达到 1827 美元（1964 年美元标准）左右。笔者对马来西亚研究的时间跨度为 1960—2013 年，其人均国内生产总值范围从 298.74 美元到 1827.15 美元，因此，笔者对马来西亚长期经济增长的需求驱动机制考察，主要涵盖从工业化初期到后工业化阶段部分时期的需求驱动机制演变。

1. 工业化初期及后工业化阶段部分时期需求驱动机制的演变趋势

将马来西亚 1961—2013 年期间的每年人均国内生产总值折算成 1964 年美元值，通过整理人均 GDP 增长路径上的各种需求动力结构指标值，得到马来西亚人均国内生产总值 298.74 美元到 1827.15 美元区间的各需求动力指标的变化发展趋势（如图 4-50 所示）。

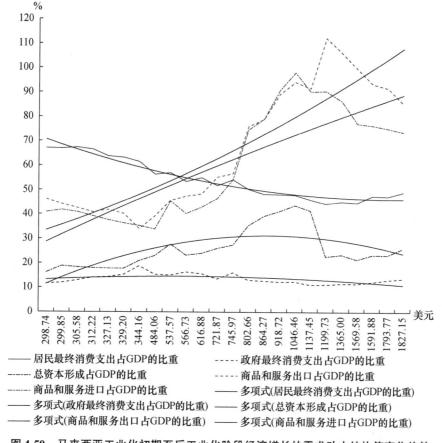

图 4-50 马来西亚工业化初期至后工业化阶段经济增长的需求动力结构值变化趋势

由图 4-50 可见，马来西亚经济在工业化初期及后工业化阶段部分时期，居民最终消费占 GDP 的比重从 70% 左右下降至 48% 左右，总体呈现下降趋势；政府消费占 GDP 的比重从 12% 左右下降至 11% 左右，总体呈现缓慢下降趋势；总资本形成（投资）占 GDP 的比重从 12% 左右上升到 32% 左右，然后下降到 24% 左右，总体呈现先升后降趋势；商品和服务出口占 GDP 的比重从 35% 左右上升到 108% 左右，总体呈现持续上升趋势；商品和服务进口占 GDP 的比重从 28% 左右上升到 88% 左右，总体呈现持续上升趋势。

2. 工业化后期及后工业化阶段需求驱动机制对经济增长的贡献

马来西亚在人均 GDP 由 299.85 美元到 1827.15 美元的增长过程中，居民最终消费、政府消费、投资、出口、进口以及净出口需求对经济增长的贡献程度如表 4-14 所示：

表 4-14 马来西亚工业化后期至后工业化阶段各种需求动力对经济增长的贡献率

年份	人均 GDP（当前美元）（以 1964 年为基期）	$\Delta RC/\Delta GDP$（%）	$\Delta GC/\Delta GDP$（%）	$\Delta I/\Delta GDP$（%）	$\Delta EX/\Delta GDP$（%）	$\Delta IM/\Delta GDP$（%）	$\Delta NE/\Delta GDP$（%）
1962	299.85	63.62	17.54	72.74	5.68	59.59	-53.91
1963	305.58	73.96	28.15	10.37	17.71	27.49	-9.78
1964	312.22	54.33	30.46	13.31	16.45	14.92	1.53
1965	327.13	36.56	16.43	15.70	51.76	21.75	30.01
1966	329.20	54.33	30.00	16.96	15.03	16.33	-1.29
1972	344.16	58.47	31.74	24.96	11.69	26.86	-15.17
1973	484.06	46.43	8.55	26.97	49.13	31.08	18.05
1974	537.57	59.68	13.83	47.45	72.58	93.54	-20.96
1977	566.73	50.84	23.19	33.52	38.97	46.52	-7.55
1978	616.88	63.22	11.95	28.23	53.33	56.74	-3.40
1979	721.87	40.91	6.56	32.85	78.28	58.60	19.68
1980	745.97	69.93	32.17	36.19	66.46	104.75	-38.30
1984	746.79	32.31	6.71	-0.23	77.51	16.30	61.21
1992	802.66	40.93	9.65	23.45	66.95	40.98	25.96
1993	864.27	33.11	9.74	68.38	101.36	112.59	-11.23
1994	918.72	46.83	9.03	59.00	179.35	194.21	-14.86
1995	1046.46	46.81	12.94	56.29	119.72	135.76	-16.04

(续表)

年份	人均GDP（当前美元）（以1964年为基期）	ΔRC/ΔGDP (%)	ΔGC/ΔGDP (%)	ΔI/ΔGDP (%)	ΔEX/ΔGDP (%)	ΔIM/ΔGDP (%)	ΔNE/ΔGDP (%)
1996	1137.45	32.05	1.73	25.51	73.00	32.29	40.71
2006	1199.73	45.45	8.88	25.00	106.84	86.17	20.67
2007	1365.00	49.46	13.67	27.13	74.45	64.71	9.74
2008	1569.58	42.40	11.18	11.37	65.02	29.97	35.05
2010	1591.88	41.55	8.55	47.69	101.80	99.59	2.21
2011	1793.77	46.08	17.89	22.92	80.91	67.79	13.12
2013	1827.15	132.66	14.22	32.49	-56.48	22.89	-79.37

注：(1) 本表数据由笔者根据附录八"马来西亚1960—2013年经济增长及需求动力数据"计算得出；(2) 本表ΔIM/ΔGDP栏数据中的负值表示进口对经济增长的正贡献，正值表示进口对经济增长的负贡献。

ΔRC/ΔGDP表示当期居民最终消费对当期经济增长的贡献率。由图4-51可见，1962—2013年期间，在人均GDP的增长路径上，每期居民最终消费对GDP的贡献率均呈上下波动态势，但总体具有先降后升的趋势，也即随着人均GDP的增长，居民最终消费对GDP的贡献由70%缓慢下降至40%左右，然后再增长至70%左右。

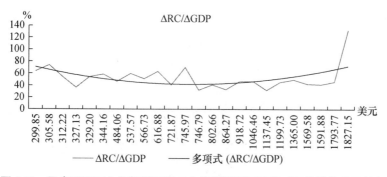

图4-51 马来西亚工业化初期至后工业化阶段居民消费对经济增长的贡献率

ΔGC/ΔGDP表示当期政府消费对当期经济增长的贡献率。由图4-52可见，1962—2013年期间，在人均GDP的增长路径上，每期政府消费对GDP的贡献率均呈上下波动态势，但总体却呈现先降后升的趋势，也即随着人均

GDP 的增长，政府消费对 GDP 的贡献由 30% 左右缓慢下降至 10% 左右，然后再上升至 12% 左右。

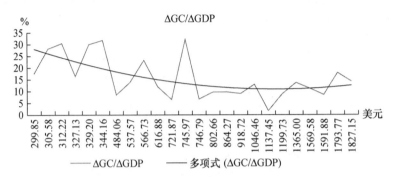

图 4-52　马来西亚工业化初期至后工业化阶段政府消费对经济增长的贡献率

$\Delta I/\Delta \text{GDP}$ 表示当期投资对当期经济增长的贡献率。由图 4-53 可见，1962—2013 年期间，在人均 GDP 的增长路径上，每期投资对 GDP 的贡献率均呈上下波动态势，但总体呈现先升后降的趋势，也即随着人均 GDP 的增长，投资对 GDP 的贡献由 28% 左右上升至 33% 左右，然后再下降至 31% 左右。

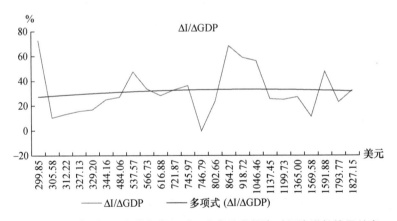

图 4-53　马来西亚工业化初期至后工业化阶段投资对经济增长的贡献率

$\Delta EX/\Delta \text{GDP}$ 表示当期商品和服务出口对当期经济增长的贡献率。由图 4-54 可见，1962—2013 年期间，在人均 GDP 的增长路径上，每期商品和服务出口对 GDP 的贡献率均呈上下波动态势，但总体呈先升后降的趋势，也即随着人均 GDP 的增长，商品和服务的出口对 GDP 的贡献由 −15% 左右缓慢上升到 90%，然后再下降到 45% 左右。

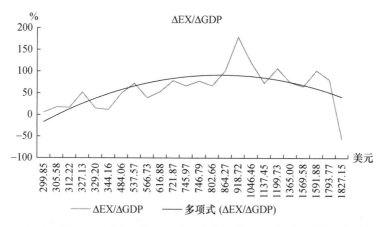

图 4-54 马来西亚工业化初期至后工业化阶段出口对经济增长的贡献率

ΔIM/ΔGDP 表示当期商品和服务进口对当期经济增长的贡献率，其中负值表示商品和服务进口对当期经济增长的正贡献，正值表示商品和服务进口对当期经济增长的负贡献。由图 4-55 可见，1962—2013 年期间，在人均 GDP 的增长路径上，每期商品和服务进口对 GDP 的贡献率均呈现上下波动态势，但总体具有先降后升的趋势，也即随着人均 GDP 的增长，商品和服务进口对 GDP 的贡献由 −5% 左右缓慢下降至 −80% 左右，然后再上升至 −50% 左右。

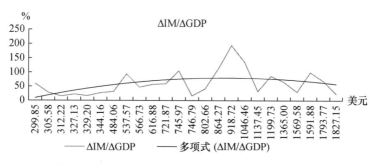

图 4-55 马来西亚工业化初期至后工业化阶段进口对经济增长的贡献率

ΔNE/ΔGDP 表示当期商品和服务净出口对当期经济增长的贡献率。由图 4-56 可见，1962—2013 年期间，在人均 GDP 的增长路径上，每期商品和服务净出口对 GDP 的贡献率均呈上下波动态势，但总体具有先升后降的趋势，也即随着人均 GDP 的增长,商品和服务净出口对 GDP 的贡献总体上由 -25% 左右缓慢上升至 18% 左右,然后再下降至 -18% 左右。

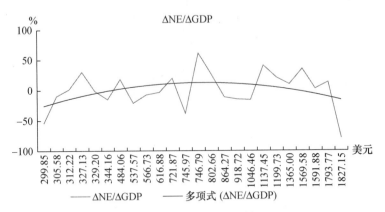

图 4-56 马来西亚工业化初期至后工业化阶段净出口对经济增长的贡献率

(四)摩洛哥长期经济增长的需求驱动机制演变

摩洛哥是非洲小国,人口 3278 万,面积 44.7 万平方公里。按照霍利斯·钱纳里等学者依据人均国民生产总值的标准对工业化进程的划分,摩洛哥已开始进入工业化中期阶段,人均国民生产总值最高达到 542 美元(1964 年美元标准)左右。笔者对摩洛哥研究的时间跨度为 1960—2013 年,其人均国内生产总值范围从 173.18 美元到 542.35 美元,因此,笔者对摩洛哥长期经济增长的需求驱动机制考察,主要涵盖从前工业化到工业化中期阶段的需求驱动机制演变。

1. 前工业化及工业化中期阶段需求驱动机制的演变趋势

将摩洛哥 1960—2013 年期间的每年人均国内生产总值折算成 1964 年美元值,通过整理人均 GDP 增长路径上的各种需求动力结构指标值,得到摩洛哥人均国内生产总值 173.18 美元到 542.35 美元区间的各需求动力指标的变化发展趋势(如图 4-57 所示)。

从图 4-57 中可见,摩洛哥经济在工业化初期及后工业化阶段部分时期,居民最终消费占 GDP 的比重从 78% 左右下降至 48% 左右,总体呈现下降趋势;政府消费占 GDP 的比重从 11% 左右上升至 20% 左右,总体呈现上升趋势;总资本形成(投资)占 GDP 的比重从 10% 左右上升到 28% 左右,总体

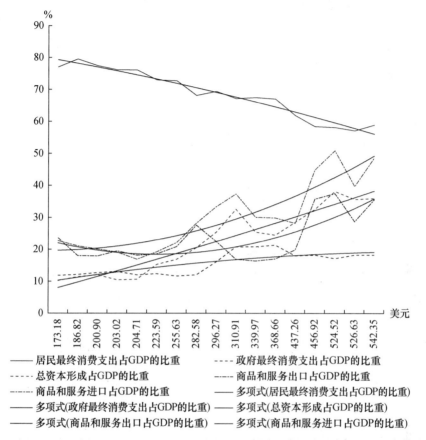

图 4-57　摩洛哥前工业化及工业化中期阶段经济增长的需求动力结构值变化趋势

呈现上升趋势；商品和服务出口占 GDP 的比重从 21% 左右上升到 35% 左右，总体呈现持续上升趋势；商品和服务进口占 GDP 的比重从 20% 左右上升到 50% 左右，总体呈现持续上升趋势。

2. 工业化后期及后工业化阶段需求驱动机制对经济增长的贡献

摩洛哥在人均 GDP 由 186.82 美元到 542.35 美元的增长过程中，居民最终消费、政府消费、投资、出口、进口以及净出口需求对经济增长的贡献程度如表 4-15 所示：

表 4-15 摩洛哥前工业化及工业化中期阶段各种需求动力对经济增长的贡献率

年份	人均GDP（当前美元）（以1964年为基期）	ΔRC/ΔGDP（%）	ΔGC/ΔGDP（%）	ΔI/ΔGDP（%）	ΔEX/ΔGDP（%）	ΔIM/ΔGDP（%）	ΔNE/ΔGDP（%）
1962	186.82	73.59	8.38	21.39	-3.35	0.00	-3.35
1963	200.90	59.56	17.79	16.95	17.08	11.39	5.69
1964	203.02	51.62	19.61	-18.85	49.02	1.40	47.62
1965	204.71	75.82	-7.91	13.64	-6.59	-25.03	18.45
1972	223.59	75.84	12.81	-0.90	28.41	16.17	12.25
1973	255.63	71.67	8.55	23.74	30.67	34.63	-3.96
1974	282.58	48.13	13.63	36.12	56.82	54.70	2.12
1975	296.27	76.72	39.88	54.28	-7.33	63.55	-70.88
1976	293.00	46.24	105.30	86.30	-50.39	87.44	-137.83
1977	310.91	62.03	14.77	54.17	10.23	41.19	-30.96
1978	339.97	69.03	20.99	-10.31	13.72	-6.58	20.30
1979	368.66	64.90	23.95	19.83	20.17	28.86	-8.68
1980	437.26	45.81	7.67	40.93	28.63	23.04	5.59
2007	456.92	64.68	15.93	53.40	46.34	80.36	-34.02
2008	524.52	56.51	11.29	69.14	47.00	83.95	-36.94
2011	542.35	76.74	25.78	45.85	60.72	109.10	-48.38

注：(1) 本表数据由笔者根据附录九 "摩洛哥 1960—2013 年经济增长及需求动力数据"计算得出；(2) 本表 ΔIM/ΔGDP 栏数据中的负值表示进口对经济增长的正贡献，正值表示进口对经济增长的负贡献。

ΔRC/ΔGDP 表示当期居民最终消费对当期经济增长的贡献率。由图 4-58 可见，1962—2013 年期间，在人均 GDP 的增长路径上，每期居民最终消费对 GDP 的贡献率呈上下波动态势，但其总体具有下降的趋势，也即随着人均 GDP 的增长，居民最终消费对 GDP 的贡献由 65% 缓慢下降至 60% 左右。

ΔGC/ΔGDP 表示当期政府消费对当期经济增长的贡献率。由图 4-59 可见，1962—2013 年期间，在人均 GDP 的增长路径上，每期政府消费对 GDP 的贡献率均呈上下波动态势，但总体却呈现上升的趋势，也即随着人均 GDP 的增长，政府消费对 GDP 的贡献由 18% 左右缓慢上升至 24% 左右。

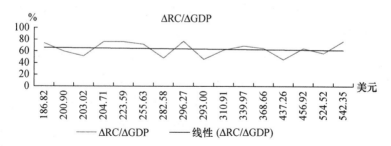

图 4-58　摩洛哥前工业化及工业化中期阶段居民消费对经济增长的贡献率

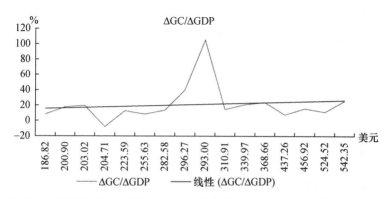

图 4-59　摩洛哥前工业化及工业化中期阶段政府消费对经济增长的贡献率

$\Delta I/\Delta GDP$ 表示当期投资对当期经济增长的贡献率。由图 4-60 可见，1962—2013 年期间，在人均 GDP 的增长路径上，每期投资对 GDP 的贡献率

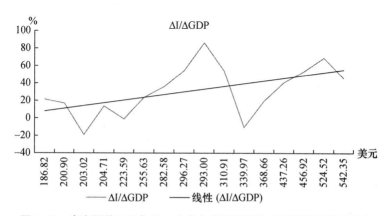

图 4-60　摩洛哥前工业化及工业化中期阶段投资对经济增长的贡献率

均呈上下波动态势，但总体呈现上升的趋势，也即随着人均 GDP 的增长，投资对 GDP 的贡献由 10% 左右上升至 55% 左右。

$\Delta EX/\Delta GDP$ 表示当期商品和服务出口对当期经济增长的贡献率。由图 4-61 可见，1962—2013 年期间，在人均 GDP 的增长路径上，每期商品和服务出口对 GDP 的贡献率均呈上下波动态势，但总体呈现上升的趋势，也即随着人均 GDP 的增长，商品和服务的出口对 GDP 的贡献由 8% 左右缓慢上升到 38%。

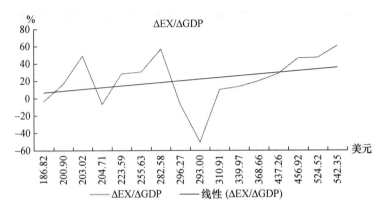

图 4-61　摩洛哥前工业化及工业化中期阶段出口对经济增长的贡献率

$\Delta IM/\Delta GDP$ 表示当期商品和服务进口对当期经济增长的贡献率，其中负值表示商品和服务进口对当期经济增长的正贡献，正值表示商品和服务进口对当期经济增长的负贡献。由图 4-62 可见，1962—2013 年期间，在人均 GDP

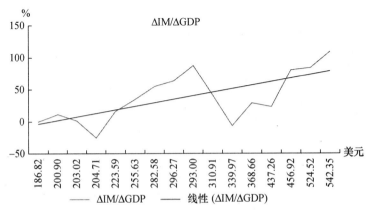

图 4-62　摩洛哥前工业化及工业化中期阶段进口对经济增长的贡献率

的增长路径上，每期商品和服务进口对 GDP 的贡献率呈上下波动态势，但总体具有下降的趋势，也即随着人均 GDP 的增长，商品和服务进口对 GDP 的贡献由 2% 左右下降至 -80% 左右。

ΔNE/ΔGDP 表示当期商品和服务净出口对当期经济增长的贡献率。由图 4-63 可见，1962—2013 年期间，在人均 GDP 的增长路径上，每期商品和服务净出口对 GDP 的贡献率均呈现上下波动态势，但总体具有下降的趋势，也即随着人均 GDP 的增长，商品和服务净出口对 GDP 的贡献总体上由 10% 左右缓慢下降至 -40% 左右。

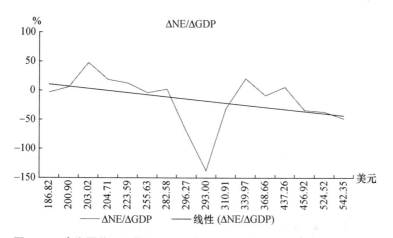

图 4-63 摩洛哥前工业化及工业化中期阶段净出口对经济增长的贡献率

（五）尼泊尔长期经济增长的需求驱动机制演变

尼泊尔是亚洲小国，人口 2669 万，面积 14.7 万平方公里。按照霍利斯·钱纳里等学者依据人均国民生产总值的标准对工业化进程的划分，尼泊尔处于前工业化阶段，人均国民生产总值最高达到 124 美元（1964 年美元标准）左右。笔者对尼泊尔研究的时间跨度为 1976—2013 年，其人均国内生产总值范围从 61.3 美元到 123.67 美元，因此，笔者对尼泊尔长期经济增长的需求驱动机制考察，主要涵盖前工业化阶段的需求驱动机制演变。

1. 前工业化阶段需求驱动机制的演变趋势

将尼泊尔 1976—2013 年期间的每年人均国内生产总值折算成 1964 年美元值，通过整理人均 GDP 增长路径上的各种需求动力结构指标值，得到尼泊尔人均国内生产总值 61.3 美元到 123.67 美元区间的各需求动力指标的变化发展趋势（如图4-64所示）。

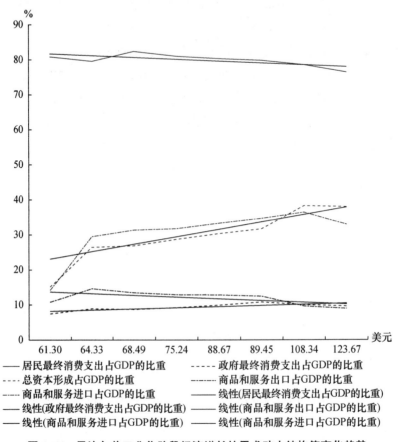

图4-64 尼泊尔前工业化阶段经济增长的需求动力结构值变化趋势

由图4-64可见，尼泊尔经济在前工业化阶段，居民最终消费占GDP的比重从82%左右下降至78%左右，总体呈现下降趋势；政府消费占GDP的比重从8%左右上升至10%左右，总体呈现上升趋势；总资本形成（投资）占GDP的比重从24%左右上升到38%左右，总体呈现上升趋势；商品和服务出口占GDP的比重从14%左右下降到10%左右，总体呈现下降趋势；商品和服务进口占GDP的比重从24%左右上升到38%左右，总体呈现持续上升趋势。

2. 前工业化阶段需求驱动机制对经济增长的贡献

尼泊尔在人均GDP 61.3美元到123.67美元的增长过程中，居民最终消费、政府消费、投资、出口、进口以及净出口需求对经济增长的贡献程度如

表4-16所示：

表4-16 尼泊尔前工业化阶段各种需求动力对经济增长的贡献率

年份	人均GDP（当前美元）（以1964年为基期）	ΔRC/ΔGDP（％）	ΔGC/ΔGDP（％）	ΔI/ΔGDP（％）	ΔEX/ΔGDP（％）	ΔIM/ΔGDP（％）	ΔNE/ΔGDP（％）
1976	61.30	100.72	9.31	6.98	-13.22	3.79	-17.01
2005	64.33	79.02	11.07	42.76	-3.25	29.60	-32.85
2006	68.49	107.15	6.76	30.42	3.33	47.66	-44.33
2007	75.24	71.46	12.84	41.62	8.69	34.60	-25.92
2008	88.67	77.00	13.10	37.90	12.40	40.41	-28.00
2009	89.45	62.35	42.29	79.80	-0.21	84.23	-84.44
2010	108.34	73.42	6.71	65.77	-2.24	43.67	-45.91
2011	123.67	64.69	7.25	36.40	5.10	13.45	-8.34

注：（1）本表数据由笔者根据附录十"尼泊尔1975—2013年经济增长及需求动力数据"计算得出；（2）本表ΔIM/ΔGDP栏数据中的负值表示进口对经济增长的正贡献，正值表示进口对经济增长的负贡献。

ΔRC/ΔGDP表示当期居民最终消费对当期经济增长的贡献率。由图4-65可见，1975—2013年期间，在人均GDP的增长路径上，每期居民最终消费对GDP的贡献率均呈上下波动态势，但总体具有下降的趋势，也即随着人均GDP的增长，居民最终消费对GDP的贡献由95％左右缓慢下降至60％左右。

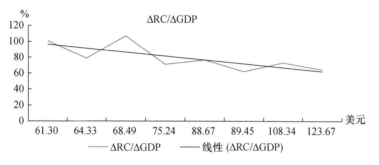

图4-65 尼泊尔前工业化阶段居民消费对经济增长的贡献率

ΔGC/ΔGDP表示当期政府消费对当期经济增长的贡献率。如图4-66可见，1975—2013 年期间，在人均 GDP 的增长路径上，每期政府消费对 GDP 的贡献率均呈上下波动态势，但总体却呈现上升的趋势，也即随着人均 GDP 的增长，政府消费对 GDP 的贡献由 10% 左右缓慢上升至 17% 左右。

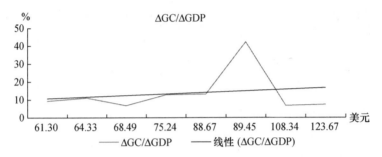

图 4-66　尼泊尔前工业化阶段政府消费对经济增长的贡献率

$\Delta I/\Delta GDP$ 表示当期投资对当期经济增长的贡献率。由图 4-67 可见，1975—2013 年期间，在人均 GDP 的增长路径上，每期投资对 GDP 的贡献率呈上下波动态势，但总体呈现上升的趋势，也即随着人均 GDP 的增长，投资对 GDP 的贡献由 22% 左右上升至 62% 左右。

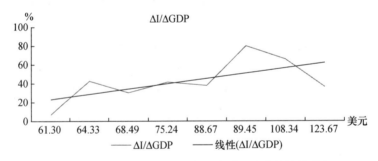

图 4-67　尼泊尔前工业化阶段投资对经济增长的贡献率

$\Delta EX/\Delta GDP$ 表示当期商品和服务出口对当期经济增长的贡献率。从图 4-68 可见，1975—2013 年期间，在人均 GDP 的增长路径上，每期商品和服务出口对 GDP 的贡献率均呈上下波动态势，但总体呈现上升的趋势，也即随着人均 GDP 的增长，商品和服务的出口对 GDP 的贡献由 -4% 左右缓慢上升到 7% 左右。

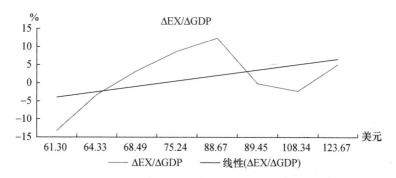

图 4-68　尼泊尔前工业化阶段出口对经济增长的贡献率

ΔIM/ΔGDP 表示当期商品和服务进口对当期经济增长的贡献率，其中负值表示商品和服务进口对当期经济增长的正贡献，正值表示商品和服务进口对当期经济增长的负贡献。由图 4-69 可见，1975—2013 年期间，在人均 GDP 的增长路径上，每期商品和服务进口对 GDP 的贡献率均呈上下波动态势，但总体具有下降的趋势，也即随着人均 GDP 的增长，商品和服务进口对 GDP 的贡献由 -25% 左右下降至 -48% 左右。

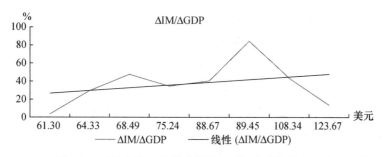

图 4-69　尼泊尔前工业化阶段进口对经济增长的贡献率

ΔNE/ΔGDP 表示当期商品和服务净出口对当期经济增长的贡献率。由图 4-70 可见，1975—2013 年期间，在人均 GDP 的增长路径上，每期商品和服务净出口对 GDP 的贡献率均呈现上下波动态势，但总体具有下降的趋势，也即随着人均 GDP 的增长，商品和服务净出口对 GDP 的贡献总体上由 -30% 左右缓慢下降至 -40% 左右。

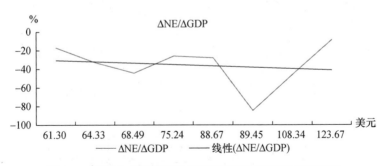

图 4-70　尼泊尔前工业化阶段净出口对经济增长的贡献率

(六) 玻利维亚长期经济增长的需求驱动机制演变

玻利维亚是南美洲小国，人口 1091 万，面积 109.9 万平方公里。按照霍利斯·钱纳里等学者依据人均国民生产总值的标准对工业化进程的划分，玻利维亚已进入工业化阶段中期阶段，人均国民生产总值最高达到 494 美元 (1964 年美元标准) 左右。笔者对玻利维亚研究的时间跨度为 1960—2013 年，其人均国内生产总值范围从 176.5 美元到 494.5 美元，因此，笔者对玻利维亚长期经济增长的需求驱动机制考察，主要涵盖前工业化至工业化中期阶段的需求驱动机制演变。

1. 前工业化及工业化中期阶段需求驱动机制的演变趋势

将玻利维亚 1960—2013 年期间的每年人均国内生产总值折算成 1964 年美元值，通过整理人均 GDP 增长路径上的各种需求动力结构指标值，得到玻利维亚人均国内生产总值 176.5 美元到 494.5 美元区间的各需求动力指标的变化发展趋势（如图 4-71 所示）。

由图 4-71 可见，玻利维亚经济在前工业化至工业化中期阶段，居民最终消费占 GDP 的比重从 90% 左右下降至 60% 左右，总体呈现下降趋势；政府消费占 GDP 的比重从 4% 左右上升至 15% 左右，总体呈现上升趋势；总资本形成（投资）占 GDP 的比重从 5% 左右上升到 20% 左右，总体呈现上升趋势；商品和服务出口占 GDP 的比重从 14% 左右上升到 44% 左右，总体呈现上升趋势；商品和服务进口占 GDP 的比重从 18% 左右上升到 38% 左右，总体呈现持续上升趋势。

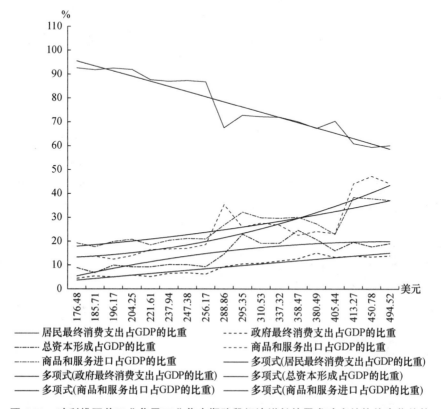

图 4-71 玻利维亚前工业化及工业化中期阶段经济增长的需求动力结构值变化趋势

2. 前工业化及工业化中期阶段需求驱动机制对经济增长的贡献

玻利维亚在人均 GDP 176.5 美元到 494.5 美元的增长过程中，居民最终消费、政府消费、投资、出口、进口以及净出口需求对经济增长的贡献程度如表 4-17 所示：

表 4-17 玻利维亚前工业化及工业化中期阶段各种需求动力对经济增长的贡献率

年份	人均GDP（当前美元）（以1964年为基期）	$\Delta RC/\Delta GDP$（%）	$\Delta GC/\Delta GDP$（%）	$\Delta I/\Delta GDP$（%）	$\Delta EX/\Delta GDP$（%）	$\Delta IM/\Delta GDP$（%）	$\Delta NE/\Delta GDP$（%）
1961	185.71	83.11	16.89	-16.89	16.89	0.00	16.89
1962	196.17	100.00	0.00	43.78	0.00	43.78	-43.78

(续表)

年份	人均GDP（当前美元）（以1964年为基期）	ΔRC/ΔGDP（%）	ΔGC/ΔGDP（%）	ΔI/ΔGDP（%）	ΔEX/ΔGDP（%）	ΔIM/ΔGDP（%）	ΔNE/ΔGDP（%）
1963	204.25	83.77	16.23	0.00	32.47	32.47	0.00
1964	221.61	54.34	0.00	9.13	36.53	0.00	36.53
1965	237.94	81.65	17.84	18.13	18.64	36.26	-17.62
1966	247.38	90.12	9.88	9.88	19.77	29.65	-9.88
1967	256.17	81.30	0.00	0.00	37.40	18.70	18.70
1974	288.86	63.30	8.70	5.78	46.73	24.50	22.22
1975	295.35	108.96	17.97	81.25	-38.59	69.60	-108.19
1976	310.53	67.81	13.52	-9.01	40.44	12.76	27.68
1977	337.32	70.91	16.61	19.01	21.80	28.33	-6.53
1978	358.47	58.86	18.51	58.37	-2.82	32.92	-35.73
1979	380.49	51.41	28.56	-1.06	33.13	12.02	21.10
1981	405.44	80.62	11.44	14.09	19.04	25.19	-6.15
2011	413.27	54.77	13.58	31.24	57.52	57.10	0.42
2012	450.78	47.98	10.97	2.98	71.57	33.50	38.06
2013	494.52	65.34	16.93	29.21	20.86	32.34	-11.48

注：(1) 本表数据由笔者根据附录十一"玻利维亚1960—2013年经济增长及需求动力数据"计算得出；(2) 本表 ΔIM/ΔGDP 栏数据中的负值表示进口对经济增长的正贡献，正值表示进口对经济增长的负贡献。

ΔRC/ΔGDP 表示当期居民最终消费对当期经济增长的贡献率。由图4-72

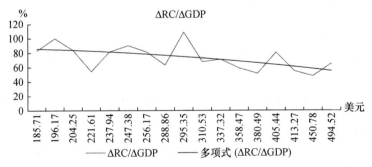

图4-72 玻利维亚前工业化及工业化中期阶段居民消费对经济增长的贡献率

可见，1960—2013 年期间，在人均 GDP 的增长路径上，每期居民最终消费对 GDP 的贡献率均呈上下波动态势，但总体具有下降的趋势，也即随着人均 GDP 的增长，居民最终消费对 GDP 的贡献由 85% 左右缓慢下降至 55% 左右。

$\Delta GC/\Delta GDP$ 表示当期政府消费对当期经济增长的贡献率。从图 4-73 中可见，1960—2013 年期间，在人均 GDP 的增长路径上，每期政府消费对 GDP 的贡献率呈现上下波动态势，但总体呈现上升的趋势，也即随着人均 GDP 的增长，政府消费对 GDP 的贡献由 8% 左右缓慢上升至 17% 左右。

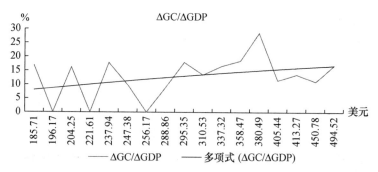

图 4-73 玻利维亚前工业化及工业化中期阶段政府消费对经济增长的贡献率

$\Delta I/\Delta GDP$ 表示当期投资对当期经济增长的贡献率。由图 4-74 可见，1960—2013 年期间，在人均 GDP 的增长路径上，每期投资对 GDP 的贡献率均呈上下波动态势，但总体呈现上升的趋势，也即随着人均 GDP 的增长，投资对 GDP 的贡献由 2% 左右上升至 20% 左右。

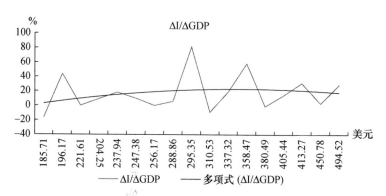

图 4-74 玻利维亚前工业化及工业化中期阶段投资对经济增长的贡献率

ΔEX/ΔGDP 表示当期商品和服务出口对当期经济增长的贡献率。由图 4-75 可见，1960—2013 年期间，在人均 GDP 的增长路径上，每期商品和服务出口对 GDP 的贡献率均呈上下波动态势，但总体呈现上升的趋势，也即随着人均 GDP 的增长，商品和服务的出口对 GDP 的贡献由 20% 左右缓慢上升到 42%。

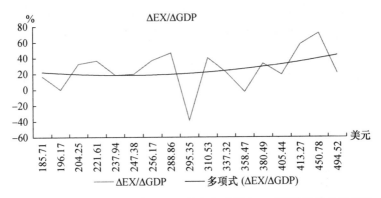

图 4-75　玻利维亚前工业化及工业化中期阶段出口对经济增长的贡献率

ΔIM/ΔGDP 表示当期商品和服务进口对当期经济增长的贡献率，其中负值表示商品和服务进口对当期经济增长的正贡献，正值表示商品和服务进口对当期经济增长的负贡献。由图 4-76 可见，1960—2013 年期间，在人均 GDP 的增长路径上，每期商品和服务进口对 GDP 的贡献率均呈上下波动态势，但总体具有下降的趋势，也即随着人均 GDP 的增长，商品和服务进口对 GDP 的贡献由 -20% 左右下降至 -35% 左右。

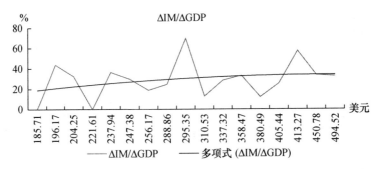

图 4-76　玻利维亚前工业化及工业化中期阶段进口对经济增长的贡献率

ΔNE/ΔGDP 表示当期商品和服务净出口对当期经济增长的贡献率。由图 4-77 可见,1960—2013 年期间,在人均 GDP 的增长路径上,每期商品和服务净出口对 GDP 的贡献率均呈上下波动态势,但总体具有上升的发展趋势,也即随着人均 GDP 的增长,商品和服务净出口对 GDP 的贡献总体上由 -5% 左右缓慢上升至 0。

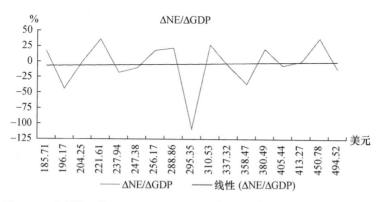

图 4-77　玻利维亚前工业化及工业化中期阶段净出口对经济增长的贡献率

二、小国长期经济增长的需求驱动机制演变的一般经验

笔者随机选择的小国研究对象葡萄牙、希腊、马来西亚、摩洛哥、尼泊尔和玻利维亚六个国家分别属于不同区域,经济增长也分别处于不同阶段,根据搜集的数据统计资料,对六个国家在不同经济增长阶段需求驱动机制的特点予以归纳。

(一)前工业化时期(人均 GDP 200 美元以下)需求驱动机制演变的一般经验

1. 需求动力在人均 GDP 增长路径上的变化

笔者根据现有资料,以尼泊尔、摩洛哥和玻利维亚三国为例,对小国的居民消费占 GDP 比重、政府消费占 GDP 比重、投资占 GDP 比重、出口占 GDP 比重、进口占 GDP 比重五个需求动力指标在人均国民生产总值 200 美元以下时期的变化规律进行总结和归纳。

表 4-18 小国需求动力在前工业化阶段的变化

国家	尼泊尔				摩洛哥		玻利维亚	
人均 GDP 动力指标	60 美元	70 美元	80 美元	100 美元	100 美元	200 美元	100 美元	200 美元
居民消费占 GDP 比重	81%	81%	80%	77%	78%	73%	92%	83%
政府消费占 GDP 比重	8%	9%	10%	10%	12%	13%	5%	7%
投资占 GDP 比重	23%	29%	31%	38%	11%	16%	9%	12%
出口占 GDP 比重	13%	13%	13%	9%	21%	21%	13%	21%
进口占 GDP 比重	25%	32%	34%	35%	22%	23%	19%	23%

注：本表由笔者根据尼泊尔、摩洛哥和玻利维亚三国的需求动力值在不同人均 GDP 值阶段计算得出。

根据表 4-18，当小国经济向人均 GDP 200 美元目标迈进时，居民消费占 GDP 比重呈现下降趋势；政府消费占 GDP 比重基本呈现上升趋势；投资占 GDP 比重呈现上升趋势；出口占 GDP 比重绝大多数呈现稳定或上升趋势；进口占 GDP 比重呈现上升趋势。

2. 需求动力对经济增长的贡献在人均 GDP 增长路径上的变化

仍以尼泊尔、摩洛哥和玻利维亚三国为例，对居民消费、政府消费、投资、出口、进口、净出口六个需求动力对经济增长的贡献在人均 GDP 200 美元以下时期的变化规律进行归纳。

表 4-19 小国需求动力对经济增长的贡献在前工业化阶段的变化

国家	尼泊尔				摩洛哥		玻利维亚	
人均 GDP 指标	60 美元	70 美元	80 美元	100 美元	100 美元	200 美元	100 美元	200 美元
$\Delta RC/\Delta GDP$	96%	72%	70%	69%	74%	63%	92%	81%
$\Delta GC/\Delta GDP$	9%	13%	28%	7%	8%	26%	9%	10%
$\Delta I/\Delta GDP$	27%	42%	59%	51%	21%	26%	13%	18%
$\Delta EX/\Delta GDP$	−4%	9%	6%	1%	−3%	15%	9%	22%
$\Delta IM/\Delta GDP$	27%	35%	62%	29%	0%	31%	22%	30%
$\Delta NE/\Delta GDP$	−31%	−26%	−56%	−27%	−3%	−16%	−13%	−8%

注：本表由笔者根据尼泊尔、摩洛哥和玻利维亚三国数据计算和整理得出。

由表 4-19 可得，当小国经济向人均 GDP 200 美元目标迈进时，居民消费对 GDP 的贡献率呈现下降趋势；政府消费对 GDP 的贡献率基本呈现上升趋势；投资对 GDP 的贡献率和出口对 GDP 的贡献率基本呈现上升趋势；进口对 GDP 的贡献呈现下降趋势；净出口对 GDP 的贡献则大多数呈现下降趋势。

（二）工业化阶段（人均 GDP 200 美元至 1500 美元）需求驱动机制演变的一般经验

1. 需求动力在人均 GDP 增长路径上的变化

笔者根据现有资料，以玻利维亚、摩洛哥、马来西亚、葡萄牙和希腊五国为例，对小国的居民消费占 GDP 比重、政府消费占 GDP 比重、投资占 GDP 比重、出口占 GDP 比重、进口占 GDP 比重五个需求动力指标在人均国民生产总值 200 美元至 1500 美元时期的变化规律进行总结和归纳。

表 4-20 小国需求动力在工业化阶段的变化

国家 动力指标 人均GDP	玻利维亚 200—400 美元	摩洛哥		马来西亚			葡萄牙		希腊
		200—400 美元	400—500 美元	200—400 美元	400—800 美元	800—1500 美元	700—800 美元	800—1500 美元	800—1500 美元
居民消费占 GDP 比重	72%	67%	59%	63%	54%	47%	66%	65%	65%
政府消费占 GDP 比重	11%	17%	18%	14%	15%	12%	12%	12%	11%
投资占 GDP 比重	17%	25%	34%	20%	27%	33%	27%	29%	32%
出口占 GDP 比重	29%	22%	31%	41%	54%	94%	20%	22%	9%
进口占 GDP 比重	29%	31%	42%	38%	49%	87%	25%	29%	17%

注：本表由笔者根据摩洛哥、玻利维亚、马来西亚、葡萄牙和希腊五国需求动力值在不同人均 GDP 值阶段计算得出。

由表 4-20 可得，当小国经济由人均 GDP 200 美元向 1500 美元迈进时，居民消费占 GDP 比重呈现下降趋势；政府消费占 GDP 比重在工业化中前期呈现上升趋势，在中后期呈现下降或稳定趋势；投资占 GDP 比重呈现上升趋势；出口占 GDP 比重和进口占 GDP 比重呈现上升趋势。

2. 需求动力对经济增长的贡献在人均 GDP 增长路径上的变化

仍以玻利维亚、摩洛哥、马来西亚、葡萄牙和希腊五国为例，对小国居民消费、政府消费、投资、出口、进口、净出口六个需求动力对经济增长的贡献在人均国民生产总值 200 美元至 1500 美元时期的变化规律进行归纳。

表 4-21　小国需求动力对经济增长的贡献在工业化阶段的变化

国家	玻利维亚	摩洛哥		马来西亚			葡萄牙	希腊
动力指标＼人均 GDP	200—400 美元	200—400 美元	400—500 美元	200—400 美元	400—800 美元	800—1500 美元	800—1500 美元	900—1500 美元
ΔRC/ΔGDP	71%	62%	61%	55%	49%	42%	71%	36%
ΔGC/ΔGDP	13%	23%	15%	23%	14%	10%	13%	14%
ΔI/ΔGDP	18%	28%	52%	26%	33%	38%	34%	58%
ΔEX/ΔGDP	28%	18%	46%	24%	67%	99%	25%	6%
ΔIM/ΔGDP	30%	32%	74%	28%	62%	89%	43%	14%
ΔNE/ΔGDP	-2%	-13%	-28%	-4%	5%	10%	-18%	-8%

注：本表由笔者根据玻利维亚、摩洛哥、马来西亚、葡萄牙和希腊五国数据计算得出。

由表 4-21 可得，当小国经济由人均 GDP 200 美元向 1500 美元迈进时，居民消费对 GDP 的贡献率呈现下降趋势；政府消费对 GDP 的贡献率呈现下降趋势；投资对 GDP 的贡献率呈现上升趋势；出口对 GDP 的贡献率、进口对 GDP 的贡献率呈现上升趋势；净出口对 GDP 的贡献率因小国出口和进口对经济增长的差异而呈现不同的发展趋势。

（三）后工业化时期（人均 GDP 1500 美元以后）需求驱动机制演变的一般经验

1. 需求动力在人均 GDP 增长路径上的变化

笔者根据现有资料，以葡萄牙、希腊和马来西亚为例，对小国居民消费占 GDP 比重、政府消费占 GDP 比重、投资占 GDP 比重、出口占 GDP 比重、进口占 GDP 比重五个需求动力指标在人均国民生产总值 1500 美元以后时期的变化规律进行归纳。

表 4-22　小国需求动力在后工业化阶段的变化

国家	葡萄牙		希腊		马来西亚	
动力指标＼人均 GDP	1500—3500 美元	3500 美元以后	1500—3500 美元	3500 美元以后	1500 美元	1500 美元以后
居民消费占 GDP 比重	64%	65%	61%	66%	46%	48%
政府消费占 GDP 比重	18%	20%	16%	19%	12%	13%
投资占 GDP 比重	27%	21%	32%	26%	22%	25%
出口占 GDP 比重	27%	31%	14%	21%	96%	88%
进口占 GDP 比重	35%	38%	23%	32%	77%	74%

注：本表由笔者根据葡萄牙、希腊和马来西亚三国需求动力值在不同人均 GDP 值阶段计算得出。

由表 4-22 可得，当小国经济在向人均 GDP 1500 美元以后更高水平迈进时，居民消费占 GDP 比重呈现上升趋势；政府消费占 GDP 比重大多数呈现上升趋势；投资占 GDP 比重大多数呈现下降趋势；出口占 GDP 比重和进口占 GDP 比重大多数呈现上升趋势。

2. 需求动力对经济增长的贡献在人均 GDP 增长路径上的变化

仍以葡萄牙、希腊和马来西亚为例，对小国居民消费、政府消费、投资、出口、进口、净出口六个需求动力对经济增长的贡献在人均国民生产总值 1500 美元以后时期的变化规律进行归纳。

表 4-23 小国需求动力对经济增长的贡献在后工业化阶段的变化

国家 动力指标 人均GDP	葡萄牙		希腊		马来西亚	
	1500—3500 美元	3500 美元以后	1500—3500 美元	3500 美元以后	1500 美元	1500 美元以后
$\Delta RC/\Delta GDP$	65%	73%	65%	65%	42%	89%
$\Delta GC/\Delta GDP$	21%	21%	17%	20%	10%	16%
$\Delta I/\Delta GDP$	23%	21%	26%	33%	30%	28%
$\Delta EX/\Delta GDP$	27%	40%	16%	25%	83%	12%
$\Delta IM/\Delta GDP$	35%	55%	23%	43%	64%	45%
$\Delta NE/\Delta GDP$	-9%	-15%	-7%	-17%	19%	-33%

注：本表由笔者根据葡萄牙、希腊和马来西亚三国数据计算得出。

由表 4-23 可得，当小国经济在向人均 GDP 1500 美元以后更高水平迈进时，居民消费对 GDP 的贡献率基本呈现上升或稳定趋势；政府消费对 GDP 的贡献率呈现稳定或上升趋势；投资对 GDP 的贡献率大多数呈现下降趋势；出口对 GDP 的贡献率、进口对 GDP 的贡献率大多数呈现上升趋势；净出口对 GDP 的贡献率大多数呈现下降趋势。

第三节 大国与小国长期经济增长中需求驱动机制的差异

综合性大国和小国由于自身禀赋的差异，在经济增长过程中需求动力对经济增长的拉动必然呈现不同特点，本章第一节和第二节分别对综合性大国和小国在经济增长过程中需求驱动机制演变规律进行了总结，笔者根据总结内容,将二者的差异予以对比分析,以便能更直观地体现大国经济增长需求驱动机制的特性。

一、大国与小国需求动力型式的差异

(一) 前工业化阶段需求动力型式的差异

如果将综合性大国和小国视为两种不同类型的国家,由表4-24可得,在前工业化阶段,综合性大国和小国居民消费占GDP比重均呈现下降趋势,但从整体上看,综合性大国居民消费占GDP比重下降趋势的位置约低于小国27%—30%;综合性大国和小国政府消费占GDP比重呈现上升的趋势,但从整体上看,综合性大国政府消费占GDP比重上升趋势的位置约高于小国3%—4%;综合性大国和小国投资占GDP比重均呈现上升趋势,但从整体上看,综合性大国投资占GDP比重上升趋势的位置约高于小国23%—24%;综合性大国和小国出口占GDP比重以及进口占GDP比重均呈现上升趋势,但从整体上看,综合性大国出口占GDP比重以及进口占GDP比重的上升幅度比小国更大。

表4-24 综合性大国与小国需求动力型式在前工业化阶段的比较

国家 指标 人均GDP	综合性大国		小国		综合性大国 与小国差异	
	100 美元	200 美元	100 美元	200 美元	100 美元	200 美元
居民消费占GDP比重	55%	51%	85%	78%	-30%	-27%
政府消费占GDP比重	12%	13%	8%	10%	4%	3%
投资占GDP比重	32%	37%	10%	14%	23%	23%
出口占GDP比重	16%	23%	17%	21%	-1%	3%
进口占GDP比重	16%	25%	20%	23%	-5%	2%

注:本表由笔者根据综合性大国和小国的数据计算得出。

(二) 工业化阶段需求动力型式的差异

同理,通过归纳和总结综合性大国和小国在工业化阶段需求动力的变化特征,得到表4-25。在工业化阶段,综合性大国和小国居民消费占GDP比重均呈现下降趋势,但从整体上看,综合性大国居民消费占GDP比重下降趋势的位置约低于小国9%—14%；综合性大国政府消费占GDP比重呈现上升的趋势，但小国政府消费占GDP比重在工业化中前期呈现上升趋势，中后期呈现下降趋势；综合性大国和小国投资占GDP比重均呈现上升趋势，但从整体上看，综合性大国投资占GDP比重上升的幅度比小国小；综合性大国出口占GDP比重以及进口占GDP比重在工业化中前期均呈现上升或平稳趋势，中后期均呈现下降趋势，但小国出口占GDP比重以及进口占GDP比重在整个工业化阶段均呈现上升趋势。

表 4-25 综合性大国与小国需求动力型式在工业化阶段的比较

国家 指标\人均GDP	综合性大国			小国			综合性大国与小国差异		
	200— 400 美元	400— 800 美元	800— 1500 美元	200— 400 美元	400— 800 美元	800— 1500 美元	200— 400 美元	400— 800 美元	800— 1500 美元
居民消费占GDP比重	53%	51%	49%	67%	60%	59%	-14%	-9%	-10%
政府消费占GDP比重	14%	14%	16%	14%	15%	12%	0%	-1%	4%
投资占GDP比重	26%	30%	30%	21%	29%	31%	5%	1%	-1%
出口占GDP比重	26%	26%	24%	31%	35%	42%	-5%	-9%	-18%
进口占GDP比重	19%	20%	19%	33%	39%	44%	-14%	-19%	-25%

注：本表由笔者根据综合性大国和小国的数据计算得出。

(三) 后工业化阶段需求动力型式的差异

同理，通过归纳和总结综合性大国和小国在后工业化阶段需求动力的变化特征，得到表4-26。在工业化阶段，综合性大国和小国居民消费占GDP比重均呈现上升趋势，但从整体上看，综合性大国居民消费占GDP比重下降趋势的位置约低于小国2%；综合性大国政府消费占GDP比重呈现稳定发展趋势，但小国政府消费占GDP比重呈现上升趋势；综合性大国投资占GDP比重呈现稳定发展趋势，但小国投资占GDP比重则呈现下降趋势；综合性大国和小国出口占GDP比重以及进口占GDP比重均呈现上升趋势，但从整体上看，综合性大国出口占GDP比重上升趋势的位置约低于小国16%，进口占GDP比重上升趋势的位置约低于小国24%—25%。

表 4-26 综合性大国与小国需求动力型式在后工业化阶段的比较

国家 指标 人均 GDP	综合性大国		小国		综合性大国 与小国差异	
	1500— 3500 美元	3500 美元 以后	1500— 3500 美元	3500 美元 以后	1500— 3500 美元	3500 美元 以后
居民消费占 GDP 比重	60%	63%	62%	65%	-2%	-2%
政府消费占 GDP 比重	16%	16%	16%	20%	0%	-4%
投资占 GDP 比重	23%	23%	29%	25%	-6%	-2%
出口占 GDP 比重	5%	9%	21%	25%	-16%	-16%
进口占 GDP 比重	4%	10%	28%	35%	-24%	-25%

注：本表由笔者根据综合性大国和小国的数据计算得出。

二、大国与小国需求动力对经济增长拉动作用的差异

（一）前工业化阶段需求动力对经济增长贡献的差异

同理，通过综合和归纳综合性大国和小国各种需求动力对经济增长的贡献率，可以清楚地判别两种不同类型的国家需求动力对经济增长贡献的差异。表 4-27 展示了综合性大国和小国各种需求动力在前工业化阶段对经济增长贡献的不同。在前工业化阶段，综合性大国和小国居民消费需求动力对经济增长的贡献均呈现下降趋势，但从整体上看，综合性大国居民消费需求动力对经济增长的贡献约低于小国居民消费需求动力对经济增长的贡献 24%—29%；综合性大国政府消费需求动力对经济增长的贡献基本保持稳定，小国政府消费需求动力对经济增长的贡献呈现上升趋势；综合性大国和小国投资需求动力对经济增长的贡献均呈现上升趋势，但从整体上看，综合性大国投资需求动力对经济增长的贡献约高于小国居民消费需求动力对经济增长的贡献 18%—22%；综合性大国和小国出口需求动力对经济增长的贡献均呈现上升趋势，但从整体上看，综合性大国出口需求动力对经济增长的贡献约高于小国出口需求动力对经济增长的贡献 14%；综合性大国和小国进口需求动力对经济增长的负贡献均呈现上升趋势，但从整体上看，综合性大国进口需求动力对经济增长的负贡献约高于小国进口需求动力对经济增长的负贡献 7%—8%；综合性大国和小国净出口需求动力对经济增长的贡献均呈现下降趋势，

但从整体上看,综合性大国净出口需求动力对经济增长的贡献约高于小国净出口需求动力对经济增长的贡献6%—7%。

表4-27 综合性大国与小国需求动力对经济增长的贡献在前工业化阶段的比较

国家 指标	综合性大国		小国		综合性大国 与小国差异	
人均GDP	100 美元	200 美元	100 美元	200 美元	100 美元	200 美元
$\Delta RC/\Delta GDP$	53%	47%	83%	72%	-29%	-24%
$\Delta GC/\Delta GDP$	14%	14%	8%	18%	6%	-5%
$\Delta I/\Delta GDP$	35%	44%	17%	22%	18%	22%
$\Delta EX/\Delta GDP$	16%	33%	3%	18%	14%	14%
$\Delta IM/\Delta GDP$	19%	37%	11%	30%	8%	7%
$\Delta NE/\Delta GDP$	-2%	-5%	-8%	-12%	6%	7%

注:本表根据综合性大国和小国的数据计算得出。

(二) 工业化阶段需求动力对经济增长贡献的差异

表4-28展示了综合性大国和小国各种需求动力在工业化阶段对经济增长贡献的不同。在工业化中前期,综合性大国和小国居民消费对GDP的贡献率均呈现下降趋势,但综合性大国居民消费对GDP的贡献率约低于小国居民消费对GDP的贡献率4%—5%;政府消费对GDP的贡献率均呈现下降趋势,但综合性大国政府消费对GDP的贡献率约低于小国政府消费对GDP的贡献率3%—10%;投资对GDP的贡献率均呈现上升趋势,但综合性大国投资对GDP的贡献率的上升趋势比小国投资对GDP的贡献率的上升趋势更平稳;综合性大国出口对GDP的贡献率均呈现下降趋势,但小国出口对GDP的贡献率均呈现上升趋势;综合性大国进口对GDP的负贡献率呈现下降趋势,但小国进口对GDP的负贡献率呈现上升趋势;综合性大国净出口对GDP的贡献率呈现上升趋势,但小国净出口对GDP的贡献率呈现下降趋势。

表 4-28　综合性大国与小国需求动力对经济增长的贡献在工业化阶段的比较

国家 指标 人均GDP	综合性大国			小国			综合性大国与小国差异		
	200—400美元	400—800美元	800—1500美元	200—400美元	400—800美元	800—1500美元	200—400美元	400—800美元	800—1500美元
ΔRC/ΔGDP	55%	50%	51%	59%	55%	—	-4%	-5%	—
ΔGC/ΔGDP	13%	12%	15%	23%	15%	—	-10%	-3%	—
ΔI/ΔGDP	33%	35%	—	27%	43%	—	6%	-8%	—
ΔEX/ΔGDP	27%	23%	17%	21%	57%	—	6%	-34%	—
ΔIM/ΔGDP	28%	19%	—	30%	68%	—	-2%	-49%	—
ΔNE/ΔGDP	0%	3%	—	-9%	-12%	—	9%	15%	—

注：(1) 本表由笔者根据综合性大国和小国的数据计算得出。(2) 在归纳综合性大国在工业化阶段需求动力对经济增长的贡献时，由于俄罗斯在1999—2013年属于经济恢复期，不属于首次工业化进程国家，因此笔者未对俄罗斯进行总结和归纳；同时，在工业化中后期，中国和巴西的投资和进口需求对经济增长的贡献变化方向完全相反，因此在这一时期，综合性大国投资和出口需求对经济增长的贡献无法进行有效归纳，因此为空。(3) 在本研究的小国样本中，由于缺乏有效数据，无法有效归纳小国需求动力对经济增长的贡献在工业化中后期的变化规律，因此为空。

（三）后工业化阶段需求动力对经济增长贡献的差异

表4-29展示了综合性大国和小国各种需求动力在后工业化阶段对经济增长贡献的不同。在后工业化阶段，综合性大国和小国居民消费对GDP的贡献率均呈现上升趋势，但综合性大国居民消费对GDP的贡献率约低于小国居民消费对GDP的贡献率6%—10%；综合性大国政府消费对GDP的贡献率呈现下降趋势，但小国政府消费对GDP的贡献率呈现上升趋势；综合性大国和小国投资对GDP的贡献率均呈现小幅上升趋势，但综合性大国投资对GDP的贡献率约低于小国投资对GDP的贡献率1%；综合性大国和小国出口对GDP的贡献率均呈现上升趋势，但综合性大国出口对GDP的贡献率低于小国出口对GDP的贡献率17%—23%；综合性大国和小国进口对GDP的负贡献率均呈现上升趋势，但综合性大国进口对GDP的负贡献率约低于小国进口对GDP的贡献率26%—34%；综合性大国和小国净出口对GDP的贡献率呈现下降趋势，但综合性大国净出口对GDP的贡献率约低于小国净出口对GDP的贡献率10%—12%。

表 4-29　综合性大国与小国需求动力对经济增长的贡献在后工业化阶段的比较

国家 指标	综合性大国		小国		综合性大国与小国差异	
人均GDP	1500— 3500美元	3500美元 以后	1500— 3500美元	3500美元 以后	1500— 3500美元	3500美元 以后
$\Delta RC/\Delta GDP$	55%	63%	65%	69%	-10%	-6%
$\Delta GC/\Delta GDP$	18%	15%	19%	21%	-1%	-6%
$\Delta I/\Delta GDP$	25%	26%	25%	27%	0%	-1%
$\Delta EX/\Delta GDP$	5%	10%	22%	33%	-17%	-23%
$\Delta IM/\Delta GDP$	3%	15%	29%	49%	-26%	-34%
$\Delta NE/\Delta GDP$	2%	-4%	-8%	-16%	10%	12%

注：本表由笔者根据综合性大国和小国的数据计算得出。

第五章

大国短期经济增长目标实现与需求驱动机制差异
——以工业化阶段为例

第一节　工业化阶段大国短期经济增长目标实现的差异

经济增长与需求驱动机制的理论关系表明，经济增长是目标，需求驱动机制是手段。尽管各个大国在工业化阶段需求驱动机制的演变趋势大体相同，但各国之间也存在着细微的差别。现实中，中国、印度、巴西、俄罗斯、美国等综合性大国的经济增长表现各不相同，这种经济增长的不同表现是否与经济增长的需求驱动机制存在必然联系？这就需要对综合性大国在短期增长阶段的各种短期增长目标的实现程度，以及与此有必然关联的需求驱动机制进行对比分析，从而发现短期增长目标实现与需求驱动机制变化的必然联系。

一、大国短期经济增长目标设定的原则

短期经济增长目标是各国在长期经济增长过程中针对某一时期本国特定的需要而对这一时期的经济增长加以宏观调控，从而实现国家经济战略意图的打算或计划。根据这一定义，大国设定短期经济增长目标的主要原则是能够恰当地满足本国在特定时期对经济增长的需要，这种需要可是单一性的，

又可是复合性的，单一性经济增长需要即经济增长单一性目标，复合性经济增长需要即经济增长多样性目标。从现实发展来看，各个综合性大国的国情存在差异性，同时又存在不同的经济发展理念，因此在短期内，经济增长目标的设定存在着多种可能性，既可能存在单一性目标需求，也有可能存在多样性目标需求。

二、大国短期经济增长目标的类型

根据现有文献，经济增长内涵主要包括两个方面的内容，一是经济增长的数量方面，这一方面可以用经济增长速度，如经济增长率指标或经济增长规模如GDP总量指标来衡量。二是经济增长质量方面，这一方面可以衡量的指标有许多，如李洪侠认为经济增长质量就是在保持一定增长速度的基础上，要更加注重经济的平衡、协调和可持续发展。[190]刘世锦认为经济增长质量包涵"六可"指标：企业可盈利、就业可充分、民生可改善、风险可控制、财政可增收、资源环境可持续。[191]王文博提出经济增长质量需要建立集约型增长程度、投入产出质量、生产要素组合质量、提高生产要素效率、提高生产要素再配置质量、经济增长稳定程度、市场创新生产能力等方面的指标来衡量。[192]综合上述学者的意见，经济增长质量主要体现在经济增长的国民福利性、经济增长的平稳性和经济增长的集约性等方面。因此，经济增长内涵实质上反映了综合性大国在短期内可能对经济增长调控的所有要求即包含所有可能设定的增长目标。具体而言，可以包括以下单一性目标或多种目标的组合：一是追求经济增长较快速度和较大规模，二是追求经济增长中国民福利水平提高，三是追求经济平稳增长，四是追求经济集约增长。当国家确定某一特定时期的增长目标后，将会运用包括需求驱动机制构建与调整等在内的各种宏观调控手段对经济增长加以干预，以期实现预设的增长目标。

三、工业化阶段大国短期经济增长目标实现程度的比较

（一）大国短期经济增长目标实现程度的比较标准

要比较各个大国工业化阶段不同的短期增长目标的实现程度，其首要前提是确定各个大国的短期增长目标能够被相关指标体系衡量。根据前文分析，在工业化阶段，各个大国可能选择追求较快和较大规模的经济增长、经济增

长过程国民福利水平提高、经济保持平稳增长、经济实现集约增长四种目标的一种或多种作为短期增长目标，但由于这些短期增长目标由经济增长的内涵所确定，因此，笔者根据经济增长的内涵要求，选择经济平均增长率和平均 GDP 增加值、国民福利损失程度、经济增长平均波动率水平、生产要素平均产出效率水平五个指标，来衡量经济较快增长、国民福利水平提高、经济平稳增长和经济集约增长目标的内涵。

1. 经济平均增长率

经济增长率是衡量经济增长快慢的指标。一般而言，在某一特定经济增长阶段内，这一阶段每年的经济增长率之和除以这一阶段的年份数量表示这一阶段经济的平均增长率。如果某一国家在这一阶段的平均增长率较高，则表明这一阶段该国的需求驱动机制拉动经济增长的效率高，反之则相反。

2. 国民福利损失程度

国民福利损失程度反映一个国家在经济增长过程中该国的国民所享受的经济福利（物质消费福利）增长相对于经济增长的情况，如果国民所享受的经济福利增长超过了同期经济增长的水平，则表明该国在该时期国民福利水平得到提升和改善；反之，则表明国民福利水平下降和恶化。国民福利损失程度等于同期经济增长率与居民消费增长率之差。一般而言，国民福利损失程度越高，表明在这一时期内该国的国民所享用的福利水平越低，经济增长质量水平越差，反之则相反。

3. 经济增长平均波动率水平

经济增长波动率衡量的是一个国家经济增长的平稳程度，也是衡量经济增长质量的重要指标。在经济增长的高级阶段，通常可以以偏离经济增长的稳态程度来衡量经济增长的波动率水平；但在经济增长的初、中级阶段，保持经济增长的稳态水平是保持经济平稳增长的必然要求，因此在经济增长的初、中级阶段，测量经济增长的波动率水平，可以以偏离经济增长稳态匀速增加水平的程度来表示。偏离程度越大，则表明经济增长的波动程度越高，经济增长质量越差，进而反映该国的需求驱动机制拉动经济增长的效率越低，反之则相反。

4. 生产要素产出效率水平

生产要素产出效率是衡量一个国家经济增长的集约程度，也是反映经济增长质量的重要指标。通常而言，一个国家在生产过程中，投入要素越少，生产产品越多，这就表明经济增长越有效率，经济增长的集约程度越高。在现代经济增长理论中，通常以生产要素的边际生产率指标来衡量，生产要素的边际生产率越大，表明生产要素对经济增长的贡献越大，经济的集约程度越高，进而反映该国的需求驱动机制拉动经济增长的效率越高，反之则相反。

（二）大国短期经济增长目标实现程度的比较

由于受到相关数据的限制，笔者在此仅对工业化阶段中国、巴西、印度和俄罗斯四个综合性大国进行比较。

1. 基于增长速度目标的比较

根据经济增长速度目标的内涵，笔者利用经济平均增长率指标在四个综合性大国之间进行比较，比较结果见表5-1。

表5-1 综合性大国在工业化阶段基于增长速度的比较

指标 国家	年均增长率	
中国	人均GDP 200美元至1100美元（1964年美元标准）	9.86%
巴西	人均GDP 200美元至1300美元（1964年美元标准）	4.53%
俄罗斯	人均GDP 300美元至1300美元（1964年美元标准）	6.90%
印度	人均GDP 200美元时期（1964年美元标准）	6.97%

注：本表数据由笔者根据世界银行WDI数据库中的四国统计数据计算得到。

根据霍利斯·钱纳里根据人均国民收入划分工业化阶段的标准，中国2000年人均国内生产总值达到213美元，这标志着中国开始进入工业化初期，2013年人均国内生产总值达到1174美元，仍处于工业化后期，2000年至2013年期间，中国经济平均增长率达到9.86%；巴西1961年人均国内生产总值达到211美元，这标志着巴西开始进入工业化初期，2007年人均国内生产总值达到1360美元，工业化阶段基本结束，1961年至2007年期间，巴西经济平均增长率达到4.53%；俄罗斯1999年人均国生产总值跌至306美元，2006年人均国内生产总值恢复到1348美元，1999年至2006年期间，俄罗斯经济平均增长率达到 6.90%；印度 2007 年人均国内生产总值达到 202 美元，这标志着印度开始进入工业化初期，2013 年人均国内生产总值达到 258 美元，但仍处于工业化初期，2007 年至 2013 年期间，印度经济平均增长率达到 6.97%。

综上所述，以经济平均增长率指标来衡量中国、巴西、俄罗斯和印度四个综合性大国的增长速度目标的实现程度，从表 5-1 可以看出，按经济平均增长率比较，中国在四个综合性大国中均排在第一位，其后依次为印度、俄罗斯和巴西。

2. 基于国民福利目标的比较

根据经济增长的国民福利目标内涵以及度量指标，笔者以工业化阶段人均 GDP 300 美元至 1100 美元（1964 年美元标准）这一时期为基准，以国民福利损失程度指标来衡量综合性大国在这一时期经济增长的国民福利目标的实现程度。

表 5-2　工业化阶段大国国民福利目标实现程度的比较①

指标 国家	工业化阶段经济 平均增长率	工业化阶段居民消费 平均增长率	工业化阶段国民福利 的损失程度
中国	10.22%	7.32%	2.90%
巴西	4.59%	4.49%	0.10%
俄罗斯	6.73%	7.76%	-1.03%

由表 5-2 可知，在综合性大国中，中国在工业化阶段人均 GDP 300 美元至 1100 美元时期，经济平均增长率为 10.22%，居民的消费平均增长率为 7.32%，居民的消费增长赶不上经济的增长水平，国民的福利大约损失了 2.9%；巴西在工业化阶段人均 GDP 300 美元至 1100 美元时期，经济平均增长率为 4.59%，居民的消费平均增长率为 4.49%，居民的消费增长赶不上经济的增长水平，国民的福利大约损失了 0.1%；俄罗斯在工业化阶段人均 GDP 300 美元至 1100 美元时期，经济平均增长率为 6.73%，居民的消费平均增长

---

① 由于印度暂处工业化阶段人均 GDP 200 美元时期，无法进行同期比较，故在表 5-2 中未加入印度。

率为 7.76%，居民的消费增长超过了经济的增长水平，国民的福利大约增加了 1.03%。

因此，如果以国民福利损失程度指标来衡量中国、巴西、俄罗斯三个综合性大国在工业化阶段国民福利目标的实现程度，从表 5-2 可以看出，俄罗斯的国民福利目标实现程度最高，其次为巴西，最后为中国。

3. 基于平稳增长目标的比较

根据前文经济平稳增长目标内涵的理论阐述，笔者利用单位需求产出波动率指标对四个综合性大国进行比较。由于笔者选择比较研究的时段为工业化阶段，中国、巴西、印度和俄罗斯四个综合性大国在此阶段的目标必然是追求单位需求产出匀速提升变化的平稳增长。因此，通过测量各国经济单位需求产出的波动率水平，即测量各国历年实际单位需求产出偏离理论的单位需求产出匀速提升变化的程度，就可比较中国、巴西、印度和俄罗斯四个综合性大国在工业化阶段实现经济平稳增长目标的程度。笔者根据相关数据分别对中国、巴西、印度和俄罗斯四个国家在工业化阶段实际的单位需求产出偏离理论的单位需求产出匀速提升变化的程度进行测算。

（1）中国工业化阶段经济偏离稳态增长匀速增加水平的程度

根据世界银行对中国历年统计的人均 GDP 美元标准，再根据美国的 GDP 平减指数将历年的人均 GDP 折算成 1964 年美元标准，中国在 2000 年人均国内生产总值达到 213 美元，2013 年达到 1174 美元。根据霍利斯·钱纳里按人均国民收入划分工业化阶段的标准，中国自 2000 年进入工业化初期，2013 年仍处于工业化阶段后期。根据表 5-3，假定中国经济在工业化阶段追求每年 1% 的速度匀速增长，那么从实际情况来看，实际单位需求产出与假定的单位需求产出相比较，实际的经济增长在部分年份快于假定的匀速增长，在部分年份慢于假定的匀速增长，其实际偏离程度平均达到 3.67%；假定中国经济在工业化阶段追求每年 3% 的速度匀速增长，那么从实际情况来看，实际的经济增长慢于假定的匀速增长，其实际偏离程度平均达到 13.90%。

表 5-3 工业化阶段中国实际经济偏离单位需求产出匀速提升变化平稳增长的程度

年份	实际每年平均单位需求产出（元）	假定经济每年保持比上一年增长1%的增速增长	实际增长与假定每年增长1%的匀速增长的偏离值	实际增长与假定每年增长1%的匀速增长的偏离程度（%）	假定经济每年保持比上一年增长3%的增速增长	实际增长与假定每年增长3%的匀速增长的偏离值	实际增长与假定每年增长3%的匀速增长的偏离程度（%）
2000	1.17	—	—	—	—	—	—
2001	1.19	1.18	0.01	0.87	1.20	-0.01	1.08
2002	1.18	1.19	-0.01	0.69	1.24	-0.06	4.51
2003	1.16	1.20	-0.04	3.36	1.27	-0.11	8.88
2004	1.13	1.21	-0.08	6.48	1.31	-0.18	13.54
2005	1.12	1.22	-0.11	8.75	1.35	-0.23	17.27
2006	1.13	1.24	-0.11	8.63	1.39	-0.26	18.77
2007	1.14	1.25	-0.11	8.92	1.43	-0.30	20.60
2008	1.20	1.26	-0.06	4.80	1.48	-0.27	18.63
2009	1.35	1.27	0.08	5.92	1.52	-0.17	11.21
2010	1.29	1.29	0.00	0.32	1.57	-0.27	17.54
2011	1.29	1.30	-0.01	1.14	1.61	-0.33	20.32
2012	1.32	1.31	0.01	0.39	1.66	-0.34	20.66
2013	1.34	1.33	0.01	1.11	1.71	-0.37	21.64
平均	1.13	1.16	-0.03	3.67	1.34	-0.21	13.90

注：本表数据由笔者根据世界银行 WDI 数据库中的中国统计数据计算得到。

(2) 巴西工业化阶段经济偏离稳态增长匀速增加水平的程度

根据世界银行对巴西历年统计的人均 GDP 美元标准，再根据美国的 GDP 平减指数将历年的人均 GDP 折算成 1964 年美元标准，巴西在 1961 年人均国内生产总值达到 211 美元，2008 年达到 1599 美元。根据霍利斯·钱纳里按人均国民收入划分工业化阶段的标准，巴西自 1961 年进入工业化初期，2008 年已基本完成工业化。根据表 5-4，假定巴西经济在工业化阶段追求每年 1% 或 3% 的速度匀速增长，那么从实际情况来看，实际单位需求产出与假定的单位需求产出相比较，实际的经济增长慢于假定的匀速增长。如果按照保持每年 1% 的速度匀速增长，其实际偏离程度平均达到 33.05%；如果按照保持每年 3% 的速度匀速增长，其实际偏离程度平均达到 130.39%。

表 5-4 工业化阶段巴西实际经济偏离单位需求产出匀速提升变化平稳增长的程度

年份	实际每年平均单位需求产出（元）	假定经济每年保持比上一年增长 1% 的增速增长（%）	实际增长与假定每年增长 1% 的匀速增长的偏离值	实际增长与假定每年增长 1% 的匀速增长的偏离程度（%）	假定经济每年保持比上一年增长 3% 的增速增长（%）	实际增长与假定每年增长 3% 的匀速增长的偏离值	实际增长与假定每年增长 3% 的匀速增长的偏离程度（%）
1961	1.16	—	—	—	—	—	—
1962	1.17	1.17	−0.01	0.53	1.20	−0.03	2.52
1963	1.11	1.19	−0.07	6.60	1.23	−0.12	10.86
1964	1.15	1.20	−0.05	4.34	1.27	−0.12	10.66
1965	1.17	1.21	−0.04	3.51	1.31	−0.14	11.96
1966	1.16	1.22	−0.06	5.24	1.35	−0.19	16.08
1967	1.13	1.23	−0.11	9.69	1.39	−0.26	23.39
1968	1.14	1.25	−0.11	9.35	1.43	−0.29	25.43
1969	1.19	1.26	−0.07	6.04	1.47	−0.29	24.05
1970	1.15	1.27	−0.12	10.54	1.52	−0.37	31.88
1971	1.15	1.28	−0.14	11.79	1.56	−0.41	36.01
1972	1.14	1.30	−0.16	13.76	1.61	−0.47	41.14
1973	1.16	1.31	−0.15	13.04	1.66	−0.50	43.03
1974	1.13	1.32	−0.19	17.13	1.71	−0.58	51.14
1975	1.18	1.34	−0.16	13.19	1.76	−0.58	48.94
1976	1.16	1.35	−0.19	16.55	1.81	−0.65	56.40
1977	1.16	1.36	−0.20	17.07	1.87	−0.70	60.22
1978	1.18	1.38	−0.20	16.93	1.92	−0.74	63.19
1979	1.16	1.39	−0.23	20.21	1.98	−0.82	71.09
1980	1.14	1.41	−0.27	23.59	2.04	−0.90	79.38
1981	1.15	1.42	−0.27	23.06	2.10	−0.95	82.15
1982	1.15	1.43	−0.29	24.96	2.16	−1.02	88.62
1983	1.08	1.45	−0.36	33.65	2.23	−1.15	105.75
1984	1.08	1.46	−0.38	34.78	2.30	−1.21	111.59
1985	1.14	1.48	−0.34	29.80	2.36	−1.23	107.80
1986	1.15	1.49	−0.35	30.15	2.44	−1.29	112.49

(续表)

年份	实际每年平均单位需求产出（元）	假定经济每年保持比上一年增长1%的增速增长（%）	实际增长与假定每年增长1%的匀速增长的偏离值	实际增长与假定每年增长1%的匀速增长的偏离程度（%）	假定经济每年保持比上一年增长3%的增速增长（%）	实际增长与假定每年增长3%的匀速增长的偏离值	实际增长与假定每年增长3%的匀速增长的偏离程度（%）
1987	1.19	1.51	-0.31	26.37	2.51	-1.32	110.40
1988	1.21	1.52	-0.32	26.24	2.58	-1.38	114.35
1989	1.27	1.54	-0.26	20.72	2.66	-1.39	109.04
1990	1.15	1.55	-0.40	34.71	2.74	-1.59	137.89
1991	1.13	1.57	-0.43	38.17	2.82	-1.69	148.83
1992	1.12	1.58	-0.47	41.62	2.91	-1.79	160.09
1993	1.13	1.60	-0.47	41.12	2.99	-1.86	164.30
1994	1.15	1.62	-0.47	40.54	3.08	-1.94	168.42
1995	1.10	1.63	-0.53	48.03	3.18	-2.08	188.33
1996	1.09	1.65	-0.55	50.46	3.27	-2.18	198.87
1997	1.09	1.66	-0.57	52.41	3.37	-2.28	208.74
1998	1.09	1.68	-0.59	54.46	3.47	-2.38	219.08
1999	1.06	1.70	-0.64	60.31	3.58	-2.52	237.72
2000	1.07	1.71	-0.64	60.29	3.68	-2.61	244.36
2001	1.05	1.73	-0.68	65.31	3.79	-2.75	262.19
2002	1.04	1.75	-0.71	68.57	3.91	-2.87	276.64
2003	1.04	1.77	-0.73	70.11	4.02	-2.99	287.61
2004	1.05	1.78	-0.74	70.25	4.15	-3.10	295.62
2005	1.05	1.80	-0.75	71.75	4.27	-3.22	306.99
2006	1.06	1.82	-0.76	72.36	4.40	-3.34	316.54
2007	1.07	1.84	-0.77	71.89	4.53	-3.46	323.63
2008	1.08	1.86	-0.78	72.24	4.67	-3.59	332.90
平均	1.10	1.50	-0.36	33.05	2.51	-1.43	130.39

注：本表数据由笔者根据世界银行 WDI 数据库中的巴西统计数据计算得到。

(3) 俄罗斯工业化阶段经济偏离稳态增长匀速增加水平的程度

根据世界银行对俄罗斯历年统计的人均 GDP 美元标准，再根据美国的 GDP 平减指数将历年的人均 GDP 折算成 1964 年美元标准，俄罗斯在 1999 年因剧烈的政治经济变化而使人均国内生产总值降到工业化以来的最低值 306

美元,2007年又重新达到1729美元。根据霍利斯·钱纳里按人均国民收入划分工业化阶段的标准,俄罗斯从1999年至2007年属于再工业化阶段。根据表5-5,假定俄罗斯经济在工业化阶段追求每年1%的速度匀速增长,那么从实际情况来看,实际的经济增长总是快于假定的匀速增长,实际偏离程度平均达到4.34%;假定俄罗斯经济在工业化阶段追求每年3%的速度匀速增长,那么从实际情况来看,实际的经济增长在工业化初期快于假定的匀速增长,在工业化后期慢于假定的匀速增长,其实际偏离程度平均达到5.87%。

表5-5 工业化阶段俄罗斯实际经济偏离单位需求产出匀速提升变化平稳增长的程度

年份	实际每年平均单位需求产出(元)	假定经济每年保持比上一年增长1%的增速增长(%)	实际增长与假定每年增长1%的匀速增长的偏离值	实际增长与假定每年增长1%的匀速增长的偏离程度(%)	假定经济每年保持比上一年增长3%的增速增长(%)	实际增长与假定每年增长3%的匀速增长的偏离值	实际增长与假定每年增长3%的匀速增长的偏离程度(%)
1999	0.90	—	—	—	—	—	—
2000	0.95	0.91	0.04	4.45	0.93	0.02	2.55
2001	0.98	0.92	0.06	6.30	0.95	0.03	2.56
2002	0.96	0.93	0.03	3.39	0.98	-0.02	2.47
2003	0.97	0.93	0.04	3.72	1.01	-0.04	4.14
2004	0.99	0.94	0.04	4.41	1.04	-0.05	5.43
2005	0.99	0.95	0.03	3.30	1.07	-0.09	8.78
2006	1.00	0.96	0.04	3.87	1.10	-0.10	10.27
2007	1.03	0.97	0.05	5.30	1.14	-0.11	10.79
平均	0.98	0.94	0.04	4.34	1.03	-0.04	5.87

注:本表数据由笔者根据世界银行WDI数据库中的俄罗斯统计数据计算得到。

(4)印度工业化阶段经济偏离稳态增长匀速增加水平的程度

根据世界银行对印度历年统计的人均GDP美元标准,再根据美国的GDP平减指数将历年的人均GDP折算成1964年美元标准,印度在2007年人均国内生产总值达到202美元,2013年达到258美元。根据霍利斯·钱纳里按人均国民收入划分工业化阶段的标准,印度自2007年进入工业化初期,2013年仍处于工业化阶段初期。根据表5-6,假定印度经济在工业化阶段追求每年1%或3%的速度匀速增长,那么从实际情况来看,实际的经济增长慢于假定的匀速增长。如果按照保持每年1%的速度匀速增长,其实际偏离程度平均达到 10.28%；如果按照保持每年 3% 的速度匀速增长，其实际偏离程度平均达到 16.07%。

表 5-6　工业化阶段印度实际经济偏离单位需求产出匀速提升变化平稳增长的程度

年份	实际每年平均单位需求产出（元）	假定经济每年保持比上一年增长1%的增速增长（%）	实际增长与假定每年增长1%的匀速增长的偏离值	实际增长与假定每年增长1%的匀速增长的偏离程度（%）	假定经济每年保持比上一年增长3%的增速增长（%）	实际增长与假定每年增长3%的匀速增长的偏离值	实际增长与假定每年增长3%的匀速增长的偏离程度（%）
2007	1.16	—	—	—	—	—	—
2008	1.07	1.17	-0.10	8.15	1.19	-0.12	9.93
2009	1.12	1.18	-0.06	4.96	1.23	-0.11	8.62
2010	1.11	1.19	-0.08	6.61	1.26	-0.15	11.95
2011	1.07	1.20	-0.14	11.50	1.30	-0.24	18.17
2012	1.04	1.22	-0.18	14.39	1.34	-0.30	22.39
2013	1.03	1.23	-0.20	16.07	1.38	-0.35	25.38
平均	1.07	1.20	-0.12	10.28	1.29	-0.21	16.07

注：本表数据由笔者根据世界银行 WDI 数据库中的印度统计数据计算得到。

根据各国在工业化阶段实际经济增长偏离稳态增长匀速增加水平程度的测算结果，笔者对四个国家进行具体比较，比较结果见表 5-7。

表 5-7　综合性大国在工业化阶段基于平稳增长目标的比较

国家	实际增长与假定每年增长1%的匀速增长的偏离程度（%）	排名	实际增长与假定每年增长3%的匀速增长的偏离程度（%）	排名
中国	3.67	第四	13.90	第三
巴西	33.05	第一	130.39	第一
俄罗斯	4.34	第三	5.87	第四
印度	10.28	第二	16.07	第二

注：本表数据来源于表 5-3、表 5-4、表 5-5、表 5-6。

如果以经济增长平均波动率指标来衡量中国、巴西、俄罗斯和印度四个综合性大国在工业化阶段平稳增长目标的实现程度，从表 5-7 可以看出，按照实际增长与假定每年增长 1% 的匀速增长的偏离程度看，在四个综合性大国中，巴西实际经济增长偏离单位需求产出匀速提升变化的平稳增长程度是最大的，平稳增长目标实现程度最低，其后依次为印度、俄罗斯、中国；如果按照实际增长与假定每年单位需求产出增长3%的匀速增长的偏离程度看，巴西偏离单位需求产出匀速提升变化的平稳增长程度仍然是最大的，平稳增长目标实现程度最低，其后依次为印度、中国、俄罗斯。

4. 基于集约增长目标的比较

根据经济集约增长目标的内涵，笔者利用生产要素产出效率水平指标来衡量四个综合性大国的集约增长程度。

根据新古典经济增长理论，一个国家的经济增长主要依靠技术、劳动力和资本等生产要素的投入，生产要素投入越小，经济产出越大，表明经济增长的集约程度越高；生产要素投入越多，经济产出越小，表明经济增长的集约程度越低。为考察生产要素的生产效率问题，笔者在此利用C—D生产函数模型加以实证分析。

在假定技术不变的前提下，新古典经济增长理论认为劳动力和资本是经济增长的两种主要投入要素，即经济产出函数被假定为：

$$Y_t = F(L_t, K_t) \tag{5.1}$$

若写成C—D形式，得：

$$Y_t = AL_t^\alpha K_t^\beta \tag{5.2}$$

对（5.2）式两边同时取对数，得：

$$\text{IN}Y_t = \text{IN}A + \alpha\text{IN}L_t + \beta\text{IN}K_t \tag{5.3}$$

其中，A为技术进步因素，为常数；L_t为当期劳动力；K_t为当期物质资本存量，即上期资本存量加上当期投资。α、β分别为劳动力和资本的产出弹性，即资本、劳动力要素每增加1%，产出能够增加百分之几。生产要素的产出弹性衡量了各投入要素对产出的贡献，生产要素产出弹性越大，对产出的贡献也就越大，即生产要素的产出效率也就越大。

在现代经济增长的过程中，一个国家的经济由于受到经济体制结构变化等多种因素的影响，投入要素对产出的影响可能服从多种机制。在某一阶段，如果投入要素（尤其是资本要素）在某些结构因素的影响下能增加产出，说明该国经济在这一阶段实现集约增长，反之则亦然。为判断中国、巴西、俄罗斯和印度四个综合性大国工业化阶段经济增长的集约性，笔者在此拟构建一个阈值协整计量方程模型予以揭示。

如前所述，经典的 C—D 生产函数虽然考虑了生产技术水平、劳动力和资本三种投入要素与产出的关系，但对经济增长的环境或条件的改变，如需求驱动机制内部结构的变化等因素对经济增长的影响却没有反映。因此，如果在 C—D 生产函数中考虑需求驱动机制内部结构因素的变化，模型（5.3）式所反映的投入要素对经济增长的效应就可能随需求动力结构的变化产生差异。为体现这种差异，将模型（5.3）式修正为：

$$\text{INY}_t = (\alpha_1 \text{INL}_t + \beta_1 \text{INK}_t) + (\alpha_2 \text{INL}_t + \beta_2 \text{INK}_t)(tv_t > \varphi) + u_t \quad (5.4)$$

上式可简记为：

$$\text{INY}_t = \theta_1' X + \theta_2' X I(tv_t > \varphi) + u_t \quad (5.5)$$

在模型（5.5）式中，$\theta_2 = (\alpha_2, \beta_2)$，$X = (\text{INL}_t, \text{INK}_t)$。$I(\cdot)$ 是以 tv_t（如需求驱动机制的结构）为阈值变量的示性函数，φ 为阈值。示性函数 $I(\cdot)$ 取值为 1 和 0，当满足括号中的条件时为 1，不满足条件为 0。模型（5.5）式可以度量资本、劳动力两个投入要素变量因阈值变量 tv_t 的变化，即当阈值变量 tv_t 大于、等于或小于估计的阈值 $\hat{\varphi}$ 时，而对经济增长产生显著差异的效应，也即投入要素对经济增长因阈值变量变化而具有非线性转换特征。

模型（5.5）式是一种单阈值的两机制模型。Hansen（1999）认为可以根据阈值变量的不同，进一步地将其扩展为双阈值的三机制模型。[193] 相应地，模型（5.5）式可修改为（假定 $\varphi_1 < \varphi_2$）：

$$\text{INY}_t = \theta_1' X + \theta_2' X I(\varphi_1 \leq tv_t \leq \varphi_2) + \theta_3' X I(tv_t > \varphi_2) + u_t \quad (5.6)$$

模型（5.6）式中，各变量的含义与模型（5.5）相同。模型（5.5）式和模型（5.6）式就是笔者所构建的阈值协整模型。若模型（5.5）式成立，则意味着各投入要素对经济增长具有变化的效应，当 $tv_t \leq \varphi$ 时，各投入变量对经济增长的效应可由 $\hat{\theta}_1$ 来刻画；当 $tv_t > \varphi$ 时，各投入变量对经济增长的效应可由 $\hat{\theta}_1 + \hat{\theta}_2$ 来刻画；同理，可对模型（5.6）式进行以上分析。如果模型（5.5）式或（5.6）式中，各解释变量服从单位根过程，且残差 $\hat{u}_t \to I(0)$，那么模型（5.5）式或（5.6）式为阈值协整模型。

阈值协整模型（5.5）式和（5.6）式的构建，生动地刻画了现实经济增长因需求驱动机制结构的改变而改变生产要素对经济增长贡献的可能性结果，为判断中国、巴西、俄罗斯和印度实现经济集约增长而合理构建一种可行的需求驱动机制内部结构提供了可能。笔者分别利用中国、巴西、俄罗斯和印度四个国家的 GDP、劳动力和总资本等经济统计数据，考察中国、巴西、俄罗斯和印度四个国家在前工业化至工业化阶段，其需求驱动机制内部构成对生产要素影响产出变动的作用。

(1) 计量模型变量的定义（如表 5-8 所示）

表 5-8　计量模型变量定义及说明

变量类型	变量	变量符号	变量定义	变量说明
被解释变量	经济产出	Y	国内生产总值	以支出法核算的国内生产总值表示
解释变量	资本存量	K	上年固定资本形成总额存量减去折旧加上当年固定资本形成总额	由于现行的统计数据中没有对资本存量的统计，因此笔者以上年总资本形成额减去折旧加上当年总资本形成额作为当年资本存量的代理变量
解释变量	劳动力	L	就业人口总数	劳动力是指投入当年生产的实际劳动人数，在此将当年劳动力定义为当年就业人口总数
阈值变量	需求动力结构	DS	消费、投资及出口需求之间的相互之比	笔者在此分别将投资消费比、投资出口比、投资（消费+出口）比设为计量实证模型阈值变量的代理变量
阈值变量	投资与消费比	IC	投资需求与消费需求之比，即 $IC = INV/CON$	阈值变量需求驱动机制内部结构的代理变量
阈值变量	投资与出口比	IE	投资需求与出口需求之比，即 $IE = INV/EX$	阈值变量需求驱动机制内部结构的代理变量
阈值变量	投资与（消费+出口）比	ICE	投资需求与（消费+出口）需求之比，即 $ICE = INV/(CON+EX) = INV/CEX$	阈值变量需求驱动机制内部结构的代理变量

(2) 计量模型中变量的数据来源及处理说明

经济产出（Y）：根据世界银行 WDI 数据库提供的历年支出法核算国内生

产总值及其指数，统一折算为以 1964 年不变价计算的支出法核算的国内生产总值。

资本存量（K）：根据世界银行 WDI 数据库提供的历年支出法核算总资本形成额及其指数，统一折算为以 1964 年不变价计算的支出法核算的总资本形成额。然后根据"当年总资本形成额 = 上年总资本形成额（1 − 折旧率）+ 当年总资本形成额"这一公式，估算中国、巴西、俄罗斯和印度四个国家在各年度的资本存量。对于折旧率，根据单豪杰对中国省际资本存量的估算中所采用的折旧率，统一为 10.96%。[194]

劳动力（L）：全社会就业总人数来源于世界银行 WDI 数据库。

消费需求（CON）：来源于世界银行 WDI 数据库提供的历年支出法核算的居民消费支出及政府消费支出数。

投资需求（INV）：来源于世界银行 WDI 数据库提供的历年支出法核算的总资本形成额。

出口需求（EX）：来源于世界银行 WDI 数据库提供的历年支出法核算的商品和服务出口总额。

本研究中的需求动力结构变量（投资与消费比（IC）、投资与出口比（IE）、投资与（消费 + 净出口）比（ICE））可根据上文中对相关变量的定义及数据直接计算而得。

中国、巴西、俄罗斯和印度国家上述变量的时间跨度均为 1990—2013 年。

为消除计量模型的异方差性，笔者对模型的部分变量数据进行对数化处理。

（3）实证检验

确定模型（5.3）式是否为阈值协整模型，需要经过对模型的解释变量进行共线性检验、对模型变量进行单位根检验、对模型设定的形式进行检验以及利用估计结果的残差进行阈值协整检验等步骤。

第一，共线性检验。时间序列容易产生高度共线性，而高度共线性容易导致模型出现奇异矩阵而无法正确估计。在模型（5.3）式中，笔者分别利用中国、巴西、俄罗斯和印度四国的数据进行相关性分析后发现，中国数据模型中的各解释变量相关性较强，K 与 L 之间的相关性达到 0.96，其他国家数据模型中的各解释变量相关性较弱。进一步利用 Chatterjee et al.（2000）诊断共线性的方法诊断[195],中国数据模型中解释变量的主成分分析特征根倒数和为23.88,大于解释变量数目5倍的标准,模型存在较严重的共线性。为消除模型的共线性,利用 Kumar(2002)降低共线性的方法[196],以 L 为被解释变量,K 为解释变量进行回归,以得到的残差代表 L,并以 LS 表示。通过上述方法对中国数据模型的解释变量进行调整后,各模型的解释变量之间的相关性已较弱。在中国数据模型(5.3)式中,各解释变量的主成分分析特征根倒数和分别为2,远小于模型解释变量数目的5倍,模型的共线性程度大大降低。

第二,单位根检验。阈值协整模型要求模型各变量必须是平稳时间序列。笔者通过对中国、巴西、俄罗斯和印度数据模型(5.3)式中的变量进行ADF检验,发现变量 Y、K、LS 在5%的显著水平下显示不平稳,但对其一阶差分后,各变量序列均平稳。因此,模型(5.3)式所有变量均是平稳序列。

第三,模型形式设定检验。在计量模型中,各投入要素变量对产出的影响是否存在显著差异,即各投入要素变量是依模型(5.3)式的形式或模型(5.4)式的形式,还是依模型(5.5)式的形式对产出产生影响,对此问题的回答涉及模型设定形式的检验。为此,需要分两个步骤来检验:首先检验模型是否存在阈值效应;其次检验模型阈值 φ 的个数。

第一步,检验模型是否存在阈值效应。

模型(5.3)式如果存在阈值效应,必然以模型(5.4)式或模型(5.5)式的形式存在。假定在模型(5.4)式中,设原假设 $H_0: \theta_2 = 0$,如果模型检验接受原假设,则不存在非线性效应,模型则按(5.3)式进行估计;如果模型检验拒绝原假设,则存在阈值效应,即非线性效应。模型的非线性检验可采用 Gonzalo 和 Pitarakis(2006)提出的非线性约束检验 LM 统计量来检验。[197] LM 统计量为:

$$LM(\varphi) = \frac{1}{\hat{\sigma}_u^2} U' M X_\varphi (X_\varphi' M X_\varphi)^{-1} X_\varphi' M U \qquad (5.7)$$

在(5.7)式中,φ 为模型(5.4)式的估计值,$\hat{\sigma}_u^2$ 是模型(5.4)式在原假设条件下,对其估计而得的残差的长期方差的估计值,$M = I - X(X'X)^{-1}X'$。为获得 LM 检验统计量的精确临界值,笔者采用 bootstrap 仿真试验来计算 LM

统计量的标准分布,并实现对阈值的估计和检验。如果标准分布临界值 $LM^b < LM$,拒绝原假设,模型 (5.3) 式存在阈值效应;如果标准分布临界值 $LM^b > LM$,接受原假设,模型 (5.3) 式不存在阈值效应。

第二步,检验模型存在多少个阈值。

进一步地,如果需要确定模型 (5.3) 式是以 (5.4) 式还是以 (5.5) 式的形式存在,则需要确定模型 (5.3) 式中阈值的个数。Teräsvirta 提出的序贯检验思想可以很好地解决这一问题。[198]针对模型 (5.5) 式,可以设原假设为 $H_{01}:\theta_2 \neq 0, \theta_3 = 0$,如果模型 (5.5) 式通过 LM 约束检验,接受原假设,则模型设定形式为 (5.4) 式,反之则为 (5.3) 式。

由于本研究对象中国、巴西、俄罗斯和印度的样本量只有 24 个,如果进一步检验模型中是否存在三个阈值的四机制效应,自由度将大幅降低,检验结论的可靠性将受到严重质疑。因此,笔者将最终模型的设定形式检验确定为一个阈值的两机制模型和两个阈值的三机制模型,即模型 (5.4) 式和 (5.5) 式。

根据上述方法和步骤,对中国数据模型 (5.3) 式进行形式检验,检验结果如表5-9所示。在10%的显著性水平下,模型 (5.3) 式在以投资与(消费+出口)比(ICE)和投资与消费比(IC)为阈值变量时,均存在一个阈值。

表5-9 中国数据模型 (5.3) 式的形式检验

阈值变量	原假设	LM 估计值	Bootstrap P 值	$\hat{\varphi}$ 值	结论
ICE	$H_0:\theta_2 = 0$	6.363	0.047	0.488	拒绝 H_0
	$H_{01}:\theta_2 \neq 0, \theta_3 = 0$	5.912	0.321	0.539 0.617	接受 H_{01}
IC	$H_0:\theta_2 = 0$	7.448	0.059	0.714	拒绝 H_0
	$H_{01}:\theta_2 \neq 0, \theta_3 = 0$	14.690	0.084	0.771 0.842	接受 H_{01}

注:bootstrap 的循环次数为300次。显著性水平为10%。

根据上述方法和步骤,对巴西数据模型 (5.3) 式进行形式检验,检验结果如表5-10所示。在10%的显著性水平下,模型 (5.3) 式在投资与(消费+出口)比(ICE)为阈值变量时,均存在两个阈值;在以投资消费比(IC)为阈值变量时,均存在一个阈值。

表5-10 巴西数据模型（5.3）式的形式检验

阈值变量	原假设	LM 估计值	Bootstrap P 值	$\hat{\varphi}$ 值	结论
ICE	$H_0: \theta_2 = 0$	0.876	0.088	0.185	拒绝 H_0
	$H_{01}: \theta_2 \neq 0, \theta_3 = 0$	6.669	0.444	0.185 0.190	接受 H_{01}
IC	$H_0: \theta_2 = 0$	3.053	0.072	0.207	拒绝 H_0
	$H_{01}: \theta_2 \neq 0, \theta_3 = 0$	2.677	0.654	0.208 0.201	接受 H_{01}

注：bootstrap 的循环次数为 300 次。显著性水平为 10%。

根据上述方法和步骤，对俄罗斯数据模型（5.3）式进行形式检验，检验结果如表 5-11 所示。在 10% 的显著性水平下，模型（5.3）式在以投资（消费+出口）比（ICE）和投资消费比（IC）为阈值变量时，均存在一个阈值。

表5-11 俄罗斯数据模型（5.3）式的形式检验

阈值变量	原假设	LM 估计值	Bootstrap P 值	$\hat{\varphi}$ 值	结论
ICE	$H_0: \theta_2 = 0$	2.286	0.079	0.210	拒绝 H_0
	$H_{01}: \theta_2 \neq 0, \theta_3 = 0$	3.019	0.385	0.210 0.261	接受 H_{01}
IC	$H_0: \theta_2 = 0$	4.138	0.074	0.299	拒绝 H_0
	$H_{01}: \theta_2 \neq 0, \theta_3 = 0$	4.890	0.364	0.290 0.403	接受 H_{01}

注：bootstrap 的循环次数为 300 次。显著性水平为 10%。

根据上述方法和步骤，对印度数据模型（5.3）式进行形式检验，检验结果如表 5-12 所示。在 10% 的显著性水平下，模型（5.3）式在以投资（消费+出口）比（ICE）和投资消费比（IC）为阈值变量时，均存在一个阈值。

表5-12 印度数据模型（5.3）式的形式检验

阈值变量	原假设	LM 估计值	Bootstrap P 值	$\hat{\varphi}$ 值	结论
ICE	$H_0: \theta_2 = 0$	5.360	0.069	0.377	拒绝 H_0
	$H_{01}: \theta_2 \neq 0, \theta_3 = 0$	6.110	0.296	0.382 0.266	接受 H_{01}
IC	$H_0: \theta_2 = 0$	5.360	0.070	0.495	拒绝 H_0
	$H_{01}: \theta_2 \neq 0, \theta_3 = 0$	5.023	0.507	0.495 0.030	接受 H_{01}

注：bootstrap 的循环次数为 300 次。显著性水平为 10%。

第四，模型阈值协整检验。如前所述，模型（5.3）式存在阈值效应，且模型（5.4）式是以（5.5）式形式存在。但要确定模型（5.3）式是否为阈值协整模型,则需要对模型(5.3)式进行估计和检验。利用表5-3中所确定的阈值,对模型(5.3)式进行完全修正最小二乘法(FMOLS)估计,并基于模型估计的残差,利用 Choi 和 Saikkonen(2004)提出的基于使用部分残差计算的 $C_{\text{FMOLS}}^{b,i}$ 统计量进行计算。[199] 若计算的 $C_{\text{FMOLS}}^{b,i}$ 统计量小于其分布对应的临界值,则模型为阈值协整模型。$C_{\text{FMOLS}}^{b,i}$ 统计量为:

$$C_{\text{FMOLS}}^{b,i} = b^{-2}\hat{\omega}_{i,u}^{-2}\sum_{t=i}^{i+b-1}\Big(\sum_{j=i}^{t}\hat{u}_j\Big)^2 \Rightarrow \int_0^1 w^2(s)\,\mathrm{d}s \quad (5.8)$$

其中,b 为所选取的部分残差样本容量,$\hat{\omega}_{i,u}^2$ 是 u 的长期方差 ω_u^2 的一致估计,i 为部分残差的起点,$w(s)$ 代表标准布朗运动。由于 $C_{\text{FMOLS}}^{b,i}$ 统计量仅以部分残差计量,为提高统计量的检验势,对(5.8)式选取不同的 b 和 i,并取其中最大的 $C_{\text{FMOLS}}^{b,i}$ 统计量,即:

$$C_{\text{FMOLS}}^{b,i,\max} = \max(C_{\text{FMOLS}}^{b,i},\cdots,C_{\text{FMOLS}}^{b,i,H}) \Rightarrow \int_0^1 W^2(s)\,\mathrm{d}s \quad (5.9)$$

在(5.9)式中,H 是部分残差的样本容量 b 保持不变时需计算 $C_{\text{FMOLS}}^{b,i}$ 统计量的次数。进一步地,由于 $C_{\text{FMOLS}}^{b,i}$ 统计量的分布收敛于随机泛函,本研究通过 Monte Carlo 仿真试验来确定它的临界值,以实现有限样本的阈值协整检验。对模型(5.3)式检验结果如表5-13所示。

表5-13 模型阈值协整检验

模型形式	阈值变量	检验统计量	估计值	5%临界值	结论
中国数据模型 (5.3) 式	ICE	$C_{\text{FMOLS}}^{b,i,\max}$	0.451	3.768	协整
	IC	$C_{\text{FMOLS}}^{b,i,\max}$	0.769	4.546	协整
巴西数据模型 (5.3) 式	ICE	$C_{\text{FMOLS}}^{b,i,\max}$	0.996	3.712	协整
	IC	$C_{\text{FMOLS}}^{b,i,\max}$	1.059	3.835	协整
俄罗斯数据模型 (5.3) 式	ICE	$C_{\text{FMOLS}}^{b,i,\max}$	2.846	4.229	协整
	IC	$C_{\text{FMOLS}}^{b,i,\max}$	1.048	3.842	协整
印度数据模型 (5.3) 式	ICE	$C_{\text{FMOLS}}^{b,i,\max}$	1.501	3.735	协整
	IC	$C_{\text{FMOLS}}^{b,i,\max}$	1.501	3.099	协整

显然,在表5-13中,中国、巴西、俄罗斯和印度数据模型(5.3)式的

$C_{\text{FMOLS}}^{b,i,\max}$ 估计值均小于其5%的临界值，笔者构建的中国、巴西、俄罗斯和印度数据模型（5.3）式均为阈值协整模型。

（4）实证结果分析

将表5-9、5-10、5-11、5-12中所确定的阈值代入模型（5.4）和（5.5）式中，采用完全修正的最小二乘法对模型分别进行估计，得到具体估计结果。中国数据模型估算结果如表5-14所示，巴西数据模型估算结果如表5-15所示，俄罗斯数据模型估算结果如表5-16所示，印度数据模型估算结果如表5-17所示。

表5-14 中国数据模型（5.3）式的估计

基本模型	模型（5.4）	
阈值变量 tv_t	ICE	IC
常数	3.246	3.005
机制1	$ICE \leqslant 0.488$	$IC \leqslant 0.714$
β_K	0.8939	0.9031
α_L	-2.1241	-2.053
机制2	$ICE > 0.488$	$IC > 0.714$
β_K	0.8911	0.8995
α_L	0.4117	0.8058

表5-15 巴西数据模型（5.3）式的估计

基本模型	模型（5.4）	
阈值变量 tv_t	ICE	IC
常数	-7.169	-0.7096
机制1	$ICE \leqslant 0.185$	$IC \leqslant 0.207$
β_K	0.7380	1.0050
α_L	0.8071	0.4446
机制2	$ICE > 0.185$	$IC > 0.207$
β_K	0.8338	1.2716
α_L	0.6793	0.8042

表 5-16 俄罗斯数据模型 (5.3) 式的估计

基本模型	模型 (5.4)	
阈值变量 tv_t	ICE	IC
常数	-40.328	-35.9658
机制 1	$ICE \leq 0.263$	$IC \leq 0.403$
β_K	0.7804	0.7792
α_L	2.5816	2.3419
机制 2	$ICE > 0.263$	$IC > 0.403$
β_K	0.3443	0.2483
α_L	1.9618	3.0523

表 5-17 印度数据模型 (5.3) 式的估计

基本模型	模型 (5.4)	
阈值变量 tv_t	ICE	IC
常数	5.488	5.489
机制 1	$ICE \leq 0.377$	$IC \leq 0.495$
β_K	0.8095	0.8095
α_L	0.3782	0.3782
机制 2	$ICE > 0.377$	$IC > 0.495$
β_K	0.8079	0.8079
α_L	-1.0041	-1.0041

如表 5-14、5-15、5-16、5-17 所示，在 1990—2013 年期间，中国、巴西、俄罗斯和印度四个大国均存在两种资本投入要素产出机制。对于中国而言，如果以投资与（消费＋出口）比作为影响资本投入要素产出效率的关键因素，在 2000—2003 年、2005—2007 年期间能以较高的资本要素投入产出机制促使经济集约增长，即意味着整个工业化阶段 50% 的时期能以较高的资本要素投入产出机制促使经济集约增长；如果以投资与消费比作为影响投入要素产出效率的关键因素，在 2000—2002 年期间能以较高的资本要素投入产出机制促使经济集约增长，即意味着整个工业化阶段 21.4% 的时期能以较高的资本要素投入产出机制促使经济集约增长。对于巴西而言，如果以投资与（消费＋出口）比作为影响资本投入要素产出效率的关键因素，在 1990—1998 年、

2000—2001年、2007年期间能以较高的资本要素投入产出机制促使经济集约增长，即意味着整个工业化阶段50%的时期能以较高的资本要素投入产出机制促使经济集约增长；如果以投资与消费比作为影响资本投入要素产出效率的关键因素，在1990—1995年、2000—2001年、2004年、2006—2007年期间能以较高的资本要素投入产出机制促使经济集约增长，即意味着整个工业化阶段45.8%的时期能以较高的资本要素投入产出机制促使经济集约增长。对于俄罗斯而言，如果以投资与（消费+出口）比作为影响资本要素投入要素产出效率的关键因素，在1999—2006年期间能以较高的资本要素投入产出机制促使经济集约增长，即意味着整个工业化阶段100%的时期能以较高的资本要素投入产出机制促使经济集约增长；如果以投资与消费比作为影响资本投入要素产出效率的关键因素，在1999—2006年期间能以较高的资本要素投入产出机制促使经济集约增长，即意味着整个工业化阶段100%的时期能以较高的资本要素投入产出机制促使经济集约增长。对于印度而言，如果以投资与（消费+出口）比作为影响资本投入要素产出效率的关键因素，在2012—2013年期间能以较高的资本要素投入产出机制促使经济集约增长，即意味着整个工业化阶段28.6%的时期能以较高的资本要素投入产出机制促使经济集约增长；如果以投资与消费比作为影响资本投入要素产出效率的关键因素，在2012—2013年期间能以较高的资本要素投入产出机制促使经济集约增长，即意味着整个工业化阶段28.6%的时期能以较高的资本要素投入产出机制促使经济集约增长。

根据各国在本国工业化阶段以需求驱动机制内部结构为影响因素促使资本要素集约使用程度的测算结果，笔者对四个国家集约增长目标实现程度进行具体比较（比较结果如表5-18所示），可以明显看出，如果以投资与（消费+出口）结构为影响因素促使资本要素在本国工业化阶段集约使用的程度为依据，俄罗斯的集约增长目标实现程度最高，其次为巴西和中国，最后为印度。如果以投资与消费结构为影响因素促使资本要素在本国工业化阶段集约使用的程度为依据，俄罗斯的集约增长目标实现程度最高，其次为巴西，再次为印度，最后为中国。

表 5-18 综合性大国在工业化阶段基于集约增长目标的比较

国家	以 ICE 为影响因素促使资本要素在本国工业化阶段集约使用的程度	排名	以 IC 为影响因素促使资本要素在本国工业化阶段集约使用的程度	排名
中国	50%	第二	21.4%	第四
巴西	50%	第二	45.8%	第二
俄罗斯	100%	第一	50%	第一
印度	28.6%	第四	28.6%	第三

第二节 工业化阶段短期增长目标约束下的大国需求驱动机制差异

一、加速增长目标约束下的大国需求驱动机制差异

在工业化阶段,中国、巴西、俄罗斯和印度四个综合性大国的经济取得了快速增长,但增长速度差异明显。根据前述加速增长目标约束下需求驱动机制调整的理论分析,经济的加速增长主要依靠投资需求动力在需求驱动机制中发挥主导作用,但现实中,综合性大国之间经济增长速度差异是否是由各国投资需求动力的差异导致的呢?笔者利用四国的相关数据,对综合性大国的投资需求动力现状进行对比分析。

表 5-19 工业化阶段基于加速增长目标约束下的大国投资率比较

指标 国家	投资率变动范围、趋势与平均水平	
	变动范围和趋势	平均水平
中国	从 35.12% 上升至 49.29%	43.37%
巴西	中前期从 21.37% 上升至 26.84,中后期下降至 18.33%	20.02%
俄罗斯	从 14.83% 上升至 21.17%	19.82%
印度	从 38.03% 下降至 31.43%	35.56%

注:本表数据由笔者根据世界银行 WDI 数据库中四个国家的统计数据计算得到。

由表 5-19 可得,在工业化阶段,中国投资占 GDP 的比重从 35.12% 上升至 49.29%,平均水平达到 43.37%;巴西投资占 GDP 的比重在工业化中前期从 21.37% 上升至 26.84,中后期下降至 18.33%,平均水平达到 20.02%;俄

罗斯投资占 GDP 的比重从 14.83% 上升至 21.17%，平均水平达到 19.82%；印度投资占 GDP 的比重从 38.03% 下降至 31.43%，平均水平达到 35.56%。在四个综合性大国中，中国的投资率平均水平最高，其次为印度，巴西排第三，俄罗斯排第四。

二、提升国民福利目标约束下的大国需求驱动机制差异

如前文所述，工业化阶段期间（人均 GDP 300 美元至 1100 美元（1964 年美元标准）），中国、巴西、俄罗斯三个综合性大国的国民福利目标实现程度差异较大。根据前述国民福利目标约束下需求驱动机制调整的理论分析，国民福利水平的提升主要依靠居民消费需求动力在需求驱动机制中发挥主导作用，但现实中，三个综合性大国的居民消费需求动力变化又是如何的呢？笔者利用三个国家的相关数据，对综合性大国的居民消费需求动力现状进行对比分析。

表 5-20　工业化阶段基于国民福利目标约束下的大国居民消费率比较

国家\指标	居民消费率（消费需求动力指标）变动范围、趋势与变动水平	
	变动范围和趋势	变动水平
中国	从 39.11% 下降至 34.09%	年均下降 0.502%
巴西	从 69.40% 下降至 62.36%	年均下降 0.185%
俄罗斯	从 49.87% 下降至 49.36%	年均下降 0.073%

注：本表数据由笔者根据世界银行 WDI 数据库中的三个国家统计数据计算得到。

由表 5-20 可得，在工业化阶段，中国居民消费占 GDP 的比重从 39.11% 下降至 34.09%，年平均下降率为 0.502%；巴西居民消费占 GDP 的比重从 69.4% 下降至 62.36%，年平均下降率为 0.185%；俄罗斯居民消费占 GDP 的比重从 49.87% 下降至 49.36%，年平均下降率为 0.073%。在三个综合性大国中，中国的居民消费率年平均下降水平最高，其次为巴西，最后为俄罗斯。

三、平稳增长目标约束下的大国需求驱动机制差异

如前文所述，在工业化阶段，中国、巴西、俄罗斯和印度四个综合性大国的平稳增长目标实现程度也是不同的。根据前述平稳增长目标约束下需求

驱动机制调整的理论分析,在工业化阶段,保持经济平稳增长主要依靠投资与(消费+出口)比保持一种匀速扩大的状态(即经济保持每年递增1%的速度匀速增长,投资与(消费+出口)比也必须保持每年递增1%的速度匀速扩大),但现实中,中国、巴西、俄罗斯和印度四个综合性大国的投资与(消费+出口)比又是如何变化的呢?

1. 中国的投资与(消费+出口)比值的变化

根据表5-21,中国在工业化阶段(2000—2013年),投资与(消费+出口)比基本上保持着一种波动性扩大趋势,与假定按照年平均1%的增速扩大的投资与(消费+出口)比值相比较,实际与假定的投资与(消费+出口)比值的偏离值累积达到1.3;与假定按照年平均3%的增速扩大的投资与(消费+出口)比值相比较,实际与假定的投资与(消费+出口)比值的偏离值累积达到0.42。

表5-21 工业化阶段基于平稳增长目标约束下的中国投资与(消费+出口)比变化

年份	实际的投资与(消费+出口)比值	假定投资与(消费+出口)比值保持年平均1%的增速扩大(%)	实际的与假定的投资与(消费+出口)比值的偏离值	假定投资与(消费+出口)比值保持年平均3%的增速扩大(%)	实际的与假定的投资与(消费+出口)比值的偏离值
2000	0.41	—	—	—	—
2001	0.43	0.41	0.02	0.42	0.01
2002	0.45	0.42	0.03	0.43	0.01
2003	0.48	0.42	0.06	0.45	0.03
2004	0.49	0.43	0.06	0.46	0.03
2005	0.47	0.43	0.04	0.47	0.00
2006	0.49	0.43	0.05	0.49	0.00
2007	0.48	0.44	0.04	0.50	-0.03
2008	0.53	0.44	0.09	0.52	0.01
2009	0.65	0.45	0.20	0.53	0.12
2010	0.62	0.45	0.17	0.55	0.07
2011	0.62	0.46	0.16	0.57	0.05
2012	0.64	0.46	0.18	0.58	0.06
2013	0.66	0.47	0.20	0.60	0.06
总计	—	—	1.30	—	0.42

注:本表数据由笔者根据世界银行WDI数据库中的中国统计数据计算得到。

由于投资与（消费+出口）比值是否保持匀速扩大的状态取决于储蓄率（投资率）和（消费+出口）需求增长率的变化是否处于前文所述的第（2）、第（3）、第（6）、第（8）和第（11）种状态。现实中，中国的储蓄率（投资率）和（居民消费+出口）需求增长率变化到底如何呢？为进一步判断中国的投资与（消费+出口）比值的变化原因，笔者对中国的储蓄率（投资率）和（消费+出口）需求增长率变化进行分析。

如表5-22所示，2000—2013年工业化阶段中国的储蓄率（投资率）大部分呈正向变化（13期中有10期为正向变化）态势，（消费+出口）需求增长率大部分呈负向变化（13期中有7期为负向变化）态势，且二者同向变化较少（13期中有5期为同向变化）。这说明中国的投资与（消费+出口）比值保持波动性扩大趋势基本上是由于投资需求增加和（消费+出口）需求减少导致的。

表5-22　工业化阶段中国储蓄率（投资率）变化与（消费+出口）需求增长率变化的比较

年份	储蓄率（投资率）(SR)（%）	储蓄率（投资率）变化(SRR)（%）	（消费+出口）需求增长率(CR)（%）	（消费+出口）需求增长率变化(CER)（%）	实际SRR与EER之比
2000	35.12	—	5.80	—	—
2001	36.27	3.17	-1.88	-407.79	-128.64
2002	37.87	4.22	0.57	429.88	101.87
2003	41.20	8.10	1.71	66.66	8.23
2004	43.26	4.76	2.26	24.36	5.12
2005	42.10	-2.77	1.44	-56.73	20.48
2006	42.97	2.03	-1.13	-228.05	-112.34
2007	41.74	-2.96	-0.68	64.77	-21.88
2008	44.05	5.24	-5.56	-87.69	-16.73
2009	48.24	8.70	-12.38	-55.09	-6.33
2010	48.22	-0.05	4.34	385.34	-7706.80
2011	48.27	0.10	0.48	-810.15	-8101.50
2012	48.66	0.81	-2.57	-118.56	-146.37
2013	49.29	1.27	-1.72	49.62	39.07
平均值	44.01	2.51	-1.16	-57.19	-22.78

注：本表数据由笔者根据世界银行WDI数据库中的中国统计数据计算得到。

2. 巴西的投资与（消费+出口）比值的变化

如表 5-23 所示，巴西在工业化阶段（1961—2007 年），投资与（消费+出口）比值基本保持波动性趋势，与假定按照年平均 1% 的增速扩大的投资与（消费+出口）比值相比较，实际与假定的投资与（消费+出口）比值的偏离值累积达到 -4.14；与假定按照年平均 3% 的增速扩大的投资与（消费+出口）比值相比较，实际与假定的投资与（消费+出口）比值的偏离值累积达到 -14.27。

表 5-23　工业化阶段基于平稳增长目标约束下的巴西投资与（消费+出口）比变化

年份	实际的投资与（消费+出口）比值	假定投资与（消费+出口）比值保持年平均1%的增速扩大（%）	实际的与假定的投资与（消费+出口）比值的偏离值	假定投资与（消费+出口）比值保持年平均3%的增速扩大（%）	实际的与假定的投资与（消费+出口）比值的偏离值
1961	0.25	—	—	—	—
1962	0.23	0.25	-0.02	0.26	-0.03
1963	0.21	0.25	-0.04	0.26	-0.05
1964	0.21	0.26	-0.04	0.27	-0.06
1965	0.23	0.26	-0.02	0.28	-0.05
1966	0.23	0.26	-0.03	0.29	-0.06
1967	0.19	0.26	-0.07	0.30	-0.11
1968	0.22	0.27	-0.05	0.31	-0.09
1969	0.27	0.27	0.00	0.31	-0.05
1970	0.24	0.27	-0.04	0.32	-0.09
1971	0.24	0.27	-0.03	0.33	-0.09
1972	0.24	0.28	-0.04	0.34	-0.10
1973	0.27	0.28	-0.01	0.35	-0.08
1974	0.29	0.28	0.00	0.36	-0.08
1975	0.32	0.29	0.03	0.38	-0.06
1976	0.27	0.29	-0.02	0.39	-0.12
1977	0.26	0.29	-0.03	0.40	-0.14
1978	0.27	0.29	-0.02	0.41	-0.14
1979	0.26	0.30	-0.03	0.42	-0.16

（续表）

年份	实际的投资与(消费+出口)比值	假定投资与(消费+出口)比值保持年平均1%的增速扩大(%)	实际的与假定的投资与(消费+出口)比值的偏离值	假定投资与(消费+出口)比值保持年平均3%的增速扩大(%)	实际的与假定的投资与(消费+出口)比值的偏离值
1980	0.27	0.30	-0.03	0.44	-0.17
1981	0.27	0.30	-0.04	0.45	-0.18
1982	0.24	0.31	-0.06	0.46	-0.22
1983	0.18	0.31	-0.13	0.48	-0.30
1984	0.17	0.31	-0.14	0.49	-0.32
1985	0.22	0.32	-0.10	0.50	-0.29
1986	0.22	0.32	-0.10	0.52	-0.30
1987	0.27	0.32	-0.06	0.54	-0.27
1988	0.27	0.32	-0.05	0.55	-0.28
1989	0.34	0.33	0.01	0.57	-0.23
1990	0.23	0.33	-0.10	0.59	-0.35
1991	0.22	0.33	-0.11	0.60	-0.38
1992	0.21	0.34	-0.13	0.62	-0.41
1993	0.24	0.34	-0.11	0.64	-0.40
1994	0.25	0.34	-0.09	0.66	-0.40
1995	0.20	0.35	-0.15	0.68	-0.48
1996	0.19	0.35	-0.17	0.70	-0.51
1997	0.19	0.36	-0.17	0.72	-0.53
1998	0.19	0.36	-0.17	0.74	-0.56
1999	0.17	0.36	-0.19	0.76	-0.59
2000	0.20	0.37	-0.17	0.79	-0.59
2001	0.19	0.37	-0.18	0.81	-0.62
2002	0.17	0.37	-0.21	0.83	-0.67
2003	0.16	0.38	-0.21	0.86	-0.70
2004	0.18	0.38	-0.20	0.89	-0.71
2005	0.17	0.38	-0.21	0.91	-0.74
2006	0.18	0.39	-0.21	0.94	-0.76
2007	0.20	0.39	-0.20	0.97	-0.77
总计	—	—	-4.14	—	-14.27

注：本表数据由笔者根据世界银行WDI数据库中的巴西统计数据计算得到。

同理，为进一步判断巴西的投资与（消费+出口）比值的变化原因，现对巴西的储蓄率（投资率）和（消费+出口）需求增长率变化进行分析。

如表 5-24 所示，1961—2007 年工业化阶段巴西的储蓄率（投资率）大部分呈负向变化（46 期中有 25 期为负向变化）态势，（消费+出口）需求增长率大部分也呈负向变化（46 期中有 25 期为负向变化）态势，且两者同向变化时期较少（46 期中只有 14 期为同向变化）。这说明巴西的投资与（消费+出口）比值保持波动性趋势基本上是由于投资需求增加和（消费+出口）需求减少或投资需求减少和（消费+出口）需求增加反复交替导致的。

表 5-24 工业化阶段巴西储蓄率（投资率）变化与（消费+出口）需求增长率变化的比较

年份	储蓄率（投资率）(SR)（%）	储蓄率（投资率）变化(SRR)（%）	（消费+出口）需求增长率(CR)（%）	（消费+出口）需求增长率变化(CER)（%）	SRR 与 EER 之比
1961	21.36		-1.69	—	—
1962	19.60	-8.93	-0.47	263.19	-29.47
1963	19.26	-1.79	4.75	109.82	-61.35
1964	18.60	-3.53	-3.19	-248.96	70.53
1965	20.02	7.10	-1.80	76.69	10.80
1966	19.89	-0.66	0.66	374.08	-566.79
1967	16.92	-17.58	3.10	78.74	-4.48
1968	18.92	10.57	-1.32	-334.63	-31.66
1969	22.35	15.37	-4.15	-68.17	-4.44
1970	20.54	-8.81	3.11	233.16	-26.47
1971	21.12	2.73	0.13	-2311.98	-846.88
1972	21.17	0.25	0.75	82.67	330.68
1973	23.24	8.92	-1.64	-145.39	-16.30
1974	25.39	8.45	2.53	164.91	19.52
1975	26.84	5.40	-4.52	-155.92	-28.87
1976	23.12	-16.10	1.91	336.58	-20.91
1977	22.07	-4.74	-0.54	-450.74	95.09
1978	22.97	3.94	-1.13	-51.68	-13.12
1979	22.76	-0.92	1.76	164.12	-178.39

（续表）

年份	储蓄率（投资率）(SR)(%)	储蓄率（投资率）变化(SRR)(%)	(消费+出口)需求增长率(CR)(%)	(消费+出口)需求增长率变化(CER)(%)	SRR与EER之比
1980	23.35	2.49	1.76	0.07	0.03
1981	23.08	-1.14	-1.43	-222.69	195.34
1982	21.09	-9.44	0.53	368.75	-39.06
1983	16.68	-26.45	5.57	90.42	-3.42
1984	15.74	-5.98	-0.15	-3706.05	619.74
1985	19.20	18.02	-4.88	-96.83	-5.37
1986	19.09	-0.56	-0.73	572.62	-1022.54
1987	22.30	14.40	-4.02	-81.96	-5.69
1988	22.72	1.82	-1.10	265.07	145.64
1989	26.90	15.55	-5.62	-80.40	-5.17
1990	20.17	-33.40	9.49	159.22	-4.77
1991	19.77	-2.01	1.53	-520.70	259.05
1992	18.93	-4.41	1.46	-4.76	1.08
1993	20.85	9.17	-1.36	-207.27	-22.60
1994	22.15	5.87	-1.42	-4.09	-0.70
1995	18.03	-22.85	4.11	134.49	-5.89
1996	17.04	-5.79	0.63	-549.48	94.90
1997	17.43	2.22	0.29	-116.43	-52.45
1998	17.03	-2.34	0.34	13.21	-5.65
1999	16.38	-3.98	2.68	87.44	-21.97
2000	18.25	10.26	-1.01	-364.90	-35.57
2001	18.03	-1.23	2.07	148.95	-121.10
2002	16.20	-11.31	0.95	-117.31	10.37
2003	15.77	-2.70	-0.09	-1211.50	448.70
2004	17.12	7.87	-0.92	-90.64	-11.52
2005	16.21	-5.63	-0.12	648.70	-115.22
2006	16.76	3.28	-0.64	-80.84	-24.65
2007	18.33	8.58	-1.28	-50.01	-5.83
平均值	19.99	-0.87	0.14	-150.01	172.43

注：本表数据由笔者根据世界银行WDI数据库中的巴西统计数据计算得到。

3. 俄罗斯的投资与（消费+出口）比的变化

由表 5-25 可得，俄罗斯在工业化阶段（1999—2006 年），投资与（消费+出口）比值基本保持波动性扩大趋势，与假定按照年平均 1% 的增速扩大的投资与（消费+出口）比值相比较，实际与假定的投资与（消费+出口）比值的偏离值累积达到 0.39；与假定按照年平均 3% 的增速扩大的投资与（消费+出口）比值相比较，实际与假定的投资与（消费+出口）比值的偏离值累积达到 0.31。

表 5-25　工业化阶段基于平稳增长目标约束下的俄罗斯投资与（消费+出口）比变化

年份	实际的投资与（消费+出口）比值	假定投资与（消费+出口）比值保持年平均1%的增速扩大（%）	实际的与假定的投资与（消费+出口）比值的偏离值	假定投资与（消费+出口）比值保持年平均3%的增速扩大（%）	实际的与假定的投资与（消费+出口）比值的偏离值
1999	0.13	—	—	—	—
2000	0.18	0.13	0.04	0.14	0.04
2001	0.21	0.14	0.08	0.14	0.07
2002	0.19	0.14	0.05	0.15	0.05
2003	0.20	0.14	0.06	0.15	0.05
2004	0.21	0.14	0.07	0.15	0.05
2005	0.20	0.14	0.06	0.16	0.04
2006	0.21	0.14	0.07	0.16	0.05
总计	—	—	0.39	—	0.31

注：本表数据由笔者根据世界银行 WDI 数据库中的俄罗斯统计数据计算得到。

同理，为进一步判断俄罗斯的投资与（消费+出口）比值的变化原因，笔者对俄罗斯的储蓄率（投资率）和（消费+出口）需求增长率变化进行分析。

如表 5-26 所示，1999—2006 年工业化阶段俄罗斯的储蓄率（投资率）大部分呈正向变化（7 期中有 4 期为正向变化）态势，（消费+出口）需求增长率大部分呈负向变化（7 期中有 4 期为负向变化）态势，且两者同向变化时期较少（7期中只有1期为同向变化）。这说明俄罗斯的投资与（消费+出口）比值保持波动性扩大趋势基本上是由于投资需求增加和（消费+出口）需求减少导致的。

表5-26 工业化阶段俄罗斯储蓄率（投资率）变化与（消费+出口）需求增长率变化的比较

年份	储蓄率（投资率）(SR)(%)	储蓄率（投资率）变化(SRR)(%)	（消费+出口）需求增长率(CR)(%)	（消费+出口）需求增长率变化(CER)(%)	SRR与EER之比
1999	14.83		1.58	—	—
2000	18.69	20.67	-5.70	-127.67	-6.18
2001	21.95	14.83	-3.00	89.71	6.05
2002	20.05	-9.47	2.05	246.55	-26.03
2003	20.86	3.88	-1.35	-252.10	-64.97
2004	20.90	0.20	-1.73	-22.31	-111.55
2005	20.08	-4.10	0.17	1135.06	-276.84
2006	21.17	5.17	-1.60	-110.45	-21.36
平均值	20.53	4.45	-1.59	136.97	-71.55

注：本表数据由笔者根据世界银行WDI数据库中的俄罗斯统计数据计算得到。

4. 印度的投资与（消费+出口）比的变化

由表5-27可得，印度在工业化阶段（2007—2013年），投资与（消费+出口）比值基本保持波动性缩小趋势，与假定按照年平均1%的增速扩大的投资与（消费+出口）比值相比较，实际与假定的投资与（消费+出口）比值的偏离值累积达到-0.47；与假定按照年平均3%的增速扩大的投资与（消费+出口）比值相比较，实际与假定的投资与（消费+出口）比值的偏离值累积达到-0.66。

表 5-27　工业化阶段基于平稳增长目标约束下的印度投资与（消费+出口）比变化

年份	实际的投资与（消费+出口）比值	假定投资与（消费+出口）比值保持年平均1%的增速扩大（%）	实际的与假定的投资与（消费+出口）比值的偏离值	假定投资与（消费+出口）比值保持年平均3%的增速扩大（%）	实际的与假定的投资与（消费+出口）比值的偏离值
2007	0.44	—	—	—	—
2008	0.38	0.44	-0.06	0.45	-0.07
2009	0.41	0.45	-0.04	0.47	-0.06
2010	0.41	0.45	-0.05	0.48	-0.07
2011	0.39	0.46	-0.07	0.50	-0.11
2012	0.36	0.46	-0.10	0.51	-0.15
2013	0.32	0.47	-0.14	0.53	-0.20
总计	—	—	-0.47	—	-0.66

注：本表数据由笔者根据世界银行 WDI 数据库中的印度统计数据计算得到。

同理，为进一步判断印度的投资与（消费+出口）比值的变化原因，现对印度的储蓄率（投资率）和（消费+出口）需求增长率变化进行分析。

如表 5-28 所示，2007—2013 年工业化阶段印度的储蓄率（投资率）变化大部分呈负向变化（6 期中有 4 期为负向变化）态势，（消费+出口）需求增长率变化呈正向和负向变化各占一半态势，且两者同向变化与反向变化各占一半。这说明俄罗斯的投资（消费+出口）比值保持波动性缩小趋势基本上是由于（消费+出口）需求增加快于投资需求增加导致的。

表 5-28　工业化阶段印度储蓄率（投资率）变化与（消费+出口）需求增长率变化的比较

年份	储蓄率（投资率）（SR）（%）	储蓄率（投资率）变化（SRR）（%）	（消费+出口）需求增长率（CR）（%）	（消费+出口）需求增长率变化（CER）（%）	EER与SRR之比
2007	38.03	5.69	-2.25	—	—
2008	35.53	-7.06	7.23	131.15	-18.58
2009	36.30	2.13	-4.50	-260.54	-122.32
2010	36.53	0.63	0.76	695.24	1103.56

(续表)

年份	储蓄率（投资率）(SR)（%）	储蓄率（投资率）变化(SRR)（%）	（消费+出口）需求增长率(CR)（%）	（消费+出口）需求增长率变化(CER)（%）	EER 与 SRR 之比
2011	36.39	-0.39	4.28	82.33	-211.10
2012	34.70	-4.86	2.30	-85.75	17.64
2013	31.43	-10.41	0.98	-135.75	13.04
平均值	35.15	-3.33	1.84	71.11	-21.35

注：本表数据由笔者根据世界银行 WDI 数据库中的印度统计数据计算得到。

四、集约增长目标约束下的大国需求驱动机制差异

如前文所述，工业化阶段，中国、巴西、俄罗斯和印度四个综合性大国的集约增长目标实现程度存在差异，根据前述集约增长目标约束下需求驱动机制调整的理论分析，这种差异是由于在工业化阶段各国的投资与（消费+出口）、投资与消费等需求驱动机制的内部结构差异所引起。现实中，中国、巴西、俄罗斯和印度四个综合性大国基于集约增长目标约束的投资与（消费+出口）、投资与消费等需求驱动机制的内部结构又如何呢？

如果以投资与（消费+出口）结构作为影响资本要素产出效率进而判断经济是否处于集约增长状态的依据，当中国的投资与（消费+出口）比值小于等于 0.488 时，资本投入要素以较高的产出效率促进经济增长；当投资与（消费+出口）比值大于 0.488 时，资本投入要素以较低的产出效率促进经济增长。当巴西的投资与（消费+出口）比值小于等于 0.185 时，资本投入要素以较低的产出效率促进经济增长；当投资与（消费+出口）比值大于 0.185 时，资本投入要素以较高的产出效率促进经济增长。当俄罗斯的投资与（消费+出口）比值小于等于 0.263 时，资本投入要素以较高的产出效率促进经济增长；当投资与（消费+出口）比值大于 0.263 时，资本投入要素以较低的产出效率促进经济增长。当印度的投资与（消费+出口）比值小于等于 0.377 时，资本投入要素以较高的产出效率促进经济增长；当投资与（消费+出口）比值大于 0.377 时，资本投入要素以较低的产出效率促进经济增长。

如果以投资与消费结构作为影响资本要素产出效率进而判断经济是否处于集约增长阶段的依据，当中国的投资与消费比值小于等于 0.714 时，资本投入要素以较高的产出效率促进经济增长；当投资与消费比值大于 0.714 时，资本投入要素以较低的产出效率促进经济增长。当巴西的投资与消费比值小于等于 0.207 时，资本投入要素以较低的产出效率促进经济增长；当投资与消费比值大于 0.207 时，资本投入要素以较高的产出效率促进经济增长。当俄罗斯的投资与消费比值小于等于 0.403 时，资本投入要素以较高的产出效率促进经济增长；当投资与消费比值大于 0.403 时，资本投入要素以较低的产出效率促进经济增长。当印度的投资与消费比值小于等于 0.495 时，资本投入要素以较高的产出效率促进经济增长；当投资与消费比值大于 0.495 时，资本投入要素以较低的产出效率促进经济增长。

第三节　大国短期增长目标实现差异与短期增长目标约束下需求驱动机制差异的映射

一、加速增长目标实现差异与该目标约束下需求驱动机制差异的映射

根据前文所述，在工业化阶段，中国的加速增长目标实现程度最高，年平均增长速度达到 9.86%，其次为印度，年平均增长速度达到 6.97%，再次为俄罗斯，年平均增长速度达到 6.90%，最后为巴西，年平均增长速度达到 4.53%。与此同时，在工业化阶段，中国投资率年平均达到 43.37%，印度投资率年平均达到 35.56%，俄罗斯投资率年平均达到 19.82%，巴西投资率年平均达到 20.02%。由此，综合性大国的加速增长目标实现程度与投资率水平具有一定的内在关联关系，即工业化阶段，加速增长目标实现程度越高的国家，其年均投资率水平也越高。

从分析工业化阶段各个大国的投资增长率变化与经济增长率变化的关系来看，投资增长率的变化与经济增长率的变化具有对应关系，即投资增长率递增的年份，经济增长率也增加，投资增长率递减的年份，经济增长率也相应减少（如表 5-29 所示）。

表 5-29 工业化阶段大国经济增长率变化与投资增长率变化的比较

年份	中国 经济增长率%	中国 经济增长率变化%	中国 投资增长率%	中国 投资增长率变化%	巴西 经济增长率%	巴西 经济增长率变化%	巴西 投资增长率%	巴西 投资增长率变化%	俄罗斯 经济增长率%	俄罗斯 经济增长率变化%	俄罗斯 投资增长率%	俄罗斯 投资增长率变化%	印度 经济增长率%	印度 经济增长率变化%	印度 投资增长率%	印度 投资增长率变化%
1961					10.28		9.36									
1962					5.22	−	4.79	−								
1963					0.87	−	−9.48	−								
1964					3.49	+	8.66	+								
1965					3.05	−	10.30	+								
1966					4.15	+	3.47	−								
1967					4.92	+	−10.80	−								
1968					11.43	+	24.59	+								
1969					9.74	−	29.66	+								
1970					8.77	−	−0.04	−								
1971					11.30	+	14.42	+								
1972					12.05	+	12.33	−								
1973					13.98	+	25.14	+								
1974					9.04	−	19.10	−								
1975					5.21	−	11.22	−								
1976					9.79	+	−5.44	−								
1977					4.61	−	−0.13	+								
1978					3.23	−	7.46	+								

(续表)

年份	中国 经济增长率%	中国 经济增长率变化%	中国 投资增长率%	中国 投资增长率变化%	巴西 经济增长率%	巴西 经济增长率变化%	巴西 投资增长率%	巴西 投资增长率变化%	俄罗斯 经济增长率%	俄罗斯 经济增长率变化%	俄罗斯 投资增长率%	俄罗斯 投资增长率变化%	印度 经济增长率%	印度 经济增长率变化%	印度 投资增长率%	印度 投资增长率变化%
1979					6.77	+	5.80	−								
1980					9.11	+	11.90	+								
1981					−4.39	−	−5.47	−								
1982					0.58	+	−8.09	−								
1983					−3.41	−	−23.60	−								
1984					5.27	+	−0.67	+								
1985					7.95	+	31.68	+								
1986					7.99	+	7.38	−								
1987					3.60	−	21.03	+								
1988					−0.10	−	1.75	−								
1989					3.28	+	12.55	+								
1990					−4.30	−	−22.10	−								
1991					1.51	+	5.10	+								
1992					−0.47	−	−6.62	−								
1993					4.67	+	6.33	+								
1994					5.33	+	14.25	+								
1995					4.42	−	7.29	−								
1996					2.15	−	1.50	−								

第五章 大国短期经济增长目标实现与需求驱动机制差异 221

（续表）

年份	中国 经济增长率%	中国 经济增长率变化%	中国 投资增长率%	中国 投资增长率变化%	巴西 经济增长率%	巴西 经济增长率变化%	巴西 投资增长率%	巴西 投资增长率变化%	俄罗斯 经济增长率%	俄罗斯 经济增长率变化%	俄罗斯 投资增长率%	俄罗斯 投资增长率变化%	印度 经济增长率%	印度 经济增长率变化%	印度 投资增长率%	印度 投资增长率变化%
1997					3.37		8.73	+								
1998	8.30	−			0.04	−	−0.34	−								
1999	9.08	+			0.26	+	−8.19	−	6.40		−6.60					
2000	8.43		5.25		4.31	+	14.10	+	10.00	+	75.20	+				
2001	8.30	−	11.78	+	1.31	−	−7.54	−	5.09	−	16.74	−				
2002	9.08	+	12.18	+	2.66	+	−5.23	−	4.74	−	−2.63	−				
2003	10.03	+	16.98	+	1.15	−	−4.59	−	7.30	+	14.30	+				
2004	10.09	+	13.76	−	5.71	+	9.12	+	7.18	−	12.20	−				
2005	11.31	+	10.70	−	3.16	−	3.63	−	6.38	−	9.50	−				
2006	12.68	+	13.57	+	3.96	+	9.77	+	8.15	+	17.70	+				
2007	14.16	+	14.67	+	6.10	+	13.85	+					9.80		17.20	
2008	9.63	−	10.98	−									3.89	−	−1.65	−
2009	9.21	−	19.33	+									8.48	+	12.66	+
2010	10.45	+	12.07	−									10.26	+	14.73	+
2011	9.30	−	9.59	−									6.64	−	6.44	−
2012	7.65	−	7.81	−									4.74	−	−2.35	−
2013	7.67	+	9.01	+									5.02	+	−2.52	−

注：本表中的"+"号，表示相对上年的变化为增加；"−"号，表示相对上年的变化为减少。

二、国民福利目标实现差异与该目标约束下需求驱动机制差异的映射

根据前文所述,在工业化阶段,中国的国民福利目标实现程度最低,年均国民福利损失为 2.89%;其次为巴西,年均国民福利损失为 0.1%;俄罗斯的国民福利目标实现程度最高,年均国民福利水平增加了 1.03%。而与此同时,在工业化阶段,中国居民消费率年均下降 0.502%,下降幅度最大;巴西的居民消费率年均下降 0.185%,下降幅度居中;俄罗斯的居民消费率年均下降为 0.073%,下降幅度最小。由此,综合性大国的国民福利目标实现程度与年均居民消费率下降水平具有内在关联关系,即在工业化阶段,国民福利目标实现程度越低的国家,其年均居民消费率水平下降越快。

三、平稳增长目标实现差异与该目标约束下需求驱动机制差异的映射

根据前文所述,在工业化阶段,如果以单位需求产出实际增长偏离假定单位需求产出每年保持递增 1% 的匀速增长的程度来衡量各国经济增长的平稳性,巴西平稳增长目标实现程度最低,其次为印度、俄罗斯和中国。与此同时,在工业化阶段,巴西实际的投资与(消费+出口)比值与假定其按照年均 1% 的增速扩大的理论比的累积偏离程度达到 4.14;中国实际的投资与(消费+出口)比值与假定其按照年均 1% 的增速扩大的理论比的累积偏离程度达到 1.3;印度实际的投资与(消费+出口)比值与假定其按照年均 1% 的增速扩大的理论比的累积偏离程度达到 0.47;俄罗斯实际的投资与(消费+出口)比值与假定其按照年均 1% 的增速扩大的理论比的累积偏离程度达到 0.39。

工业化阶段,如果以单位需求产出实际增长偏离假定单位需求产出每年保持递增 3% 的匀速增长的程度来衡量各国经济增长的平稳性,巴西平稳增长目标实现程度最低,其次为印度、中国和俄罗斯。与此同时,巴西实际的投资与(消费+出口)比值与假定其按照年均 3% 的增速扩大的理论比的累积偏离程度达到 14.27;印度实际的投资与(消费+出口)比值与假定其按照年均 3% 的增速扩大的理论比的累积偏离程度达到 0.66;中国实际的投资与(消费+出口)比值与假定其按照年均 3% 的增速扩大的理论比的累积偏离程度达到 0.42;俄罗斯实际的投资与(消费+出口)比值与假定其按照年均

3%的增速扩大的理论比的累积偏离程度达到0.31。

根据以上所述，综合性大国的平稳增长目标实现程度与投资与（消费+出口）比值的理论与实际值的偏离程度具有内在关联关系，即在工业化阶段，平稳增长目标实现程度越低的国家，其投资与（消费+出口）比值的实际值偏离平稳目标要求的理论假设值的程度也就越高。

四、集约增长目标实现差异与该目标约束下需求驱动机制差异的映射

根据前文所述，在工业化阶段，综合性大国集约增长目标的实现程度与投资与（消费+出口）或投资与消费等需求驱动机制的内部结构是否处于合理状态密切相关，这一合理状态是以实际每期的需求驱动机制内部结构比值与引起经济增长机制发生质变的某一需求驱动机制内部结构阈值相比较为判断依据的。当投资与（消费+出口）或投资与消费等需求驱动机制的内部结构长期处于某一临界阈值之上或之下的合理状态时，就会引起社会生产中投入要素的产出效率提升，从而导致经济处于集约增长状态。

从现实来看，如果以投资与（消费+出口）比作为影响资本投入要素产出效率进而判断经济是否处于集约增长状态的因素，对于俄罗斯而言，在再工业化阶段（1999—2006年）的8年期间，所有年份投资与（消费+出口）比都小于等于0.263，这使经济处于集约增长状态，工业化阶段经济集约增长实现程度最高。对于中国而言，在工业化阶段（2000—2013年）的14年期间，其中7年投资与（消费+出口）比小于等于0.488，这使经济处于集约增长状态。对于巴西而言，在工业化阶段（1990—2007年）的24年期间，其中12年投资与（消费+出口）比大于0.185，这使经济处于集约增长状态，因此中国和巴西在工业化阶段经济集约增长的实现程度排第二。对于印度而言，在工业化阶段（2007—2013年）的7年期间，其中2年投资与（消费+出口）比小于等于0.377，这使经济处于集约增长状态，工业化阶段经济集约增长的实现程度排最后。同理，如果以投资与消费比作为影响资本投入要素产出效率进而判断经济是否处于集约增长状态的因素，对于俄罗斯而言，在再工业化阶段（1999—2006年）的8年期间，所有年份投资与消费比都小于等于0.403，使经济处于集约增长状态，工业化阶段经济集约增长实现程度最高。对于巴西而言，在工业化阶段（1990—2007年）的24年期间，其中11年投资消费比大于0.207，这使经济处于集约增长状态，工业化阶段经济集约增长实现程度排第二。对于印度而言，在工业化阶段（2007—2013年）的7年期间，其中2年投资与消费比小于等于0.495，使经济处于集约增长状态，工业化阶段经济集约增长的实现程度排第三。对于中国而言，工业化阶段（2000—2013年）的14年期间，其中3年投资与（消费+出口）比小于等于0.714，这使经济处于集约增长状态，工业化阶段经济集约增长的实现程度排最后。

如上所述，综合性大国的集约增长目标实现程度与投资与（消费+出口）比、投资与消费比等需求驱动机制内部结构是否处于特定合理状态的时期长短具有内在关联，即工业化阶段，集约增长目标实现程度越高的国家，其投资与（消费+出口）比、投资与消费比等需求驱动机制内部结构处于特定合理状态的时期也就越长。

第六章

中国经济增长的需求驱动机制的调整启示与策略

第一节 大国经济增长的需求驱动机制演变对中国的启示

毫无疑问,中国是世界上较大的综合性发展经济体国家之一,其经济发展既具有自身的个性特征,同时也具有世界上其他较大综合性国家发展的普遍特征。因此,总结和探索大国经济增长过程中需求驱动机制的演变规律,是为了揭示大规模经济体国家在经济增长过程中需求驱动机制演变的普遍特征,进而为同类型国家未来经济增长构建或调整需求驱动机制提供经验借鉴。

一、需求驱动机制是决定大国经济增长效应的重要因素

从理论来看,无论是西方新古典经济增长理论,如约翰·梅纳德·凯恩斯(1936)的有效需求不足理论[13]、埃尔赫南·赫尔普曼和基恩·M.格罗斯曼(1990)的创新增长理论[15],还是卡尔·马克思的社会生产四个环节关系理论[183]以及西蒙·史密斯·库兹涅茨(1971)的结构主义理论[57],均认为需求动力与经济增长具有密切关系。从实践来看,如第四章和第五章实证分析所示,大国与小国之间、大国与大国之间均存在不同需求驱动机制引致不同经济增长效应的现象。因此,中国在助推本国经济增长的过程中,必须紧紧围绕需求驱动机制这一实现经济增长目标的重要抓手,及时弄清经济增

长的需求驱动机制的变化规律,把握好构建经济增长的需求驱动机制的适用条件——经济增长阶段和国家规模因素,及时、恰当运用需求驱动机制这一手段去着力实现本国经济增长的长期与短期目标。

二、长期经济增长的需求驱动机制构建必须契合大国长期的演变规律

中国是大国的一员,其长期经济增长既要符合自己的个性发展,同时也要符合大国经济增长的一般规律和要求,而大国经济增长的需求驱动机制长期演变趋势是大国经济增长发展的一般规律,因此,中国经济长期增长也离不开大国经济增长的需求驱动机制的指导。

大国经济增长的需求驱动机制发展规律表明:在经济增长的前工业化阶段,需求驱动机制的基本形式为:居民消费占 GDP 比重呈现下降趋势;政府消费占 GDP 比重较为稳定或呈现上升趋势;投资占 GDP 比重、出口占 GDP 比重以及进口占 GDP 比重均呈现上升趋势。需求驱动机制的基本作用为:居民消费对 GDP 的贡献率呈现下降趋势;政府消费对 GDP 的贡献率基本稳定或呈现下降趋势;投资对 GDP 的贡献率、出口对 GDP 的贡献率、进口对 GDP 的贡献率呈现上升趋势;净出口对 GDP 的贡献率则因各国外贸能力的差异呈现不同的发展趋势。在经济增长的工业化阶段,需求驱动机制的基本形式为:居民消费占 GDP 比重呈现下降趋势;政府消费占 GDP 比重大多呈现上升趋势;投资占 GDP 比重呈现上升趋势;出口占 GDP 比重和进口占 GDP 比重在工业化中前期大多呈现上升趋势,在工业化中后期大多呈现下降趋势。需求驱动机制的基本作用为:居民消费对 GDP 的贡献率在工业化中前期呈现下降趋势、中后期大多呈现上升趋势;政府消费对 GDP 的贡献率在工业化中前期呈现下降趋势、中后期大多呈现上升趋势;投资对 GDP 的贡献率在工业化中前期大多呈现上升趋势、中后期大多呈现下降趋势;出口对 GDP 的贡献率在整个工业化阶段呈现下降趋势;进口对 GDP 的贡献率在整个工业化阶段呈现下降趋势;净出口对 GDP 的贡献率在工业化中前期呈现上升趋势、中后期呈现下降趋势。在经济增长的后工业化阶段,需求驱动机制的基本形式为:居民消费占 GDP 比重呈现上升趋势;政府消费占 GDP 比重大多数呈现上升趋势;投资占 GDP 比重呈现下降趋势;出口占 GDP 比重和进口占 GDP 比重大多数呈现下降趋势。需求驱动机制的基本作用为:居民消费对 GDP 的贡献率

呈现上升趋势；政府消费对 GDP 的贡献率大多呈现下降趋势；投资对 GDP 的贡献率基本稳定或呈现下降趋势；出口对 GDP 的贡献率、进口对 GDP 的贡献率大多呈现上升趋势；净出口对 GDP 的贡献率大多呈现下降趋势。

当前，中国经济的工业化过程并未完成，即便在完成工业化过程以后，中国在后工业化阶段以何种需求驱动机制拉动经济增长仍然值得探究。以巴西、俄罗斯以及美国等大国发展实践为基础总结出的大国经济增长的需求驱动机制演变规律，尤其是后工业化阶段大国经济增长需求驱动机制的发展和变化规律无疑为中国未来构建拉动经济增长的需求驱动机制提供了借鉴和参考。

三、短期经济增长的需求驱动机制可以根据阶段性目标适时动态优化

短期经济增长的需求驱动机制是为了实现短期经济增长目标而最优设定的需求动力组合。在经济增长过程中，经济增长的客观经济规律通常要求短期经济增长目标的设立必须保持与长期经济增长目标一致，这就必然导致短期经济增长的需求驱动机制受到长期经济增长的需求驱动机制的内在约束，即短期经济增长的需求驱动机制必须符合长期经济增长的需求驱动机制的某一阶段的变化趋势。然而，短期经济增长的需求驱动机制在符合长期经济增长的需求驱动机制的某一阶段发展趋势后，是否可以根据所设定的短期经济增长目标而进一步对需求驱动机制进行微调和优化呢？答案当然是肯定的，但必须借助一定的调整和优化手段才能实现。

当前，中国的经济增长已进入工业化阶段后期，对照大国长期经济增长的需求驱动机制演变规律，中国经济增长的需求驱动机制演变基本符合大国长期经济增长的需求驱动机制演变规律，但就实现工业化阶段的短期增长目标而言，如前述国民福利、平稳增长以及集约增长等目标的实现程度与其他大国相比较，还存在一定的差距，这充分说明中国工业化阶段的需求驱动机制设定还不是最优的，存在进一步调整和优化的空间。

第二节 中国经济增长的需求驱动机制的调整策略

当前，中国经济正处于工业化阶段的后期，从长期增长的角度看，中国经济已进入后工业化阶段增长的准备期，需要开始谋划构建适宜后工业化阶段拉动经济增长的需求驱动机制；从短期增长来看，中国经济处于工业化阶段后期，由于经济增长有其必然的阶段目的和要求，短期经济增长的需求驱动机制在不断实现其阶段性目标的同时，又与理想的阶段性目标存在一定的偏差，这必然导致短期经济增长的需求驱动机制存在优化和调整的可能。因此，无论从长期还是短期来看，现阶段中国经济增长的需求驱动机制均面临转型。

一、中国经济增长的需求驱动机制调整的目标设定

根据需求驱动机制与经济增长的内在理论关系，确定需求驱动机制调整或转型的目标依赖于经济增长目标的确定。当前，中国经济增长正处于工业化阶段后期，一方面面临当前工业化阶段后期经济形势发展的变化而需适当修正短期增长目标，另一方面面临经济增长向后工业化阶段过渡，需要着眼于长期发展的需要。因此，中国经济增长的需求驱动机制调整目标必须满足这两个方面的需要。

（一）长期经济增长的需求驱动机制调整的目标设定

从长期来看，当中国经济进入后工业化阶段，经济增长速度必然低于工业化阶段，经济以相对稳定的中低速增长，提高要素生产效率的集约型经济增长，以及人们追求享受生活的消费必然成为经济增长的新常态，同时也是各国政府宏观经济调控目标的新追求。在此目标要求下，居民消费占 GDP 比重应逐步提升，政府消费占 GDP 比重应逐步稳定或略呈下降趋势，投资占 GDP 比重应逐步稳定或略呈下降趋势，进口和出口占 GDP 比重应逐步稳定或略呈上升趋势，但出口的比重应略低于进口的比重。

（二）短期经济增长的需求驱动机制调整的目标设定

在工业化阶段，由于各个大国政府的战略目标与思路不同，不同的国家在追求经济增长的较快速度和较大规模，经济增长过程中国民福利水平、平稳增长以及集约增长等工业化阶段经济增长目标之间会有所侧重。假设一个国家刚进入工业化阶段初期，人均国民收入还较低，社会财富和物质产品还不丰富时，该国就可能根据自己的国情选择追求经济增长的较快速度和较大

规模,以迅速提高本国居民收入水平,初步解决人们的温饱问题,作为实现这些目标的需求动力手段,就必须调整消费、投资和出口需求的构成,从而形成较快投资、适当压缩消费和适当提升出口的需求驱动机制,以配合国家在工业化阶段初期实现经济快速增长的目标。假设一个国家已进入工业化阶段中期,人均国民收入已进入快速提升阶段,物质产品已基本丰富,该国就可能根据自己的国情在选择追求经济增长的较快速度和较大规模的同时,更有可能兼顾经济增长的平稳,避免大起大落,而此时作为实现目标的需求动力手段,也需根据目标的修正进一步调整消费、投资和出口需求的构成,从而继续形成较快投资、稳定消费和快速增加出口的需求驱动机制,以配合国家在工业化阶段中期实现经济快速增长和平稳增长的目标。假设一个国家已进入工业化阶段后期,人均国民收入已达到较高水平,社会物质产品已极大丰富,该国在此阶段就可能根据自己的国情放弃选择追求经济增长的较快速度和较大规模,转而追求国民福利水平提高、经济集约增长或经济平稳增长,以期实现经济的高质量增长,此时作为实现目标的需求动力手段,则需要根据对目标的修正进而对消费、投资和出口需求的构成加以调整,形成稳定投资、扩大消费和稳定出口的需求驱动机制,以配合国家在工业化阶段后期实现经济高质量增长的目标。

当前,处于工业化阶段后期的中国经济面临的主要是国民对生活水平提升的渴望、经济波动性增长以及投资物耗型的粗放增长所导致的资源环境约束加剧等问题,因此,提升国民福利、保持经济平稳增长以及助推经济集约增长是现阶段中国经济追求的目标。根据前文所述,中国现阶段拉动经济增长的需求驱动机制虽然符合长期发展趋势,但根据大国在工业化阶段需求驱动机制实现经济增长目标程度的经验比较,中国在工业化阶段除了在实现经济增长速度方面具有优势外,在实现国民福利、平稳增长以及集约增长过程中均与其他大国存在一定的差距,因此,现阶段的需求驱动机制还有较大的发展空间。

1. 国民福利目标约束下需求驱动机制调整目标的设定

中国当前正处于工业化阶段后期,年平均居民人均消费为1092.2美元,居民最终消费占GDP的比重为38.28%;而巴西在整个工业化阶段,年平均居民人均消费为1504.8美元,居民最终消费占GDP的比重为65.33%;俄罗斯在整个工业化阶段,年平均居民人均消费为1987.9美元,居民最终消费占GDP的比重为49.73%。将中国与巴西和俄罗斯两个大国经历的工业化阶段所达到的国民福利程度相比较,年平均居民人均消费与巴西相差412.6美元,与俄罗斯相差483.1美元;居民最终消费占GDP的比重与巴西相差27.05%,与俄罗斯相差11.45%,因此,当前的工业化阶段国民福利目标离巴西和俄罗斯还有较大差距。即使与处于工业化阶段初期的国家印度相比较,虽然年平均居民人均消费超过印度的767.7美元,但居民最终消费占GDP的比重仍然低于印度的58.16%,说明中国的整体国民福利水平从相对水平看,与印度仍有一定差距。进一步地,如果与处于后工业化阶段的美国相比,年平均居民人均消费远低于美国的14854.5美元,居民最终消费占GDP的比重远低于美国的63.1%。因此,在工业化阶段提高国民福利目标尤为必要。

根据经济增长目标与需求驱动机制的理论分析,提高国民福利就必须调整未来中国居民消费在整个国民生产总值中所占的份额,即未来时期的国民生产总值中用于居民消费的比重逐步增加。与此同时,由于一定时期的国民生产总值总是固定的,当国民生产总值中用于居民消费的比重增加时,用于政府消费、投资或出口的部分就必须相应减少。从目前来看,中国在整个工业化阶段政府消费、投资和出口的比值约为14.2∶43.4∶30.2;同时期的巴西,在整个工业化阶段政府消费、投资和出口的比值约为14.3∶20∶9.2;同时期的俄罗斯,在整个工业化阶段政府消费、投资和出口的比值约为16.7∶20.3∶36.5;美国在后工业化阶段政府消费、投资和出口的比值约为16∶22.6∶8.5。因此,参照巴西和俄罗斯两个大国在同时期居民消费、政府消费、投资、出口所占国民生产总值的比重,以及展望后工业化阶段美国居民消费、政府消费、投资、出口所占国民生产总值的比重,中国当前的需求驱动机制中投资占GDP的比重较高,因此,未来中国需求驱动机制应逐步在国民生产总值中提升居民消费的比重,基本保持政府消费的比重,降低投资的比重,稳定或适当降低出口的比重。

2. 平稳增长目标约束下需求驱动机制调整目标的设定

根据第三章经济平稳增长短期目标约束下的需求驱动机制调整的理论诠

释，中国在工业化阶段保持经济平稳增长，在这种稳定增长状态下，在开放经济条件下必然要求投资与（消费+出口）比值匀速地扩大，也即要求经济中的每期（消费+出口）增长率和储蓄率（假定储蓄率等于投资率，以下同）保持下面五种情形的变化：（1）当（消费+出口）增长率保持不变，储蓄率匀速增加；（2）当储蓄率不变，（消费+出口）增长率匀速减少；（3）当（消费+出口）增长率匀速减少，储蓄率匀速增加；（4）当（消费+出口）增长率和储蓄率非匀速同向增加，每期（消费+出口）增长率是每期储蓄率的固定若干倍数（倍数值小于1），或者每期储蓄率是每期（消费+出口）增长率的固定若干倍数（倍数值大于1）；（5）当（消费+出口）增长率和储蓄率非匀速同向减少，每期（消费+出口）增长率是每期储蓄率的固定若干倍数（倍数值大于1），或者每期储蓄率是每期（消费+出口）增长率的固定若干倍数（倍数值小于1）。

根据第五章表5-22，中国如果以2000年经济增长的稳态均衡为基点，根据消费与出口需求之和增长率的变化与储蓄率的变化规律，之后的2001年、2005年、2006年、2008年、2009年、2011年、2012年分别会在前一年的基础上，稳态均衡点发生向右移动，这意味着单位需求产出水平不断上升，投资与（居民消费+出口）比值不断扩大，而之后的2002年、2003年、2004年、2009年、2007年、2010年、2013年分别会在前一年的基础上，稳态均衡点发生向左移动，这意味着单位需求产出水平不断下降，投资与（居民消费+出口）比值不断缩小。纵观整个中国工业化历程，如果以单位需求产出水平的匀速提升作为判断经济是否实现平稳增长的标准，中国的经济增长并不稳定，单位需求产出水平呈现波动式提高趋势，尤其是自2008年以来，中国的单位需求产出水平的提升是以居民消费和出口需求增长的放慢甚至萎缩为代价。因此，结合以上分析，中国在工业化阶段后期要保持单位需求产出匀速提升的平稳增长，必须合理控制投资需求，提高居民消费和出口需求，尤其是在外部需求有限的背景下提高国内居民消费需求，实现每期居民消费和出口需求水平在前一期的居民消费和出口需求水平上以一个正的速率增长，但是，该增长速率与储蓄率（投资率）的增长必须保持一个小于1的固定倍数关系。

3. 集约目标约束下需求驱动机制调整目标的设定

根据联合国相关统计，2008年，中国建筑用矿物、金属矿物和工业矿物、化石燃料以及生物质四大物质消费量达到226亿吨，占全世界总量的32%，成为迄今为止世界最大的原材料消费国，是排名第二的美国的近四倍。[①] 2012年，中国能源消费总量为37.5亿吨标准煤，每万元国内生产总值能源消耗达到1.517吨标准煤，是美国能耗的1.7倍，是日本能耗的2.3倍。[②] 在环境影响方面，大气、水污染严重，仅2012年，中国的废水排放总量达到684.8亿吨，二氧化硫排放总量达到2117.6万吨，废气中氮氧化物排放总量达到2337.8万吨，废气中烟（粉）尘排放总量达到1234.3万吨，工业固体废物产生量达到32.9亿吨，突发环境事件次数542起[③]，环境对经济发展的制约越来越明显。综上所述，资源环境对中国经济增长的承载能力趋于极限，当前中国必须改善经济增长的方式，使得粗放式增长转变为集约型增长。根据需求驱动机制与集约增长目标的理论阐述，需求驱动机制的合理安排有助于提高资本要素生产效率水平，从而促进经济集约增长，因此，在集约增长目标约束下，需求驱动机制必须向理论最优水平调整，也即向生产要素贡献最大化的需求驱动机制优化。

根据前述分析，中国在工业化阶段（2000—2013年）因为投资与（消费+出口）、投资与消费等需求驱动机制内部结构的影响，经济增长存在两种机制：一是当投资与（消费+出口）比值小于等于0.488时，单位资本要素投入带来的产出效应较大，经济增长相对处于集约增长状态；当投资与（消费+出口）比值大于0.488时，单位资本要素投入带来的产出效应较小，经济增长相对处于非集约增长状态。二是当投资与消费比值小于等于0.714时，单位资本要素投入带来的产出效应较大，经济增长相对处于集约增长状态；当投资与消费比值大于0.714时，单位资本要素投入带来的产出效应较小，经济增长相对处于非集约增长状态。在实践中，从投资与（消费+出口）结

---

① 数据来源于联合国环境规划署：《中国资源效率：经济学与展望》。
② 该数据由笔者根据世界银行WDI数据库2012年数据计算。
③ 数据来源于中华人民共和国生态环境部（原中华人民共和国环境保护部）：《全国环境统计公报（2012年）》。

构的合理性看，在工业化阶段只有2000—2003年和2005—2007年这两个时期处于相对合理区间；从投资与消费结构看，只有2000—2002年这一时期处于相对合理区间。由此判断，中国的投资与（消费+出口）结构、投资与消费结构在2000年至2013年期间的绝大多数年份导致资本生产要素处于低产出效率状态，因而经济在大多数年份处于一种非集约增长状态。对此，中国当前需要通过抑制投资、扩大消费、增加或稳定出口来调整失衡的投资与（消费+出口）结构和投资与消费结构。

二、中国经济增长的需求驱动机制调整的具体思路

中国需求驱动机制转型是基于现阶段国民福利目标、平稳增长目标、集约增长目标实现或改善，以及长期经济增长要求所提出的一种需求调整策略。

在现阶段提升国民福利水平目标以及长期经济增长要求约束下，中国需求动力结构的调整应有利于增进居民的消费，逐步提高居民的生活水平。根据前文所述，中国在工业化阶段后期应将居民消费需求占GDP的比重提高到50%以上，在后工业化阶段还需继续提升这一比重。

在现阶段保持经济平稳增长目标以及长期经济增长要求约束下，中国需求动力结构的调整应有利于保持经济稳定增长。根据前文所述，在工业化阶段后期，中国应保持单位需求产出的平稳增长，对于需求驱动机制的调整应提高（居民消费+出口）占GDP的比重，每年保持正的速率增长，合理控制投资需求的增长，使投资率的增长与（居民消费+出口）增长率的增长保持一个略大于1的固定倍数关系；在后工业化阶段应保持单位需求产出匀速不变的平稳增长，使投资率的增长与（居民消费+出口）增长率的增长基本相当。

在现阶段促进经济集约增长目标以及长期经济增长约束下，中国需求动力结构的调整应有利于最大限度地促进各种生产要素生产效率的提高，尤其是提高资本（投资）要素的使用效率，降低物质资本的消耗，推进中国经济集约增长。根据前文所述，当中国的投资与（消费+出口）比值小于等于0.488时，能够促使资本生产要素较快地促进经济增长，但与此对应的时期却只有2000—2003年和2005—2007年两个时期，而其他年份尤其是近期并不能有效地促使资本生产要素发挥最大的产出效率。同理，中国的投资与消费结构面临相似的情况。因此，对于中国投资与（消费+出口）结构的调整，无论短期还是长期，都应通过降低投资需求，提高消费和出口需求，保持投资与（消费+出口）比值不高于0.488；对于中国投资消费结构的调整，无论短期还是长期，都要降低投资，增加消费，使投资消费比值不高于0.714。

三、影响中国经济增长的需求驱动机制调整的因素

需求驱动机制调整取决于两个方面：一是消费、投资和出口需求相对数量的改变，二是消费、投资和出口之间以及对经济增长作用机制的改变。一般而言，由于消费、投资和出口需求三者本身相互关联，如本期消费要受到上期消费惯性、上期投资数量、本期出口数量的影响，本期投资要受到上期投资数量、上期消费和出口数量的影响，本期出口要受到上期出口和投资数量、本期消费的影响，以及消费、投资和出口需求与经济增长之间相互关联，如投资作为生产要素，其效率的改变本身就改变经济增长数量，而消费和出口则是实际产出的制约因素，因此，在需求驱动机制调整过程中，既要注意消费、投资和出口的数量调整，同时又要注意三者之间的作用机制改变。由于需求驱动机制调整是受自身和经济增长相互作用内在机制影响的适时数量调整，其数量和作用机制变化与经济系统中的多个运行因素密切相关。在调整经济增长需求驱动机制时，只有找到经济运行中影响消费、投资和出口需求数量及相互作用变化的敏感因素，并对敏感因素实施有针对性的政策，才有可能实现预期经济增长目标约束下的需求驱动机制调整。

（一）影响消费需求数量及作用机制变动的因素

国内外学者对中国消费需求数量及作用机制变动影响因素的论述颇为丰富。Ravallion（1998）论述了初始财富的不均等影响中国农村家庭的消费。[200]吴琴琴（2009）指出文化传统、经济体制改革和社会保障体系、收入分配差距、城镇化进程、消费环境和人口结构等因素均对中国居民消费率造成影响。[201]方福前（2009）认为国民收入分配格局向政府倾斜和居民收入差距扩大是影响消费需求不足的重要因素。[202]陈昌兵（2010）、聂正彦和马军敬（2013）指出消费率随城镇化率的提高而下降。[203][204]赵坚毅、徐丽艳和戴

李元（2011）认为国民收入分配结构失衡、城镇住房制度改革和农村居民收入增长较慢是导致消费率下降的重要因素。[205]李国璋和梁赛（2013）认为五种社会保险的参与率对消费率具有重要影响。[206]刘辉煌和李峰峰（2013）、王雨和王建中（2013）认为收入分配对居民消费需求具有重要影响。[207][208]吕月英（2013）认为影响中国消费需求的因素主要有宏观经济环境及政策、居民收入水平、消费品价格、消费者预期、消费者心理、人口数量、人口构成、消费者偏好等因素。[209]白重恩（2013）认为居民消费率的下降与国民收入分配体制密切相关，居民可支配收入下降直接导致居民消费率的降低。[210]综上，归纳国内外学者的主要观点，影响中国消费需求数量及作用机制变动的因素主要有三类：一是经济因素，包括居民收入水平、居民收入分配结构、国民收入分配体制；二是社会因素，包括人口结构、社会保障、城镇化水平、城镇住房改革等；三是心理文化因素，包括消费环境、传统文化影响等。由于需求驱动机制的调整，必须借助政府政策对需求的敏感因素或重要因素进行影响和调整，才能达到改变消费、投资和出口需求的数量及作用机制，从而实现对需求驱动机制调整的目的。因此，在影响消费需求数量及作用机制变动的众多因素中，必须找到消费需求的敏感或重要影响因素以及这些因素对消费需求的作用方向，才能为出台调控消费需求的政策找到着力点。但哪些影响因素是消费需求的敏感或重要因素呢？其影响效果又如何呢？笔者拟通过建立消费需求与其影响因素关系的计量模型予以考察分析。

1. 模型建立

消费需求与其影响因素关系的计量模型建立如下：

$$CR_t = \alpha_0 + \alpha_1 JS_t + \alpha_2 SC + \alpha_3 GS_t + \alpha_4 RK_t + \alpha_5 SB_t + \alpha_6 CS_t + \alpha_7 ZF_t + \alpha_8 CH_t + \alpha_9 CW_t + \varepsilon_t \quad (6.1)$$

其中，CR 为居民消费率，JS 为居民收入水平，SC 为居民收入分配结构，GS 为国民收入分配结构，RK 为人口结构，SB 为社会保障程度，CS 为城镇化水平，ZF 为住房制度改革，XH 为消费环境，CW 为传统消费文化，t 代表时期，ε 为误差项。

2. 变量指标说明

式（6.1）中的各变量指标说明如表 6-1 所示：

表 6-1　模型（6.1）式中的变量说明

变量类型	变量	变量符号	变量含义及说明
被解释变量	居民消费率	CR	由于居民消费需求是最终消费需求的主体构成部分，其变化趋势反映最终消费需求的变化趋势，同时，居民消费需求变化也是笔者重点研究和关注的对象，因此笔者以居民消费率指标替代对最终消费需求变化的观测。居民消费率以支出法核算的GDP中最终居民消费额占当期支出法核算的GDP的比重表示
解释变量	居民收入水平	JS	反映一个国家的城镇居民和农村居民收入的情况。由于在中国的统计指标体系中，对城镇居民和农村居民的收入水平分别以城镇居民人均可支配收入和农村居民人均纯收入指标来衡量，因此在上述计量模型中分别以城镇居民人均可支配收入增长率指标反映城镇居民收入水平变化，以农村居民人均纯收入增长率指标反映农村居民收入水平增长变化
	城镇居民收入水平	JSC	以城镇居民人均可支配收入增长率反映城镇居民收入水平变化
	农村居民收入水平	JSN	以农村居民人均纯收入增长率反映农村居民收入水平变化
	居民收入分配结构	SC	反映不同居民之间的收入差距程度。在现有的文献中，学者们普遍用基尼系数来反映居民收入分配差距。笔者也采用基尼系数反映居民收入分配结构变化
	国民收入分配结构	GS	反映国民收入在居民、企业和政府等经济主体间的分配情况。笔者以居民可支配总收入或政府财政收入分别占国民收入的比重来反映
	人口结构	RK	反映不同年龄段的人口占总人口的比重。笔者以65岁以上人口占15—64岁人口比重来衡量人口结构的变化
	社会保障	SB	反映国家对居民的基本生活保障水平。笔者以城镇职工养老保险参加人数占全社会总人口的比重来衡量社会保障水平
	城镇化水平	CS	反映一个国家城镇化的程度，笔者以城镇人口占总人口的比重来衡量
	住房制度改革	ZF	反映住房政策调整对居民消费的影响
	消费环境	XH	反映外部消费环境对居民消费的影响
	传统消费文化	CW	反映消费习俗、习惯对居民消费的影响

在模型（6.1）式中，住房制度改革（ZF）、消费环境（XH）、传统消费文化（CW）虽然对居民消费需求产生重要影响，但由于这些影响因素指标在实践中难以量化，所以在模型（6.1）式中将上述三个影响因素剔除。

3. 数据来源

笔者测算各影响因素对消费需求变动影响的时间跨度为1979—2013年。笔者定义的居民消费率（CR）、城镇居民收入水平（JSC）、农村居民收入水平（JSN）、城镇化水平（CS）和国民收入分配结构（GS）指标均采用《中国统计年鉴》历年公布的数据测算；居民收入分配结构（SC）指标，1979—2002年采用徐映梅和张学新在《统计研究》2011年第1期发表的全国居民基尼系数数据，[211] 2003—2013年则采用国家统计局发布的全国居民基尼系数数据；人口结构（RK）指标则采用世界银行WDI数据库的统计数据进行测算；社会保障（SB）指标中的城镇职工养老保险参加人数，1979—1988年以国有单位职工人数替代城镇职工养老保险参加人数，① 1989—2013年则采用《中国统计年鉴》发布的数据。为消除计量模型的异方差性，对各变量数据进行对数化处理。

4. 影响因素对消费需求变动影响程度的确定

利用Chatterjee et al.（2000）诊断共线性的方法，[195] 发现模型（6.1）中解释变量的主成分分析特征根倒数和为250.77，远远大于解释变量数目5倍的标准，模型存在严重的共线性。因此，对模型（6.1）式不能直接进行OLS回归。为消除经济变量间普遍存在的多重共线性，笔者采用主成分分析对变量进行处理。

主成分分析法是一种数学变换的方法，它把给定的一组相关变量通过线性变换转成另一组不相关的变量，这些新的变量按照方差依次递减的顺序排列。在数学变换中保持变量的总方差不变的情况下，使第一变量具有最大的方差，称为第一主成分，第二变量的方差次大，并且和第一变量不相关，称为第二主成分，依次类推，有n个变量就有n个主成分。在模型（6.1）式中，通过对变量JSC、JSN、SC、GS、RK、SB、CS进行线性变换，得PC1、

---

① 国有企业改革以前，国有企业对本单位退休职工承担养老任务。因此，可以近似地认为在国有企业就业的职工，退休后可以得到养老保障。

$PC2$、$PC3$、$PC4$、$PC5$、$PC6$、$PC7$ 七个主成分，主成分特征值如表 6-2 所示，且主成分与原始变量数量关系如表 6-3 所示。

表6-2　模型（6.1）式中变量的主成分特征值表

序号	特征值	比例	积累值	积累比例
1	4.4653	0.6379	4.4653	0.6379
2	1.6731	0.2390	6.1384	0.8769
3	0.5829	0.0833	6.7213	0.9602
4	0.1406	0.0201	6.8619	0.9803
5	0.1042	0.0149	6.9660	0.9951
6	0.0289	0.0041	6.9949	0.9993
7	0.0051	0.0007	7.0000	1.0000

表6-3　模型（6.1）式中解释变量与线性变换后主成分的数量关系

变量	$PC1$	$PC2$	$PC3$	$PC4$	$PC5$	$PC6$	$PC7$
JSC	-0.0490	0.7058	-0.4421	0.5405	0.0734	-0.0795	-0.0102
JSN	-0.0933	0.6690	0.5565	-0.4500	0.1773	0.0078	-0.0065
SC	0.4597	0.0224	-0.1851	-0.1036	0.4621	0.6194	0.3821
GS	-0.4115	-0.2192	0.3918	0.4890	0.6228	0.0230	0.0398
RK	0.4659	-0.0263	0.1355	0.0722	0.1515	-0.7059	0.4872
SB	0.4146	0.0609	0.5370	0.5000	-0.4428	0.2957	-0.0506
CS	0.4682	-0.0352	-0.0197	-0.0163	0.3779	-0.1541	-0.7825

根据提出主成分的数量 k 满足 $\Sigma\lambda k/\Sigma\lambda j > 0.95$（$\Sigma\lambda k$ 为前面 k 个主成分特征值和，$\Sigma\lambda j$ 为全部主成分特征值和）的要求，建立居民消费率（CR）与 $PC1$、$PC2$、$PC3$ 三个主成分的线性模型，得：

$$CR_t = \beta_0 + \beta_1 PC1_t + \beta_2 PC2_t + \beta_3 PC3_t + \varepsilon_t \tag{6.2}$$

且：

$$\begin{cases} \alpha_1 = -0.0490\beta_1 + 0.7058\beta_2 - 0.4421\beta_3 \\ \alpha_2 = -0.0933\beta_1 + 0.6690\beta_2 + 0.5565\beta_3 \\ \alpha_3 = 0.4597\beta_1 + 0.0224\beta_2 - 0.1851\beta_3 \\ \alpha_4 = -0.4115\beta_1 - 0.2192\beta_2 + 0.3918\beta_3 \\ \alpha_5 = 0.4659\beta_1 - 0.0263\beta_2 + 0.1355\beta_3 \\ \alpha_6 = 0.4659\beta_1 + 0.0609\beta_2 + 0.5370\beta_3 \\ \alpha_7 = 0.4682\beta_1 - 0.0352\beta_2 - 0.0197\beta_3 \end{cases}$$

利用软件 Eviews 6.0 对模型（6.2）式进行回归，回归结果如下（括号中数值为 t 值）：

$$CR_t = \underset{84.69}{4.916} - \underset{(-20.94)}{0.281PC1_t} - \underset{(-5.72)}{0.062PC2_t} - \underset{(-0.29)}{0.006PC3_t} + \varepsilon_t \quad (6.3)$$

剔除模型（6.3）式中不显著的主成分 PC3，重新回归得：

$$CR_t = \underset{92.63}{4.9092} - \underset{(-22.16)}{0.2823PC1_t} - \underset{(-7.37)}{0.0639PC2_t} + \varepsilon_t \quad (6.4)$$

对模型（6.4）式主成分变量进行还原后的回归模型为：

$$CR_t = 4.9092 - 0.0313JSC_t - 0.0164JSN_t - 0.1312SC_t + 0.1302GS_t$$
$$\quad - 0.1298RK_t - 0.1209SB_t - 0.1299CS_t + \varepsilon_t \quad (6.5)$$

根据（6.5）式，居民消费率的影响因素按其影响程度大小依次为：居民收入分配结构（SC）、国民收入分配体制（GS）、人口结构（RK）、城镇化水平（CS）、社会保障（SB）、城镇居民收入水平（JSC）、农村居民收入水平（JSN）。在这些影响因素中，居民收入分配差距每增加1%，居民消费率将下降0.1312%；居民部门收入在国民收入中每增加1%，居民消费率将增加0.1302%；城镇化水平每增加1%，居民消费率将降低0.1299%；65岁以上人口占15—64岁人口比重每增加1%，居民消费率将降低0.1298%；城镇职工养老保险覆盖面每增加1%，居民消费率将下降0.1209%；城镇居民收入增长率每增加1%，居民消费率下降0.0313%；农村居民收入增长率每增加1%，居民消费率下降0.0164%。

（二）影响投资需求数量及作用机制变动的因素

国内外学者对影响中国投资需求数量及作用机制变动的因素也有过详细阐述。雍同（1990）、崔顺伟（2012）认为投资成本和投资收益率是影响固定资产投资的重要因素。[212][213] Alesina 和 Perotti（1993）通过实证研究发现收入分配和投资之间存在负相关关系。[214] Perkins（2006）认为高储蓄率是中国高投资率的重要影响因素。[215]国家统计局综合司课题组（2005）认为住房制度改革、政府实施积极财政政策、重化工业发展、承接国际产业转移对中国高投资率具有重要影响。[139]陆铭、陈钊和万广华（2005）通过实证研究发现收入差距在即期对投资有较强的负面影响。[216]郑京平（2006）认为政府、企业和个人固定资产投资偏好、城镇化和工业化发展、住房制度改革、外商直接投资是导致中国的高投资率的重要因素。[217]于文涛（2006）认为中国的高投资率主要由投资回报率、高储蓄率、外资流入和政府绩效考核体制四种因素导致。[218]陈昌兵（2010）指出投资率随城镇化率提高而提高。[203]樊明（2009）认为政府重资本轻劳动的政治制度安排导致了中国的高投资率现象。[219]孙文凯、肖耿和杨秀科（2010）认为高资本回报率导致了中国的高投资率。[220]蔡甜甜（2012）通过研究发现资本收入份额、对外开放、投资相对价格、税收、政府支出是投资率的重要影响因素。[221]郭庆旺和赵旭杰（2012）认为地方政府由于政治业绩和经济财政利益激励，导致企业投资加速。[222]Aro 和 Pennanen（2013）认为投资规模取决于负债成本与资本回报的比较。[223]归纳上述学者的观点，影响投资需求变动的因素大致可以分为经济因素，包括投资（资本）回报率、储蓄率、工业化、城镇化、外资流入、政府税收或收入；政治因素，包括政府投资冲动的体制安排、实施积极财政政策安排；社会和心理因素，包括城镇住房制度改革以及政府、企业和个人的固定投资偏好等。在上述影响因素中，哪些因素对投资需求数量及作用机制变动具有重要影响？其影响的效果又如何？笔者仍采用计量经济学方法予以分析和判断。

1. 建模思路

同理，遵循前述消费需求与其影响因素分析的建模思路，笔者建立如下投资需求与其影响因素关系的计量模型：

$$IR_t = \alpha_0 + \alpha_1 TH_t + \alpha_2 QX_t + \alpha_3 GY_t + \alpha_4 CS_t + \alpha_5 WZ_t + \alpha_6 ZS_t + \alpha_7 TZ_t \\ + \alpha_8 ZC_t + \alpha_9 ZF_t + \alpha_{10} PH_t + \varepsilon_t \quad (6.6)$$

在（6.6）式中，IR 为固定资产投资率，TH 为投资（资本）回报率，QX 为国民储蓄率，GY 为工业化水平，CS 为城镇化水平，WZ 为外资利用率，ZS 为政府税收增长率，TZ 为政府投资冲动体制安排，ZC 为政府积极财政政策安排，ZF 为住房制度改革，PH 为投资偏好，t 代表时期，ε 为误差项。

2. 指标说明

模型（6.6）式中的各变量指标说明如表6-4所示：

表6-4　（6.6）式中的变量说明

变量类型	变量	变量符号	变量含义及说明
被解释变量	固定资产投资率	IR	反映固定资产投资需求变化的情况。投资可以分为固定资产投资、非固定资产投资和存货投资，由于非固定资产投资并不形成社会的长期生产能力，存货投资反映企业对自己生产产品的暂时购买，而且两者每期的数量较少，因此笔者予以忽略分析。笔者重点考察固定资产投资的影响因素，并以支出法核算的当期GDP中的固定资本形成额占当期支出法核算的GDP的比重表示固定资产投资率
解释变量	投资（资本）回报率	TH	反映投资主体进行投资所获得的回报。笔者采用"CCER"中国经济观察研究组（2007）对投资（资本）回报率的定义，以资本回报与创造回报所用资本之比率关系表示（资本）回报率。[224]资本回报用全国工业企业利润总额指标替代衡量，创造回报所用资本用全国工业企业固定资产净值替代衡量
	国民储蓄率	QX	反映社会投资来源的充足率水平。笔者采用王博对国民储蓄率的测算方法，以国内生产总值与最终消费之差除以国内生产总值表示[225]
	工业化水平	GY	反映一个国家的工业化程度水平。笔者以当期工业增加值除以当期GDP表示
	城镇化水平	CS	指标含义同前文所述
	外资利用率	WZ	反映外国资本流入变化情况。笔者以当期外资实际利用额除以当期GDP表示
	政府税收增长率	ZS	反映政府收入水平变化情况。笔者以当期政府税收收入与上期政府税收收入之差除以上期政府税收收入表示
	政府投资冲动体制安排	TZ	反映引起政府投资冲动的体制安排对固定资产投资的影响
	政府积极财政政策安排	ZC	反映一个国家的财政政策因素对固定资产投资的影响
	住房制度改革	ZF	反映住房制度改革对固定资产投资的影响
	投资偏好	PH	反映企业等投资主体的投资习惯对固定资产投资的影响

在模型（6.6）式中，由于政治、社会和心理因素指标难以量化，因此将政府投资冲动的体制安排（TZ）、政府积极财政政策安排（ZC）、住房制度改革（ZF）、投资偏好（PH）四个影响因素予以剔除。

3. 数据来源

笔者测算各影响因素对投资需求变动影响的时间跨度为1979—2013年。笔者定义的固定资产投资率（IR）、国民储蓄率（QX）、工业化水平（GY）、城镇化水平（CS）、外资利用率（WZ）和政府税收增长率（ZS）指标均采用《中国统计年鉴》历年公布的数据测算。对投资（资本）回报率（TH）指标的测算，1978—2006年企业利润总额和企业固定资产总额数据均采用"CCER"中国经济观察研究组在《经济学季刊》2007年第3期发表的数据，[218]2007—2013年企业利润总额和企业固定资产总额数据均采用《中国统计年鉴》2014年公布的数据。为消除计量模型的异方差性，仍对各变量数据进行对数化处理。

4. 影响因素对投资需求变动影响程度的确定

运用Chatterjee诊断共线性的方法，[195]发现模型（6.6）式存在共线性（模型解释变量的主成分分析特征根倒数和为48.68，大于解释变量数目5倍的标准）。因此，模型（6.6）式不能直接进行OLS回归。为消除经济变量间存在多重共线性问题，仍采用主成分分析对变量进行处理。

在模型（6.6）式中，解释变量TH、QX、GY、CS、WZ和ZS通过线性变换，得PC1、PC2、PC3、PC4、PC5、PC6六个主成分，主成分特征值如表6-5所示，主成分与原始变量的数量关系如表6-6所示。

表6-5 模型（6.6）式中各变量的主成分特征值表

序号	特征值	比例	积累值	积累比例
1	2.3937	0.3990	2.3937	0.3990
2	1.8969	0.3162	4.2906	0.7151
3	0.8301	0.1383	5.1207	0.8535
4	0.7071	0.1178	5.8278	0.9713
5	0.1073	0.0179	5.9351	0.9892
6	0.0649	0.0108	6.0000	1.0000

表 6-6　模型 (6.6) 式中解释变量与线性变换后主成分的数量关系

变量	PC 1	PC 2	PC 3	PC 4	PC 5	PC 6
TH	-0.0814	0.6755	-0.1737	-0.2552	0.6644	0.0175
QX	0.5808	0.1665	-0.3502	0.0781	-0.1413	-0.6973
GY	0.1826	0.4163	0.5220	0.7185	0.0097	0.0679
CS	0.5989	0.0909	-0.3300	-0.0304	-0.1358	0.7105
WZ	0.3510	-0.5731	0.1108	0.1553	0.7150	-0.0277
ZS	0.3753	0.0770	0.6735	-0.6225	-0.0938	-0.0580

根据提出主成分的数量 k 满足 $\Sigma\lambda k / \Sigma\lambda j > 0.95$（$\Sigma\lambda k$ 为前面 K 个主成分特征值和，$\Sigma\lambda j$ 为全部主成分特征值和）的要求，建立固定资产投资率（IR）与 $PC1$、$PC2$、$PC3$、$PC4$ 四个主成分的线性模型，得：

$$IR_t = \beta_0 + \beta_1 PC1_t + \beta_2 PC2_t + \beta_3 PC3_t + \beta_4 PC4_t + \varepsilon_t \quad (6.7)$$

且：

$$\begin{cases} \alpha_1 = -0.0814\beta_1 + 0.6755\beta_2 - 0.1737\beta_3 - 0.2552\beta_4 \\ \alpha_2 = 0.5808\beta_1 + 0.1665\beta_2 - 0.3502\beta_3 - 0.0781\beta_4 \\ \alpha_3 = 0.1826\beta_1 + 0.4163\beta_2 + 0.5220\beta_3 + 0.7185\beta_4 \\ \alpha_4 = 0.5989\beta_1 + 0.0909\beta_2 - 0.3300\beta_3 - 0.0304\beta_4 \\ \alpha_5 = 0.3510\beta_1 - 0.5731\beta_2 + 0.1108\beta_3 + 0.1553\beta_4 \\ \alpha_6 = 0.3753\beta_1 + 0.0770\beta_2 + 0.6735\beta_3 - 0.0938\beta_4 \end{cases}$$

利用软件 Eviews 6.0 对模型 (6.7) 式进行回归，回归结果如下（括号中数值为 t 值）：

$$IR_t = -5755 + 0.4752PC1_t + 0.2785PC2_t - 0.0232PC3_t + 0.2869PC4_t + \varepsilon_t$$
$$(-0.73)\quad(10.47)\quad(3.20)\quad(-0.21)\quad(1.83)$$
$$(6.8)$$

由于模型 (6.8) 式中 $PC3$ 的系数统计检验不显著，剔除主成分 $PC3$，重新对模型 (6.8) 进行回归得（括号中数值为 t 值）：

$$IR_t = -0.7283 + 0.4824PC1_t + 0.2958PC2_t + 0.3184PC3_t + \varepsilon_t \quad (6.9)$$
$$(-2.73)\quad(17.02)\quad(12.94)\quad(9.40)$$

对模型 (6.9) 式主成分变量进行还原后的回归模型为：

$$IR_t = -0.7283 + 0.0793TH_t + 0.3543QX_t + 0.4400GY_t + 0.3061CS_t$$
$$+ 0.0492WZ_t + 0.0056ZS_t + \varepsilon_t \tag{6.10}$$

根据（6.10）式，固定资产投资率的影响因素按其影响程度大小依次为：工业化水平（GY）、国民储蓄率（QX）、城镇化水平（CS）、投资（资本）回报率（TH）、外资利用率（WZ）、政府税收增长率（ZS）。在这些影响因素中，工业化水平每增加1%，固定资产投资率将增加0.44%；国民储蓄率每增加1%，固定资产投资率将增加0.3543%；城镇化水平每增加1%，固定资产投资率将增加0.3061%；投资回报率每增加1%，固定资产投资率将增加0.0793%；外资利用率每增加1%，固定资产投资率将增加0.0492%；政府税收每增加1%，固定资产投资率将增加0.0056%。

（三）影响出口需求数量和作用机制变动的因素

国内外学者对出口需求数量和作用机制变动的影响因素的研究也较为丰富，纵观国内外学者对出口需求变动影响因素的研究成果，出口需求数量和作用机制变动影响因素主要可以归为两类：一类是影响出口需求的外部环境因素，包括汇率、对外直接投资、贸易壁垒、国际经济景气程度、贸易区域安排。Clark et al. (2004) 研究发现，汇率波动与贸易流量之间存在显著负相关关系。[226]郑恺（2006）研究发现，实际汇率波动对出口具有负影响，且不同行业和不同产品对汇率波动反应不同。[227]许和连和赖明勇（2002）、李国荣（2006）研究发现，外商直接投资对中国出口贸易具有积极影响。[228][229]孙龙中、徐松（2008）和王静岩（2010）研究认为，技术性壁垒和绿色壁垒对中国农产品出口增长具有负面影响。[230][231]赵革和黄国华（2006）实证研究发现，世界经济持续增长对中国出口年均增长的贡献约为21.8%。[232]陈雯（2009）论证了建立中国—东盟自由贸易区促进了中国与东盟国家之间的进出口贸易。[233]另一类是影响出口需求的内部条件因素，包括技术创新、人力资本、出口产品贸易结构、出口退税力度、出口商品多样化、出口区域集中度等。Wakelin（1998）研究表明，非技术创新型企业比技术创新型企业更具有出口的可能性和出口的倾向。[234] Wagner（1996）发现德国的出口绩效与人力资本、产品创新密切相关。[235] Chen et al. (2006) 研究表明，出口退税率的提高会提升本国对第三国的出口数量。[236]肖黎、谭忠真和刘纯阳（2010）研究发现，湖南出口贸易增长与一般传统商品具有强关联性，与高新技术产品关联度偏低。[237]白红光和陈建国（2011）通过实证研究发现，短期内提升人力资本不利于出口，长期内提升人力资本有利于出口，但技术进步和研发支出的增加，无论是在短期还是在长期都不利于出口。[238]胡兵和乔晶（2009）研究发现，不同国家和地区对中国商品出口持续稳定增长的影响存在较大差异。[239]强永昌和龚向明（2011）研究指出，出口多样化与减弱出口波动之间并不具有稳定关系。[240]项松林和赵曙东（2012）通过实证研究发现，出口能力较强的行业是生产率较高的行业，技术变迁引致生产效率改进是中国出口增长的重要原因。[241]对于影响出口需求数量和作用机制变动的以上两类因素，由于外部环境因素或多或少受到其他国家的干扰，政府无法有效控制，但内部条件因素则完全可以由国内政策对其进行调控，进而可以实现对出口需求的调控。因此，笔者重点研究影响出口需求变动的内部条件因素。但在这些影响出口的内部条件因素中，哪些因素对出口需求具有重要影响？其影响的效果又如何？笔者仍采用计量经济学方法予以分析和判断。

1. 建模思路

同理，遵循前述消费需求与其影响因素分析的建模思路，笔者建立如下出口需求与其影响因素关系的计量模型：

$$ER_t = \alpha_0 + \alpha_1 JS_t + \alpha_2 RL + \alpha_3 CJ_t + \alpha_4 CZ_t + \alpha_5 TS_t + \alpha_6 QY_t + \varepsilon_t \quad (6.11)$$

在（6.11）式中，ER 为出口率，JS 为技术进步率，RL 为人力资本丰裕度，CJ 为出口产品贸易结构，CZ 为出口产品种类集中度，TS 为出口退税率，QY 为出口区域集中度。

2. 指标说明

模型（6.11）式中的各变量指标说明如表6-7所示：

表6-7 模型（6.11）式中的变量说明

变量类型	变量	变量符号	变量含义及说明
被解释变量	出口率	ER	反映出口需求变化的情况，笔者以当期货物和服务出口额占支出法核算的GDP的比重来表示

(续表)

变量类型	变量	变量符号	变量含义及说明
解释变量	技术进步率	JS	反映社会技术进步的速度。笔者以年度专利申请授权数表示全社会企业平均技术进步水平，并以当期专利申请授权数与上期专利申请授权数之差除以上期专利申请授权数表示技术进步率
	人力资本丰裕度	RL	反映社会的人力资本水平。笔者采用白红光和陈建国对人力资本的测算方法，以高校毕业人数表示绝对人力资本丰裕度，[232]并以高校毕业人数占全社会就业总人数的比重表示相对人力资本丰裕度
	出口产品贸易结构	CJ	反映不同类型出口产品之间的比率。笔者按贸易方式对出口产品进行分类，并以加工贸易出口额占一般贸易出口额比重表示出口产品贸易结构
	出口产品种类集中度	CZ	反映一国出口产品品种的多样性。笔者按照国家统计局对出口产品的分类标准，将分类的食品及供食用的活动物；饮料及烟类；非食用原料；矿物燃料、润滑油及有关原料；动植物油脂及腊；化学品及有关产品；轻纺产品、橡胶产品、矿冶产品及其制品；机械及运输设备；杂项物品；未分类的其他物品十大类产品中出口额排名前三位的产品贸易额之和占全部出口产品贸易额的比重表示出口产品种类集中度
	出口退税率	TS	反映政府对出口贸易的税收支持力度。笔者以出口退税额除以同期出口额表示
	出口区域集中度	QY	反映一国出口地域的多样化。笔者根据国家统计局对出口地区的统计分类，以出口亚洲地区的贸易额占全部出口贸易额的比重表示出口区域集中度

3. 数据来源

由于统计数据的限制，笔者测算各影响因素对出口需求变动影响的时间跨度为1985—2013年。笔者定义的出口率（ER）、技术进步率（JS）、人力资本丰裕度（RL）、出口产品贸易结构（CJ）、出口产品种类集中度（CZ）、出口退税率（TS）、出口区域集中度（QY）指标均采用《中国统计年鉴》2014年公布的原始数据测算。为消除计量模型的异方差性，对各变量数据进行对数化处理。

4. 影响因素对出口需求变动影响程度的确定

运用 Chatterjee et al.（2000）诊断共线性的方法，[195]发现模型（6.11）

式仍然存在共线性（模型解释变量的主成分分析特征根倒数和为 53.97，大于解释变量数目 5 倍的标准）。因此，模型（6.11）式不能直接进行 OLS 回归。为消除经济变量间存在多重共线性问题，仍采用主成分分析对变量进行处理。

在模型（6.11）式中，解释变量 JS、RL、CJ、CZ、TS 和 QY 通过线性变换，得 $PC1$、$PC2$、$PC3$、$PC4$、$PC5$、$PC6$ 六个主成分，主成分特征值如表 6-8 所示，主成分与原始变量的数量关系如表 6-9 所示。

表 6-8　模型（6.11）式中各变量的主成分特征值表

序号	特征值	比例	积累值	积累比例
1	3.3899	0.565	3.3899	0.565
2	1.2921	0.2153	4.6821	0.7803
3	0.9053	0.1509	5.5874	0.9312
4	0.3239	0.054	5.9112	0.9852
5	0.0565	0.0094	5.9677	0.9946
6	0.0323	0.0054	6.0000	1.0000

表 6-9　模型（6.11）式中解释变量与线性变换后主成分的数量关系

变量	$PC1$	$PC2$	$PC3$	$PC4$	$PC5$	$PC6$
JS	-0.2517	0.6803	-0.2547	0.6287	0.0522	0.1051
RL	0.4432	0.4672	0.0244	-0.2935	0.5623	-0.4271
CJ	0.4271	-0.4117	0.0366	0.6937	0.0603	-0.4024
CZ	0.5147	-0.0971	-0.2701	0.0520	0.2864	0.7537
TS	0.2602	0.2821	0.8525	0.1227	-0.2283	0.2425
QY	-0.4746	-0.2458	0.3654	0.1404	0.7371	0.1336

根据提出主成分的数量 k 满足 $\Sigma\lambda k/\Sigma\lambda j > 0.95$（$\Sigma\lambda k$ 为前面 k 个主成分特征值和，$\Sigma\lambda j$ 为全部主成分特征值和）的要求，建立出口率（ER）与 $PC1$、$PC2$、$PC3$、$PC4$ 四个主成分的线性模型，得：

$$ER_t = \beta_0 + \beta_1 PC1_t + \beta_2 PC2_t + \beta_3 PC3_t + \beta_4 PC4_t + \varepsilon_t \quad (6.12)$$

且：

$$\begin{cases} \alpha_1 = -0.2517\beta_1 + 0.6803\beta_2 - 2547\beta_3 + 0.6287\beta_4 \\ \alpha_2 = 0.4432\beta_1 + 0.4672\beta_2 + 0.0244\beta_3 - 0.2935\beta_4 \\ \alpha_3 = 0.4271\beta_1 - 0.4117\beta_2 - 0.0366\beta_3 + 0.6937\beta_4 \\ \alpha_4 = 0.5147\beta_1 - 0.0971\beta_2 - 0.2101\beta_3 + 0.0520\beta_4 \\ \alpha_5 = 0.2602\beta_1 + 0.2821\beta_2 + 0.8525\beta_3 + 0.1227\beta_4 \\ \alpha_6 = -0.4746\beta_1 - 0.2458\beta_2 + 0.3654\beta_3 + 0.1404\beta_4 \end{cases}$$

利用软件 Eviews 6.0 对模型（6.12）式进行回归，回归结果如下（括号中数值为 t 值）：

$$ER_t = 2.4054 + 0.4910PC1_t + 0.0504PC2_t - 0.2016PC3_t + 0.0661PC4_t + \varepsilon_t$$
$$(4.74) \quad (11.48) \quad (1.41) \quad (-1.93) \quad (0.68)$$
(6.13)

由于模型（6.13）式中 $PC2$ 和 $PC4$ 的系数统计检验不显著，剔除主成分 $PC2$、$PC3$、和 $PC4$，重新对模型（6.13）式进行回归得（括号中数值为 t 值）：

$$ER_t = 2.5348 + 0.3787PC1_t + \varepsilon_t \quad (6.14)$$
$$(43.17) \quad (9.33)$$

对模型（6.14）式主成分变量进行还原后的回归模型为：

$$IR_t = 2.5348 - 0.0953JS_t + 0.1678RL_t + 0.1618CJ_t + 0.1949CZ_t$$
$$+ 0.0985TS_t - 0.1797QY_t + \varepsilon_t \quad (6.15)$$

根据（6.15）式，出口率的影响因素按其影响程度大小依次为：出口产品种类集中度（CZ）、出口区域集中度（QY）、人力资本丰裕度（RL）、出口产品贸易结构（CJ）、出口退税率（TS）、技术进步率（JS）。在这些影响因素中，出口产品种类集中度每提高 1%，出口率将增加 0.1949%；出口区域集中度每提高 1%，出口率将下降 0.1797%；人力资本丰裕度每增加 1%，出口率增加 0.1678%；加工贸易出口占一般贸易出口比重每提高 1%，出口率将增加 0.1618%；出口退税率每增加 1%，出口率将上升 0.0985%；技术进步率每增长 1%，出口率将下降 0.0953%。

四、实现中国经济增长需求驱动机制调整的对策

消费、投资和出口需求是实现经济增长的基本动力，这三者组合形成的

需求驱动机制对一个国家经济增长过程中若干特定目标的实现至关重要。笔者在上节重点阐述了中国需求驱动机制调整与实现经济增长的长期目标和短期目标的理论关系，并提出为了实现上述增长目标而对当前需求动力结构进行具体调整的思路，但这些调整思路的实施还依赖于中国政府制定具体的政策去影响消费、投资和出口需求的因素，进而合理改变消费、投资和出口需求数量和作用机制，从而达到调整需求驱动机制的目的，实现中国长期和若干短期经济增长的目标。

(一) 夯实居民消费需求扩大的基础

居民消费需求是扩大消费需求的主体，它对于实现国民福利目标、经济平稳增长目标和经济集约增长目标具有重要影响，是调整消费投资结构、投资与出口结构以及投资与 (消费+出口) 结构的具体实施手段。因此，针对居民消费需求的影响因素，提出有效对策，夯实扩大居民消费需求的必要基础对于需求驱动机制调整十分必要。

1. 提高城乡居民收入水平

城乡居民是市场消费的主体，提高城乡居民的消费能力必然扩大国内消费需求的规模，但城乡居民的消费能力却与自身的收入水平密切相关。根据凯恩斯绝对收入消费理论、杜森贝里的相对收入消费理论以及弗里德曼的持久收入消费理论，无论是绝对收入水平、相对收入水平还是持久收入水平的提高，均能有效提升居民的消费水平，扩大居民的消费总量。中国自1978年以来，城镇居民人均可支配收入从343.4元上升至2013年的26995.1元，年均增长率达到13.16%；农村居民人均纯收入从133.6元上升至2013年的8895.9元，年均增长率达到12.61%。由于城镇和农村居民人均收入绝对水平的提升，中国的居民消费需求总额从1978年的1759.1亿元提升至2013年的212187.5亿元，居民消费需求总额增长了120.6倍，年均增长率达到14.54%，城镇和农村居民人均收入提升对居民消费绝对数量的扩大贡献巨大。但根据前文实证分析结果，城镇居民人均可支配收入增长率和农村居民人均纯收入增长率对居民消费率的影响为负，这意味着在城镇和农村居民收入增长较快的年份，居民消费率反而降低了，这在直观上形成了一种居民消费随收入增长而下降的悖论，究其原因，其根源在于1978年以来，中国的城镇和农村居民人均收入持续处于较低水平，处于社会急剧转型期的城乡居民具有强烈的储蓄愿望，当遇上收入增长较快的年份，人们将收入增长中的绝大部分用于储蓄，少量部分用于消费，因此，从消费需求额的绝对数量看，当年的消费需求额相对于上一年度可能会有所增加，但从消费需求额占GDP的相对数量看，当年的居民消费率相对上一年度则会有所下降，即当年消费的增长赶不上GDP的增长，因而得出城镇居民人均可支配收入增长和农村居民人均纯收入增长与居民消费率为负相关的结论。因此，进一步提高城镇和农村居民收入水平，消除城乡居民的消费顾虑，释放消费需求，对于改善投资与消费、投资与（消费＋出口）结构中投资过高、消费偏低的状况无疑具有重要意义。但如何进一步提高城镇和农村居民的收入水平、释放居民消费需求意愿呢？第一，实现城镇居民职工工资性收入与国民收入指数相挂钩制度，保持城镇居民职工工资性收入与国民收入同步增长。第二，扩大农村居民增收途径，进一步完善农村居民进城务工的各种制度，保障农村居民的合法权益；进一步立法完善农村居民对宅基地、土地和山林等拥有的各种权益，提高农村居民的财产性收入。第三，充分发挥市场对农产品的自主定价功能，消除农产品因承负的社会责任损害农民利益的各种人为因素。第四，加强对城镇和农村居民中低收入群体的转移支付力度，提高生活困难的城乡居民最低收入水平。

2. 调整国民收入分配体制

国民收入分配体制是国民收入在居民、企业和政府等经济活动主体之间进行分配的制度性安排。对于某一特定时期的国民收入总量分配，如果收入分配体制发生改变，必然导致国民收入在各经济活动主体之间的分配格局发生改变，即一部分相对另一部分经济活动主体的收入增加或者减少。由于居民、企业和政府等经济活动主体的属性和职能各有侧重，因而他们所获得的收入支出领域和范围各不相同，居民主要通过消费来满足自身的需要，企业主要通过再投资追求利润最大化，政府主要通过政府消费和政府投资来满足行使国家职能的需要。因此，居民在国民收入分配中占据主导地位必然导致消费增加，企业和政府在国民收入分配中占据主导地位必然导致投资增长。1978年至2013年期间，中国城乡居民总收入占GDP比重从45.7%下降至42.65%，居民消费总额占GDP的比重也从48.8%下降至35.98%，根据前文实证分析结果，居民部门的收入比重每上升1%，将会带动居民消费率提升

0.1302%，但近年来由于居民收入分配不断处于弱势地位，导致居民收入占国民总收入的比重连年下降，进而导致居民消费率不断下降。因此，改革收入分配体制，提高居民的收入比重、降低企业和政府部门的收入比重对于扩大消费需求，改善投资与消费、投资与（消费+出口）结构具有十分重要的作用。具体而言，一是提高劳动者的劳动报酬，特别是提高依靠体力劳动谋生的广大群众的工资报酬。二是通过税收等手段，合理调节企业报酬，特别是带有垄断性质的国有企业的利润水平，使企业的平均利润率水平处于合理空间。三是加大财政对贫困地区和贫困居民的转移支付力度，以免费或部分免费形式扩大教育、养老、交通基础设施等居民生活所需公共物品的供给。

3. 缩小居民收入分配差距

居民收入分配差距是衡量居民内部分配均匀程度的一个指标，国际上通常以基尼系数来反映一个国家居民内部收入分配差异状况。居民内部收入分配差异的大小对一个国家的居民消费需求影响巨大，当一个国家居民内部收入分配差异较小时，居民收入水平接近，对消费产品的层次和结构要求较为相近，容易形成较为稳定的消费预期和总额流量；当一个国家居民内部收入分配差异较大时，居民收入水平悬殊，不同收入水平群体的消费习惯、消费理念和消费偏好均不相同，无法形成较为稳定的消费预期和总额流量，更为重要的是当社会收入和财富被一小部分人占有后，由于边际消费倾向递减规律的作用，他们对消费的欲望会越来越低，而占有少量收入和财富的绝大多数人具有强烈的消费欲望，但却因为收入过低而无法过多消费。因此，居民收入分配差距扩大，对于扩大消费、改善需求动力结构尤为不利。中国自1978年以来，居民收入分配差距呈现逐渐扩大的趋势，1978年居民收入的基尼系数为0.2797，1988年为0.3385，1998年为0.3765，2008年为0.491，达到最高峰值，近两年来有所回落，但仍处于0.45以上。根据前文所述，居民收入分配差距对居民消费率的影响为-0.1312，这意味着居民收入分配差距每扩大1%，居民消费率将下降0.1353%，由于近年来中国居民内部收入分配差距的持续扩大，导致中国的居民消费率也呈现持续走低趋势。因此，在现阶段要想扩大消费，改善投资与居民消费、投资与出口以及投资与（居民消费+出口）结构，缩小居民收入分配差距也是政府政策重点调控的领域之一。当前，缩小居民之间的收入分配差距应主要做到：一是破除城乡和区域二元经济结构。城乡和区域二元经济结构是形成居民收入差距扩大趋势的固化因素，由于城乡和区域二元结构的存在，使城市与农村地区、发达与落后地区形成经济发展的"马太效应"，农村和落后地区将长期得不到有效发展，农村和落后地区的居民收入与城市和发达地区的居民收入差距将会越拉越大。为此，应将城市和发达地区的资金、技术、人才和企业合理引向农村和落后地区，大力发展农村经济，解决农村地区农民的就业问题，有效提高农民的收入水平。二是充分发挥政府的调节作用。政府是一种公共权力机构，它享有其他任何机构和个人都不能享有的立法、司法和行政权，具有超出任何机构和个人的调节居民收入水平的能力。一方面，政府可以通过立法制定和完善个人所得税、遗产税、赠予税等税收制度调节个人收入分配过高的问题；另一方面可以通过司法和行政手段，打击非法收入，清理灰色收入，形成公平、公正和公开的收入分配渠道。

4. 完善消费商品的有效供给体系

消费商品的有效供给体系是指当产生居民生活消费和企业生产消费时，社会能够及时有效地提供各种可供消费产品的生产、流通和市场监管等的运作系统。消费需求的扩大既取决于消费能力的提升，同时也取决于消费商品供给体系建设的完善。当前，中国的消费商品供给体系不论是在生产和流通环节，还是在服务和监管环节均存在若干缺陷。在消费商品的生产方面，消费商品的生产与需求不能有效衔接，一方面市场需求有限的产品由于各区域产业结构趋同，供给能力过剩，造成大量产品积压。另一方面对于部分有市场需求的新的消费商品的设计开发、生产组织，由于不同程度存在若干技术、资金、人才等瓶颈，不能以合适的生产成本供应新的消费商品；在消费商品的流通方面，商品流通的组织化和现代化水平较低，商品交易仍然以传统经营方式与传统业态为主，流通环节复杂，交易成本居高不下，商品垄断和货物囤积居奇现象时有发生；在消费商品的市场服务与监管方面，假冒伪劣商品、虚假广告宣传等欺诈消费者现象仍然充斥市场，医药和食品安全仍然存在较大隐患。总之，消费商品供给体系存在的这些问题严重干扰了消费者的消费欲望和消费信心。基于此，完善消费商品的有效供给体系对于扩大消费需求仍具有十分重要的意义。一是针对居民当前的消费欲望，加大科技投入，开发出能够满足人们生活需要的各种具有新、奇、特等功能的消费产品，不断培育新的消费热点。二是积极引导消费商品流通业的发展，吸引和鼓励民间资本投入流通业的基础设施建设中，创新商品流通业的发展方式，形成特色消费服务的模式，方便人民群众及时消费，促进消费市场繁荣。三是完善消费商品的售后服务工作，以优质的售后服务解除居民对产品质量的担忧，提振消费者的消费信心。四是加强消费市场的监管工作，建立消费市场的监测、应急和处理体系，加大对食品和医药等涉及人民群众生命安全的消费商品的日常监管，严厉打击坑害消费者的市场行为，规范市场准入制度，促进消费市场有序竞争。

5. 加大居民消费的金融支持力度

居民消费的前提是居民必须拥有一定的收入，但当居民收入由于暂时性原因而中断时，由外部提供一定的资金支持必然成为扩大居民消费需求的又一重要途径。据中国人民银行统计，2014年，中国消费性贷款达到153759.45亿元，短期性消费贷款达到32570.40亿元，分别占国内全部贷款总额的18.1%和3.8%，分别占2014年全部社会消费品零售总额的58.6%和12.4%，与美国等发达国家的消费信贷占全部金融机构信贷总额70%以上规模相比较，中国消费信贷规模仍然偏小。当前，中国加大居民消费的金融支持力度应从以下方面入手：第一，加大对居民的直接融资服务。这主要包括探索和创新消费信贷品种，大力发展大宗电器、汽车等家庭耐用消费品的信贷业务，针对不同地区、不同收入群体、不同年龄和性别的消费者，灵活提供期限、首付比例、融资价格、偿还方式等条件不同的消费信贷产品，大力开展消费循环信用、小额信贷、无抵押信贷等消费信贷服务；大力发展银行信用卡业务，鼓励具有稳定收入预期的消费者刷卡消费，更新和培养消费者的消费信用意识；提高金融机构的消费者服务意识，简化贷款流程，提高贷款业务审批效率；建立专门的消费金融服务公司，更好地满足居民消费信贷的需求。第二，努力培养和提升各类消费主体的消费能力。这主要包括创新农村金融服务产品和方式，努力探索和开发农村宅基地、自留承包地、林权等系列产权抵押贷款业务，大力支持家庭农场、农村合作社和龙头企业发展，增加农村居民的增收途径，提高农村居民的消费能力；加大对餐饮、家政、物流、信息咨询和公用事业等劳动密集型服务产业、中小微企业和大学生创业群体的信贷扶持，扩大就业人群，以就业保障普通群众的消费能力；做好贫困生助学、下岗工人再就业、农村扶贫等政策性信贷业务，帮助困难地区、困难群众实现消费能力再造。第三，充分发挥金融支持消费的示范效应。金融机构通过对当前符合国家鼓励消费的产品和方式积极开展金融支持，倡导健康和绿色消费，培育文化、旅游等消费热点，通过消费热点的辐射和扩散，带动整体市场消费。第四，优化资金产品定价，淡化居民储蓄倾向。当前相当一部分居民不愿消费，一方面固然是出于保障的需要，另一方面也与当前部分金融机构利用各种理财产品高息揽储相关。金融机构应主动克制盲目揽储的冲动，降低居民储蓄意愿，增加居民即期消费，释放居民潜在的消费能力。

6. 建立健全社会保障体系

社会保障体系是指国家通过立法对社会成员，特别是生活有特殊困难的人群的基本生活权利给予保障的社会安全制度体系，涵盖社会保险、社会救济、社会福利、优抚安置等内容。由于生、老、病、死等是不可逃避的基本风险，为了避免在风险来临时给自己带来不必要的损失或困境，人们一般都会在自己的收入中储蓄部分财富作为预防风险的基金。在社会保障体系比较完善的国家，国家承担了人们大部分的支出，人们可以将少量收入用作预防基金，大部分收可以用于当期消费，但在社会保障体系不完善的国家，人们必须合理分配用于当期消费和将来预防的收入，避免生、老、病、死等人身风险对自己生活的冲击。根据前文分析，65岁以上人口占15—64岁人口比重每增加1%，居民消费率将下降0.1298%，这意味着随着老年人的增多，人们出于养老的考虑，将会逐渐减少当期消费。1978年以来，特别是20世纪90年代以来，中国社会保障事业发展迅速。到2014年末，城镇职工基本养老参保人数达3.4亿人，参加城乡居民基本养老保险人数达5.01亿人，基本医疗保险参保人数达5.97亿人，新型农村合作医疗制度在全国2489个县（市、区）实施，新型农村合作医疗参合率达到99%，失业保险参保人数达1.7亿人，工伤保险参保人数达2.06亿人，生育保险参保人数达1.7亿人，1880.2万城市居民享受了最低生活保障，5209万农村居民享受了最低生活保障，529.3万农村居民享受了五保供养。经过近20年的建设，中国的社会保障事业迅速发展，但是如果从有效促进居民消费增长的实际效果来看还不明显。根据前文分析，养老保险覆盖率对居民消费率的影响仍然为负，这充分说明中国目前的社会保障体系还不能有效解决居民消费的后顾之忧，因此在实践中还需要进一步完善中国的社会保障体系。首先，应进一步扩大社会保险的覆盖面。中国社会保险覆盖面尽管已经很广，但与中国城镇6.9亿和农村6.56亿人口相比较，无论是养老保险、医疗保险、失业保险、工伤保险和生育保险均有较大的提升空间。其次，提高各类基本保险的保险给付金和最低生活保障的救济金标准。现行的各类社会保险和生活救助金标准基本是按照基本生活保障水平制定和执行的，无法保障人们未来按照正常生活标准生存，这使得人们虽然参加了社会保险但仍然存有较大的生活顾虑。再次，大力发展商业保险。商业保险是社会保险的有力补充，人们在得到国家的基本生活保障之后通过商业保险形式可以获得更充分的保障。最后，逐步完善社会救济、社会福利和社会优抚等制度，对突然遭受自然灾害打击、社会弱势和社会残障等特殊群体实施帮助。

（二）健全固定资产投资需求调控的手段

遏制固定资产投资需求持续上升是中国需求驱动机制调整面临的核心和关键问题。当前，中国过高的固定资产投资一方面支撑了中国经济的快速增长，但另一方面也带来了严重的经济增长"后遗症"。因此，对于固定资产投资需求调控不能简单地控制，而是要引导和控制相结合，丰富和健全固定资产投资需求调整的手段。

1. 实施新型工业化路径

工业化是一个国家走向现代化的必由之路。传统的工业化路径是指一个国家的工业化过程遵循1931年德国经济学家霍夫曼所提出的"霍夫曼经验定理"，即指在工业化过程中，资本资料工业在制造业中所占比重不断上升并超过消费资料工业所占比重，也即工业化过程遵循从"轻工业化"到"重工业化"的发展趋势。传统的工业化路径决定了从劳动密集型产业到资本密集型产业的发展路径，而产业的发展路径决定了资本从少到多的投入路径。因此，传统工业化道路的基本特点可以概括为依靠大量资源和资本投入来支撑经济外延式增长。新型的工业化路径是指一个国家的工业化过程，特别是工业化中后期阶段，不必经历重化工业化阶段，重化工业化不是工业化的必经阶段，占据工业化中后期阶段的主导产业应是依托现代高新技术发展的服务业工业化。新型工业化道路与传统工业化道路相比较，是一条依靠技术发展、提升效率的经济集约型增长和可持续发展道路。1978年以来，中国依托市场化改革迅速推进工业化进程，但整体而言，仍是沿着传统的工业化道路推进工业化发展，20世纪80年代至90年代中期，食品、饮料和烟草行业等轻工业是国民经济发展的主要支柱行业，但20世纪90年代后期以后，电子及通信设备制造业、化工原料及制造业、交通运输设备制造业、黑色金属冶炼及加工业、电气机械及制造业迅速发展，其产业产值开始超过食品、饮料、烟草和纺织等轻工业产业，成为国民经济发展的支柱行业。与此伴随的是，中国的第二产业固定资产投资率迅速攀升，从1993年的12.3%上升至2013年的32.5%，第二产业固定资产投资率10年增长了近2.64倍，成为三个产业固定资产投资增长最快的产业部门，前文的实证分析也表明，中国工业化水平每增加1%，固定资产投资率将增加0.44%。因此，选择一条新型的工业化路径是合理控制投资率迅速提升的重要手段，有利于优化投资与消费、投资与（消费+出口）、投资与出口等需求动力结构。当前，中国要从传统的工业化路径转向新型的工业化路径必须做到：一是大力发展信息化技术，以信息化促进工业化发展。信息技术是现代社会的神经系统，已经渗透到社会经济发展的各个领域，通过实现工业化全过程生产的信息化，降低企业成本，提高传统产业的国际竞争力。二是大力发展信息、生物、新材料、新能源等高新技术产业。高新技术产业是提供高新技术及其产品的研究、开发、生产和技术服务的企业集合，是一种知识密集和技术密集的产业，具有高于一般产业经济效益和社会效益的特点。三是利用高新技术、先进适用技术改造传统产业，实现传统产业结构升级优化，形成以高新技术产业为先导、技术改进的传统基础产业和制造业为支撑、现代服务业全面发展的产业格局。四是大力发展清洁生产和循环利用技术，着力解决环境污染和资源浪费问题，实现经济的可持续发展。

2. 走"内涵发展"新型城镇化道路

城镇化是指农村人口不断向城镇转移，其从事的职业不断向城镇第二、第三产业转移，从而使得城镇数量不断增加、规模不断扩大的一种过程。城镇化也是国家在实现工业化、现代化过程中所经历的人口、产业等社会结构变迁的一种反映，城镇化水平的高低可以用城镇化率表示，即常住于城镇的人口占总人口的比重。由于城镇化是一种伴随人口向城市大量集聚的过程，必然会有大量的城市基础设施、住房和产业投资，以解决大量人口在城市居住生活和就业的问题。因此，城镇化的加速必然引致投资的增加。改革开放以前，由于实行严格的户籍管理制度，农村人口几乎难以向城镇流动。改革开放以后，中国的城镇化加速，城镇化率由1978年的17.92%增加到2014年的54.77%，期间城镇化率提高了36.85%，大大高于同期英、美、日等西方发达国家的城镇化速度。前文的实证结论也表明，中国的城镇化水平每增加1%，固定资产投资率将增加0.3061%。因此，合理控制城镇化速度，走新型城镇化道路是合理控制投资需求的重要途径，这有利于改善投资与消费、投资与出口和投资与（消费+出口）等需求动力结构中投资偏高的不合理状态。当前，走新型城镇化道路一是防止城镇化的"功利化"趋势。城镇化是工业化和现代化进程中一种自然与市场相结合推动社会结构变迁的过程，只有当现代城市和城镇发展条件成熟，能够吸纳和安置农村富余劳动力时，才能够推进当地城镇化。当前，一些地方为追求所谓的政绩，圈地造城，强制农民"洗脚进城"，造成巨大的资源浪费和闲置。二是城镇化不能以城市建设和房地产开发为目标。以城市建设和房地产开发为目标的"造城运动"是一种低层次的城镇化建设，无法真正反映城镇化"以人为本"的实质内容。城镇化的高级表现是通过城镇的扩容建设真正将转移进城的农村人口内融化，使农村人口与城镇人口平等享受教育、便利交通、住房和就业等各种待遇。城镇化建设既要注重硬件的建设，同时更要注重"以人为本"的内涵式建设。三是摒弃城市和城镇建设贪大求快的老套思路。中国原有城市和城镇发展基本上是粗放和"摊大饼"式的，污染、浪费且效率低下，新型城镇化必须转变城市和城镇的发展方式，走集约建城之路。

3. 抑制地方政府投资冲动

地方政府投资是指地方政府作为独立的投资主体，以地方政府财政收入作为投资资金来源，以实现地方政府利益为目标的一种投资行为。近年来，中国固定资产投资率持续攀升，与地方政府强烈的投资冲动密切相关。一方面，随着分税制改革的实施，使得地方政府逐渐成为相对独立的事权主体，地方政府作为一级政治组织，承担着发展地区经济、维护地区社会稳定、解决地区就业、提供地区义务教育、完善地区基础设施、保护地区环境等多项经济与社会发展事务，但由于财力限制，地方政府投资建设大项目成为地政府广开财源的应然之举。另一方面，地方政府官员的政治博弈也成为助推地方政府投资高涨的重要原因。改革开放以来，随着社会发展的重心向经济领域倾斜，地方官员的选拔标准开始由单纯的政治标准考核逐渐演变成经济指标考核为主，追求地方GDP增长成为地方官员晋升的重要内容，地方官员为获取所谓"政绩"，尽力扩大地方投资也成为必然之举。据和讯网2013年6月12日报道，从2013年第二季度开始，占据中国GDP 60%以上的16个省和2个直辖市已经相继发表声明，宣称投资项目对驱动经济增长具有重要作用，并呼吁下级政府在未来采取一切必要措施加快计划项目的实施进度。由于各地方政府投资热情高涨，近年来，中国的固定资产投资规模连年高涨，2003年，中国固定资产投资规模为55118亿元，2014年却高达512761亿元，10年增长了近9.3倍。因此，抑制地方政府不合理的投资冲动是缩减持续高涨投资需求的重要途径。为此，一是根据财权和事权相匹配的原则，完善中央政府和地方政府的税收分配制度。尽量合理界定各级地方政府的事权范围，减少地方政府的不恰当支出，加快完善地方税收体系，为地方政府提供必要和稳定的税源；同时，进一步规范和完善财政转移支付制度，加大对地方政府的新农村建设、新能源开发、环护和科技创新等专项转移支出。二是树立地方官员良好的发展观和政绩观。在科学发展观的指导下，各级地方政府要切实扭转传统的政绩观，不断调整和完善地方发展思路，不急功近利，不追求眼前利益和局部利益，以地方的长远利益和全局利益为重寻求发展。三是改进单纯以经济增长为核心的干部考核体制。上级组织应根据各地发展的不同特点，建立不同的政绩考核体系，破除盲目唯GDP至上的倾向，使围绕GDP的考核体系向全面综合政绩考核体系方向转变，消除地方政府官员的逐利投资冲动行为，使其行为回归理性。四是建立严格的行政问责和司法制裁机制，进一步强化对各级政府投资行为的监督和制约。通过公开的社会舆论监督和司法监督，对盲目投资决策致使当地经济社会发展受到严重损害的，实施追溯制度，对决策人在行政上进行问责，后果严重的可实施法律制裁，切实扭转地方政府的盲目投资行为。

4. 合理引导外部资金的流动及使用

外国资金是国内建设和发展的重要资源之一。改革开放以来，中国利用外资规模持续扩大，1979—1982年实际利用外商直接投资130.6亿美元，

2014年实际利用外商直接投资达1196亿美元,是1979—1982年四年利用外资总和的9倍多,利用外资全球排名第二位,并且连续19年位居发展中国家首位。由于外国资金流入绝大多数是以直接投资形式发生,随着外资的流入,必然导致国内的投资规模随之扩大。根据前文的实证分析,外资占GDP的比重每增加1%,固定资产投资率将增加0.0492%,外资流入是中国投资率上升的主要影响因素之一。因此,对外资流入的合理引导也是调控国内投资规模的重要手段。当前,合理引导外资一是要注意对外资流入的总量规模进行有效调控。改革开放40年,中国由于政治稳定,市场巨大,许多外国投资者对中国市场纷纷看好,大量外资涌入中国,这一方面弥补了中国工业化和现代化进程中的资金不足,同时也为中国带来了技术、现代化管理和解决部分就业问题,但另一方面对中国的部分产业形成部分垄断性控制,如零售、汽车、高端电子产品等行业外资市场占有率非常高,这冲击了国内民族产业的发展。因此,处理好外资流入规模与防止外资对中国产业的垄断性控制的关系是合理引导外资流入的首要前提。二是合理引导外资的流向,利用外资为优化中国产业结构服务。外资是重要的外部资源,但如果利用和引导不好,就会与内资产业产生恶性竞争,从而不能充分利用外方技术和管理的优势,反而损害了国内经济的健康发展。中国目前处于工业化中后期,正面临着调整经济结构、转变发展方式的战略关键期,对于外资必须合理改善外商投资产业结构,逐步将资金引向第三产业,特别是第一、第三产业中的现代农业、商贸服务、技术研发和民生服务领域。在第二产业中,继续引导外资投向电子信息、集成电路、家用电器、汽车制造等技术资金密集型产业和新能源、新材料、生物医药、节能环保等高新技术产业。三是鼓励有条件的内资合理流出。经过几十年的市场化改革与发展,国内部分企业已经成长壮大,资金实力较为雄厚,完全具备在国际市场寻求更为合理的投资目标的条件。针对这一部分企业和资金,国家应创造条件让内资走出国门,寻求更大的获利机会。因此,内资合理流出,一方面平衡了外资流入对中国投资扩张的冲击,另一方面也可避免内资在国内的低效率使用,更为重要的是通过内资对境外能源产业的投资,对中国的可持续发展具有战略意义。

5. 合理调控投资回报率水平

投资回报率是进行投资活动所得与所投的比率,是投资活动的风向标和牵引器。投资回报率越高，投资活动就会越频繁；投资回报率越低，投资活动就会越萧条。1978年以来，中国的平均投资回报率水平达到两位数以上，以中等规模以上工业企业投资平均回报率为例，中等规模以上工业企业投资回报率从改革开放至20世纪90年代后期呈稳步下降趋势，从1978年的24.71%逐步下降至1998年的3.33%，但20世纪90年代后期以后，投资回报率迅速上升，2013年已回升至24.05%，1978年至2013年期间，中等规模以上工业企业平均投资回报率达到15.61%，远远高于同期银行利率水平。丰厚的投资回报，吸引了国内外众多资金参与国内市场的投资，根据前文实证分析结果，投资回报率每增加1%，将会使固定资产投资率增加0.0793%，这也是近年来中国投资率持续上升、需求驱动机制难以改变的重要原因。因此，合理控制投资，进而调整需求驱动机制，就需要对投资回报率予以合理调控，尤其是必须对包含在投资回报率中不合理的获利成分予以调整。首先，对部分垄断性企业的投资回报率予以限制。垄断性行业企业凭借市场特有的地位通过市场高价谋取超额利润，这种利润的取得是以损害消费者利益为前提的，必须坚持予以限制。这种垄断性企业尤其存在于电信、石油、燃气、电力、银行、烟草等行业，因此，加大对这些垄断性企业的市场化改革力度，消除市场垄断因素，是控制这些企业谋取超额投资回报的良方。其次，消除企业扭曲其他要素报酬机制而获取高额投资回报。资本是社会生产的重要因素，但不是唯一要素，在给予资本要素合理回报的同时，也要兼顾其他生产要素的合理报酬，特别是劳动力要素的合理报酬，不能因为劳动力要素的充裕人为扭曲其报酬机制。因此，使要素充分自由地流动，让市场化机制配置生产要素，是建立生产要素合理报酬机制的基础，同时也是消除企业因要素报酬机制扭曲获得不当投资回报的前提。最后，消除企业利用不当经营或违法经营获取高额投资回报。部分生产企业通过假冒伪劣、以次充好、偷税漏税等手段降低成本，赚取超额利润，政府应依法对违规经营企业予以处罚，坚决制止不法企业获取高额投资回报。

6. 加大政府税收的调整力度

政府税收既是政府的主要收入来源，同时也是政府调节收入分配的主要手段。政府通过税收一方面可以调节企业的收入，减少企业投资主体的投资资金积累，另一方面也可以通过税收手段形成的财政收入进行转移支付或提高社会保障水平，增加居民特别是低收入群体的收入，提高居民消费水平。根据前文实证分析结果，政府税收每增加1%，固定资产投资率将降低0.0056%，这说明政府税收增长率的提升具有抑制投资需求的效果。因此，增加税收、提高政府财政收入并不会因为增加政府投资资金的规模导致整体投资率的提升，反而有可能因为政府税收力度的加大，调动企业投资主体的投资积极性，加大政府对民生的投入，这有助于调整中国经济运行的需求驱动机制。当前，利用税收调整投资需求，一是要加大对企业所得税的管理和征收。依法缴纳所得税是企业的应尽义务，国家保护企业纳税后的正常投资行为，但应杜绝企业以偷税漏税手段积累资金，扩大投资。二是要积极使用投资方向调节税。投资方向调节税是对违背国家投资方向政策的投资行为所征收的一种税，是一种优化投资结构的税种。国家通过征收投资方向调节税一方面增加了财政收入，另一方面抑制了不合理的投资，优化了投资结构，具有调节的双重意义。三是合理运用各种税收减免和优惠措施。税收减免和优惠是一种为实现特定政策目标而对企业行为进行诱导的财政手段。通过税收减免和优惠，可以鼓励企业进行社会慈善、技术革新等有利于社会发展的活动，这降低了企业营利性投资的强度，同时也促进了企业服务社会发展的理念。

（三）丰富出口需求稳定或提质减量发展的渠道

产品出口需求是拉动国内经济增长的重要辅助动力，但容易受到外部经济发展环境的影响，具有极大的波动性，对国内合理构建经济增长的需求驱动机制带来严重干扰。当前，中国出口需求保持在高位运行，但从国内外经济发展的形势以及美国后工业化阶段进出口需求占GDP比重的发展趋势看，保持出口需求的相对稳定或实施出口需求提质减量发展是合理选择。

1. 提升人力资本和技术水平

人力资本是一种特殊的"非物力资本"，指劳动者通过接受教育、培训和实践经验等方面的投资而获得知识和技能的积累，并因为这种知识与技能的积累带来工资等收益的资本。技术是指企业在劳动生产过程中所具备的独特知识、经验和技巧。在经济全球化时代，高素质人力资本的积累和使用以及技术创新决定了一个国家未来产业的国际竞争优势和国际分工基础，提升一个国家的人力资本和技术水平,意味着提高国内产品的国际竞争力,这将极大地推动本国产品的出口。前文实证分析结果表明,人力资本丰裕度每增加1%,出口率增加0.1678%,人力资本水平是影响出口率的重要因素,但技术进步率每增长1%,出口率却下降了0.0953%,技术进步远远没有发挥对中国出口的促进作用。中国自改革开放以来,加快了人力资本培养和技术创新的力度,以大学生毕业人数占全部就业人口比重和专利申请授权量为例,大学生毕业人数占全部就业人口比重从1985年的0.06%上升至2013年的0.897%,发明专利境内申请授权量从1985年的185件上升至2013年的221万件。人力资本的培养,提高了劳动生产率,降低了企业的生产成本,推动了中国出口的增加。但中国的外贸出口主要集中于"三来一补"的加工贸易,加工生产技术含量低,产业技术进步优势还未能有效转化为一般产品的出口竞争优势。因此,未来中国应进一步加大对人力资本的投资,其中最关键的在于加大对教育的投入和营造良好的全社会学习氛围,通过教育提高劳动者素质,通过学习氛围的营造形成全民学习、终身学习的学习型社会,加速中国从人力资源大国向人力资本强国转变;进一步加大技术创新的力度,在培养创新型人才的基础上,加大研发经费投入,实现从技术引进到技术模仿再到自主创新的技术发展路径,加快技术与产业对接,将技术研发优势不断转化为产业竞争优势和产品出口优势。

2. 稳步提升出口产品在全球出口价值链中的地位

一个国家的出口贸易增长,主要通过两种方式来实现,一是数量扩张型,二是价值提升型。数量扩张型增长主要通过不断降低价格成本、压缩利润空间的形式来扩大出口产品的数量形成增长,而价值提升型增长则主要凭借独特的技术、商誉和管理等使出口产品形成高附加值进而推动贸易的增长。中国由于受技术、资金和观念等因素的影响,产业价值链整体水平不高,长期以来出口贸易仍然以粗放型的数量扩张为主要增长源泉。2008年金融危机爆发以后,全球经济陷入低迷,中国以数量扩张带动出口贸易增长的格局受到重创,增加或稳定出口需求从数量取胜的观念必须转换到价值提升战略上来。当前,中国的出口产品从产业链环节来看,过度集中于加工组装和加工制造环节,出口产品加工深度不够,出口产品所依赖的核心技术、核心软件、产品设计、关键零部件、供应链管理、销售和品牌等核心环节发展滞后,大多依靠国外进口或依赖跨国公司提供。由于加工组装和加工制造环节在产业链上居于价值链的中低端且资源消耗巨大,因此,中国在稳定现有的出口贸易规模的同时耗费了大量的物质资源和能源。据有关数据显示,我国制造业的增加率为 26.27%,与美、日、德等三国相比分别低 20.28%、8.73% 和 3.32%。与国际先进水平相比,我国火电供电煤耗高 14.1%,水泥综合能耗高 24.4%,吨钢能耗高 9.5%,乙烯综合能耗高 56.4%。因此,提质减量或稳定出口需求,必须转变出口贸易增长的方式,实施出口产品价值提升战略。为此,一是重视出口产品的自主创新和技术进步能力。技术是满足消费者消费欲望的手段,也是增加产品附加值的有效途径,核心技术产品的出口既提升了出口贸易额,同时也节约了资源和能源消耗。二是通过财税、金融和制度创新等多种途径,重点支持国内企业,加大对研发、设计、营销网络、品牌培育、供应链管理等高价值链环节的服务产品出口,着力改善国内出口产品的国际分工地位。三是着力促进国内企业的国际化经营能力和水平。随着中国企业实力的增强,应加大力度走出去建立自己产品的全球物流中心、分销中心等营销网络,充分利用全球资源,打造自己的核心品牌经营产品,不断提升产品的附加值。

3. 加大出口退税力度

出口退税是指国家针对外贸企业的出口货物在国内生产和流通环节实际缴纳的增值税和消费税予以退还。其主要目的是通过退税减轻外贸企业出口货物的税收负担,使本国产品以不含税的生产成本进入国际市场,增强产品的国际市场的竞争能力,从而达到增加出口和创汇的目的。出口货物退税制度是一个国家促进出口增长的重要制度。中国自 1985 年实行出口退税政策以来,退税规模逐步扩大,出口退税额从 1985 年最初的 17.85 亿元增长到 2013 年的 11356 亿元,期间增长了 636.2 倍,出口退税率从 1985 年的 2.22% 增长至 2013 年的 8.28%,期间增长了 3.73 倍。随着出口退税规模的扩大,中国的出口额由 1985 年的 808.9 亿元上升至 2013 年的 137131.4 亿元,期间增长了 169.5 倍,出口率由 1985 年的 8.91% 上升至 2013 年的 24.1%,期间增长了 2.71 倍。前文实证分析结果表明,出口退税率每增加 1%,出口率将下降 0.0985%。因此,加大出口退税力度是稳定或增加出口需求进而调整需求驱动机制的有效途径。但是,目前中国加大出口退税力度仍需要注意以下三点:

一是出口退税的力度一定要控制在财政可承受的范围之内。毫无疑问，出口退税需要国家财政负担，出口退税率过高，国家财政负担会加重，当国家财政无力支付企业的出口退税款时，再好的出口退税政策也只是一纸空文，导致无法有效地促进企业的外贸出口。二是合理调整出口产品的出口退税率，做到不同产品退税率有降有升，促进出口产品结构优化。结合中国经济"调结构、转方式"以及"两型"社会发展战略，对于高能耗、高污染和高排放的出口产品降低出口退税力度甚至实行零退税政策，对于高新技术产品、生产性服务产品以及农副产品出口可以提高出口退税力度，通过对退税率的调整，提高整体效益。三是提升出口退税力度要结合有利时机。提高出口退税率是国家改善出口贸易条件的一种有效方法，但如果其他国家采取同样的措施，则会引起新一轮的贸易摩擦，恶化出口贸易条件。因此，根据其他国家的贸易条件变化、本国的汇率变化趋势来相对调整本国的出口退税率是一种较为合理的选择。

4. 拓宽出口贸易区域及国家

对外出口区域集中度与一个国家的出口规模息息相关。一般而言，随着国家对外出口区域范围的扩大，即对外出口区域集中度降低，出口规模也会随之扩大。这是因为当一个国家对外出口区域过度集中于某一个地区或国家时，容易受到该地区或国家的政治、经济及社会波动的影响，给本国对外出口贸易带来冲击。中国与十几个国家接壤，改革开放以来，中国秉承睦邻友好的原则首先积极同周边国家开展经贸往来，1985年中国对亚洲地区和国家的出口额达到188.42亿美元，占当时全部对外出口额的68.9%。随后，随着经济市场化和全球化趋势进一步强化，中国企业开始积极开拓欧美和非洲市场，对外出口贸易的市场范围急剧扩大。截止到2013年，中国对亚洲地区和国家出口的份额下降至51.3%，相对1985年，亚洲地区的出口集中度下降了117.6%。与此同时，中国的出口率却从1985年的4.65%上升至2013年的24.1%。前文实证分析表明，中国对亚洲出口集中度每提高1%，出口率将下降0.1797%。因此，降低中国出口区域过度集中于亚洲地区和国家的程度，有利于提升出口率，进而可以实现调整需求驱动机制的目的。当前，中国降低亚洲区域的出口集中度，主要可以做到以下三点：一是继续巩固与亚洲地区和国家的对外贸易关系。中国是亚洲最大的国家，几千年来与亚洲各国经贸往来频繁,具有促进出口贸易增长的地缘、人缘和文化优势。降低亚洲区域的出口集中度绝不是丢掉出口贸易的传统地区和主要阵地,而是主要通过开拓与其他地区的经贸关系来降低亚洲区域的出口集中度。二是深化与欧美地区及国家的对外贸易关系。欧美地区是当今世界经济最发达的地区,也是世界消费需求最为旺盛的区域,中国应瞄准欧美国家的需求趋势,创新产品,降低成本,将欧美地区视为大力发展出口贸易的主要阵地。三是开拓与非洲、拉丁美洲及大洋洲等地区和国家的贸易关系。非洲、拉丁美洲和大洋洲地区是世界经济发展最具潜力的地区,大多数经济新兴国家分布在这一区域,加强与这些区域国家的贸易往来,将对中国增加或稳定出口贸易起到极大的辅助作用,也有利于降低出口贸易对亚洲区域的依赖程度。

5. 提升加工贸易份额及优化加工贸易结构

加工贸易和一般贸易是开展出口贸易的两种形式。加工贸易是指经营企业进口全部或部分原材料、零部件、元器件、包装物料,经加工或组装后,将制成品重新出口的经营活动,包括来料加工和进料加工两种形式。加工贸易出口与一般贸易出口相比较,其优势在于出口意向稳定,无需自己开拓市场,出口数量较大,其缺点在于出口产品的附加值低,效益不佳。改革开放以来,中国的对外出口贸易规模逐步扩大,加工贸易形式出口占一般贸易形式出口的比重呈现先升后降的发展趋势,从1985年的13.97%上升到1998年的140.7%,而后逐步下降到2013的79.1%。与此同时,出口率也呈现出类似的发展趋势,从1985年的4.65%上升到2007年的25.1%,而后逐步下降到2013的24.1%。前文实证分析结果表明,加工贸易出口占一般贸易出口比重每提高1%,出口率将增加0.1618%。因此,当前中国仍然需要重视加工贸易在贸易出口中的地位和作用,其中特别要注重在短期内加工贸易对于稳定贸易出口的作用。当前,中国发展加工贸易,一是要提高加工贸易产品的国产化率。国家通过税收减免和税收优惠等手段,刺激企业尽量采用国产原材料、零部件、元器件、包装物料替代外国进口料件,以提高加工贸易出口产品中的国内贡献附加值。二是引导加工贸易向高新技术产业、农业等产业领域转移。高新技术产业、农业等领域是中国目前急需发展的基础性产业。通过发展加工贸易,一方面可以引进、消化吸收国外先进技术,提高自主开发能力,另一方面扩大了非资源耗竭型产品出口创汇的能力。三是发展境外加工贸易。与境内加工贸易相比，境外加工贸易的社会效益更大，它不仅能真正解决加工贸易产品的外销问题，扩大商品出口，还可以带动劳务、技术以及服务贸易的出口，同时也可以绕过国外贸易壁垒，增强产品的竞争能力。

6. 强化相对比较优势产品的出口

随着经济全球化的发展，各国生产的专业化趋势愈来愈明显，各国生产既为国内市场服务，又为国外市场服务，但无论是在国内市场还是在国外市场，都面临着巨大的竞争压力，尤其是在国外市场，面临更多的国外同类产品的竞争。因此，发挥比较优势，集中优势资源专注于某些类别的产品领域生产是获得外部出口竞争优势的重要渠道。20 世纪 80 年代中期以前，中国的出口主要集中于矿物燃料、润滑油及有关原料，轻纺产品、橡胶制品、矿冶产品及其制品，杂项制品三大类产品。20 世纪 80 年代中期至 90 年代初期，轻纺产品、橡胶制品、矿冶产品及其制品，食品及主要供食用的活动物，杂项制品三大类产品成为出口的主要产品。到了 20 世纪 90 年代以后，轻纺产品、橡胶制品、矿冶产品及其制品，机械及运输设备，杂项制品三大类产品成为出口排名前三类的产品，但在不同时期三类产品的排名顺序有所变化。尽管在海关统计的出口分类的八类产品中，排名前三类的出口产品有一定的变化，但出口排名前三类的产品出口额占全部产品出口额的比重却呈现上升趋势，从 1980 年的 61% 上升至 2013 年的 89.7%，与此伴随的是出口率从 1980 年的 5.9% 上升至 2013 年的 24.1%。前文实证分析结果表明，出口排名前三类的产品出口额占全部产品出口额的比重每提高 1%，出口率将增加 0.1949%。因此，继续发展比较优势、专注于比较优势领域的生产和出口是扩大产品出口的重要手段。当前，中国应主要从以下两个方面发挥比较优势进行生产和出口以提高出口产品的集中度：一是继续发挥劳动力资源优势，扩大劳动密集型产品的出口。中国是一个人口大国，尽管目前人口红利已接近刘易斯拐点，但仍有潜力可挖。一方面加快户籍制度的改革，进一步解除人口的流动性限制特别是对农村人口流动的限制，通过吸收农村剩余劳动力进入第二产业和第三产业，延长人口的红利期；另一方面可以通过转换产业的劳动力结构挖掘人口红利，如将第三产业的青壮年劳动力通过培训转移至第二产业，加快对第一产业中的中老年劳动力技能培训，走大规模机械化和农场化生产道路，转移青壮年劳动力等。二是继续发挥制造技术优势，扩大工业制造设备及产品的出口。当前，欧美发达国家已经进入后工业化时期，制造业纷纷转入新兴发展中国家，包括中国在内的新兴发展中国家应抓住这一时机，在承接国际制造业转移的同时，引进、消化和吸收关键技术，结合自主创新和研发的新技术，尽快确定本国制造业的比较优势，扩大机械及运输设备的生产和出口。

第七章

结论与展望

笔者在阐述大国、经济增长、大国经济增长、需求动力、需求驱动机制等概念内涵以及经济增长与需求驱动机制内在逻辑关系的基础上,结合国家规模因素,提出了在长期经济增长过程中,不同规模国家的需求动力在不同经济增长阶段的演变规律假设,以及在短期经济增长阶段,相同规模国家基于不同增长目标对最优需求驱动机制的内在要求假设。进一步地,通过实证分析长期经济增长中大国与小国需求驱动机制的差异,以及大国在工业化阶段基于短期经济增长目标的设定与需求驱动机制匹配现状,检验了笔者所提出的研究理论假设。基于以上的理论探讨以及大国经济发展的经验实践,笔者进一步探讨了中国为适应长期经济增长需要和现阶段短期增长目标实现需要而调整需求驱动机制的思路和对策。

第一节 研究结论

一、需求驱动机制调整是实现经济增长目标的重要手段,而经济增长目标是需求驱动机制调整的具体要求

经济增长目标是国家根据本国经济实情对经济增长提出的一种规划和要求。在不同或相同时期,不同的国家会提出不同的经济增长目标,这反映了各国政府对当期本国经济增长所持有的一种态度和愿望。需求驱动机制调整是本国经济结构调整的一部分,其目的是通过对拉动本国经济增长的消费、投资以及出口三大需求动力进行合理的安排和匹配,使其更好地促进本国经济增长以满足本国经济社会发展的需要。由于需求驱动机制调整对经济增长目标的实现具有较强的关联作用,因此,需求驱动机制调整可以作为实现经济增长目标的重要手段。与此同时,需求驱动机制调整作为服务经济调控的手段,其调控的具体目的和要求受到当期经济增长目标的约束,没有经济增长目标的约束和限定,需求驱动机制的调整就没有明确的指向,本身就失去了意义。

二、在长期经济增长路径上,大国经济增长的需求驱动机制在不同的经济增长阶段,其发展趋势与小国相比具有不同的演变规律

由于大国与小国在人口规模、地域、资源等方面均存在明显的差异,这必然导致拉动经济增长的需求驱动机制在经济增长的长期路径上自发演变趋势与小国存在不同。以霍利斯·钱纳里以人均国民收入为标准划分的经济增长工业化阶段为例,一般国家在初级产品生产阶段即工业化前期阶段,即人均国民收入低于 200 至 400 美元时,私人消费占 GDP 的比重处于最高值水平,政府消费占 GDP 的比重、投资占 GDP 的比重、出口占 GDP 的比重、投资与私人消费比值、投资与出口比值、出口与私人消费比值均处于最低水平。在工业化阶段,即当人均国民收入超过 200 至 400 美元阶段向 800 美元至 1500 美元阶段迈进时,私人消费占 GDP 的比重开始呈下降趋势,政府消费占 GDP 的比重、投资占 GDP 的比重、出口占 GDP 的比重、投资与私人消费比值、投资与出口比值、出口与私人消费比值均呈现上升趋势。在发达经济阶段即工业化阶段后期,即人均国民收入超过 800 美元至 1500 美元门槛时,私人消费占 GDP 的比重呈现企稳回升趋势,投资占 GDP 的比重呈现企稳趋势,政府消费占 GDP 的比重、出口占 GDP 的比重呈现下降趋势,投资与私人消费比值呈现下降趋势、投资与出口比值继续保持上升趋势、出口与私人消费比值呈现下降趋势。在区分大国与小国后,在整个经济工业化进程中,对于私人消费占 GDP 比重、政府消费占 GDP 比重、投资占 GDP 比重、出口占 GDP 比重等需求动力,大国与小国始终具有基本相同的发展趋势,但大国各种需求动力的发展趋势水平始终位于小国各种需求动力的发展趋势水平之下。这一结论得到了以美国、巴西、俄罗斯、中国、印度等大国和葡萄牙、希腊、马来西

亚、摩洛哥、尼泊尔、玻利维亚等小国的分组检验。

三、短期内，不同的需求驱动机制具有拉动经济增长的不同效果，大国可以根据本国当前短期经济增长需要，通过调整消费、投资和出口需求驱动机制实现其短期目标

以短期工业化阶段发展为例，中国、巴西、俄罗斯和印度四个大国的消费、投资和出口需求动力虽然具有相同的发展趋势，但是其发展趋势的水平位置却存在差异。具体而言，对于居民消费占 GDP 比重，四个国家均呈现下降趋势，但巴西起点最高、下降幅度居中；印度起点居第二；俄罗斯起点位居第三、下降幅度最小；中国起点最低、下降幅度最大。对于投资占 GDP 比重，俄罗斯和中国均呈现上升趋势，其中中国起点最高、上升幅度最大，而俄罗斯起点最低、上升的幅度较小；印度起点位居第二；巴西起点位居第三，在工业化阶段中前期呈上升趋势，中后期则呈下降趋势。对于出口占 GDP 比重，俄罗斯起点最高，呈现下降趋势，下降幅度达到 6%；中国起点位居第二，在工业化阶段中前期呈现上升趋势，中后期呈现下降趋势；印度起点位居第三；巴西起点最低，在整个工业化阶段呈现上升趋势，上升幅度达到 2%。纵观与其相对应的工业化阶段经济增长的表现，在经济增长速度和规模目标方面，中国经济增长的年均速度最快、增加规模最大，其后依次分别是俄罗斯、印度和巴西；在国民福利的提升方面，巴西第一，其后依次为印度、俄罗斯、中国；在保持经济平稳增长方面，如果按照实际增长与假定每年增长 1% 的匀速增长的偏离程度看，巴西偏离最大，最不稳定，其后依次为印度、俄罗斯、中国。如果按照实际增长与假定每年单位需求产出增长 3% 的匀速增长的偏离程度看，巴西仍然偏离最大，最不稳定，其后依次为中国、印度、俄罗斯；在促进经济集约增长方面，如果以投资与（消费＋出口）结构为影响因素促使资本要素在本国工业化阶段集约使用的程度作为评价依据，俄罗斯的经济集约增长程度最高，中国和巴西经济集约增长程度排名并列第二，印度经济集约增长程度最低。如果以投资与消费结构为影响因素促使资本要素在本国工业化阶段集约使用的程度作为评价依据，俄罗斯的经济集约增长程度最高，其后依次分别为巴西、印度和中国。由此，各大国不同的经济需求驱动机制在各大国的短期经济增长目标实现方面完全具有不同的作用。

各大国完全可以根据短期经济增长阶段的现实需求，在不违背长期经济增长的需求驱动机制演变规律前提下，根据消费、投资和出口对经济增长的作用机制，对消费、投资和出口需求动力进行合理微调，进而实现短期阶段的经济增长目标。

四、根据长期经济增长的需求驱动机制演化规律要求以及当前经济增长面临的现实境况，提升国民福利水平、保持经济平稳增长以及促进经济集约增长是中国当前乃至后工业化阶段经济增长追求的现实目标

中国经济经历改革开放以来40年的高速增长，目前按照人均GDP值测算，已进入工业化阶段后期。然而，中国经济长期保持的高速增长，是一种投资驱动的粗放式高速增长，这种经济增长方式必然带来一系列严重的经济后果：投资为主导的增长方式必然导致以资本为主导的收入分配方式，广大劳动居民的收入难以提高，消费萎靡不振，国民福利水平难以提升。大量的低水平重复投资建设，一方面消耗了国内大量资源能源，破坏了生态环境，经济的可持续发展受到严重制约；另一方面导致国内"低价值、低品质、低需求"的产品产能过剩，这加剧了国际市场的竞争，恶化了贸易环境，同时也加深了经济对外部市场的依赖性，经济的平稳增长受到严重影响。因此，当前中国必须以破解上述经济困境为目标，通过提高城乡居民收入水平、调整国民收入分配体制、缩小居民收入差距、完善消费商品的有效供给体系、加大居民消费的金融支持力度、建立健全社会保障体系等手段，不断夯实居民消费需求扩大的基础，有效增加居民消费需求；通过实施新型工业化路径、走"内涵发展"新型城镇化道路、抑制地方政府投资冲动、合理引导外部资金的流动及使用、合理调控投资回报率水平、加大政府税收的调整力度等手段，同时不断健全固定资产投资需求的调控手段，合理控制投资需求；通过提升人力资本和技术水平、稳步提升出口产品在全球出口价值链中的地位、加大出口退税力度、拓宽出口贸易区域及国家、提升加工贸易份额及优化加工贸易结构、强化相对比较优势产品的出口等手段，不断丰富稳定出口或实施出口提质减量发展的渠道，基本稳定出口需求，逐步调整和优化中国经济增长的需求驱动机制，以满足当前工业化阶段后期经济增长和今后后工业化时期长期经济增长的需要。

第二节 展　　望

一、进一步丰富和完善短期经济增长目标与需求驱动机制调整的理论模型研究

笔者重点就短期内经济加速增长、提升国民福利水平、保持经济平稳增长、促进经济集约增长与需求驱动机制调整进行了深入讨论,并在借鉴前人理论成果的基础上,对各种短期经济增长目标的实现从需求动力的视角进行了理论诠释。这些理论假说,一方面能够为实践中的需求驱动机制调整起到具体的指导作用,但另一方面也存在若干缺陷,因为这些理论假说的提出,大多都是建立在一些严格的假设条件基础之上的,与现实的经济发展条件还具有一定的差距,因此,建立在严格假说条件基础之上的理论假说对于实践的具体指导还具有相当的局限性。未来,应进一步加强对各种经济增长目标约束下的需求驱动机制调整理论假说的研究,放宽各种需求驱动机制理论假说的条件,使理论模型的假设条件更为接近现实经济发展环境,从而使理论指导实践的价值更大。

二、继续拓展大国需求驱动机制的分类与比较研究

由于研究重点的偏向,笔者仅仅研究了对中国需求驱动机制调整具有借鉴意义的综合性大国在长期经济增长路径上的需求驱动机制演化特点及其与小国的差异。但根据笔者对大国的概念及分类,世界大国除了综合性大国外,还存在人口单一性大国和地域单一性大国。同样,中等规模国家也存在综合性中等规模国家、人口单一性中等规模国家和地域单一性中等规模国家。那么,单一性大国长期经济增长的需求驱动机制演变具有什么特点?与综合性大国相比较,具有什么差异?中等规模国家长期经济增长的需求驱动机制演变又具有什么特点?中等规模国家与大国相比,又有什么差异?等等,这些问题都值得进一步探究,以便更好地形成大国经济增长的需求驱动机制研究较为完整的体系。

三、继续完善从时间序贯视角研究大国经济增长的需求驱动机制演变与发展

笔者的数据主要来自世界银行 WDI 数据库,该数据库较为详细地统计了世界各国 1960—2014 年期间共计 55 年的各种经济发展数据,是目前研究世界经济最为丰富的数据库之一。但是,由于研究大国经济增长的需求驱动机制演变规律,是一种基于历史和长期的视角研究经济增长自身内在需求驱动机制的发展规律,因此,笔者在以单个国家为例,逐一检验综合性大国和小国长期经济增长的需求驱动机制演化规律时,各个国家在不同经济增长阶段均存在不同程度的数据缺失,给实证研究大国和小国经济增长的需求驱动机制变化带来一定程度的影响。为此,需进一步搜集各国经济发展的历史数据,尽量保证各个国家在不同经济增长阶段实证研究的完整性,以便得出更为准确的结论,为检验理论的正确性提供更为有利的佐证。

参 考 文 献

[1] 柳思维、王娟、尹元元：《1978~2007年市场动力对中国工业化影响的实证分析》，载《系统工程》2009年第2期。

[2] 晁钢令、王丽娟：《我国消费率合理性的评判标准》，载《财贸经济》2009年第4期。

[3] 杨晓龙、葛飞秀：《中国需求结构失衡：现状、度量及调整》，载《新疆财经》2012年第4期。

[4] 韩永文：《经济增长要向依靠消费、投资、出口协调拉动转变》，载《宏观经济研究》2007年第11期。

[5] 江小涓：《大国双引擎增长模式》，载《管理世界》2010年第6期。

[6] 欧阳峣：《"大国内生能力"与经济发展》，载《光明日报》2012年3月27日第11版。

[7] 王小鲁：《消费驱动型经济将大幅提高国民福利》，http://finance.jrj.com.cn/people/2010/11/2317088630255.shtml，2013年12月10日访问。

[8] 〔法〕弗朗斯瓦·魁奈：《魁奈经济著作选集》，吴斐丹译，商务印书馆1979年版，第210页。

[9] 〔英〕亚当·斯密：《国民财富的性质和原因的研究》（下），郭大力、王亚南译，上海三联书店2009年版，第7—8页。

[10] 〔英〕大卫·李嘉图：《政治经济学与赋税原理》，郭大力、王亚南译，上海三联书店2008年版，第110页。

[11] 〔瑞士〕西斯蒙第：《政治经济学新原理》，何钦译，商务印书馆1981年版，第112页。

[12] 〔英〕约翰·穆勒：《政治经济学原理》，胡企林、朱泱译，商务印书馆1991版，第130页。

[13] 〔美〕约翰·梅纳德·凯恩斯：《就业、利息和货币通论》，徐毓枬译，商务印书馆1999年版，第20—28页。

[14] 〔美〕西蒙·库兹涅茨：《各国经济增长》，常勋等译，商务印书馆2007年版，第412，

145 页。

[15]〔美〕G. M. 格罗斯曼，E. 赫尔普曼：《全球经济中的创新与增长》，何帆、牛勇平、唐迪译，中国人民大学出版社 2009 年版，第 304 页。

[16] Müller-Krumholz K., Export Demand Stimulates GNP Growth, *Economic Bulletin*, 1985 (22), pp. 1-3.

[17] Cornwall J., Cornwall W., A Demand and Supply Analysis of Productivity Growth, *Structural Change and Economic Dynamics*, 2002 (13), pp. 203-229.

[18] Poon J., Effects of World Demand and Competitiveness on Exports and Economic Growth, *Growth and change*, 1994 (25), pp. 3-24.

[19] Yoshikawa H., The Role of Demand in Macroeconomics, *Japanese Economic Review*, 2003 (54), pp. 1-27.

[20] Chandra R., Sandilands R. J., Does Investment Cause Growth? A Test of An Endogenous Demand-driven Theory of Growth Applied to India 1950-96, *Old and New Growth Theories: An Assessment*, 2003, p. 240.

[21] Sicat G. P., Hooley R., Investment Demand in Early Stages of Growth: The Case of Philippine Manufacturing, *The Journal of Development Studies*, 1971 (7), pp. 173-188.

[22] Crespi F., Pianta M., Demand and Innovation in Productivity growth, *International Review of Applied Economics*, 2008 (22), pp. 655-672.

[23] Tsen W. H., Exports, Domestic Demand, and Economic Growth in China: Granger Causality Analysis, *Review of Development Economics*, 2010 (14), pp. 625-639.

[24] Ciarli T., Savona M., Valente M., *The Role of Technology, Organisation, and Demand in Growth and Income Distribution*, Laboratory of Economics and Management (LEM), Sant'Anna School of Advanced Studies, Pisa, Italy, 2012, pp. 1-45.

[25] Cheung Y. W., Dooley M. P., Sushko V., *Investment and Growth in Rich and Poor Countries*, National Bureau of Economic Research, 2012, pp. 1-27.

[26] Andreassen A., Changing Patterns of Demand: BLS Projections to 1990, *Monthly Lab. Rev.*, 1978 (101), p. 47.

[27] De Gregorio J., Economic Growth in Latin America, *Journal of Development Economics*, 1992 (39), pp. 59-84.

[28] Shiue C. H., Keller W., Markets in China and Europe on the Eve of the Industrial Revolution, *The American Economic Review*, 2007 (97), pp. 1189-1216.

[29] Lardy N. R., China: Rebalancing Economic Growth, *Economic Planning*, 2007 (3), pp. 1-24.

[30] Kalyanaram G. K., India's Economic Growth and Market Potential: Benchmarked Against China, *Journal of Indian Business Research*, 2009 (1), pp. 57-65.

[31] Tabata S., The Impact of Global Financial Crisis on The Mechanism of Economic Growth in Russia, *Eurasian Geography and Economics*, 2009 (50), pp. 682-698.

[32] Basu S. R., The Economic Growth Story in India: Past, Present and Prospects for the Future, *The Making of National Economic Forecasts*, 2009, pp. 69-92.

[33] Robertson J., Investment Led Growth in India: Fact or mythology, *Economic and Political Weekly*, 2010 (45), pp. 120-124.

[34] Trinh B., Kobayashi K., Phong N. V., Vietnam Economic Structure Change Based on Input-Output Table (2000-2007), *Asian Economic and Financial Review*, 2012 (2), pp. 224-232.

[35] Popescu G. H., The Social Evolution of China's Economic Growth, *Contemporary Readings in Law and Social Justice*, 2013, pp. 88-93.

[36] Hamilton-Hart N., Monetary Politics in Southeast Asia: External Imbalances in Regional Context, *New Political Economy*, 2014, pp. 1-23.

[37] Batisse C., Rong C. A. I., Renard M. F. Demand Structure and Interprovincial Inequality: China's Experience, Working Papers, 2004, pp. 1-26.

[38] Figueroa A., Income Distribution, Demand Structure and Employment: the Case of Peru, *The Journal of Development Studies*, 1975 (11), pp. 20-31.

[39] Schindler W., Huss S. A., Demand Patterns and Employment Growth: Consumption and Services in France, Germany, the Netherlands, the United Kingdom and the United States. Concluding Summary, *Biochemical Society Transactions*, 2004 (27), pp. 404-409.

[40] Kurose K., The Importance of Demand Structure in Economic Growth: An Analysis Based on Pasinetti's Structural Dynamics, 15th Conference of the Association for Heterodox Economics London Metropolitan University.

[41] Benhabib J., Wen Y., Indeterminacy, Aggregate Demand, and the Real Business Cycle, *Journal of Monetary Economics*, 2004 (51), pp. 503-530.

[42] Gomes O., Imperfect Demand Expectations and Endogenous Business Cycles, *Zagreb International Review of Economics and Business*, 2008 (11), pp. 37-59.

[43] Cesaratto S., Serrano F., Stirati A., Technical Change, Effective Demand and Employment, *Review of Political Economy*, 2003 (15), pp. 33-52.

[44] Cashell B. W., *The Fall and Rise of Household Saving*, Federal Publications, 2009, p. 657.

[45] Akyüz Y., Export Dependence and Sustainability of Growth in China, *China & World Economy*, 2011 (19), pp. 11-23.

[46] Feltenstein A., Rochon C., Shamloo M., High Growth and Low Consumption in East Asia: How to Improve Welfare while Avoiding Financial Failures, *Journal of Development Economics*, 2010 (91), pp. 25-36.

[47] Zhu A., Kotz D. M., The Dependence of China's Economic Growth on Exports and Investment, *Review of Radical Political Economics*, 2011 (43), pp. 9-32.

[48] Bibow J., How to Sustain the Chinese Economic Miracle?, *Chinese Economy*, 2012 (45), pp. 46-73.

[49] Paderanga Jr. C., Learning from the Global Economic Crisis, *Philippine Review of Economics*, 2012 (48), pp. 35-70.

[50] Phelps E., The Golden Rule of Accumulation: A Fable for Growthmen, *The American Economic Review*, 1961 (51), pp. 638-643.

[51] Ramsey F. P., A Mathematical Theory of Saving, *The Economic Journal*, 1928 (38), pp. 543-559.

[52] Koopmans T. C., On the Concept of Optimal Economic Growth, *Cowles Foundation for Research in Economics*, Yale University, 1963.

[53] Cass D., Optimum Growth in An Aggregative Model of Capital Accumulation, *The Review of Economic Studies*, 1965 (32), pp. 233-240.

[54] Diamond P. A., National Debt in a Neoclassical Growth Model, *The American Economic Review*, 1965 (55), pp. 1126-1150.

[55] Horvat B., The Optimum Rate of Investment, *The Economic Journal*, 1958 (68), pp. 747-767.

[56] 〔美〕罗斯托:《经济成长的阶段:非共产党宣言》,国际关系研究所翻译室译,商务印书馆1962年版,第10—23页。

[57] 〔美〕西蒙·库兹涅茨:《各国的经济增长》,常勋等译,商务印书馆1999年版,第66—121页。

[58] Chenery H. B., Syrquin M., *Patterns of Development, 1950 to 1983*, Washington DC: World Bank, 1989, pp. 1-95.

[59] 刘迎秋:《论我国消费需求的不断上升及其规律》,载《南开经济研究》1991年第3期。

[60] 郑京平、杜宇、于龙:《对近十年来我国需求结构演变的初步分析》,载《经济研究参考》1997年第47期。

[61] 程建林:《中国经济增长的需求贡献度分析》,载《中国软科学》1998年第5期。

[62] 刘妍、王毅、李腊生:《论转型中需求结构的变动趋势》,载《统计研究》2000年第

11 期。

[63] 刘起运、刘金山：《我国需求结构演变的回顾与思考》，载《冶金经济与管理》2000 第 4 期。

[64] 吴忠群：《中国经济增长中消费和投资的确定》，载《中国社会科学》2002 年第 3 期。

[65] 范剑平：《论投资主导型向居民消费、社会投资双拉动型转换》，载《经济学动态》2003 年第 2 期。

[66] 林哲、毛中根：《中国经济平稳增长的总需求结构分析》，载《学术月刊》2005 年第 5 期。

[67] 国家发改委政策研究室："近期美国宏观经济政策研究"课题组：《美国季度经济增长的需求结构分析初探》，载《经济研究参考》2007 年第 25 期。

[68] 张生玲、熊飞、范秀娟：《调整需求结构推进需求转型》，载《国际贸易》2010 年第 10 期。

[69] 史晋川、黄良浩：《总需求结构调整与经济发展方式转变》，载《经济理论与经济管理》2011 年第 1 期。

[70] 李春顶、夏枫林：《中美需求结构比较与中国未来的需求结构优化》，载《中国市场》2013 年第 3 期。

[71] 刘菊：《1993—1995 年我国居民消费需求》，载《宏观经济研究》1994 年第 1 期。

[72] 张东刚：《近代中国消费需求结构变动的宏观分析》，载《中国经济史研究》2001 年第 1 期。

[73] 李曙光：《我国消费和投资需求结构分析》，载《中国外资》2012 年第 10 期。

[74] 谭兴民：《对我国投资结构调整的几点思考》，载《中南财经大学学报》1991 年 2 期。

[75] 焦智利：《浅谈我国投资结构调整方向的选择》，载《南京政治学院学报》1997 年第 6 期。

[76] 文彬、马翔：《我国投资结构优化：制度思考与效率视角》，载《经济问题探索》2007 年第 3 期。

[77] 穆智蕊、杨翠红：《出口结构及其变动对国民经济影响的分析》，载《对外经济贸易大学学报》2009 年第 2 期。

[78] 王晓红、王海：《金融危机后我国贸易出口结构变化及竞争力分析》，载《国际贸易》2012 年第 7 期。

[79] 张道根、陈维、吴越：《"十五"期间国内及上海市场需求结构变动趋势》，载《上海经济研究》1998 年第 10 期。

[80] 袁炎清：《广东需求结构分析》，载《广州航海高等专科学校学报》1999 年第 1 期。

[81] 王家新、曹宝明、姜德波、李群：《南京市总需求结构现状与扩大内需的总体思路》，

载《南京社会科学》2000 年第 5 期。

[82] 骆惠宁：《安徽需求结构变动特征及投资对消费需求拉动的分析》，载《华东经济管理》2001 年第 4 期。

[83] 邓利娟：《略论台湾经济需求结构的调整及问题》，载《台湾研究集刊》2003 年第 4 期。

[84] 李红、阿依努尔：《新疆最终需求结构与经济增长的数量分析》，载《西北农林科技大学学报（社会科学版）》2005 年第 4 期。

[85] 许春慧：《广西经济增长的需求动力分析》，载《区域金融研究》2013 年第 4 期。

[86] 张伟、范德成、王韶华、董明涛：《黑龙江省需求结构失衡原因的协整检验与误差修正模型》，载《统计与决策》2013 年第 24 期。

[87] 彭焕杰：《经济稳定增长的实现——我国需求结构调节政策》，载《管理世界》1988 年第 3 期。

[88] 卢鹏：《调整需求结构摆脱经济困境》，载《宏观经济研究》1990 年第 6 期。

[89] 关浩杰：《需求结构变动非我国经济波动主要冲击源之验证》，载《天津财经大学学报》2011 年第 12 期。

[90] 龚海林、梅国平：《总需求结构对经济波动的影响分析》，载《统计与决策》2012 年第 9 期。

[91] 纪明、刘志彪：《中国需求结构演进对经济增长及经济波动的影响》，载《经济科学》2014 年第 1 期。

[92] 张建秋：《中国经济增长与国民福利的落差研究——基于国际对比视角的分析》，河南大学 2009 年硕士学位论文，第 17—51 页。

[93] 丁志帆、刘嘉：《启动消费引擎需要"贫富兼济"——异质收入群体消费增速提升的福利效应分析》，载《云南财经大学学报》2013 年第 1 期。

[94] 刘方棫：《"小康水平"的需求结构与产业结构调整对策》，载《经济问题》1983 年第 10 期。

[95] 魏杰：《供求结构平衡与需求结构政策》，载《上海经济研究》1990 年第 1 期。

[96] 张中华：《论产业结构、投资结构与需求结构》，载《财贸经济》2000 年第 1 期。

[97] 陈磊、伏玉林、张涛：《产业升级、收入分配改善与需求结构变化》，载《毛泽东邓小平理论研究》2012 年第 5 期。

[98] 马晓河：《迈过"中等收入陷阱"的需求结构演变与产业结构调整》，载《宏观经济研究》2010 年第 11 期。

[99] 申忠义、张拥军、闻秋月：《优化需求结构促进产业结构与投资结构的合理化》，载《天中学刊》2001 年第 3 期。

[100] 邬滋：《投资结构、产业结构与需求结构的协调性探索》，载《经济问题探索》2005年第2期。

[101] 郑栋才：《需求结构、产业结构的动态均衡》，中华外国经济学说研究会第十四次学术讨论会发言稿（2006年11月）。

[102] 任太增：《需求结构与区域产业结构同质化趋势》，载《当代经济研究》2002年第3期。

[103] 沈利生：《最终需求结构变动怎样影响产业结构变动》，载《数量经济技术经济研究》2011年第12期。

[104] 闫芳芳、平瑛：《消费需求结构与产业结构关系的实证研究——以中国渔业为例》，载《中国农学通报》2013年第17期。

[105] 刘迎秋：《我国总需求结构变动及其产出效应剖析》，载《中国工业经济》1991年第11期。

[106] 刘伟：《需求结构不对称经济运行失衡加剧》，载《中国城乡金融报》2006年5月8日第3版。

[107] 谭小芳、王迪明、邹存慧：《我国投资和消费结构合理区间的实证研究》，载《财经问题研究》2006年第4期。

[108] 张昱：《大萧条发生之前美国总需求结构变动研究》，载《国际经贸探索》2012年第11期。

[109] 吴振宇：《生产体系与需求结构的重配——经济运行的核心问题与调控取向》，载《重庆理工大学学报（社会科学）》2013年第7期。

[110] 周民良：《区域经济增长差距与市场需求结构的演变》，载《社会科学战线》1999年第6期。

[111] 任志军：《中国总需求结构调整与西部民族地区经济发展》，载《西南民族大学学报（人文社会科学版）》2013年第4期。

[112] 胡春力：《需求结构偏斜与通货膨胀》，载《管理世界》1995年第1期。

[113] 江春、江晶晶、单超：《基于总需求结构的中国高M_2/GDP之谜解析》，载《广东金融学院学报》2009年第5期。

[114] 曾艳：《需求结构与服务业增长的关系研究》，载《产业经济研究》2009年第1期。

[115] 鲍尖：《中国总需求结构的调整和国际收支的均衡研究》，复旦大学2011年硕士学位论文，第4—5页。

[116] 方竹正：《积极推进经济结构调整与发展方式转变》，载《管理学刊》2011年第4期。

[117] 林裕宏：《三大需求结构的协调与我国经济增长方式转型》，载《福州党校学报》2012年第1期。

[118] 孙烽、寿伟光：《最优消费、经济增长与经常账户动态》，载《财经研究》2001 年第 5 期。

[119] 董辅礽：《提高消费率问题》，载《宏观经济研究》2004 年第 5 期。

[120] 国家发展改革委综合司：《关于消费率的国际比较》，载《中国经贸导刊》2004 年第 16 期。

[121] 顾六宝、肖红叶：《基于消费者跨期选择的中国最优消费路径分析》，载《统计研究》2005 年第 11 期。

[122] 杨圣明：《如何调整消费与投资的关系》，载《经济理论与经济管理》2005 年第 1 期。

[123] 王子先：《世界各国消费率演变的趋势比较及启示》，载《求是》2006 年第 4 期。

[124] 李永友：《我国需求结构失衡及其程度评估》，载《经济学家》2012 年第 1 期。

[125] 罗云毅：《我国当前消费率水平是否"偏低"》，载《宏观经济研究》2000 年第 5 期。

[126] 罗云毅：《我国固定资产形成率并不算过高》，"中国投资协会投资咨询专业委员会投资增长速度研究"专题研讨会发言稿（2006 年 10 月）。

[127] 张军：《消费不足是个伪命题》，载《社会观察》2010 年第 11 期。

[128] 朱天、张军：《破解中国消费不足论的迷思》，载《中国经济时报》2012 年 9 月 6 日第 5 版。

[129] 杨春学、朱立：《关于积累与消费比例问题的主要理论框架》，载《经济学动态》2004 年第 8 期。

[130] 贺铿：《中国投资、消费比例与经济发展政策》，载《数量经济技术经济研究》2006 年第 5 期。

[131] 罗云毅：《关于最优消费投资比例存在性的思考》，载《宏观经济研究》2006 年第 12 期。

[132] 吴忠群：《最优消费率的存在性及其相关问题》，载《中国软科学（增刊）》（上）2009 年第 S1 期。

[133] 蔡跃洲、王玉霞：《投资消费结构影响因素及合意投资消费区间》，载《经济理论与经济管理》2010 年第 1 期。

[134] 段先盛：《1985 年以来中国收入分配对需求结构的影响》，载《经济问题探索》2011 年第 1 期。

[135] 文洋：《收入分配对我国出口贸易的影响》，载《世界经济研究》2011 年第 10 期。

[136] 张黎娜、夏海勇：《人口结构变迁对中国需求结构的动态冲击效应》，载《中央财经大学学报》2012 年第 12 期。

[137] 景慧芬：《浅谈入世对总需求结构的影响》，载《山西财税》2002 年第 3 期。

[138] 国家计委宏观经济研究院经济形势分析课题组：《培育内需增长的基础　促进投资与

消费良性循环》，载《宏观经济研究》2003 年第 1 期。

[139] 郑京平：《如何看待我国目前的高投资率？》，载《中国国情国力》2005 年第 5 期。

[140] 乔为国：《我国投资率偏高消费率偏低的成因与对策》，载《宏观经济研究》2005 年第 8 期。

[141] 桁林：《关于投资率和消费率高低之争——改革开放 30 年理论回顾与展望》，载《社会科学研究》2008 年第 4 期。

[142] 尹碧波、郭金兴：《收入分配与有效需求结构》，载《统计与决策》2008 年第 3 期。

[143] 刘伟、蔡志洲：《国内总需求结构矛盾与国民收入分配失衡》，载《经济学动态》2010 年第 7 期。

[144] 张军超：《发展战略、要素收入分配与需求结构失衡》，复旦大学 2011 年博士学位论文，第 7—8 页.

[145] 柳欣、赵雷、吕元祥：《我国经济增长中的需求结构失衡探源》，载《经济学动态》2012 年第 7 期。

[146] 高天鹏：《启动市场关键是调整最终消费需求结构》，载《财贸研究》1990 年第 6 期。

[147] 刘方棫、李振明：《论投资和消费双拉动》，载《人民日报》2003 年 1 月 20 日第 7 版。

[148] 王秀芳：《从需求结构的调整看扩大国内需求》，载《中央财经大学学报》2006 年第 6 期。

[149] 曾令华：《理论最优消费率之我见》，载《求索》1997 年第 3 期。

[150] 郭兴方：《我国消费率高、低的判定——基于宏、微观层面的数据分析》，载《上海经济研究》2007 年第 2 期。

[151] 王志涛：《政府消费、政府行为与经济增长》，载《数量经济技术经济研究》2004 年第 8 期。

[152] 乔为国、潘必胜：《我国经济增长中合理投资率的确定》，载《中国软科学》2005 年第 7 期。

[153] 吕冰洋：《财政扩张与供需失衡：孰为因？孰为果？》，载《经济研究》2011 年第 3 期。

[154] 吴忠群、张群群：《中国的最优消费率及其政策含义》，载《财经问题研究》2011 年第 3 期。

[155] 李建伟：《投资率和消费率的演变规律及其与经济增长的关系》，载《经济学动态》2003 年第 3 期。

[156] 金三林：《投资与消费比例在多大范围内才算合理》，载《中国税务报》2009 年 8 月 5 日第 8 版。

[157] 周泳宏、唐志军：《投资率门限特征、消费促进与经济增长：1995—2007》，载《统计研究》2009 年第 12 期。

[158] 杨华、陈迅：《地方政府消费支出与经济增长非线性门限关系研究》，载《经济问题》2011 年第 8 期。

[159] 戴景春：《当前亟需强化需求结构调节》，载《齐齐哈尔社会科学》1990 年第 4 期。

[160] 刘向农：《消费需求与投资需求协调增长》，载《数量经济技术经济研究》2002 年第 12 期。

[161] 梁媛、冯昊：《促进中国总需求结构优化的政策体系研究》，载《经济问题探索》2010 年第 12 期。

[162] 彭新、屈国柱：《总需求结构调整的宏观经济政策探析》，载《生产力研究》2011 年第 3 期。

[163] 范洁：《经济增长的需求结构调整及对比研究》，载《广西社会科学》2012 年第 9 期。

[164] 卞靖：《加快我国需求结构转型的总体思路和政策选择》，载《中国经贸导刊》2012 年第 13 期。

[165] 卞靖、张柄哲：《金融危机背景下我国需求结构调整的政策实践及启示》，载《当代经济管理》2013 年第 6 期。

[166] 李海莲：《促进中国总需求结构调整的财税政策探析》，载《税务与经济》2008 年第 1 期。

[167] 黄杰华：《需求结构变化中税收政策的调整》，载《江西社会科学》2011 年第 6 期。

[168] 王春雷：《促进总需求结构调整扩大居民消费的税收政策》，载《经济与管理评论》2012 年第 6 期。

[169] 杨子强：《更好地发挥金融对社会需求结构的调节作用》，载《金融发展研究》2008 年第 1 期。

[170] 黄飞鸣：《消费金融公司、贷款准备金政策与总需求结构调整》，载《上海金融》2011 年第 6 期。

[171] 〔美〕西蒙·库兹涅茨编著：《现代经济增长》，戴睿、易诚译，北京经济学院出版社 1989 年版，第 54 页。

[172] 〔美〕W·阿瑟·刘易斯：《经济增长理论》，梁小民译，上海三联书店、上海人民出版社 1994 年版，第 1 页。

[173] 张景晨：《经济增长方式转变的判据》，载《数量经济技术经济研究》1998 年第 12 期。

[174] 高鸿业：《西方经济学》，中国人民大学出版社 1999 年版，第 720 页。

[175] 郑友敬、方汉中：《经济增长趋势研究》，载《经济研究》1992 年第 2 期。

[176] 钞小静、惠康:《中国经济增长质量的测度》,载《数量经济技术经济研究》2009 年第 6 期。

[177] 〔美〕曼昆:《经济学原理(第三版)》(上),梁小民译,机械工业出版社 2006 年版,第 57 页。

[178] 《马克思恩格斯选集(第二卷)》,人民出版社 1995 年版,第 1—25 页。

[179] Harrod R. F., An Essay in Dynamic Theory, *The Economic Journal*, 1939 (49), pp. 14-33.

[180] Domar E. D., Capital Expansion, Rate of Growth, and Employment, *Journal of the Econometric Society*, 1946, pp. 137-147.

[181] 周学:《经济发展阶段理论的最新进展及其启示》,载《经济学动态》1994 年第 5 期。

[182] 〔德〕弗里德里希·李斯特:《政治经济学的国民体系》,陈万煦译,商务印书馆 1961 年版,第 7—8 页。

[183] 〔美〕H·钱纳里、S. 鲁宾逊、M. 赛尔奎因:《工业化和经济增长的比较研究》,吴奇、王松宝等译,上海三联书店、上海人民出版社 1995 年版,第 71 页。

[184] 〔美〕霍利斯·钱纳里、〔以〕莫伊思·赛尔昆:《发展的型式:1950—1970》,李新华、徐公理、迟建平译,经济科学出版社 1988 年版,第 83 页。

[185] 张李节:《大国优势与我国经济增长的潜力》,载《现代经济》2007 年第 6 期。

[186] 童有好:《大国经济与开放经济研究》,载《太平洋学报》2001 年第 2 期。

[187] 欧阳峣:《大国的概念:涵义、层次及类型》,载《经济学动态》2010 年第 8 期。

[188] 郑捷:《如何定义"大国"?》,载《统计研究》2007 年第 10 期。

[189] Conway R. K., Denison E. F., Trends in American Economic Growth, 1929-1982, *American Journal of Agricultural Economics*, 1985 (68), pp. 273-280.

[190] 李洪侠:《衡量经济增长质量和效益的指标体系研究》,载《经济与管理战略研究》,2013 年第 3 期。

[191] 刘世锦:《经济增长质量应有就业和环境等六大指标》,http://money.163.com/14/1216/11/ADJ6I4OK002554JC.html,2014 年 12 月 16 日访问。

[192] 王文博:《经济增长质量统计指标体系研究》,载《统计与信息论坛》2001 年第 1 期。

[193] Hansen B. E., Threshold Effects in Non-dynamic Panels: Estimation, Testing, and Inference, *Journal of Econometrics*, 1999 (93), pp. 345-368.

[194] 张军、吴桂英、张吉鹏:《中国省际物质资本存量估算:1952—2006》,载《经济研究》2004 年第 10 期。

[195] 单豪杰:《中国资本存量 K 的再估算:1952~2006 年》,载《数量经济技术经济研究》2008 年第 10 期。

[196] Chatterjee S., Hadi A. S., Price B., *Regression and Analysis by Example* (3rd Ed), John Wiley&Sons, Inc, 2000, pp. 1-384.

[197] Kumar N., *Globalization and the Quality of Foreign Direct Investment*, Oxford University Press, 2002, pp. 1-257.

[198] Gonzalo J., Pitarakis J. Y., Threshold Effects in Cointegrating Relationships, *Oxford Bulletin of Economics and Statistics*, 2006 (68), pp. 813-833.

[199] Teräsvirta T, Specification, Estimation, and Evaluation of Smooth Transition Autoregressive Models, *Journal of the american Statistical association*, 1994 (89), pp. 208-218.

[200] Choi I., Saikkonen P., Testing Linearity in Cointegrating Smooth Transition Regressions, *Econometrics Journal*, 2004 (7), pp. 341-365.

[201] Ravallion M., Does Aggregation Hide the Harmful Effects of Inequality on Growth?, *Economics Letters*, 1998 (61), pp. 73-77.

[202] 吴琴琴:《我国居民消费率偏低原因的研究》,湖南大学 2009 年硕士学位论文,第 5—6 页.

[203] 方福前:《中国居民消费需求不足原因研究——基于中国城乡分省数据》,载《中国社会科学》2009 年第 2 期.

[204] 陈昌兵:《城市化与投资率和消费率间的关系研究》,载《经济学动态》2010 年第 9 期.

[205] 聂正彦、马军敬:《我国城镇化对消费需求效应的实证研究》,载《商业时代》2013 年第 35 期.

[206] 赵坚毅、徐丽艳、戴李元:《中国的消费率持续下降的原因与影响分析》,载《经济学家》2011 年第 9 期.

[207] 李国璋、梁赛:《我国社会保障水平对消费率的影响效应分析》,载《消费经济》2013 年第 3 期.

[208] 刘辉煌、李峰峰:《动态耦合视角下的收入分配、消费需求与经济增长》,载《中国软科学》2013 年第 12 期.

[209] 王雨、王建中:《我国收入分配失衡对消费需求的影响分析》,载《经济与管理》2013 年第 4 期.

[210] 吕月英:《促进消费需求增长的思考》,载《宏观经济研究》2013 年第 4 期.

[211] 白重恩:《改善恶化的投资效率》,载《资本市场》2013 年第 1 期.

[212] 徐映梅、张学新:《中国基尼系数警戒线的一个估计》,载《统计研究》2011 年第 1 期.

[213] 雍同:《决定社会主义国家投资率的长期因素》,载《财经研究》1990 年第 3 期.

[214] 崔顺伟:《中国固定资产投资的影响因素分析》,载《技术经济与管理研究》2012年第5期。

[215] Alesina A., Perotti R., Income Distribution, Political Instability, and Investment, *European Economic Review*, 1996 (40), pp. 1203-1228.

[216] Perkins D. H., China's Recent Economic Performance and Future Prospects, *Asian Economic Policy Review*, 2006 (1), pp. 15-40.

[217] 陆铭、陈钊、万广华:《因患寡,而患不均——中国的收入差距、投资、教育和增长的相互影响》,载《经济研究》2005年第12期。

[218] 郑京平:《我国的投资率为何居高难下》,载《数量经济技术经济研究》2006年第7期。

[219] 于文涛:《投资率偏高、消费率偏低的成因及建议》,载《宏观经济管理》2006年第6期。

[220] 孙文凯、肖耿、杨秀科:《资本回报率对投资率的影响:中美日对比研究》,载《世界经济》2010年第6期。

[221] 樊明:《中国高投资率、低消费率的政治因素——基于中美政治制度比较的一种解释》,载《经济经纬》2009年第2期。

[222] 蔡甜甜:《中国投资率决定因素的结构计量分析》,东北财经大学2012年硕士学位论文,第2—4页。

[223] 郭庆旺、赵旭杰:《地方政府投资竞争与经济周期波动》,载《世界经济》2012年第5期。

[224] Aro H., Pennanen T., Liability-Driven Investment in Longevity Risk Management, Papers, 2013, pp. 1-15.

[225] CCER"中国经济观察"研究组:《我国资本回报率估测(1978—2006)——新一轮投资增长和经济景气微观基础》,载《经济学(季刊)》2007年第3期。

[226] 王博:《市场化改革对中国储蓄率的影响研究》,载《金融研究》2012年第6期。

[227] Clark P., Tamirisa N., Wei S. J., et al., Exchange Rate Volatility and Trade Flows-some New Evidence, IMF Occasional Paper, 2004, p. 235.

[228] 郑恺:《实际汇率波动对我国出口的影响》,载《财贸经济》2006年第9期。

[229] 许和连、赖明勇:《外商直接投资对中国出口贸易影响的实证分析》,载《预测》2002年第2期。

[230] 李国荣:《我国外商直接投资与出口贸易关系的实证研究》,载《国际贸易问题》2006年第4期。

[231] 孙龙中、徐松:《技术性贸易壁垒对我国农产品出口的影响与对策》,载《国际贸易

问题》2008 年第 2 期。

[232] 王静岩：《绿色贸易壁垒与我国农产品出口贸易》，载《黑龙江对外经贸》2010 年第 10 期。

[233] 赵革、黄国华：《25 年来中国外贸出口增长因素分析》，载《统计研究》2006 年第 12 期。

[234] 陈雯：《中国—东盟自由贸易区的贸易效应研究——基于引力模型"单国模式"的实证分析》，载《国际贸易问题》2009 年第 1 期。

[235] Wakelin K., Innovation and Export Behaviour at the Firm Level, *Research policy*, 1998 (26), pp. 829-841.

[236] Wagner J., Export performance, Human Capital, and Product Innovation in Germany: A Micro View, *Jahrbuch für Wirtschaftswissenschaften/ Review of Economics*, 1996, pp. 40-45.

[237] Chen C. H., Mai C. C., Yu H. C., The Effect of Export Tax Rebates on Export Performance: Theory and Evidence from China, *China Economic Review*, 2006 (17), pp. 226-235.

[238] 肖黎、谭忠真、刘纯阳：《湖南出口商品结构与出口贸易增长的灰色关联分析》，载《企业经济》2010 年第 10 期。

[239] 白红光、陈建国：《我国出口影响因素的实证分析》，载《山东经济》2011 年第 3 期。

[240] 胡兵、乔晶：《我国出口国际区域结构的实证分析》，载《山西财经大学学报》2009 年第 4 期。

[241] 强永昌、龚向明：《出口多样化一定能减弱出口波动吗——基于经济发展阶段和贸易政策的效应分析》，载《国际贸易问题》2011 年第 1 期。

[242] 项松林、赵曙东：《中性还是偏向性技术变迁影响出口？——基于细分行业贸易数据的经验分析》，载《财贸经济》2012 年第 6 期。

附 录

附录一 中国1982—2013年经济增长及需求动力数据

年份	GDP（当前美元）	GDP增长率（%）	人均GDP（当前美元）	居民最终消费支出占GDP的比重（%）	居民最终消费支出（当前美元）	政府消费支出占GDP的比重（%）	政府消费支出（当前美元）	总资本形成占GDP的比重（%）	总资本形成（当前美元）	商品和服务出口占GDP的比重（%）	商品和服务出口（当前美元）	商品和服务进口占GDP的比重（%）	商品和服务进口（当前美元）	GDP平减指数（%）（以1964年为基期）	人均GDP（1964年美元）
1982	2.03E+11	9.06	201.44	49.55	1.01E+11	15.25	3.1E+10	33.52	6.81E+10	8.40	1.71E+10	6.72	1.37E+10	280.46	71.83
1983	2.28E+11	10.85	223.25	49.97	1.14E+11	15.02	3.4E+10	34.20	7.81E+10	7.68	1.76E+10	6.86	1.57E+10	291.51	76.58
1984	2.57E+11	15.18	248.29	49.80	1.28E+11	15.32	3.9E+10	34.89	8.98E+10	8.62	2.22E+10	8.64	2.22E+10	301.86	82.25
1985	3.07E+11	13.47	291.78	51.35	1.57E+11	14.41	4.4E+10	38.35	1.18E+11	9.17	2.81E+10	13.27	4.07E+10	311.52	93.66
1986	2.98E+11	8.85	279.18	49.40	1.47E+11	14.79	4.4E+10	38.36	1.14E+11	9.94	2.96E+10	12.49	3.72E+10	317.84	87.84
1987	2.7E+11	11.58	249.41	48.99	1.32E+11	13.92	3.8E+10	37.00	1E+11	12.09	3.27E+10	12.00	3.24E+10	325.61	76.60
1988	3.1E+11	11.28	280.97	50.01	1.55E+11	13.11	4.1E+10	37.89	1.17E+11	11.36	3.52E+10	12.36	3.83E+10	337.02	83.37
1989	3.44E+11	4.06	307.49	49.98	1.72E+11	13.84	4.8E+10	37.27	1.28E+11	10.60	3.65E+10	11.69	4.02E+10	350.13	87.82
1990	3.57E+11	3.84	314.43	46.98	1.68E+11	14.14	5E+10	36.14	1.29E+11	14.70	5.25E+10	11.97	4.27E+10	363.13	86.59

附　录　289

(续表)

年份	GDP（当前美元）	GDP增长率（%）	人均GDP（当前美元）	居民最终消费支出占GDP的比重（%）	居民最终消费支出（当前美元）	政府消费支出占GDP的比重（%）	政府消费支出（当前美元）	总资本形成占GDP的比重（%）	总资本形成（当前美元）	商品和服务出口占GDP的比重（%）	商品和服务出口（当前美元）	商品和服务进口占GDP的比重（%）	商品和服务进口（当前美元）	GDP平减指数（%）（以1964年为基期）	人均GDP（1964年美元）
1991	3.79E+11	9.18	329.75	45.61	1.73E+11	15.43	5.9E+10	36.12	1.37E+11	16.10	6.11E+10	13.27	5.03E+10	375.17	87.89
1992	4.23E+11	14.24	362.81	45.90	1.94E+11	15.61	6.6E+10	37.46	1.58E+11	16.14	6.82E+10	15.12	6.39E+10	383.72	94.55
1993	4.41E+11	13.96	373.80	41.91	1.85E+11	15.53	6.8E+10	44.48	1.96E+11	14.11	6.22E+10	16.04	7.06E+10	392.87	95.15
1994	5.59E+11	13.08	469.21	41.13	2.3E+11	15.35	8.6E+10	42.20	2.36E+11	21.27	1.19E+11	19.95	1.12E+11	401.21	116.95
1995	7.28E+11	10.92	604.23	42.68	3.11E+11	13.78	1E+11	41.90	3.05E+11	20.23	1.47E+11	18.58	1.35E+11	409.59	147.52
1996	8.56E+11	10.01	703.12	43.51	3.72E+11	14.00	1.2E+11	40.44	3.46E+11	20.05	1.72E+11	18.00	1.54E+11	417.05	168.59
1997	9.53E+11	9.30	774.47	43.35	4.13E+11	14.21	1.4E+11	37.95	3.62E+11	21.75	2.07E+11	17.26	1.64E+11	424.23	182.56
1998	1.02E+12	7.83	820.87	43.96	4.48E+11	14.64	1.5E+11	37.10	3.78E+11	20.35	2.07E+11	16.05	1.64E+11	428.83	191.42
1999	1.08E+12	7.62	864.73	45.13	4.89E+11	15.30	1.7E+11	36.74	3.98E+11	20.40	2.21E+11	17.57	1.9E+11	434.97	198.80
2000	1.2E+12	8.43	949.18	46.69	5.6E+11	15.79	1.9E+11	35.12	4.21E+11	23.33	2.8E+11	20.92	2.51E+11	444.89	213.35
2001	1.32E+12	8.30	1041.64	45.65	6.05E+11	15.96	2.1E+11	36.27	4.8E+11	22.60	2.99E+11	20.48	2.71E+11	455.02	228.92
2002	1.45E+12	9.08	1135.45	43.97	6.39E+11	15.59	2.3E+11	37.87	5.51E+11	25.13	3.65E+11	22.56	3.28E+11	462.00	245.77
2003	1.64E+12	10.03	1273.64	41.86	6.87E+11	14.75	2.4E+11	41.20	6.76E+11	29.56	4.85E+11	27.37	4.49E+11	471.21	270.29
2004	1.93E+12	10.09	1490.38	40.12	7.75E+11	13.97	2.7E+11	43.26	8.36E+11	34.08	6.58E+11	31.43	6.07E+11	484.15	307.83
2005	2.26E+12	11.31	1731.13	38.10	8.6E+11	14.27	3.2E+11	42.10	9.5E+11	37.08	8.37E+11	31.56	7.12E+11	499.73	346.41
2006	2.71E+12	12.68	2069.34	35.21	9.55E+11	14.11	3.8E+11	42.97	1.17E+12	39.13	1.06E+12	31.43	8.53E+11	515.09	401.75
2007	3.49E+12	14.16	2651.26	35.94	1.26E+12	13.51	4.7E+11	41.74	1.46E+12	38.41	1.34E+12	29.60	1.03E+12	528.82	501.35
2008	4.52E+12	9.63	3413.59	34.94	1.58E+12	13.29	6E+11	44.05	1.99E+12	35.00	1.58E+12	27.28	1.23E+12	539.02	633.29
2009	4.99E+12	9.21	3748.50	33.94	1.69E+12	13.40	6.7E+11	48.24	2.41E+12	26.72	1.33E+12	22.31	1.11E+12	543.27	689.99
2010	5.93E+12	10.45	4433.34	34.73	2.06E+12	13.29	7.9E+11	48.22	2.86E+12	29.40	1.74E+12	25.64	1.52E+12	549.93	806.16
2011	7.32E+12	9.30	5447.31	35.90	2.63E+12	13.35	9.8E+11	48.27	3.53E+12	28.54	2.09E+12	26.06	1.91E+12	561.28	970.51
2012	8.23E+12	7.65	6092.78	34.78	2.86E+12	13.75	1.1E+12	48.66	4E+12	27.32	2.25E+12	24.50	2.02E+12	571.38	1066.33
2013	9.24E+12	7.67	6807.43	34.09	3.15E+12	14.06	1.3E+12	49.29	4.55E+12	26.41	2.44E+12	23.85	2.2E+12	579.88	1173.93

附录二 美国 1960—2013 年经济增长及需求动力数据

年份	GDP（当前美元）	GDP增长率（%）	人均GDP（当前美元）	居民最终消费支出占GDP的比重（%）	居民最终消费支出（当前美元）	政府消费支出占GDP的比重（%）	政府消费支出（当前美元）	总资本形成占GDP的比重（%）	总资本形成（当前美元）	商品和服务出口占GDP的比重（%）	商品和服务出口（当前美元）	商品和服务进口占GDP的比重（%）	商品和服务进口（当前美元）	GDP平减指数（%）（以1964年为基期）	人均GDP（当前美元）（以1964年为基期）
1960	5.43E+11	..	3007.12	61.05	3.32E+11	15.65	8.5E+10	22.53	1.22E+11	4.97	2.7E+10	4.20	2.3E+10	95.16	3160.09
1961	5.63E+11	2.55	3066.56	60.70	3.42E+11	15.96	8.99E+10	22.47	1.27E+11	4.90	2.76E+10	4.03	2.3E+10	96.21	3187.43
1962	6.05E+11	6.11	3243.84	60.01	3.63E+11	16.25	9.83E+10	23.07	1.4E+11	4.81	2.91E+10	4.13	2.5E+10	97.39	3330.70
1963	6.39E+11	4.36	3374.52	59.87	3.82E+11	16.21	1.04E+11	23.14	1.48E+11	4.87	3.11E+10	4.09	2.6E+10	98.49	3426.26
1964	6.86E+11	5.77	3573.94	59.97	4.11E+11	15.91	1.09E+11	23.11	1.59E+11	5.10	3.5E+10	4.10	2.8E+10	100.00	3573.94
1965	7.44E+11	6.49	3827.53	59.65	4.44E+11	15.73	1.17E+11	23.87	1.78E+11	4.99	3.71E+10	4.24	3.2E+10	101.83	3758.71
1966	8.15E+11	6.59	4146.32	58.96	4.81E+11	16.31	1.33E+11	24.27	1.98E+11	5.02	4.09E+10	4.55	3.7E+10	104.69	3960.42
1967	8.62E+11	2.74	4336.43	58.88	5.07E+11	17.45	1.5E+11	23.24	2E+11	5.05	4.35E+10	4.63	4E+10	107.74	4025.04
1968	9.43E+11	4.92	4695.92	59.15	5.58E+11	17.77	1.68E+11	22.94	2.16E+11	5.08	4.79E+10	4.94	4.7E+10	112.32	4180.99
1969	1.02E+12	3.14	5032.14	58.37	5.95E+11	17.73	1.81E+11	23.77	2.42E+11	5.09	5.19E+10	4.95	5.1E+10	117.84	4270.28
1970	1.08E+12	0.20	5246.96	60.02	6.46E+11	18.07	1.94E+11	21.54	2.32E+11	5.55	5.97E+10	5.19	5.6E+10	124.06	4229.32
1971	1.17E+12	3.29	5623.59	59.32	6.93E+11	18.05	2.11E+11	22.57	2.64E+11	5.39	6.3E+10	5.33	6.2E+10	130.36	4313.78
1972	1.28E+12	5.26	6109.69	59.29	7.6E+11	17.75	2.28E+11	23.23	2.98E+11	5.52	7.08E+10	5.79	7.4E+10	136.01	4492.16
1973	1.43E+12	5.65	6741.10	58.47	8.35E+11	16.85	2.41E+11	24.40	3.49E+11	6.67	9.53E+10	6.38	9.1E+10	143.40	4700.84
1974	1.55E+12	−0.49	7242.32	59.27	9.18E+11	17.23	2.67E+11	23.55	3.65E+11	8.18	1.27E+11	8.23	1.3E+11	156.24	4635.24
1975	1.69E+12	−0.22	7819.96	61.52	1.04E+12	17.67	2.99E+11	19.86	3.35E+11	8.21	1.39E+11	7.27	1.2E+11	170.76	4579.62
1976	1.88E+12	5.39	8611.46	60.35	1.13E+12	16.84	3.16E+11	22.90	4.3E+11	7.96	1.5E+11	8.05	1.5E+11	180.13	4780.62

(续表)

年份	GDP（当前美元）	GDP增长率（%）	人均GDP（当前美元）	居民最终消费支出占GDP的比重（%）	居民最终消费支出（当前美元）	政府消费支出占GDP的比重（%）	政府消费支出（当前美元）	总资本形成占GDP的比重（%）	总资本形成（当前美元）	商品和服务出口占GDP的比重（%）	商品和服务出口（当前美元）	商品和服务进口占GDP的比重（%）	商品和服务进口（当前美元）	GDP平减指数（%）（以1964年为基期）	人均GDP（当前美元）（以1964年为基期）
1977	2.09E+12	4.62	9471.53	60.13	1.25E+12	16.42	3.43E+11	24.55	5.12E+11	7.64	1.59E+11	8.74	1.8E+11	191.28	4951.64
1978	2.36E+12	5.56	10587.42	59.42	1.4E+12	15.78	3.72E+11	25.87	6.1E+11	7.93	1.87E+11	9.01	2.1E+11	204.70	5172.04
1979	2.63E+12	3.17	11695.36	59.71	1.57E+12	15.40	4.05E+11	25.75	6.78E+11	8.74	2.3E+11	9.60	2.5E+11	221.60	5277.68
1980	2.86E+12	-0.27	12597.65	61.51	1.76E+12	15.89	4.55E+11	23.05	6.6E+11	9.81	2.81E+11	10.26	2.9E+11	241.65	5213.24
1981	3.21E+12	2.54	13993.36	59.42	1.91E+12	15.80	5.07E+11	25.17	8.08E+11	9.50	3.05E+11	9.90	3.2E+11	264.35	5293.60
1982	3.35E+12	-1.81	14439.02	62.45	2.09E+12	16.54	5.53E+11	21.62	7.23E+11	8.47	2.83E+11	9.06	3E+11	280.46	5148.36
1983	3.64E+12	4.64	15561.27	63.01	2.29E+12	16.34	5.95E+11	22.07	8.03E+11	7.61	2.77E+11	9.03	3.3E+11	291.51	5338.18
1984	4.04E+12	7.26	17134.32	60.20	2.43E+12	15.64	6.32E+11	26.70	1.08E+12	7.48	3.02E+11	10.03	4.1E+11	301.86	5676.18
1985	4.35E+12	4.24	18269.28	62.14	2.7E+12	15.84	6.89E+11	24.64	1.07E+12	6.98	3.03E+11	9.60	4.2E+11	311.52	5864.61
1986	4.59E+12	3.50	19115.24	63.00	2.89E+12	16.04	7.36E+11	23.83	1.09E+12	6.99	3.21E+11	9.87	4.5E+11	317.84	6014.19
1987	4.87E+12	3.57	20100.79	62.93	3.06E+12	15.94	7.76E+11	24.11	1.17E+12	7.47	3.64E+11	10.45	5.1E+11	325.61	6173.27
1988	5.25E+12	4.20	21483.11	63.37	3.33E+12	15.61	8.2E+11	23.11	1.21E+12	8.46	4.45E+11	10.55	5.5E+11	337.02	6374.36
1989	5.66E+12	3.68	22922.47	63.01	3.57E+12	15.58	8.82E+11	22.94	1.3E+12	8.91	5.04E+11	10.45	5.9E+11	350.13	6546.89
1990	5.98E+12	1.91	23954.52	63.73	3.81E+12	15.85	9.48E+11	21.71	1.3E+12	9.23	5.52E+11	10.53	6.3E+11	363.13	6596.71
1991	6.17E+12	-0.06	24404.99	64.15	3.96E+12	16.26	1E+12	20.05	1.24E+12	9.64	5.95E+11	10.10	6.2E+11	375.17	6505.10
1992	6.54E+12	3.55	25492.96	64.22	4.2E+12	16.04	1.05E+12	20.27	1.33E+12	9.68	6.33E+11	10.21	6.7E+11	383.72	6643.57
1993	6.88E+12	2.74	26464.78	64.70	4.45E+12	15.62	1.07E+12	20.64	1.42E+12	9.52	6.55E+11	10.47	7.2E+11	392.87	6736.32
1994	7.31E+12	4.04	27776.81	64.00	4.68E+12	15.18	1.11E+12	22.09	1.61E+12	9.86	7.21E+11	11.13	8.1E+11	401.21	6923.23
1995	7.66E+12	2.72	28782.33	64.63	4.95E+12	14.93	1.14E+12	21.61	1.66E+12	10.61	8.13E+11	11.78	9E+11	409.59	7027.13
1996	8.1E+12	3.80	30068.23	64.66	5.24E+12	14.52	1.18E+12	22.01	1.78E+12	10.71	8.68E+11	11.90	9.6E+11	417.05	7209.68

(续表)

年份	GDP（当前美元）	GDP增长率（%）	人均GDP（当前美元）	居民最终消费支出占GDP的比重（%）	居民最终消费支出（当前美元）	政府消费支出占GDP的比重（%）	政府消费支出（当前美元）	总资本形成占GDP的比重（%）	总资本形成（当前美元）	商品和服务出口占GDP的比重（%）	商品和服务出口（当前美元）	商品和服务进口占GDP的比重（%）	商品和服务进口（当前美元）	GDP平减指数（%）（以1964年为基期）	人均GDP（当前美元）（以1964年为基期）
1997	8.61E+12	4.48	31572.64	63.77	5.49E+12	14.23	1.22E+12	23.19	2E+12	11.08	9.54E+11	12.26	1.1E+12	424.23	7442.34
1998	9.09E+12	4.45	32949.31	64.25	5.84E+12	14.00	1.27E+12	23.55	2.14E+12	10.48	9.53E+11	12.28	1.1E+12	428.83	7683.51
1999	9.66E+12	4.79	34620.84	64.66	6.25E+12	14.05	1.36E+12	23.95	2.31E+12	10.27	9.92E+11	12.92	1.2E+12	434.97	7959.36
2000	1.03E+13	4.09	36449.93	65.51	6.74E+12	14.04	1.44E+12	24.10	2.48E+12	10.66	1.1E+12	14.32	1.5E+12	444.89	8193.11
2001	1.06E+13	0.98	37273.53	67.23	7.14E+12	14.55	1.55E+12	21.69	2.3E+12	9.67	1.03E+12	13.14	1.4E+12	455.02	8191.68
2002	1.1E+13	1.79	38165.99	67.10	7.37E+12	15.04	1.65E+12	21.74	2.39E+12	9.13	1E+12	13.02	1.4E+12	462.00	8261.07
2003	1.15E+13	2.81	39677.30	67.30	7.75E+12	15.25	1.76E+12	21.83	2.51E+12	9.04	1.04E+12	13.41	1.5E+12	471.21	8420.36
2004	1.23E+13	3.79	41921.71	66.77	8.2E+12	15.23	1.87E+12	23.05	2.83E+12	9.63	1.18E+12	14.67	1.8E+12	484.15	8658.78
2005	1.31E+13	3.35	44307.83	66.71	8.73E+12	15.12	1.98E+12	23.68	3.1E+12	10.00	1.31E+12	15.50	2E+12	499.73	8866.38
2006	1.39E+13	2.67	46437.11	66.67	9.24E+12	15.08	2.09E+12	23.82	3.3E+12	10.65	1.48E+12	16.22	2.2E+12	515.09	9015.40
2007	1.45E+13	1.77	48061.42	67.11	9.72E+12	15.26	2.21E+12	22.59	3.27E+12	11.50	1.66E+12	16.46	2.4E+12	528.82	9088.42
2008	1.47E+13	−0.26	48401.49	68.25	1E+13	16.09	2.37E+12	20.57	3.03E+12	12.51	1.84E+12	17.43	2.6E+12	539.02	8979.48
2009	1.44E+13	−2.80	47001.43	69.32	9.99E+12	16.94	2.44E+12	16.49	2.38E+12	11.01	1.59E+12	13.75	2E+12	543.27	8651.55
2010	1.5E+13	2.53	48377.39	67.77	1.01E+13	16.85	2.52E+12	18.81	2.81E+12	12.38	1.85E+12	15.80	2.4E+12	549.93	8796.98
2011	1.55E+13	1.60	49803.49	68.61	1.06E+13	16.31	2.53E+12	18.81	2.92E+12	13.57	2.11E+12	17.31	2.7E+12	561.28	8873.18
2012	1.62E+13	2.32	51495.87	68.17	1.1E+13	15.77	2.55E+12	19.57	3.16E+12	13.58	2.19E+12	17.09	2.8E+12	571.38	9012.54
2013	1.68E+13	2.22	53041.98	68.05	1.14E+13	15.19	2.55E+12	19.79	3.32E+12	13.49	2.26E+12	16.52	2.8E+12	579.88	9147.02

附录 293

附录三 巴西 1960—2013 年经济增长及需求动力数据

年份	GDP（当前美元）	GDP增长率（%）	人均GDP（当前美元）	居民最终消费支出占GDP的比重（%）	居民最终消费支出（当前美元）	政府消费支出占GDP的比重（%）	政府消费支出（当前美元）	总资本形成占GDP的比重（%）	总资本形成（当前美元）	商品和服务出口（当前美元）	商品和服务出口占GDP的比重（%）	商品和服务进口占GDP的比重（%）	商品和服务进口（当前美元）	美国GDP平减指数（%）（1964年为基年）	人均GDP（当前美元）（1964年为基年）
1960	1.52E+10	..	208.39	66.28	1.01E+10	14.10	2.14E+09	19.68	3E+09	1.07E+09	7.06	7.12	1.1E+09	95.16	218.99
1961	1.52E+10	10.28	203.19	64.06	9.76E+09	14.64	2.23E+09	21.36	3.3E+09	1.11E+09	7.28	7.34	1.1E+09	96.21	211.20
1962	1.99E+10	5.22	257.82	70.04	1.4E+10	11.67	2.33E+09	19.60	3.9E+09	7.71E+08	3.87	5.19	1E+09	97.39	264.73
1963	2.3E+10	0.87	289.06	67.93	1.56E+10	12.88	2.97E+09	19.26	4.4E+09	2.08E+09	9.04	9.11	2.1E+09	98.49	293.49
1964	2.12E+10	3.49	258.63	68.98	1.46E+10	11.71	2.48E+09	18.60	3.9E+09	1.35E+09	6.39	5.68	1.2E+09	100.00	258.63
1965	2.18E+10	3.05	258.24	66.92	1.46E+10	10.87	2.37E+09	20.02	4.4E+09	1.69E+09	7.74	5.56	1.2E+09	101.83	253.60
1966	2.71E+10	4.15	312.06	68.12	1.84E+10	11.15	3.02E+09	19.89	5.4E+09	1.85E+09	6.82	5.99	1.6E+09	104.69	298.07
1967	3.06E+10	4.92	343.53	71.54	2.19E+10	11.54	3.53E+09	16.92	5.2E+09	1.76E+09	5.77	5.77	1.8E+09	107.74	318.86
1968	3.39E+10	11.43	370.72	70.56	2.39E+10	11.13	3.77E+09	18.92	6.4E+09	2.03E+09	6.00	6.61	2.2E+09	112.32	330.07
1969	3.75E+10	9.74	399.73	66.77	2.5E+10	10.81	4.05E+09	22.35	8.4E+09	2.48E+09	6.62	6.55	2.5E+09	117.84	339.21
1970	4.23E+10	8.77	440.64	68.55	2.9E+10	11.32	4.79E+09	20.54	8.7E+09	2.98E+09	7.03	7.45	3.2E+09	124.06	355.18
1971	4.92E+10	11.30	499.90	69.58	3.42E+10	11.02	5.42E+09	21.12	1E+10	3.16E+09	6.41	8.14	4E+09	130.36	383.47
1972	5.85E+10	12.05	580.67	69.66	4.08E+10	10.75	6.29E+09	21.17	1.2E+10	4.25E+09	7.26	8.84	5.2E+09	136.01	426.94
1973	7.93E+10	13.98	767.99	67.54	5.35E+10	10.45	8.28E+09	23.24	1.8E+10	6.56E+09	8.27	9.50	7.5E+09	143.40	535.55
1974	1.05E+11	9.04	994.73	70.74	7.44E+10	9.74	1.02E+10	25.39	2.7E+10	8.42E+09	8.01	13.88	1.5E+10	156.24	636.65
1975	1.24E+11	5.21	1143.13	66.49	8.23E+10	10.64	1.32E+10	26.84	3.3E+10	9.33E+09	7.54	11.51	1.4E+10	170.76	669.45
1976	1.53E+11	9.79	1377.86	68.76	1.05E+11	10.52	1.61E+10	23.12	3.5E+10	1.07E+10	7.04	9.43	1.4E+10	180.13	764.91
1977	1.76E+11	4.61	1552.78	69.16	1.22E+11	9.44	1.66E+10	22.07	3.9E+10	1.28E+10	7.25	7.92	1.4E+10	191.28	811.78

(续表)

年份	GDP（当前美元）	GDP增长率（%）	人均GDP（当前美元）	居民最终消费支出占GDP的比重（%）	居民最终消费支出（当前美元）	政府消费支出占GDP的比重（%）	政府消费支出（当前美元）	总资本形成占GDP的比重（%）	总资本形成（当前美元）	商品和服务出口（当前美元）	商品和服务出口占GDP的比重（%）	商品和服务进口占GDP的比重（%）	商品和服务进口（当前美元）	美国GDP平减指数（%）（1964年为基年）	人均GDP（当前美元）（1964年为基年）
1978	2.01E+11	3.23	1728.64	68.56	1.38E+11	9.66	1.94E+10	22.97	4.6E+10	1.34E+10	6.68	7.86	1.6E+10	204.70	844.46
1979	2.25E+11	6.77	1891.71	69.55	1.56E+11	9.74	2.19E+10	22.76	5.1E+10	1.6E+10	7.12	9.18	2.1E+10	221.60	853.66
1980	2.35E+11	9.11	1930.54	69.71	1.64E+11	9.20	2.16E+10	23.35	5.5E+10	2.13E+10	9.05	11.31	2.7E+10	241.65	798.91
1981	2.64E+11	-4.39	2115.07	67.98	1.79E+11	9.32	2.46E+10	23.08	6.1E+10	2.48E+10	9.42	9.80	2.6E+10	264.35	800.12
1982	2.82E+11	0.58	2208.83	69.57	1.96E+11	10.01	2.82E+10	21.09	5.9E+10	2.14E+10	7.61	8.27	2.3E+10	280.46	787.58
1983	2.03E+11	-3.41	1558.42	71.24	1.45E+11	9.66	1.96E+10	16.68	3.4E+10	2.32E+10	11.42	9.01	1.8E+10	291.51	534.60
1984	2.09E+11	5.27	1567.32	70.35	1.47E+11	8.28	1.73E+10	15.74	3.3E+10	2.83E+10	13.55	7.92	1.7E+10	301.86	519.21
1985	2.23E+11	7.95	1636.60	65.78	1.47E+11	9.87	2.2E+10	19.20	4.3E+10	2.73E+10	12.25	7.10	1.6E+10	311.52	525.36
1986	2.68E+11	7.99	1928.72	67.77	1.82E+11	10.67	2.86E+10	19.09	5.1E+10	2.36E+10	8.82	6.35	1.7E+10	317.84	606.83
1987	2.94E+11	3.60	2074.41	62.26	1.83E+11	12.16	3.58E+10	22.30	6.6E+10	2.78E+10	9.46	6.19	1.8E+10	325.61	637.08
1988	3.3E+11	-0.10	2287.24	59.49	1.97E+11	12.59	4.16E+10	22.72	7.5E+10	3.6E+10	10.89	5.69	1.9E+10	337.02	678.66
1989	4.26E+11	3.28	2893.66	54.13	2.3E+11	15.50	6.6E+10	26.90	1.1E+11	3.8E+10	8.93	5.46	2.3E+10	350.13	826.46
1990	4.62E+11	-4.30	3086.92	59.30	2.74E+11	19.29	8.91E+10	20.17	9.3E+10	3.79E+10	8.20	6.96	3.2E+10	363.13	850.09
1991	4.07E+11	1.51	2677.15	61.57	2.51E+11	17.90	7.29E+10	19.77	8.1E+10	3.53E+10	8.68	7.91	3.2E+10	375.17	713.59
1992	3.91E+11	-0.47	2526.34	61.52	2.4E+11	17.06	6.66E+10	18.93	7.4E+10	4.24E+10	10.87	8.39	3.3E+10	383.72	658.37
1993	4.38E+11	4.67	2791.52	60.08	2.63E+11	17.66	7.74E+10	20.85	9.1E+10	4.6E+10	10.50	9.10	4E+10	392.87	710.55
1994	5.46E+11	5.33	3426.10	59.64	3.26E+11	17.87	9.76E+10	22.15	1.2E+11	5.2E+10	9.51	9.16	5E+10	401.21	853.94
1995	7.69E+11	4.42	4749.81	62.46	4.8E+11	21.04	1.62E+11	18.03	1.4E+11	5.58E+10	7.26	8.78	6.7E+10	409.59	1159.65
1996	8.4E+11	2.15	5107.79	64.66	5.43E+11	20.10	1.69E+11	17.04	1.4E+11	5.51E+10	6.57	8.37	7E+10	417.05	1224.73
1997	8.71E+11	3.37	5219.10	64.88	5.65E+11	19.90	1.73E+11	17.43	1.5E+11	5.94E+10	6.82	9.02	7.9E+10	424.23	1230.25

(续表)

年份	GDP（当前美元）	GDP增长率（%）	人均GDP（当前美元）	居民最终消费支出占GDP的比重（%）	居民最终消费支出（当前美元）	政府消费支出占GDP的比重（%）	政府消费支出（当前美元）	总资本形成占GDP的比重（%）	总资本形成（当前美元）	商品和服务出口（当前美元）	商品和服务出口占GDP的比重（%）	商品和服务进口占GDP的比重（%）	商品和服务进口（当前美元）	美国GDP平减指数（%）（1964年为基年）	人均GDP（当前美元）（1964年为基年）
1998	8.44E+11	0.04	4979.14	64.33	5.43E+11	20.64	1.74E+11	17.03	1.4E+11	5.85E+10	6.93	8.93	7.5E+10	428.83	1161.10
1999	5.87E+11	0.26	3411.87	64.73	3.8E+11	20.30	1.19E+11	16.38	9.6E+10	5.52E+10	9.41	10.82	6.3E+10	434.97	784.39
2000	6.45E+11	4.31	3694.46	64.35	4.15E+11	19.17	1.24E+11	18.25	1.2E+11	6.43E+10	9.98	11.74	7.6E+10	444.89	830.43
2001	5.54E+11	1.31	3128.14	63.47	3.51E+11	19.82	1.1E+11	18.03	1E+11	6.74E+10	12.18	13.50	7.5E+10	455.02	687.48
2002	5.04E+11	2.66	2810.70	61.72	3.11E+11	20.57	1.04E+11	16.20	8.2E+10	7.11E+10	14.10	12.58	6.3E+10	462.00	608.38
2003	5.52E+11	1.15	3039.67	61.93	3.42E+11	19.39	1.07E+11	15.77	8.7E+10	8.28E+10	14.99	12.08	6.7E+10	471.21	645.08
2004	6.64E+11	5.71	3607.19	59.78	3.97E+11	19.23	1.28E+11	17.12	1.1E+11	1.09E+11	16.43	12.55	8.3E+10	484.15	745.05
2005	8.82E+11	3.16	4739.31	60.27	5.32E+11	19.91	1.76E+11	16.21	1.4E+11	1.33E+11	15.13	11.52	1E+11	499.73	948.38
2006	1.09E+12	3.96	5787.98	60.30	6.57E+11	20.04	2.18E+11	16.76	1.8E+11	1.56E+11	14.37	11.47	1.2E+11	515.09	1123.69
2007	1.37E+12	6.10	7193.92	59.90	8.19E+11	20.26	2.77E+11	18.33	2.5E+11	1.83E+11	13.36	11.84	1.6E+11	528.82	1360.37
2008	1.65E+12	5.17	8622.55	58.93	9.74E+11	20.19	3.34E+11	20.69	3.4E+11	2.26E+11	13.66	13.47	2.2E+11	539.02	1599.66
2009	1.62E+12	-0.33	8373.46	61.11	9.9E+11	21.21	3.44E+11	17.84	2.9E+11	1.78E+11	10.98	11.14	1.8E+11	543.27	1541.30
2010	2.14E+12	7.53	10978.26	59.64	1.28E+12	21.15	4.53E+11	20.24	4.3E+11	2.33E+11	10.87	11.90	2.6E+11	549.93	1996.29
2011	2.48E+12	2.73	12576.20	60.33	1.49E+12	20.68	5.12E+11	19.73	4.9E+11	2.94E+11	11.89	12.62	3.1E+11	561.28	2240.62
2012	2.25E+12	1.03	11319.97	62.62	1.41E+12	21.31	4.79E+11	17.52	3.9E+11	2.83E+11	12.59	14.03	3.2E+11	571.38	1981.16
2013	2.25E+12	2.49	11208.08	62.62	1.41E+12	21.97	4.93E+11	17.89	4E+11	2.82E+11	12.55	15.04	3.4E+11	579.88	1932.82

附录四 俄罗斯1989—2013年经济增长及需求动力数据

年份	GDP（当前美元）	GDP增长率（%）	人均GDP（当前美元）	居民最终消费支出占GDP的比重（%）	居民最终消费支出（当前美元）	政府消费支出占GDP的比重（%）	政府消费支出（当前美元）	总资本形成占GDP的比重（%）	总资本形成（当前美元）	商品和服务出口占GDP的比重（%）	商品和服务出口（当前美元）	商品和服务进口占GDP的比重（%）	商品和服务进口（当前美元）	GDP平减指数（%）（以1964年为基期）	人均GDP（当前美元）（以1964年为基期）
1989	5.07E+11	..	3428.76	45.15	2.29E+11	20.12	1.02E+11	33.84	1.71E+11	21.90	1.11E+11	21.01	1.06E+11	350.13	979.29
1990	5.17E+11	-3.00	3485.11	48.87	2.53E+11	20.79	1.07E+11	30.13	1.56E+11	18.16	9.39E+10	17.94	9.27E+10	363.13	959.75
1991	5.09E+11	-5.05	3427.32	46.94	2.39E+11	16.51	8.41E+10	36.27	1.85E+11	13.27	6.76E+10	12.99	6.61E+10	375.17	913.54
1992	4.6E+11	-14.53	3095.09	37.46	1.72E+11	13.86	6.38E+10	34.61	1.59E+11	62.32	2.87E+11	48.25	2.22E+11	383.72	806.59
1993	4.35E+11	-8.67	2929.30	45.24	1.97E+11	20.04	8.72E+10	27.01	1.17E+11	38.20	1.66E+11	30.49	1.33E+11	392.87	745.62
1994	3.95E+11	-12.57	2663.46	50.80	2.01E+11	19.10	7.55E+10	25.54	1.01E+11	27.76	1.1E+11	23.20	9.16E+10	401.21	663.85
1995	3.96E+11	-4.14	2669.95	52.09	2.06E+11	19.08	7.55E+10	25.44	1.01E+11	29.29	1.16E+11	25.89	1.02E+11	409.59	651.86
1996	3.92E+11	-3.60	2643.91	52.61	2.06E+11	19.49	7.64E+10	23.67	9.27E+10	26.07	1.02E+11	21.85	8.56E+10	417.05	633.95
1997	4.05E+11	1.40	2737.56	54.75	2.22E+11	21.07	8.53E+10	21.98	8.9E+10	24.73	1E+11	22.53	9.12E+10	424.23	645.30
1998	2.71E+11	-5.30	1834.85	59.63	1.62E+11	18.73	5.08E+10	14.96	4.05E+10	31.22	8.46E+10	24.55	6.65E+10	428.83	427.87
1999	1.96E+11	6.40	1330.75	53.54	1.05E+11	14.58	2.86E+10	14.83	2.91E+10	43.22	8.47E+10	26.17	5.13E+10	434.97	305.94
2000	2.6E+11	10.00	1771.58	46.19	1.2E+11	15.09	3.92E+10	18.69	4.85E+10	44.06	1.14E+11	24.03	6.24E+10	444.89	398.21
2001	3.07E+11	5.09	2100.36	48.94	1.5E+11	16.44	5.04E+10	21.95	6.73E+10	36.89	1.13E+11	24.22	7.43E+10	455.02	461.60
2002	3.45E+11	4.74	2373.39	51.20	1.77E+11	17.95	6.2E+10	20.05	6.92E+10	35.25	1.22E+11	24.46	8.44E+10	462.00	513.72
2003	4.3E+11	7.30	2974.74	49.85	2.15E+11	17.92	7.71E+10	20.86	8.98E+10	35.25	1.52E+11	23.88	1.03E+11	471.21	631.30

(续表)

年份	GDP（当前美元）	GDP增长率（%）	人均GDP（当前美元）	居民最终消费支出占GDP的比重（%）	居民最终消费支出（当前美元）	政府消费支出占GDP的比重（%）	政府消费支出（当前美元）	总资本形成占GDP的比重（%）	总资本形成（当前美元）	商品和服务出口占GDP的比重（%）	商品和服务出口（当前美元）	商品和服务进口占GDP的比重（%）	商品和服务进口（当前美元）	GDP平减指数（%）（以1964年为基期）	人均GDP（当前美元）（以1964年为基期）
2004	5.91E+11	7.18	4109.38	49.87	2.95E+11	16.97	1E+11	20.90	1.24E+11	34.42	2.03E+11	22.16	1.31E+11	484.15	848.78
2005	7.64E+11	6.38	5338.41	49.36	3.77E+11	16.87	1.29E+11	20.08	1.53E+11	35.20	2.69E+11	21.51	1.64E+11	499.73	1068.26
2006	9.9E+11	8.15	6947.50	48.71	4.82E+11	17.39	1.72E+11	21.17	2.1E+11	33.73	3.34E+11	21.00	2.08E+11	515.09	1348.80
2007	1.3E+12	8.54	9145.45	49.92	6.49E+11	17.30	2.25E+11	24.16	3.14E+11	30.16	3.92E+11	21.54	2.8E+11	528.82	1729.41
2008	1.66E+12	5.25	11699.68	47.43	7.88E+11	17.83	2.96E+11	25.50	4.24E+11	31.31	5.2E+11	22.07	3.67E+11	539.02	2170.53
2009	1.22E+12	-7.82	8615.67	52.85	6.46E+11	20.79	2.54E+11	18.93	2.31E+11	27.94	3.42E+11	20.50	2.51E+11	543.27	1585.89
2010	1.52E+12	4.50	10709.77	50.58	7.71E+11	18.73	2.86E+11	22.62	3.45E+11	29.22	4.46E+11	21.14	3.22E+11	549.93	1947.47
2011	1.9E+12	4.26	13324.29	48.43	9.23E+11	18.05	3.44E+11	24.98	4.76E+11	30.27	5.77E+11	21.73	4.14E+11	561.28	2373.91
2012	2.02E+12	3.44	14090.65	49.09	9.9E+11	19.11	3.85E+11	24.47	4.94E+11	29.59	5.97E+11	22.26	4.49E+11	571.38	2466.07
2013	2.1E+12	1.32	14611.70	51.99	1.09E+12	19.55	4.1E+11	22.59	4.74E+11	28.37	5.95E+11	22.49	4.72E+11	579.88	2519.77

附录五 印度1960—2013年经济增长及需求动力数据

年份	GDP（当前美元）	GDP增长率（%）	人均GDP（当前美元）	居民最终消费支出占GDP的比重（%）	居民最终消费支出（当前美元）	政府消费支出占GDP的比重（%）	政府消费支出（当前美元）	总资本形成占GDP的比重（%）	总资本形成（当前美元）	商品和服务出口占GDP的比重（%）	商品和服务出口（当前美元）	商品和服务进口占GDP的比重（%）	商品和服务进口（当前美元）	GDP平减指数（%）（以1964年为基期）	人均GDP（1964年美元）
1960	3.77E+10	..	83.81	80.83	3.05E+10	6.91	2.6E+09	14.59	5.5E+09	4.39	1.65E+09	6.72	2.53E+09	95.16	88.07
1961	3.99E+10	3.72	87.04	79.49	3.17E+10	7.24	2.89E+09	14.89	5.94E+09	4.23	1.69E+09	5.85	2.34E+09	96.21	90.47
1962	4.29E+10	2.93	91.68	78.00	3.35E+10	8.17	3.51E+09	15.66	6.72E+09	4.10	1.76E+09	5.93	2.54E+09	97.39	94.13
1963	4.93E+10	5.99	103.16	76.90	3.79E+10	9.15	4.51E+09	15.55	7.66E+09	4.21	2.07E+09	5.81	2.86E+09	98.49	104.74
1964	5.75E+10	7.45	117.86	77.63	4.46E+10	8.45	4.86E+09	15.84	9.1E+09	3.66	2.1E+09	5.59	3.21E+09	100.00	117.86
1965	6.06E+10	-2.64	121.70	76.22	4.62E+10	9.24	5.6E+09	16.41	9.95E+09	3.25	1.97E+09	5.12	3.1E+09	101.83	119.51
1966	4.67E+10	-0.06	91.75	77.08	3.6E+10	8.94	4.17E+09	16.47	7.69E+09	4.07	1.9E+09	6.56	3.06E+09	104.69	87.64
1967	5.1E+10	7.83	98.16	78.12	3.99E+10	8.53	4.35E+09	15.23	7.77E+09	3.96	2.02E+09	5.84	2.98E+09	107.74	91.11
1968	5.4E+10	3.39	101.69	77.82	4.2E+10	8.83	4.77E+09	14.24	7.69E+09	3.97	2.14E+09	4.86	2.62E+09	112.32	90.54
1969	5.95E+10	6.54	109.53	76.20	4.53E+10	8.99	5.34E+09	15.12	8.99E+09	3.65	2.17E+09	3.96	2.36E+09	117.84	92.95
1970	6.35E+10	5.16	114.40	75.37	4.79E+10	9.40	5.97E+09	15.32	9.73E+09	3.72	2.36E+09	3.81	2.42E+09	124.06	92.22
1971	6.85E+10	1.64	120.70	73.41	5.03E+10	10.17	6.97E+09	16.76	1.15E+10	3.60	2.47E+09	3.93	2.7E+09	130.36	92.58
1972	7.27E+10	-0.55	125.20	74.06	5.39E+10	9.81	7.13E+09	15.82	1.15E+10	3.96	2.88E+09	3.64	2.65E+09	136.01	92.05
1973	8.7E+10	3.30	146.44	75.13	6.54E+10	8.84	7.69E+09	16.54	1.44E+10	4.14	3.6E+09	4.64	4.04E+09	143.40	102.12
1974	1.01E+11	1.19	166.56	73.51	7.44E+10	9.08	9.2E+09	18.58	1.88E+10	4.75	4.81E+09	5.92	5.99E+09	156.24	106.60
1975	1E+11	9.15	161.03	72.54	7.27E+10	9.97	9.99E+09	18.47	1.85E+10	5.55	5.56E+09	6.53	6.55E+09	170.76	94.31
1976	1.05E+11	1.66	164.11	71.03	7.42E+10	10.28	1.07E+10	18.13	1.9E+10	6.57	6.87E+09	6.01	6.28E+09	180.13	91.10
1977	1.24E+11	7.25	189.62	72.05	8.91E+10	9.68	1.2E+10	18.16	2.24E+10	6.27	7.75E+09	6.16	7.61E+09	191.28	99.13

（续表）

年份	GDP（当前美元）	GDP增长率（%）	人均GDP（当前美元）	居民最终消费支出占GDP的比重（%）	居民最终消费支出（当前美元）	政府消费支出占GDP的比重（%）	政府消费支出（当前美元）	总资本形成占GDP的比重（%）	总资本形成（当前美元）	商品和服务出口占GDP的比重（%）	商品和服务出口（当前美元）	商品和服务进口占GDP的比重（%）	商品和服务进口（当前美元）	GDP平减指数（%）（以1964年平均为基期）	人均GDP（1964年美元）
1978	1.4E+11	5.71	209.35	70.34	9.83E+10	9.92	1.39E+10	20.01	2.8E+10	6.21	8.67E+09	6.47	9.05E+09	204.70	102.27
1979	1.56E+11	−5.24	227.92	70.03	1.09E+11	10.40	1.62E+10	20.96	3.26E+10	6.63	1.03E+10	8.03	1.25E+10	221.60	102.85
1980	1.9E+11	6.74	271.25	74.86	1.42E+11	10.14	1.92E+10	18.04	3.42E+10	6.03	1.14E+10	9.09	1.72E+10	241.65	112.25
1981	1.97E+11	6.01	275.32	70.63	1.39E+11	10.12	1.99E+10	21.84	4.3E+10	5.83	1.15E+10	8.42	1.66E+10	264.35	104.15
1982	2.04E+11	3.48	279.22	69.38	1.42E+11	10.69	2.18E+10	22.05	4.5E+10	5.88	1.2E+10	8.00	1.63E+10	280.46	99.56
1983	2.22E+11	7.29	296.92	71.38	1.59E+11	10.61	2.36E+10	19.99	4.44E+10	5.74	1.27E+10	7.72	1.71E+10	291.51	101.86
1984	2.16E+11	3.82	282.29	69.00	1.49E+11	10.88	2.35E+10	21.54	4.65E+10	6.18	1.33E+10	7.59	1.64E+10	301.86	93.51
1985	2.37E+11	5.25	302.65	67.39	1.59E+11	11.49	2.72E+10	23.47	5.55E+10	5.16	1.22E+10	7.51	1.78E+10	311.52	97.15
1986	2.53E+11	4.78	317.11	66.19	1.68E+11	12.14	3.08E+10	23.46	5.94E+10	5.11	1.29E+10	6.90	1.75E+10	317.84	99.77
1987	2.84E+11	3.97	347.81	66.21	1.88E+11	12.54	3.56E+10	22.60	6.42E+10	5.51	1.56E+10	6.86	1.95E+10	325.61	106.82
1988	3.02E+11	9.63	361.93	65.36	1.97E+11	12.20	3.68E+10	23.84	7.2E+10	5.93	1.79E+10	7.33	2.21E+10	337.02	107.39
1989	3.01E+11	5.95	353.82	65.05	1.96E+11	12.15	3.66E+10	23.91	7.2E+10	6.90	2.08E+10	8.01	2.41E+10	350.13	101.05
1990	3.27E+11	5.53	375.89	64.61	2.11E+11	11.86	3.87E+10	24.91	8.14E+10	6.93	2.26E+10	8.31	2.71E+10	363.13	103.51
1991	2.75E+11	1.06	310.08	65.87	1.81E+11	11.64	3.2E+10	22.49	6.18E+10	8.35	2.29E+10	8.35	2.29E+10	375.17	82.65
1992	2.93E+11	5.48	324.50	65.02	1.91E+11	11.47	3.36E+10	24.24	7.11E+10	8.69	2.55E+10	9.42	2.76E+10	383.72	84.56
1993	2.84E+11	4.75	308.53	67.13	1.91E+11	11.56	3.29E+10	21.29	6.05E+10	9.66	2.75E+10	9.65	2.74E+10	392.87	78.53
1994	3.33E+11	6.66	354.85	66.14	2.2E+11	10.97	3.65E+10	23.19	7.72E+10	9.72	3.24E+10	10.01	3.33E+10	401.21	88.45
1995	3.67E+11	7.57	383.55	64.03	2.35E+11	11.08	4.06E+10	26.05	9.55E+10	10.66	3.91E+10	11.82	4.33E+10	409.59	93.64
1996	4E+11	7.55	410.82	68.22	2.73E+11	10.86	4.34E+10	22.06	8.82E+10	10.21	4.08E+10	11.35	4.54E+10	417.05	98.51
1997	4.23E+11	4.05	427.24	65.11	2.76E+11	11.59	4.9E+10	24.51	1.04E+11	10.51	4.45E+10	11.72	4.96E+10	424.23	100.71

（续表）

年份	GDP（当前美元）	GDP增长率（%）	人均GDP（当前美元）	居民最终消费支出占GDP的比重（%）	居民最终消费支出（当前美元）	政府消费支出占GDP的比重（%）	政府消费支出（当前美元）	总资本形成占GDP的比重（%）	总资本形成（当前美元）	商品和服务出口占GDP的比重（%）	商品和服务出口（当前美元）	商品和服务进口占GDP的比重（%）	商品和服务进口（当前美元）	GDP平减指数（%）（以1964年为基期）	人均GDP（1964年美元）
1998	4.29E+11	6.18	425.45	65.60	2.81E+11	12.52	5.37E+10	23.51	1.01E+11	10.83	4.64E+10	12.46	5.34E+10	428.83	99.21
1999	4.67E+11	8.85	455.47	62.26	2.91E+11	12.80	5.97E+10	26.82	1.25E+11	11.25	5.25E+10	13.13	6.13E+10	434.97	104.71
2000	4.77E+11	3.84	457.28	64.22	3.06E+11	12.56	5.98E+10	24.11	1.15E+11	12.77	6.09E+10	13.66	6.51E+10	444.89	102.79
2001	4.94E+11	4.82	466.21	62.93	3.11E+11	12.36	6.11E+10	25.57	1.26E+11	12.34	6.1E+10	13.20	6.52E+10	455.02	102.46
2002	5.24E+11	3.80	486.64	64.10	3.36E+11	11.89	6.23E+10	24.97	1.31E+11	14.02	7.35E+10	14.98	7.85E+10	462.00	105.33
2003	6.18E+11	7.86	565.34	63.12	3.9E+11	11.43	7.07E+10	26.14	1.62E+11	14.69	9.08E+10	15.37	9.51E+10	471.21	119.98
2004	7.22E+11	7.92	649.71	58.37	4.21E+11	10.93	7.89E+10	32.45	2.34E+11	17.55	1.27E+11	19.31	1.39E+11	484.15	134.20
2005	8.34E+11	9.28	740.11	57.59	4.8E+11	10.87	9.07E+10	34.28	2.86E+11	19.28	1.61E+11	22.03	1.84E+11	499.73	148.10
2006	9.49E+11	9.26	830.16	56.96	5.41E+11	10.33	9.8E+10	35.87	3.4E+11	21.07	2E+11	24.23	2.3E+11	515.09	161.17
2007	1.24E+12	9.80	1068.68	55.69	6.9E+11	10.29	1.27E+11	38.03	4.71E+11	20.43	2.53E+11	24.45	3.03E+11	528.82	202.09
2008	1.22E+12	3.89	1042.08	58.61	7.17E+11	10.93	1.34E+11	35.53	4.35E+11	23.60	2.89E+11	28.67	3.51E+11	539.02	193.33
2009	1.37E+12	8.48	1147.24	57.18	7.81E+11	11.90	1.63E+11	36.30	4.96E+11	20.05	2.74E+11	25.43	3.47E+11	543.27	211.17
2010	1.71E+12	10.26	1417.07	56.40	9.64E+11	11.44	1.95E+11	36.53	6.24E+11	21.97	3.75E+11	26.34	4.5E+11	549.93	257.68
2011	1.88E+12	6.64	1539.61	58.57	1.1E+12	11.39	2.14E+11	36.39	6.84E+11	23.87	4.49E+11	30.21	5.68E+11	561.28	274.30
2012	1.86E+12	4.74	1503.00	60.28	1.12E+12	11.76	2.19E+11	34.70	6.45E+11	24.00	4.46E+11	30.74	5.71E+11	571.38	263.05
2013	1.88E+12	5.02	1498.87	60.36	1.13E+12	11.81	2.22E+11	31.43	5.9E+11	24.82	4.66E+11	28.41	5.33E+11	579.88	258.48

附录六 葡萄牙 1960—2013 年经济增长及需求动力数据

年份	GDP（当前美元）	GDP增长率（%）	人均GDP（当前美元）	居民最终消费支出占GDP的比重（%）	居民最终消费支出（当前美元）	政府最终消费支出占GDP的比重（%）	政府最终消费支出（当前美元）	总资本形成占GDP的比重（%）	总资本形成（当前美元）	商品和服务出口占GDP的比重（%）	商品和服务出口（当前美元）	商品和服务进口占GDP的比重（%）	商品和服务进口（当前美元）	GDP平减指数（%）（以1964年为基期）	人均GDP（当前美元）（以1964年为基期）
1960	3.19E+09	..	360.50	..	..	9.16	2.92E+08	..	..	14.30	4.57E+08	19.17	6.12E+08	95.16	378.84
1961	3.42E+09	5.53	382.73	..	..	10.84	3.7E+08	..	..	13.47	4.6E+08	22.58	7.72E+08	96.21	397.82
1962	3.67E+09	6.61	407.85	..	..	11.16	4.09E+08	..	..	15.26	5.6E+08	18.96	6.96E+08	97.39	418.77
1963	3.91E+09	5.87	432.51	..	..	10.88	4.25E+08	..	..	15.94	6.22E+08	19.94	7.79E+08	98.49	439.14
1964	4.24E+09	6.31	468.78	..	..	10.86	4.6E+08	..	..	21.39	9.06E+08	24.63	1.04E+09	100.00	468.78
1965	4.69E+09	7.47	520.91	..	..	10.64	4.99E+08	..	..	22.43	1.05E+09	25.90	1.21E+09	101.83	511.55
1966	5.14E+09	4.08	575.01	..	..	10.78	5.53E+08	..	..	22.68	1.16E+09	25.56	1.31E+09	104.69	549.23
1967	5.74E+09	7.54	646.82	..	..	11.63	6.68E+08	..	..	22.80	1.31E+09	24.30	1.39E+09	107.74	600.38
1968	6.35E+09	8.88	719.08	..	..	11.64	7.4E+08	..	..	20.96	1.33E+09	24.53	1.56E+09	112.32	640.23
1969	6.97E+09	2.12	795.76	..	..	11.50	8.02E+08	..	..	20.46	1.43E+09	23.56	1.64E+09	117.84	675.28
1970	8.11E+09	16.52	934.17	64.84	5.26E+09	12.10	9.81E+08	28.05	2.27E+09	19.11	1.55E+09	24.10	1.95E+09	124.06	752.99
1971	9.2E+09	6.63	1064.64	67.44	6.21E+09	11.84	1.09E+09	26.10	2.4E+09	19.65	1.81E+09	25.02	2.3E+09	130.36	816.67
1972	1.12E+10	8.02	1302.39	63.13	7.1E+09	11.71	1.32E+09	28.72	3.23E+09	21.33	2.4E+09	24.89	2.8E+09	136.01	957.59
1973	1.51E+10	11.20	1748.16	62.90	9.49E+09	11.21	1.69E+09	31.25	4.72E+09	20.94	3.16E+09	26.29	3.97E+09	143.40	1219.06
1974	1.75E+10	1.14	2000.61	69.86	1.22E+10	12.35	2.16E+09	29.64	5.19E+09	21.05	3.69E+09	32.89	5.76E+09	156.24	1280.44
1975	1.93E+10	−4.35	2127.85	77.02	1.49E+10	13.10	2.54E+09	19.44	3.76E+09	15.98	3.09E+09	25.55	4.94E+09	170.76	1246.14
1976	2.03E+10	6.90	2173.50	73.61	1.5E+10	12.02	2.44E+09	24.77	5.04E+09	13.66	2.78E+09	24.05	4.89E+09	180.13	1206.61
1977	2.14E+10	5.60	2267.59	69.27	1.49E+10	12.29	2.63E+09	30.11	6.46E+09	14.43	3.09E+09	26.09	5.59E+09	191.28	1185.48

(续表)

年份	GDP(当前美元)	GDP增长率(%)	人均GDP(当前美元)	居民最终消费支出占GDP的比重(%)	居民最终消费支出(当前美元)	政府最终消费支出占GDP的比重(%)	政府最终消费支出(当前美元)	总资本形成占GDP的比重(%)	总资本形成(当前美元)	商品和服务出口占GDP的比重(%)	商品和服务出口(当前美元)	商品和服务进口占GDP的比重(%)	商品和服务进口(当前美元)	GDP平减指数(%)(以1964年平均为基期)	人均GDP(当前美元)(以1964年平均为基期)
1978	2.35E+10	2.82	2457.55	65.81	1.55E+10	12.19	2.86E+09	31.60	7.42E+09	15.76	3.7E+09	25.37	5.96E+09	204.70	1200.54
1979	2.66E+10	5.64	2755.90	65.64	1.75E+10	12.12	3.23E+09	30.58	8.14E+09	21.19	5.64E+09	29.53	7.86E+09	221.60	1243.63
1980	3.29E+10	4.59	3368.70	64.60	2.13E+10	12.72	4.19E+09	34.00	1.12E+10	21.45	7.06E+09	32.78	1.08E+10	241.65	1394.06
1981	3.2E+10	1.62	3246.29	65.91	2.11E+10	13.17	4.21E+09	35.83	1.15E+10	20.33	6.5E+09	35.24	1.13E+10	264.35	1228.05
1982	3.05E+10	2.14	3080.25	65.97	2.01E+10	13.06	3.99E+09	35.36	1.08E+10	20.68	6.31E+09	35.08	1.07E+10	280.46	1098.29
1983	2.72E+10	-0.17	2735.76	67.27	1.83E+10	13.25	3.61E+09	29.31	7.98E+09	24.55	6.69E+09	34.37	9.36E+09	291.51	938.48
1984	2.52E+10	-1.88	2523.00	69.86	1.76E+10	13.15	3.32E+09	23.05	5.81E+09	29.17	7.36E+09	35.23	8.88E+09	301.86	835.81
1985	2.71E+10	2.81	2705.46	68.06	1.85E+10	13.58	3.68E+09	21.39	5.8E+09	29.24	7.93E+09	32.27	8.75E+09	311.52	868.48
1986	3.87E+10	4.14	3862.33	65.43	2.54E+10	13.44	5.21E+09	23.16	8.97E+09	25.99	1.01E+10	28.02	1.09E+10	317.84	1215.20
1987	4.82E+10	6.38	4804.34	64.26	3.1E+10	13.27	6.4E+09	27.36	1.32E+10	27.33	1.32E+10	32.23	1.55E+10	325.61	1475.49
1988	5.64E+10	7.49	5624.25	63.69	3.59E+10	13.78	7.77E+09	30.46	1.72E+10	27.63	1.56E+10	35.56	2E+10	337.02	1668.80
1989	6.06E+10	6.44	6056.98	63.16	3.83E+10	14.50	8.79E+09	28.28	1.71E+10	29.46	1.79E+10	35.40	2.15E+10	350.13	1729.93
1990	7.87E+10	3.95	7885.39	63.73	5.02E+10	15.28	1.2E+10	27.71	2.18E+10	29.16	2.3E+10	35.88	2.82E+10	363.13	2171.52
1991	8.92E+10	4.37	8959.87	64.58	5.76E+10	16.97	1.51E+10	25.73	2.3E+10	26.54	2.37E+10	33.82	3.02E+10	375.17	2388.23
1992	1.08E+11	1.09	10811.63	65.46	7.04E+10	17.00	1.83E+10	24.93	2.68E+10	24.45	2.63E+10	31.85	3.43E+10	383.72	2817.56
1993	9.5E+10	-2.04	9535.59	67.25	6.39E+10	17.59	1.67E+10	22.13	2.1E+10	23.60	2.24E+10	30.57	2.9E+10	392.87	2427.18
1994	9.97E+10	0.96	9978.30	66.33	6.61E+10	17.64	1.76E+10	22.94	2.29E+10	25.13	2.51E+10	32.04	3.19E+10	401.21	2487.04
1995	1.18E+11	4.28	11782.52	64.63	7.64E+10	17.56	2.07E+10	24.18	2.86E+10	26.77	3.16E+10	33.14	3.92E+10	409.59	2876.67
1996	1.23E+11	3.50	12185.06	64.95	7.96E+10	17.79	2.18E+10	24.38	2.99E+10	26.55	3.26E+10	33.66	4.13E+10	417.05	2921.70
1997	1.17E+11	4.43	11578.44	63.75	7.46E+10	17.74	2.08E+10	26.51	3.1E+10	27.15	3.18E+10	35.14	4.11E+10	424.23	2729.28
1998	1.24E+11	4.79	12202.69	62.89	7.8E+10	17.97	2.23E+10	28.30	3.51E+10	27.32	3.39E+10	36.49	4.52E+10	428.83	2845.57

（续表）

年份	GDP（当前美元）	GDP增长率（%）	人均GDP（当前美元）	居民最终消费支出占GDP的比重（%）	居民最终消费支出（当前美元）	政府最终消费支出占GDP的比重（%）	政府最终消费支出（当前美元）	总资本形成占GDP的比重（%）	总资本形成（当前美元）	商品和服务出口占GDP的比重（%）	商品和服务出口（当前美元）	商品和服务进口占GDP的比重（%）	商品和服务进口（当前美元）	GDP平减指数（%）（以1964年为基期）	人均GDP（当前美元）（以1964年为基期）
1999	1.27E+11	3.89	12474.82	63.17	8.05E+10	18.17	2.32E+10	29.01	3.7E+10	26.47	3.37E+10	36.82	4.69E+10	434.97	2867.97
2000	1.18E+11	3.79	11502.40	63.25	7.49E+10	19.02	2.25E+10	28.76	3.4E+10	28.19	3.34E+10	39.23	4.64E+10	444.89	2585.48
2001	1.22E+11	1.94	11729.15	62.68	7.62E+10	19.39	2.36E+10	28.14	3.42E+10	27.42	3.33E+10	37.64	4.57E+10	455.02	2577.74
2002	1.34E+11	0.77	12882.29	62.59	8.4E+10	19.68	2.64E+10	26.00	3.49E+10	26.95	3.62E+10	35.22	4.73E+10	462.00	2788.39
2003	1.65E+11	−0.93	15772.73	63.11	1.04E+11	20.20	3.33E+10	23.63	3.9E+10	26.75	4.41E+10	33.69	5.56E+10	471.21	3347.31
2004	1.89E+11	1.81	18046.37	63.53	1.2E+11	20.54	3.89E+10	24.18	4.57E+10	27.25	5.16E+10	35.51	6.72E+10	484.15	3727.41
2005	1.97E+11	0.77	18784.48	64.36	1.27E+11	21.09	4.16E+10	23.66	4.67E+10	26.73	5.27E+10	35.84	7.07E+10	499.73	3758.94
2006	2.09E+11	1.55	19820.43	64.54	1.35E+11	20.46	4.27E+10	23.23	4.85E+10	29.92	6.24E+10	38.16	7.96E+10	515.09	3847.98
2007	2.4E+11	2.49	22778.89	64.81	1.56E+11	19.76	4.75E+10	23.07	5.54E+10	31.01	7.45E+10	38.65	9.28E+10	528.82	4307.49
2008	2.62E+11	0.20	24816.53	66.24	1.74E+11	19.90	5.22E+10	23.57	6.17E+10	31.13	8.16E+10	40.84	1.07E+11	539.02	4603.98
2009	2.44E+11	−2.98	23062.58	64.70	1.58E+11	21.43	5.22E+10	20.79	5.07E+10	27.08	6.6E+10	34.00	8.29E+10	543.27	4245.13
2010	2.38E+11	1.90	22538.65	65.76	1.57E+11	20.71	4.94E+10	21.08	5.02E+10	29.87	7.12E+10	37.43	8.92E+10	549.93	4098.44
2011	2.45E+11	−1.83	23196.18	65.82	1.61E+11	19.86	4.86E+10	18.60	4.55E+10	34.29	8.4E+10	38.57	9.45E+10	561.28	4132.72
2012	2.18E+11	−3.32	20732.61	65.71	1.43E+11	18.33	4E+10	16.63	3.63E+10	37.35	8.14E+10	38.02	8.29E+10	571.38	3628.51
2013	2.27E+11	−1.36	21733.07	64.65	1.47E+11	18.95	4.31E+10	15.42	3.5E+10	39.26	8.92E+10	38.28	8.7E+10	579.88	3747.84

注：数据表中的"…"表示数据缺失。

附录七 希腊 1960—2013 年经济增长及需求动力数据

年份	GDP（当前美元）	GDP增长率（%）	人均GDP（当前美元）	居民最终消费支出占GDP的比重（%）	居民最终消费支出（当前美元）	政府最终消费支出占GDP的比重（%）	政府最终消费支出（当前美元）	总资本形成占GDP的比重（%）	总资本形成（当前美元）	商品和服务出口占GDP的比重（%）	商品和服务出口（当前美元）	商品和服务进口占GDP的比重（%）	商品和服务进口（当前美元）	GDP平减指数（%）（以1964年为基期）	人均GDP（当前美元）（以1964年为基期）
1960	4.45E+09	..	533.69	..	..	10.17	4.52E+08	..	..	8.51	3.78E+08	16.16	7.19E+08	95.16	560.83
1961	5.02E+09	11.15	597.29	..	..	9.81	4.92E+08	..	..	8.65	4.34E+08	15.86	7.96E+08	96.21	620.83
1962	5.33E+09	1.53	630.61	..	..	10.07	5.37E+08	..	..	9.06	4.83E+08	16.33	8.7E+08	97.39	647.50
1963	5.95E+09	10.14	701.62	..	..	9.78	5.82E+08	..	..	9.35	5.56E+08	17.38	1.03E+09	98.49	712.38
1964	6.68E+09	8.26	784.95	..	..	10.12	6.76E+08	..	..	8.54	5.71E+08	18.38	1.23E+09	100.00	784.95
1965	7.6E+09	9.39	888.92	47.77	3.63E+09	10.19	7.74E+08	53.31	4.05E+09	8.36	6.36E+08	19.63	1.49E+09	101.83	872.94
1966	8.46E+09	6.10	981.65	87.66	7.41E+09	10.26	8.68E+08	9.72	8.22E+08	10.50	8.88E+08	18.14	1.53E+09	104.69	937.64
1967	9.14E+09	5.48	1052.12	71.92	6.57E+09	11.31	1.03E+09	24.29	2.22E+09	9.94	9.08E+08	17.46	1.59E+09	107.74	976.57
1968	9.92E+09	6.66	1134.36	95.25	9.44E+09	11.20	1.11E+09	2.39	2.37E+08	8.94	8.87E+08	17.78	1.76E+09	112.32	1009.97
1969	1.13E+10	9.90	1284.21	80.84	9.11E+09	11.05	1.24E+09	17.13	1.93E+09	9.06	1.02E+09	18.08	2.04E+09	117.84	1089.78
1970	1.32E+10	10.98	1499.90	57.91	7.64E+09	12.39	1.63E+09	37.08	4.89E+09	7.85	1.03E+09	15.22	2.01E+09	124.06	1209.00
1971	1.46E+10	7.84	1658.42	56.18	8.23E+09	12.19	1.79E+09	38.66	5.66E+09	8.12	1.19E+09	15.15	2.22E+09	130.36	1272.15
1972	1.69E+10	10.16	1906.68	52.90	8.97E+09	11.74	1.99E+09	42.46	7.2E+09	9.09	1.54E+09	16.18	2.74E+09	136.01	1401.89
1973	2.24E+10	8.09	2512.05	48.54	1.09E+10	10.85	2.43E+09	49.10	1.1E+10	11.58	2.6E+09	20.08	4.5E+09	143.40	1751.75
1974	2.54E+10	-6.44	2839.19	54.83	1.4E+10	13.36	3.4E+09	38.90	9.9E+09	14.15	3.6E+09	21.25	5.41E+09	156.24	1817.14
1975	2.86E+10	6.37	3164.87	55.50	1.59E+10	14.56	4.17E+09	37.04	1.06E+10	14.07	4.03E+09	21.17	6.06E+09	170.76	1853.45
1976	3.13E+10	6.85	3403.06	53.69	1.68E+10	14.29	4.47E+09	38.86	1.22E+10	13.98	4.37E+09	20.82	6.51E+09	180.13	1889.20

(续表)

年份	GDP（当前美元）	GDP增长率（%）	人均GDP（当前美元）	居民最终消费支出占GDP的比重（%）	居民最终消费支出（当前美元）	政府最终消费支出占GDP的比重（%）	政府最终消费支出（当前美元）	总资本形成占GDP的比重（%）	总资本形成（当前美元）	商品和服务出口占GDP的比重（%）	商品和服务出口（当前美元）	商品和服务进口占GDP的比重（%）	商品和服务进口（当前美元）	GDP平减指数（%）（以1964年为基期）	人均GDP（当前美元）（以1964年为基期）
1977	3.63E+10	2.94	3900.71	57.31	2.08E+10	15.13	5.49E+09	34.32	1.25E+10	13.91	5.05E+09	20.67	7.51E+09	191.28	2039.26
1978	4.44E+10	7.25	4711.96	57.62	2.56E+10	14.93	6.63E+09	33.34	1.48E+10	13.59	6.04E+09	19.47	8.65E+09	204.70	2301.83
1979	5.47E+10	3.28	5727.00	57.27	3.13E+10	15.34	8.39E+09	32.64	1.78E+10	15.10	8.26E+09	20.35	1.11E+10	221.60	2584.38
1980	5.7E+10	0.68	5915.41	59.56	3.4E+10	15.32	8.74E+09	31.13	1.78E+10	19.23	1.1E+10	25.25	1.44E+10	241.65	2447.95
1981	5.25E+10	-1.55	5400.12	62.16	3.27E+10	16.84	8.85E+09	25.45	1.34E+10	21.29	1.12E+10	25.74	1.35E+10	264.35	2042.83
1982	5.48E+10	-1.13	5599.82	60.15	3.3E+10	17.06	9.35E+09	30.29	1.66E+10	17.13	9.39E+09	24.63	1.35E+10	280.46	1996.67
1983	4.96E+10	-1.08	5038.40	61.52	3.05E+10	17.64	8.75E+09	29.13	1.45E+10	16.40	8.14E+09	24.69	1.22E+10	291.51	1728.39
1984	4.82E+10	2.01	4870.47	58.87	2.84E+10	18.19	8.76E+09	30.31	1.46E+10	16.72	8.06E+09	24.08	1.16E+10	301.86	1613.47
1985	4.8E+10	2.51	4831.47	57.40	2.76E+10	18.90	9.07E+09	31.88	1.53E+10	16.06	7.71E+09	24.24	1.16E+10	311.52	1550.95
1986	5.66E+10	0.52	5677.38	58.56	3.31E+10	17.92	1.01E+10	30.85	1.75E+10	17.61	9.97E+09	24.94	1.41E+10	317.84	1786.26
1987	6.59E+10	-2.26	6589.11	64.41	4.24E+10	18.26	1.2E+10	23.47	1.55E+10	18.04	1.19E+10	24.18	1.59E+10	325.61	2023.62
1988	7.65E+10	4.29	7626.06	63.95	4.89E+10	16.06	1.23E+10	27.04	2.07E+10	16.24	1.24E+10	23.29	1.78E+10	337.02	2262.77
1989	7.95E+10	3.80	7875.63	64.59	5.13E+10	17.05	1.36E+10	27.32	2.17E+10	15.87	1.26E+10	24.83	1.97E+10	350.13	2249.36
1990	9.83E+10	0.00	9673.45	65.46	6.43E+10	17.14	1.68E+10	28.03	2.75E+10	14.71	1.45E+10	25.34	2.49E+10	363.13	2663.92
1991	1.06E+11	3.10	10289.41	65.19	6.88E+10	16.17	1.71E+10	28.89	3.05E+10	14.13	1.49E+10	24.38	2.57E+10	375.17	2742.62
1992	1.17E+11	0.70	11249.28	67.65	7.89E+10	15.64	1.82E+10	25.84	3.01E+10	14.81	1.73E+10	23.93	2.79E+10	383.72	2931.61
1993	1.09E+11	-1.60	10435.26	68.12	7.44E+10	16.27	1.78E+10	24.59	2.69E+10	13.98	1.53E+10	22.97	2.51E+10	392.87	2656.18
1994	1.17E+11	2.00	11089.90	68.48	8.01E+10	15.67	1.83E+10	23.18	2.71E+10	14.38	1.68E+10	21.71	2.54E+10	401.21	2764.10
1995	1.37E+11	2.10	12918.79	68.02	9.34E+10	17.44	2.4E+10	22.85	3.14E+10	14.36	1.97E+10	22.67	3.11E+10	409.59	3154.09
1996	1.47E+11	2.95	13685.33	68.03	9.97E+10	17.16	2.52E+10	23.85	3.5E+10	14.21	2.08E+10	23.26	3.41E+10	417.05	3281.44

附录 305

续表

年份	GDP（当前美元）	GDP增长率（%）	人均GDP（当前美元）	居民最终消费支出占GDP的比重（%）	居民最终消费支出（当前美元）	政府最终消费支出占GDP的比重（%）	政府最终消费支出（当前美元）	总资本形成占GDP的比重（%）	总资本形成（当前美元）	商品和服务出口占GDP的比重（%）	商品和服务出口（当前美元）	商品和服务进口占GDP的比重（%）	商品和服务进口（当前美元）	GDP平减指数（%）（以1964年为基期）	人均GDP（当前美元）（以1964年为基期）
1997	1.43E+11	4.46	13298.46	66.87	9.58E+10	17.25	2.47E+10	22.92	3.28E+10	16.21	2.32E+10	23.24	3.33E+10	424.23	3134.73
1998	1.45E+11	4.06	13375.20	67.02	9.71E+10	16.98	2.46E+10	25.39	3.68E+10	16.24	2.35E+10	25.63	3.71E+10	428.83	3118.99
1999	1.43E+11	3.07	13140.09	66.79	9.55E+10	17.13	2.45E+10	25.24	3.61E+10	19.19	2.74E+10	28.35	4.05E+10	434.97	3020.92
2000	1.31E+11	3.97	11960.67	66.93	8.74E+10	17.75	2.32E+10	26.31	3.44E+10	23.63	3.09E+10	34.62	4.52E+10	444.89	2688.49
2001	1.36E+11	3.74	12418.66	66.88	9.1E+10	18.20	2.47E+10	25.60	3.48E+10	22.82	3.1E+10	33.50	4.56E+10	455.02	2729.27
2002	1.53E+11	3.16	13903.67	67.16	1.03E+11	18.86	2.88E+10	24.28	3.71E+10	20.26	3.09E+10	30.56	4.67E+10	462.00	3009.47
2003	2.02E+11	6.64	18292.02	65.33	1.32E+11	18.49	3.73E+10	26.95	5.43E+10	18.58	3.75E+10	29.36	5.92E+10	471.21	3881.95
2004	2.4E+11	4.95	21677.36	64.85	1.55E+11	18.74	4.49E+10	25.33	6.07E+10	20.78	4.98E+10	29.70	7.12E+10	484.15	4477.38
2005	2.48E+11	0.89	22326.49	67.61	1.67E+11	19.74	4.89E+10	20.87	5.17E+10	21.33	5.28E+10	29.56	7.32E+10	499.73	4467.72
2006	2.73E+11	5.82	24556.68	65.76	1.8E+11	19.48	5.32E+10	25.32	6.92E+10	21.19	5.79E+10	31.74	8.67E+10	515.09	4767.48
2007	3.19E+11	3.54	28546.83	65.87	2.1E+11	19.95	6.36E+10	26.60	8.48E+10	22.52	7.17E+10	34.94	1.11E+11	528.82	5398.21
2008	3.55E+11	-0.44	31701.66	68.01	2.41E+11	20.26	7.18E+10	24.72	8.77E+10	23.37	8.29E+10	36.35	1.29E+11	539.02	5881.32
2009	3.3E+11	-4.39	29483.73	69.30	2.29E+11	22.75	7.5E+10	18.31	6.04E+10	19.01	6.27E+10	29.37	9.69E+10	543.27	5427.07
2010	3E+11	-5.45	26861.46	70.04	2.1E+11	21.62	6.48E+10	16.92	5.07E+10	22.10	6.62E+10	30.67	9.19E+10	549.93	4884.50
2011	2.89E+11	-8.86	25964.00	69.83	2.02E+11	21.22	6.13E+10	15.80	4.56E+10	25.45	7.35E+10	32.30	9.33E+10	561.28	4625.85
2012	2.5E+11	-6.57	22494.41	69.36	1.73E+11	21.16	5.28E+10	13.96	3.48E+10	28.24	7.05E+10	32.72	8.16E+10	571.38	3936.85
2013	2.42E+11	-3.32	21956.41	71.21	1.72E+11	19.99	4.84E+10	11.77	2.85E+10	30.23	7.32E+10	33.19	8.04E+10	579.88	3786.35

注：数据表中的"…"表示数据缺失。

附录八 马来西亚 1960—2013 年经济增长及需求动力数据

年份	GDP（当前美元）	GDP增长率（%）	人均GDP（当前美元）	居民最终消费支出占GDP的比重（%）	居民最终消费支出（当前美元）	政府最终消费支出占GDP的比重（%）	政府最终消费支出（当前美元）	总资本形成占GDP的比重（%）	总资本形成（当前美元）	商品和服务出口占GDP的比重（%）	商品和服务出口（当前美元）	商品和服务进口占GDP的比重（%）	商品和服务进口（当前美元）	GDP平减指数（%）（以1964年为基期）	人均GDP（当前美元）（以1964年为基期）
1960	2.44E+09	..	299.11	63.51	1.55E+09	10.56	2.58E+08	13.77	3.36E+08	50.60	1.24E+09	38.44	9.38E+08	95.16	314.32
1961	2.42E+09	7.60	287.41	67.08	1.63E+09	11.60	2.81E+08	16.11	3.9E+08	46.10	1.12E+09	40.88	9.91E+08	96.21	298.74
1962	2.54E+09	6.42	292.03	66.91	1.7E+09	11.88	3.02E+08	18.81	4.78E+08	44.17	1.12E+09	41.77	1.06E+09	97.39	299.85
1963	2.71E+09	7.34	300.97	67.34	1.82E+09	12.87	3.49E+08	18.29	4.96E+08	42.56	1.15E+09	40.91	1.11E+09	98.49	305.58
1964	2.9E+09	5.36	312.22	66.48	1.93E+09	14.03	4.07E+08	17.97	5.21E+08	40.84	1.18E+09	39.19	1.14E+09	100.00	312.22
1965	3.19E+09	7.68	333.12	63.78	2.03E+09	14.25	4.54E+08	17.76	5.66E+08	41.83	1.33E+09	37.62	1.2E+09	101.83	327.13
1966	3.39E+09	7.82	344.65	63.21	2.14E+09	15.20	5.16E+08	17.71	6.01E+08	40.21	1.36E+09	36.33	1.23E+09	104.69	329.20
1967	3.52E+09	3.86	347.69	64.37	2.26E+09	15.05	5.29E+08	18.29	6.43E+08	37.34	1.31E+09	35.05	1.23E+09	107.74	322.73
1968	3.67E+09	7.98	353.44	63.71	2.34E+09	14.77	5.42E+08	18.27	6.7E+08	39.44	1.45E+09	36.20	1.33E+09	112.32	314.68
1969	4.05E+09	4.89	380.70	61.17	2.48E+09	14.00	5.67E+08	15.56	6.3E+08	42.90	1.74E+09	33.63	1.36E+09	117.84	323.06
1970	4.28E+09	5.99	392.04	60.53	2.59E+09	15.19	6.5E+08	20.19	8.63E+08	41.41	1.77E+09	37.31	1.6E+09	124.06	316.01
1971	4.51E+09	5.75	403.71	62.07	2.8E+09	16.33	7.37E+08	20.19	9.12E+08	38.22	1.73E+09	36.82	1.66E+09	130.36	309.68
1972	5.36E+09	9.38	468.09	61.50	3.3E+09	18.78	1.01E+09	20.95	1.12E+09	34.02	1.82E+09	35.24	1.89E+09	136.01	344.16
1973	8.15E+09	11.71	694.16	56.35	4.59E+09	15.28	1.25E+09	23.01	1.88E+09	39.18	3.19E+09	33.82	2.76E+09	143.40	484.06
1974	1.01E+10	8.31	839.92	56.99	5.76E+09	15.00	1.52E+09	27.73	2.8E+09	45.63	4.61E+09	45.35	4.58E+09	156.24	537.57
1975	9.89E+09	0.80	803.32	59.61	5.9E+09	17.13	1.69E+09	22.78	2.25E+09	43.02	4.26E+09	42.54	4.21E+09	170.76	470.45
1976	1.18E+10	11.56	932.85	53.89	6.33E+09	14.93	1.76E+09	21.26	2.5E+09	48.95	5.75E+09	39.03	4.59E+09	180.13	517.87

（续表）

年份	GDP（当前美元）	GDP增长率（%）	人均GDP（当前美元）	居民最终消费支出占GDP的比重（%）	居民最终消费支出（当前美元）	政府最终消费支出占GDP的比重（%）	政府最终消费支出（当前美元）	总资本形成占GDP的比重（%）	总资本形成（当前美元）	商品和服务出口占GDP的比重（%）	商品和服务出口（当前美元）	商品和服务进口占GDP的比重（%）	商品和服务进口（当前美元）	GDP平减指数（%）（以1964年为基期）	人均GDP（当前美元）（以1964年为基期）
1977	1.4E+10	7.76	1084.05	53.40	7.46E+09	16.25	2.27E+09	23.21	3.24E+09	47.36	6.62E+09	40.22	5.62E+09	191.28	566.73
1978	1.67E+10	6.65	1262.79	54.99	9.16E+09	15.55	2.59E+09	24.02	4E+09	48.32	8.05E+09	42.88	7.14E+09	204.70	616.88
1979	2.16E+10	9.35	1599.67	51.76	1.12E+10	13.50	2.92E+09	26.04	5.63E+09	55.18	1.19E+10	46.48	1E+10	221.60	721.87
1980	2.49E+10	7.44	1802.63	54.19	1.35E+10	15.99	3.99E+09	27.40	6.83E+09	56.69	1.41E+10	54.27	1.35E+10	241.65	745.97
1981	2.55E+10	6.94	1795.69	57.13	1.45E+10	17.51	4.46E+09	31.51	8.02E+09	51.56	1.31E+10	57.70	1.47E+10	264.35	679.30
1982	2.73E+10	5.94	1876.23	57.32	1.56E+10	17.73	4.84E+09	33.59	9.16E+09	50.13	1.37E+10	58.77	1.6E+10	280.46	668.99
1983	3.07E+10	6.25	2055.51	56.36	1.73E+10	15.24	4.68E+09	34.08	1.05E+10	50.42	1.55E+10	56.10	1.72E+10	291.51	705.13
1984	3.46E+10	7.76	2254.29	53.66	1.85E+10	14.28	4.94E+09	30.22	1.04E+10	53.46	1.85E+10	51.63	1.78E+10	301.86	746.79
1985	3.18E+10	-1.12	2015.45	55.36	1.76E+10	14.79	4.7E+09	24.84	7.89E+09	54.09	1.72E+10	49.08	1.56E+10	311.52	646.98
1986	2.82E+10	1.15	1741.06	54.25	1.53E+10	16.39	4.63E+09	23.40	6.61E+09	55.46	1.57E+10	49.50	1.4E+10	317.84	547.79
1987	3.22E+10	5.39	1926.64	50.38	1.62E+10	14.87	4.79E+09	20.87	6.72E+09	62.89	2.02E+10	49.03	1.58E+10	325.61	591.70
1988	3.53E+10	9.94	2050.45	52.02	1.83E+10	14.23	5.02E+09	23.54	8.3E+09	66.42	2.34E+10	56.21	1.98E+10	337.02	608.40
1989	3.88E+10	9.06	2193.96	51.73	2.01E+10	14.06	5.46E+09	28.15	1.09E+10	71.38	2.77E+10	65.31	2.54E+10	350.13	626.62
1990	4.4E+10	9.01	2417.42	51.80	2.28E+10	13.79	6.07E+09	32.36	1.42E+10	74.47	3.28E+10	72.42	3.19E+10	363.13	665.72
1991	4.91E+10	9.55	2626.08	52.18	2.56E+10	13.69	6.73E+09	37.79	1.86E+10	77.83	3.82E+10	81.49	4E+10	375.17	699.98
1992	5.92E+10	8.89	3080.00	50.27	2.97E+10	13.01	7.7E+09	35.36	2.09E+10	75.98	4.49E+10	74.63	4.41E+10	383.72	802.66
1993	6.69E+10	9.89	3395.41	48.28	3.23E+10	12.63	8.45E+09	39.18	2.62E+10	78.92	5.28E+10	79.02	5.29E+10	392.87	864.27
1994	7.45E+10	9.21	3685.99	48.14	3.59E+10	12.26	9.14E+09	41.20	3.07E+10	89.15	6.64E+10	90.75	6.76E+10	401.21	918.72
1995	8.88E+10	9.83	4286.17	47.92	4.26E+10	12.37	1.1E+10	43.64	3.88E+10	94.09	8.36E+10	98.02	8.71E+10	409.59	1046.46
1996	1.01E+11	10.00	4743.75	46.03	4.64E+10	11.11	1.12E+10	41.48	4.18E+10	91.58	9.24E+10	90.19	9.1E+10	417.05	1137.45

附录 309

(续表)

年份	GDP(当前美元)	GDP增长率(%)	人均GDP(当前美元)	居民最终消费支出占GDP的比重(%)	居民最终消费支出(当前美元)	政府最终消费支出占GDP的比重(%)	政府最终消费支出(当前美元)	总资本形成占GDP的比重(%)	总资本形成(当前美元)	商品和服务出口占GDP的比重(%)	商品和服务出口(当前美元)	商品和服务进口占GDP的比重(%)	商品和服务进口(当前美元)	GDP平减指数(%)(以1964年为基期)	人均GDP(当前美元)(以1964年为基期)
1997	1E+11	7.32	4593.67	45.35	4.54E+10	10.77	1.08E+10	42.97	4.3E+10	93.29	9.34E+10	92.38	9.25E+10	424.23	1082.83
1998	7.22E+10	-7.36	3228.60	41.56	3E+10	9.77	7.05E+09	26.67	1.93E+10	115.74	8.35E+10	93.75	6.77E+10	428.83	752.88
1999	7.91E+10	6.14	3456.85	41.58	3.29E+10	10.99	8.7E+09	22.38	1.77E+10	121.31	9.6E+10	96.26	7.62E+10	434.97	794.73
2000	9.38E+10	8.86	4004.55	43.75	4.1E+10	10.17	9.53E+09	26.87	2.52E+10	119.81	1.12E+11	100.60	9.43E+10	444.89	900.13
2001	9.28E+10	0.52	3878.00	46.12	4.28E+10	12.04	1.12E+10	24.40	2.26E+10	110.40	1.02E+11	92.96	8.63E+10	455.02	852.27
2002	1.01E+11	5.39	4130.68	45.01	4.54E+10	12.96	1.31E+10	24.78	2.5E+10	108.31	1.09E+11	91.05	9.18E+10	462.00	894.09
2003	1.1E+11	5.79	4427.46	44.58	4.91E+10	12.97	1.43E+10	22.76	2.51E+10	106.94	1.18E+11	87.25	9.62E+10	471.21	939.60
2004	1.25E+11	6.78	4918.17	44.00	5.49E+10	12.58	1.57E+10	23.05	2.88E+10	115.37	1.44E+11	95.00	1.19E+11	484.15	1015.83
2005	1.44E+11	5.33	5553.94	44.19	6.34E+10	11.47	1.65E+10	22.40	3.21E+10	112.90	1.62E+11	90.96	1.31E+11	499.73	1111.39
2006	1.63E+11	5.58	6179.64	44.34	7.21E+10	11.17	1.82E+10	22.70	3.69E+10	112.19	1.83E+11	90.39	1.47E+11	515.09	1199.73
2007	1.94E+11	6.30	7218.39	45.15	8.74E+10	11.57	2.24E+10	23.41	4.53E+10	106.17	2.05E+11	86.30	1.67E+11	528.82	1365.00
2008	2.31E+11	4.83	8460.39	44.71	1.03E+11	11.50	2.66E+10	21.46	4.96E+10	99.50	2.3E+11	77.17	1.78E+11	539.02	1569.58
2009	2.02E+11	-1.51	7277.76	48.84	9.88E+10	13.05	2.64E+10	17.84	3.61E+10	91.42	1.85E+11	71.14	1.44E+11	543.27	1339.62
2010	2.48E+11	7.43	8754.24	47.51	1.18E+11	12.23	3.03E+10	23.30	5.77E+10	93.32	2.31E+11	76.35	1.89E+11	549.93	1591.88
2011	2.9E+11	5.19	10068.11	47.30	1.37E+11	13.05	3.78E+10	23.24	6.73E+10	91.52	2.65E+11	75.10	2.17E+11	561.28	1793.77
2012	3.05E+11	5.64	10439.96	48.97	1.49E+11	13.53	4.13E+10	25.93	7.91E+10	85.25	2.6E+11	73.68	2.25E+11	571.38	1827.15
2013	3.13E+11	4.73	10538.06	51.08	1.6E+11	13.55	4.24E+10	26.09	8.17E+10	81.68	2.56E+11	72.40	2.27E+11	579.88	1817.27

注：数据表中的".."表示数据缺失。

附录九 摩洛哥1960—2013年经济增长及需求动力数据

年份	GDP（当前美元）	GDP增长率（%）	人均GDP（当前美元）	居民最终消费支出占GDP的比重（%）	居民最终消费支出（当前美元）	政府最终消费支出占GDP的比重（%）	政府最终消费支出（当前美元）	总资本形成占GDP的比重（%）	总资本形成（当前美元）	商品和服务出口占GDP的比重（%）	商品和服务出口（当前美元）	商品和服务进口占GDP的比重（%）	商品和服务进口（当前美元）	GDP平减指数（%）（以1964年平均为基期）	人均GDP（当前美元）（以1964年平均为基期）
1960	2.04E+09	..	164.80	77.05	1.57E+09	11.83	2.41E+08	10.24	2.09E+08	23.57	4.8E+08	22.70	4.62E+08	95.16	173.18
1961	2.03E+09	−2.43	159.21	80.55	1.63E+09	12.78	2.59E+08	9.70	1.96E+08	21.75	4.41E+08	24.78	5.02E+08	96.21	165.49
1962	2.38E+09	12.52	181.95	79.51	1.89E+09	12.12	2.89E+08	11.43	2.72E+08	18.02	4.29E+08	21.09	5.02E+08	97.39	186.82
1963	2.66E+09	4.86	197.86	77.43	2.06E+09	12.72	3.38E+08	12.01	3.19E+08	17.92	4.76E+08	20.08	5.34E+08	98.49	200.90
1964	2.80E+09	1.29	203.02	76.13	2.13E+09	13.06	3.66E+08	10.45	2.93E+08	19.49	5.45E+08	19.14	5.36E+08	100.00	203.02
1965	2.95E+09	..	208.46	76.11	2.24E+09	12.00	3.54E+08	10.62	3.13E+08	18.16	5.36E+08	16.89	4.98E+08	101.83	204.71
1966	2.88E+09	..	198.22	77.60	2.23E+09	12.71	3.66E+08	10.10	2.9E+08	18.96	5.45E+08	19.37	5.57E+08	104.69	189.33
1967	3.05E+09	10.03	204.65	76.56	2.33E+09	12.45	3.79E+08	13.25	4.04E+08	17.90	5.45E+08	20.17	6.15E+08	107.74	189.96
1968	3.27E+09	9.89	214.36	76.18	2.49E+09	12.81	4.19E+08	12.59	4.12E+08	18.48	6.05E+08	20.05	6.56E+08	112.32	190.85
1969	3.65E+09	8.36	233.60	74.31	2.71E+09	11.95	4.36E+08	14.19	5.18E+08	18.38	6.71E+08	18.83	6.88E+08	117.84	198.23
1970	3.96E+09	4.71	247.37	73.43	2.91E+09	12.02	4.76E+08	18.49	7.31E+08	17.64	6.98E+08	21.58	8.54E+08	124.06	199.40
1971	4.36E+09	5.60	266.57	72.51	3.16E+09	12.31	5.36E+08	17.94	7.82E+08	16.95	7.39E+08	19.73	8.59E+08	130.36	204.48
1972	5.07E+09	2.44	304.10	72.99	3.7E+09	12.38	6.28E+08	15.28	7.75E+08	18.57	9.42E+08	19.22	9.75E+08	136.01	223.59
1973	6.24E+09	3.56	366.57	72.74	4.54E+09	11.67	7.28E+08	16.86	1.05E+09	20.84	1.3E+09	22.11	1.38E+09	143.40	255.63
1974	7.68E+09	5.60	441.52	68.14	5.23E+09	12.03	9.24E+08	20.46	1.57E+09	27.56	2.12E+09	28.19	2.16E+09	156.24	282.58
1975	8.98E+09	7.56	505.89	69.39	6.23E+09	16.09	1.45E+09	25.39	2.28E+09	22.47	2.02E+09	33.35	3E+09	170.76	296.27
1976	9.58E+09	10.81	527.78	67.95	6.51E+09	21.67	2.08E+09	29.20	2.8E+09	17.92	1.72E+09	36.73	3.52E+09	180.13	293.00

附 录 311

(续表)

年份	GDP（当前美元）	GDP增长率（%）	人均GDP（当前美元）	居民最终消费支出占GDP的比重（%）	居民最终消费支出（当前美元）	政府最终消费支出占GDP的比重（%）	政府最终消费支出（当前美元）	总资本形成占GDP的比重（%）	总资本形成（当前美元）	商品和服务出口占GDP的比重（%）	商品和服务出口（当前美元）	商品和服务进口占GDP的比重（%）	商品和服务进口（当前美元）	GDP平减指数（%）（以1964年为基期）	人均GDP（当前美元）（以1964年为基期）
1977	1.10E+10	6.06	594.72	67.16	7.42E+09	20.76	2.29E+09	32.51	3.59E+09	16.90	1.87E+09	37.32	4.12E+09	191.28	310.91
1978	1.32E+10	2.23	695.93	67.47	8.93E+09	20.79	2.75E+09	25.43	3.37E+09	16.37	2.17E+09	30.07	3.98E+09	204.70	339.97
1979	1.59E+10	4.79	816.94	67.04	1.07E+10	21.33	3.39E+09	24.49	3.9E+09	17.01	2.71E+09	29.86	4.75E+09	221.60	368.66
1980	2.11E+10	3.64	1056.63	61.83	1.3E+10	17.98	3.79E+09	28.52	6.01E+09	19.86	4.19E+09	28.19	5.94E+09	241.65	437.26
1981	1.71E+10	-1.63	837.18	62.85	1.08E+10	19.03	3.26E+09	29.96	5.13E+09	23.45	4.01E+09	35.29	6.04E+09	264.35	316.70
1982	1.71E+10	10.17	816.39	62.10	1.06E+10	18.67	3.19E+09	31.22	5.34E+09	22.20	3.79E+09	34.19	5.84E+09	280.46	291.09
1983	1.56E+10	0.79	729.50	63.66	9.96E+09	18.16	2.84E+09	25.14	3.93E+09	23.47	3.67E+09	30.44	4.76E+09	291.51	250.25
1984	1.42E+10	6.27	645.51	63.19	8.95E+09	17.41	2.47E+09	28.47	4.03E+09	26.64	3.78E+09	35.72	5.06E+09	301.86	213.84
1985	1.43E+10	5.37	636.43	62.04	8.87E+09	18.17	2.6E+09	28.08	4.01E+09	26.57	3.8E+09	34.86	4.98E+09	311.52	204.30
1986	1.87E+10	9.64	815.42	62.56	1.17E+10	18.07	3.38E+09	25.51	4.78E+09	22.61	4.23E+09	28.76	5.38E+09	317.84	256.55
1987	2.07E+10	-1.27	880.69	61.88	1.28E+10	19.13	3.95E+09	23.43	4.84E+09	23.54	4.86E+09	27.99	5.78E+09	325.61	270.47
1988	2.46E+10	12.19	1028.87	59.11	1.46E+10	18.08	4.45E+09	22.64	5.58E+09	25.90	6.38E+09	25.73	6.34E+09	337.02	305.28
1989	2.53E+10	2.84	1034.81	60.82	1.54E+10	17.79	4.5E+09	26.54	6.71E+09	23.29	5.88E+09	28.44	7.19E+09	350.13	295.55
1990	2.88E+10	2.79	1158.59	60.00	1.73E+10	16.83	4.85E+09	28.66	8.26E+09	25.69	7.41E+09	31.18	8.99E+09	363.13	319.06
1991	3.10E+10	7.55	1223.36	63.10	1.96E+10	16.36	5.07E+09	25.60	7.94E+09	23.21	7.2E+09	28.27	8.77E+09	375.17	326.08
1992	3.20E+10	-2.91	1241.91	62.75	2.01E+10	17.38	5.57E+09	25.82	8.27E+09	23.31	7.47E+09	29.25	9.37E+09	383.72	323.65
1993	3.01E+10	-1.00	1148.58	62.25	1.88E+10	18.32	5.52E+09	25.02	7.54E+09	23.01	6.93E+09	28.60	8.62E+09	392.87	292.36
1994	3.41E+10	11.49	1278.19	63.88	2.18E+10	17.41	5.94E+09	24.03	8.19E+09	21.84	7.44E+09	27.16	9.26E+09	401.21	318.58
1995	3.72E+10	-6.33	1372.79	63.25	2.35E+10	19.07	7.09E+09	23.97	8.91E+09	23.76	8.84E+09	30.05	1.12E+10	409.59	335.16
1996	4.14E+10	13.46	1504.98	63.35	2.62E+10	17.17	7.11E+09	22.64	9.37E+09	22.75	9.41E+09	25.91	1.07E+10	417.05	360.86

（续表）

年份	GDP（当前美元）	GDP增长率（%）	人均GDP（当前美元）	居民最终消费支出占GDP的比重（%）	居民最终消费支出（当前美元）	政府最终消费支出占GDP的比重（%）	政府最终消费支出（当前美元）	总资本形成占GDP的比重（%）	总资本形成（当前美元）	商品和服务出口占GDP的比重（%）	商品和服务出口（当前美元）	商品和服务进口占GDP的比重（%）	商品和服务进口（当前美元）	GDP平减指数（%）（以1964年为基期）	人均GDP（当前美元）（以1964年为基期）
1997	3.73E+10	-2.01	1335.57	61.64	2.3E+10	17.87	6.66E+09	23.57	8.78E+09	25.10	9.35E+09	28.18	1.05E+10	424.23	314.82
1998	4.00E+10	7.98	1414.64	60.97	2.44E+10	16.73	6.69E+09	26.00	1.04E+10	24.41	9.77E+09	28.11	1.12E+10	428.83	329.88
1999	3.97E+10	0.53	1386.21	60.53	2.41E+10	17.98	7.14E+09	24.80	9.86E+09	26.32	1.05E+10	29.64	1.18E+10	434.97	318.69
2000	3.70E+10	1.59	1275.88	61.45	2.27E+10	18.39	6.81E+09	25.53	9.45E+09	27.98	1.04E+10	33.35	1.23E+10	444.89	286.79
2001	3.77E+10	7.55	1285.45	57.76	2.18E+10	18.62	7.03E+09	26.15	9.86E+09	29.41	1.11E+10	31.94	1.21E+10	455.02	282.51
2002	4.04E+10	3.32	1362.53	57.92	2.34E+10	18.26	7.38E+09	25.93	1.05E+10	30.15	1.22E+10	32.26	1.3E+10	462.00	294.92
2003	4.98E+10	6.32	1662.71	57.35	2.86E+10	18.13	9.03E+09	27.35	1.36E+10	28.66	1.43E+10	31.49	1.57E+10	471.21	352.86
2004	5.69E+10	4.80	1881.96	57.15	3.25E+10	18.68	1.06E+10	29.13	1.66E+10	29.37	1.67E+10	34.32	1.95E+10	484.15	388.71
2005	5.95E+10	2.98	1948.20	57.45	3.42E+10	19.35	1.15E+10	28.80	1.71E+10	32.31	1.92E+10	37.92	2.26E+10	499.73	389.85
2006	6.56E+10	7.76	2128.07	57.50	3.77E+10	18.55	1.22E+10	29.43	1.93E+10	34.20	2.24E+10	39.68	2.6E+10	515.09	413.15
2007	7.52E+10	2.71	2416.26	58.42	4.39E+10	18.21	1.37E+10	32.48	2.44E+10	35.75	2.69E+10	44.86	3.37E+10	528.82	456.92
2008	8.89E+10	5.59	2827.29	58.13	5.17E+10	17.15	1.52E+10	38.12	3.39E+10	37.48	3.33E+10	50.87	4.52E+10	539.02	524.52
2009	9.09E+10	4.76	2861.03	57.13	5.19E+10	18.21	1.66E+10	35.64	3.24E+10	28.70	2.61E+10	39.69	3.61E+10	543.27	526.63
2010	9.08E+10	3.64	2822.73	57.27	5.2E+10	17.53	1.59E+10	35.03	3.18E+10	33.24	3.02E+10	43.07	3.91E+10	549.93	513.29
2011	9.92E+10	4.99	3044.11	58.93	5.85E+10	18.23	1.81E+10	35.95	3.57E+10	35.58	3.53E+10	48.69	4.83E+10	561.28	542.35
2012	9.59E+10	2.67	2899.97	59.90	5.74E+10	19.23	1.84E+10	35.27	3.38E+10	35.91	3.44E+10	50.31	4.82E+10	571.38	507.54
2013	1.04E+11	4.38	3092.61	60.08	6.24E+10	18.97	1.97E+10	34.16	3.55E+10	33.65	3.49E+10	46.86	4.87E+10	579.88	533.32

注：数据表中的"…"表示数据缺失。

附录 313

附录十 尼泊尔1975—2013年经济增长及需求动力数据

年份	GDP（当前美元）	GDP增长率（%）	人均GDP（当前美元）	居民最终消费支出占GDP的比重（%）	居民最终消费支出（当前美元）	政府最终消费支出占GDP的比重（%）	政府最终消费支出（当前美元）	总资本形成占GDP的比重（%）	总资本形成（当前美元）	商品和服务出口占GDP的比重（%）	商品和服务出口（当前美元）	商品和服务进口占GDP的比重（%）	商品和服务进口（当前美元）	GDP平减指数（%）（以1964年为基期）	人均GDP（当前美元）（以1964年为基期）
1975	1.58E+09	1.46	122.43	82.38	1.3E+09	7.59	1.2E+08	14.50	2.28E+08	8.90	1.4E+08	13.37	2.11E+08	170.76	71.70
1976	1.45E+09	4.40	110.42	80.83	1.17E+09	7.44	1.08E+08	15.13	2.2E+08	10.77	1.57E+08	14.18	2.06E+08	180.13	61.30
1977	1.38E+09	3.02	102.78	79.21	1.1E+09	7.29	1.01E+08	16.02	2.22E+08	11.79	1.63E+08	14.32	1.98E+08	191.28	53.73
1978	1.6E+09	4.41	116.65	79.17	1.27E+09	7.45	1.2E+08	18.28	2.93E+08	10.57	1.7E+08	15.47	2.48E+08	204.70	56.99
1979	1.85E+09	2.37	131.64	79.86	1.48E+09	8.50	1.57E+08	15.82	2.93E+08	11.78	2.18E+08	15.97	2.96E+08	221.60	59.40
1980	1.95E+09	-2.32	135.28	82.20	1.6E+09	6.70	1.3E+08	18.29	3.56E+08	11.54	2.25E+08	18.73	3.65E+08	241.65	55.98
1981	2.28E+09	8.34	154.61	82.07	1.87E+09	7.04	1.6E+08	17.61	4.01E+08	12.90	2.94E+08	19.62	4.46E+08	264.35	58.49
1982	2.4E+09	3.78	159.03	81.55	1.95E+09	8.51	2.04E+08	17.15	4.11E+08	11.59	2.78E+08	18.81	4.51E+08	280.46	56.70
1983	2.45E+09	-2.98	158.73	81.33	1.99E+09	10.12	2.48E+08	19.63	4.8E+08	10.23	2.5E+08	21.32	5.22E+08	291.51	54.45
1984	2.58E+09	9.68	163.60	80.88	2.09E+09	9.25	2.39E+08	18.66	4.82E+08	10.65	2.75E+08	19.45	5.02E+08	301.86	54.20
1985	2.62E+09	6.14	162.28	76.53	2.01E+09	9.38	2.46E+08	22.56	5.91E+08	11.53	3.02E+08	20.00	5.24E+08	311.52	52.09
1986	2.85E+09	4.57	172.64	79.29	2.26E+09	9.09	2.59E+08	20.26	5.78E+08	11.66	3.32E+08	20.30	5.79E+08	317.84	54.32
1987	2.96E+09	1.70	175.11	78.83	2.33E+09	9.08	2.68E+08	21.19	6.27E+08	11.81	3.49E+08	20.91	6.18E+08	325.61	53.78
1988	3.49E+09	7.70	201.87	79.68	2.78E+09	8.97	3.13E+08	22.29	7.77E+08	11.45	3.99E+08	22.38	7.8E+08	337.02	59.90
1989	3.53E+09	4.33	199.40	79.69	2.81E+09	10.02	3.53E+08	21.51	7.58E+08	11.07	3.9E+08	22.28	7.86E+08	350.13	56.95
1990	3.63E+09	4.64	200.29	84.35	3.06E+09	8.66	3.14E+08	18.13	6.58E+08	10.53	3.82E+08	21.66	7.86E+08	363.13	55.16
1991	3.92E+09	6.37	211.18	82.49	3.23E+09	8.95	3.51E+08	20.25	7.94E+08	11.49	4.51E+08	23.18	9.09E+08	375.17	56.29
1992	3.4E+09	4.11	178.53	81.27	2.76E+09	7.80	2.65E+08	20.70	7.04E+08	15.96	5.43E+08	25.74	8.75E+08	383.72	46.53

314 国家规模、需求驱动和经济发展动力

（续表）

年份	GDP（当前美元）	GDP增长率（%）	人均GDP（当前美元）	居民最终消费支出占GDP的比重（%）	居民最终消费支出（当前美元）	政府最终消费支出占GDP的比重（%）	政府最终消费支出（当前美元）	总资本形成占GDP的比重（%）	总资本形成（当前美元）	商品和服务出口占GDP的比重（%）	商品和服务出口（当前美元）	商品和服务进口占GDP的比重（%）	商品和服务进口（当前美元）	GDP平减指数（%）（以1964年为基期）	人均GDP（当前美元）（以1964年为基期）
1993	3.66E+09	3.85	187.20	79.27	2.9E+09	8.48	3.1E+08	22.57	8.26E+08	18.43	6.75E+08	28.76	1.05E+09	392.87	47.65
1994	4.07E+09	8.22	202.68	82.02	3.34E+09	8.02	3.26E+08	22.40	9.11E+08	18.99	7.72E+08	31.44	1.28E+09	401.21	50.52
1995	4.4E+09	3.47	213.78	75.10	3.31E+09	9.25	4.07E+08	25.20	1.11E+09	24.97	1.1E+09	34.52	1.52E+09	409.59	52.19
1996	4.52E+09	5.33	214.14	76.37	3.45E+09	9.25	4.18E+08	27.21	1.23E+09	22.82	1.03E+09	35.64	1.61E+09	417.05	51.35
1997	4.92E+09	5.05	227.22	77.13	3.79E+09	8.91	4.38E+08	25.34	1.25E+09	26.33	1.29E+09	37.71	1.85E+09	424.23	53.56
1998	4.86E+09	3.02	218.99	76.91	3.74E+09	9.31	4.52E+08	24.84	1.21E+09	22.82	1.11E+09	33.89	1.65E+09	428.83	51.07
1999	5.03E+09	4.41	221.84	77.46	3.9E+09	8.93	4.49E+08	20.48	1.03E+09	22.85	1.15E+09	29.72	1.5E+09	434.97	51.00
2000	5.49E+09	6.20	236.98	75.88	4.17E+09	8.95	4.92E+08	24.31	1.34E+09	23.28	1.28E+09	32.43	1.78E+09	444.89	53.27
2001	6.01E+09	4.80	253.94	80.23	4.82E+09	8.10	4.87E+08	22.39	1.35E+09	22.55	1.35E+09	33.28	2E+09	455.02	55.81
2002	6.05E+09	0.12	251.04	82.11	4.97E+09	8.40	5.08E+08	20.25	1.23E+09	17.74	1.07E+09	28.49	1.72E+09	462.00	54.34
2003	6.33E+09	3.95	258.12	82.77	5.24E+09	8.67	5.49E+08	21.41	1.36E+09	15.70	9.94E+08	28.55	1.81E+09	471.21	54.78
2004	7.27E+09	4.68	291.87	79.61	5.79E+09	8.64	6.29E+08	24.53	1.78E+09	16.68	1.21E+09	29.46	2.14E+09	484.15	60.28
2005	8.13E+09	3.48	321.46	79.55	6.47E+09	8.90	7.24E+08	26.45	2.15E+09	14.58	1.19E+09	29.48	2.4E+09	499.73	64.33
2006	9.04E+09	3.36	352.80	82.33	7.45E+09	8.68	7.85E+08	26.85	2.43E+09	13.45	1.22E+09	31.32	2.83E+09	515.09	68.49
2007	1.03E+10	3.41	397.90	80.98	8.36E+09	9.20	9.5E+08	28.69	2.96E+09	12.86	1.33E+09	31.72	3.28E+09	528.82	75.24
2008	1.25E+10	6.10	477.93	80.28	1.01E+10	9.89	1.24E+09	30.32	3.8E+09	12.78	1.6E+09	33.26	4.17E+09	539.02	88.67
2009	1.29E+10	4.53	485.96	79.79	1.03E+10	10.78	1.39E+09	31.67	4.09E+09	12.42	1.6E+09	34.66	4.47E+09	543.27	89.45
2010	1.6E+10	4.82	595.77	78.56	1.26E+10	9.99	1.6E+09	38.27	6.12E+09	9.58	1.53E+09	36.40	5.82E+09	549.93	108.34
2011	1.89E+10	3.42	694.14	76.46	1.44E+10	9.58	1.81E+09	37.99	7.16E+09	8.90	1.68E+09	32.92	6.21E+09	561.28	123.67
2012	1.92E+10	4.85	699.08	78.25	1.5E+10	10.76	2.07E+09	34.50	6.63E+09	10.07	1.93E+09	33.58	6.45E+09	571.38	122.35
2013	1.93E+10	3.78	694.10	79.97	1.54E+10	9.94	1.92E+09	36.90	7.12E+09	10.70	2.07E+09	37.51	7.24E+09	579.88	119.70

附录十一 玻利维亚1960—2013年经济增长及需求动力数据

年份	GDP（当前美元）	GDP增长率（%）	人均GDP（当前美元）	居民最终消费支出占GDP的比重（%）	居民最终消费支出（当前美元）	政府最终消费支出占GDP的比重（%）	政府最终消费支出（当前美元）	总资本形成占GDP的比重（%）	总资本形成（当前美元）	商品和服务出口占GDP的比重（%）	商品和服务出口（当前美元）	商品和服务进口占GDP的比重（%）	商品和服务进口（当前美元）	GDP平减指数（%）（以1964年为基期）	人均GDP（当前美元）（以1964年为基期）
1960	5.63E+08	..	167.94	92.59	5.21E+08	4.45	2.50E+07	8.89	5.01E+07	13.34	7.51E+07	19.27	1.09E+08	95.16	176.48
1961	6.13E+08	2.08	178.67	91.82	5.62E+08	5.45	3.34E+07	6.81	4.17E+07	13.63	8.35E+07	17.72	1.09E+08	96.21	185.71
1962	6.70E+08	5.57	191.05	92.52	6.2E+08	4.99	3.34E+07	9.97	6.68E+07	12.46	8.35E+07	19.94	1.34E+08	97.39	196.17
1963	7.21E+08	6.42	201.17	91.90	6.63E+08	5.79	4.17E+07	9.26	6.68E+07	13.89	1.00E+08	20.84	1.5E+08	98.49	204.25
1964	8.13E+08	4.79	221.61	87.67	7.12E+08	5.14	4.17E+07	9.25	7.51E+07	16.44	1.34E+08	18.49	1.5E+08	100.00	221.61
1965	9.09E+08	5.63	242.30	87.03	7.91E+08	6.48	5.89E+07	10.19	9.26E+07	16.67	1.52E+08	20.38	1.85E+08	101.83	237.94
1966	9.94E+08	6.50	258.99	87.30	8.68E+08	6.77	6.73E+07	10.16	1.01E+08	16.94	1.68E+08	21.17	2.1E+08	104.69	247.38
1967	1.08E+09	6.91	275.99	86.80	9.41E+08	6.21	6.73E+07	9.32	1.01E+08	18.64	2.02E+08	20.96	2.27E+08	107.74	256.17
1968	9.09E+08	-12.17	226.04	80.55	7.32E+08	8.34	7.58E+07	15.74	1.43E+08	22.23	2.02E+08	26.86	2.44E+08	112.32	201.26
1969	9.65E+08	3.10	234.29	78.18	7.54E+08	8.73	8.42E+07	15.71	1.52E+08	23.56	2.27E+08	26.18	2.53E+08	117.84	198.82
1970	1.02E+09	-0.49	241.19	73.68	7.49E+08	9.70	9.87E+07	16.39	1.67E+08	24.59	2.50E+08	24.35	2.48E+08	124.06	194.41
1971	1.10E+09	5.06	253.50	75.84	8.31E+08	10.34	1.13E+08	16.84	1.84E+08	21.39	2.34E+08	24.40	2.67E+08	130.36	194.46
1972	1.26E+09	7.97	283.94	72.61	9.13E+08	10.16	1.28E+08	20.14	2.53E+08	21.11	2.66E+08	24.02	3.02E+08	136.01	208.77
1973	1.26E+09	5.74	278.19	70.34	8.88E+08	9.85	1.24E+08	20.42	2.58E+08	27.71	3.50E+08	28.32	3.58E+08	143.40	193.99
1974	2.10E+09	2.94	451.34	67.53	1.42E+09	9.39	1.97E+08	14.58	3.06E+08	35.29	7.41E+08	26.80	5.63E+08	156.24	288.86
1975	2.40E+09	7.31	504.32	72.78	1.75E+09	10.48	2.52E+08	23.02	5.54E+08	25.94	6.24E+08	32.22	7.75E+08	170.76	295.35
1976	2.73E+09	4.61	559.36	72.18	1.97E+09	10.85	2.96E+08	19.18	5.24E+08	27.68	7.56E+08	29.89	8.16E+08	180.13	310.53

(续表)

年份	GDP（当前美元）	GDP增长率（%）	人均GDP（当前美元）	居民最终消费支出占GDP的比重（%）	居民最终消费支出（当前美元）	政府最终消费支出占GDP的比重（%）	政府最终消费支出（当前美元）	总资本形成占GDP的比重（%）	总资本形成（当前美元）	商品和服务出口占GDP的比重（%）	商品和服务出口（当前美元）	商品和服务进口占GDP的比重（%）	商品和服务进口（当前美元）	GDP平减指数（%）（以1964年为基期）	人均GDP（当前美元）（以1964年为基期）
1977	3.23E+09	4.97	645.23	71.99	2.32E+09	11.73	3.79E+08	19.16	6.18E+08	26.77	8.64E+08	29.65	9.57E+08	191.28	337.32
1978	3.76E+09	2.05	733.80	70.13	2.64E+09	12.69	4.77E+08	24.69	9.28E+08	22.60	8.49E+08	30.11	1.13E+09	204.70	358.47
1979	4.42E+09	0.13	843.16	67.32	2.98E+09	15.07	6.66E+08	20.83	9.21E+08	24.17	1.07E+09	27.40	1.21E+09	221.60	380.49
1980	4.54E+09	−1.37	845.14	67.28	3.05E+09	13.84	6.28E+08	16.64	7.55E+08	24.53	1.11E+09	22.29	1.01E+09	241.65	349.74
1981	5.89E+09	0.28	1071.76	70.35	4.14E+09	13.29	7.83E+08	16.05	9.46E+08	23.27	1.37E+09	22.95	1.35E+09	264.35	405.44
1982	5.59E+09	−3.94	993.92	72.91	4.08E+09	11.80	6.60E+08	15.62	8.74E+08	29.06	1.63E+09	29.40	1.64E+09	280.46	354.39
1983	5.42E+09	−4.04	941.00	73.46	3.98E+09	9.03	4.90E+08	13.24	7.18E+08	28.32	1.54E+09	24.04	1.3E+09	291.51	322.80
1984	6.17E+09	−0.20	1045.65	69.18	4.27E+09	13.31	8.21E+08	19.67	1.21E+09	23.65	1.46E+09	25.82	1.59E+09	301.86	346.40
1985	5.38E+09	−1.68	890.17	73.77	3.97E+09	10.56	5.68E+08	19.46	1.05E+09	19.05	1.02E+09	22.84	1.23E+09	311.52	285.75
1986	3.96E+09	−2.57	640.22	81.38	3.22E+09	9.45	3.74E+08	13.56	5.37E+08	21.32	8.44E+08	25.71	1.02E+09	317.84	201.43
1987	4.35E+09	2.46	686.75	79.73	3.47E+09	11.13	4.84E+08	13.51	5.87E+08	19.63	8.54E+08	23.99	1.04E+09	325.61	210.91
1988	4.60E+09	2.91	709.35	79.00	3.63E+09	11.39	5.24E+08	13.98	6.43E+08	18.77	8.63E+08	23.14	1.06E+09	337.02	210.47
1989	4.72E+09	3.79	710.70	77.13	3.64E+09	11.94	5.63E+08	11.59	5.46E+08	22.50	1.06E+09	23.16	1.09E+09	350.13	202.98
1990	4.87E+09	4.64	716.45	76.86	3.74E+09	11.76	5.72E+08	12.53	6.10E+08	22.78	1.11E+09	23.93	1.16E+09	363.13	197.30
1991	5.34E+09	5.27	768.07	77.83	4.16E+09	12.07	6.45E+08	15.58	8.32E+08	21.48	1.15E+09	26.97	1.44E+09	375.17	204.73
1992	5.64E+09	1.65	792.31	79.44	4.48E+09	12.87	7.26E+08	16.70	9.43E+08	20.05	1.13E+09	29.07	1.64E+09	383.72	206.48
1993	5.73E+09	4.27	786.36	79.37	4.55E+09	13.37	7.67E+08	16.56	9.50E+08	19.08	1.09E+09	28.39	1.63E+09	392.87	200.16
1994	5.98E+09	4.67	801.37	77.60	4.64E+09	13.57	8.12E+08	14.37	8.60E+08	21.66	1.30E+09	27.20	1.63E+09	401.21	199.74
1995	6.72E+09	4.68	879.48	75.82	5.09E+09	13.57	9.11E+08	15.24	1.02E+09	22.55	1.51E+09	27.19	1.83E+09	409.59	214.72
1996	7.40E+09	4.36	947.48	75.13	5.56E+09	13.33	9.86E+08	16.24	1.20E+09	22.58	1.67E+09	27.27	2.02E+09	417.05	227.19

附　录　317

(续表)

年份	GDP（当前美元）	GDP增长率（%）	人均GDP（当前美元）	居民最终消费支出占GDP的比重（%）	居民最终消费支出（当前美元）	政府最终消费支出占GDP的比重（%）	政府最终消费支出（当前美元）	总资本形成占GDP的比重（%）	总资本形成（当前美元）	商品和服务出口占GDP的比重（%）	商品和服务出口（当前美元）	商品和服务进口占GDP的比重（%）	商品和服务进口（当前美元）	GDP平减指数（%）（以1964年为基期）	人均GDP（当前美元）（以1964年为基期）
1997	7.93E+09	4.95	993.38	74.71	5.92E+09	13.90	1.10E+09	19.63	1.56E+09	21.11	1.67E+09	29.36	2.33E+09	424.23	234.16
1998	8.50E+09	5.03	1042.61	75.06	6.38E+09	14.22	1.21E+09	23.61	2.01E+09	19.70	1.67E+09	32.58	2.77E+09	428.83	243.13
1999	8.29E+09	0.43	995.51	76.84	6.37E+09	14.80	1.23E+09	18.77	1.56E+09	16.88	1.40E+09	27.29	2.26E+09	434.97	228.87
2000	8.40E+09	2.51	988.53	76.37	6.41E+09	14.54	1.22E+09	18.14	1.52E+09	18.27	1.53E+09	27.32	2.29E+09	444.89	222.20
2001	8.14E+09	1.68	939.15	75.29	6.13E+09	15.72	1.28E+09	14.27	1.16E+09	19.97	1.63E+09	25.26	2.06E+09	455.02	206.40
2002	7.91E+09	2.49	893.95	73.82	5.84E+09	15.97	1.26E+09	16.29	1.29E+09	21.63	1.71E+09	27.72	2.19E+09	462.00	193.50
2003	8.08E+09	2.71	896.37	71.01	5.74E+09	16.52	1.34E+09	13.23	1.07E+09	25.60	2.07E+09	26.37	2.13E+09	471.21	190.23
2004	8.77E+09	4.17	954.92	67.91	5.96E+09	16.26	1.43E+09	11.02	9.67E+08	31.14	2.73E+09	26.33	2.31E+09	484.15	197.24
2005	9.55E+09	4.42	1020.79	66.32	6.33E+09	15.97	1.53E+09	14.25	1.36E+09	35.55	3.39E+09	32.09	3.06E+09	499.73	204.27
2006	1.15E+10	4.80	1203.25	62.77	7.19E+09	14.35	1.64E+09	13.87	1.59E+09	41.77	4.78E+09	32.77	3.75E+09	515.09	233.60
2007	1.31E+10	4.56	1355.89	63.23	8.3E+09	14.06	1.84E+09	15.19	1.99E+09	41.80	5.48E+09	34.27	4.5E+09	528.82	256.40
2008	1.67E+10	6.15	1695.56	62.22	1.04E+10	13.28	2.21E+09	17.55	2.93E+09	44.91	7.49E+09	37.96	6.33E+09	539.02	314.56
2009	1.73E+10	3.36	1735.14	65.50	1.14E+10	14.71	2.55E+09	16.97	2.94E+09	35.72	6.19E+09	32.90	5.71E+09	543.27	319.39
2010	1.96E+10	4.13	1934.67	62.30	1.22E+10	13.83	2.72E+09	17.01	3.34E+09	41.19	8.09E+09	34.32	6.74E+09	549.93	351.80
2011	2.39E+10	5.17	2319.60	60.95	1.46E+10	13.79	3.30E+09	19.56	4.68E+09	44.12	1.06E+10	38.41	9.2E+09	561.28	413.27
2012	2.70E+10	5.18	2575.68	59.47	1.61E+10	13.46	3.64E+09	17.67	4.78E+09	47.25	1.28E+10	37.85	1.02E+10	571.38	450.78
2013	3.06E+10	6.78	2867.64	60.15	1.84E+10	13.87	4.24E+09	19.01	5.82E+09	44.18	1.35E+10	37.21	1.14E+10	579.88	494.52

注：数据表中的"…"表示数据缺失。